2020년 기업의 운명

THE TECHNOLOGY MACHINE—How Manufacturing will Work
by Patricia E. Moody and Richard E. Morley

Copyright © 1999 by Patricia E. Moody and Richard E. Morley
All rights reserved, including the rights of reproduction in whole or in part in any form.
Korean edition translation copyright © 2001 by Apple Tree Publishing
This Korean edition was published by arrangement with The Free Press,

a division of Simon & Schuster Inc. NY through KCC, Seoul

The Technology Machine
How manufacturing will work in the year 2020

2020년
기업의 운명

패트리셔 E. 무디 / 리처드 E. 모얼리 공저
이재규(대구대 경영학과 교수) 옮김

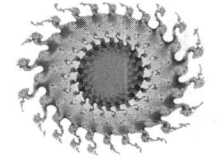

사과나무

옮긴이 이재규

서울대 상과대학을 졸업한 후 현대자동차와 영진약품, 대구은행 등에서 이사 및
사외이사로 다년간 근무했고, 대구대학교 경상대학장 및 한국산업경영학회 회장을
역임했다. 현재는 대구대학교 경영학과 교수 및 영원무역의 사외이사를 겸하고 있으며,
많은 기업에 대해 경영 컨설팅 및 교육을 제공하고 있다. 주요 저서로는
〈재미있는 기업 이야기〉〈노키아 스토리〉〈빅뱅경영〉〈리엔지니어링과 카이젠〉
〈경영학 원론〉〈인적자원 관리론〉 등이 있으며,
피터 드러커의 〈프로페셔널의 조건〉〈변화리더의 조건〉〈이노베이터의 조건〉
〈자본주의 이후의 사회〉〈21세기 지식경영〉, 마이클 더투조스의 〈21세기 오디세이〉 등
다수의 책을 우리말로 옮겼다. jklee480808@hanmail.net / www.jklee.com

2020년 기업의 운명

1판 1쇄 인쇄 2001년 10월 20일
1판 2쇄 발행 2002년 1월 2일

지은이 패트리셔 E. 무디/리처드 E. 모얼리
옮긴이 이재규
펴낸곳 도서출판 사과나무
펴낸이 권정자
등록 1996년 9월 30일(제11 - 123)
경기도 고양시 행신동 샘터마을 301-1208

전화 (031) 978-3436
팩스 (031) 978-2835
e-메일 saganamu@chollian.net

값 20,000원

ISBN 89-87162-38-9 03320
(경제 · 경영/미래예측 · IT · 엔지니어링)

니시티시트 강을 위하여
"많은 작은 돌들"
포타니포로부터 샘솟아
10마일을 흘러 나슈아 강으로 간다.
나슈아 강은 또 다시 흘러 메리맥 강을 지나
마침내 바다로 스며든다.

      —패트리셔 E. 무디

내 아들
로버트 에드워드 모얼리를 기리며.
1963 − 1995

      —리처드 E. 모얼리

차 례

저자의 말 · 8

서 문 · 14

제1장

제조업은 어떻게 작동되는가 · 19

제2장

127개의 와일드 카드— 우리는 어떻게 되고, 무엇을 할 것인가 · 55

제3장

도대체, 여기서 거기까지 왜 못 간단 말인가? · 95

제4장

기술 규칙! PLC(프로그래머블 로직 컨트롤러) 기술 · 131

제5장

우리를 목적지까지 데려다줄 지능시스템— 카오스,
복합 적응시스템, 그리고 다른 여러 지원 기술들 · 161

제6장

정말 큰 변화의 물결—
제조업을 변혁시킬 4개의 소프트웨어 메타시스템 · 211

제7장

테크놀로지 머신의 관리 · 247

제8장

두 개의 메타시스템 : 탄환열차와 플라스틱! · 283

제9장

엔지니어가 지배하는 나라 · 313

제10장

카본 행성에 사는 실리콘 인생 · 347

부록

곳간으로부터의 마지막 예측들─2020년의 와일드 카드 · 374

참고 문헌 · 397

주요 용어 해설 · 399

주요 회사의 웹사이트 · 410

감사의 말 · 414

옮긴이의 말 · 418

공저자에 관하여 · 421

저자의 말

내가 네 살이 되자, 아버지는 나에게 세인트 레지스 제지회사(St. Regis Paper Mill)를 구경시켜 주셨다. 나는 증기 발전기, 종이를 자르고 묶는 기계, 창고에 쌓인 완제품 종이를 보았다. 아버지는 펄프 기계 모서리 위로 나를 번쩍 들어올리고는, 파지를 갈아 펄프로 만드는 엄청나게 큰 통을 보여주셨다. 기계 소음이 너무나 시끄러웠기 때문에 나는 아버지가 제지공정에 대해 설명하는 것을 도저히 알아들을 수 없었다―그러나 나는 온 힘을 기울여 하나도 빠짐없이 이해하려고 애썼다.

나는 강 냄새와 펄프 종이 냄새를 맡으며 자랐다. 우리는 제재소 옆에서 살았고, 학교로 가는 길목의 차양이 있는 다리를 건널 때면, 그때마다 나슈아 강물이 어떤 색깔일까 하고 내려다보곤 했다. 강물은 주로 연초록이었으나 때로는 붉은 색이었다. 강물이 깨끗했던 적은 한번도 없었다.

제재소 거리

제조업은 우리 가족의 몸 속에 흐르는 유전자나 다름없다. 어릴 때부터 나는 기술자와 공장 근로자에 둘러싸여 자랐다. 나 또한 기계, 기술, 그리고 물건 만들기를 좋아했다. 우리 가족은 제재소 마을과 공업 도시의 희망, 호황, 그리고 불황과 함께 살았다―우리는 경기의 변동이 가져오는 긴장을 이해했을 뿐만 아니라 또 그것을 예상하기도 했다. 마을의 학교들은 아주 적은 예산으로 운영되었고, 새 차와 새 집은 드물었으며, 시간외 근무는 필수였다. 불황으로 공장 문을 닫았을 때는 수영장 주차장은 꽉 찼지만 주요 도로는 조용하기 짝이 없었다. 우리의 삶은 제재소와 리듬을 같이 했다.

바사르 스트리트(Vassar Street)

매사추세츠 주 캠브리지 시, MIT의 중심부에 있는 종합 운동장과 나란히 뻗어 있고, 매스 애비뉴와 맞닿은 지저분하고 사람이 많이 다니는 바사르 거리를 걸어본 사람이라면 누구나 각종 아이디어가 꽃피는 흥분을 기억할 것이다.

이곳에는 새로운 회사들이 처음으로 얼굴을 내밀고, 대기업으로 성장할 꿈을 안고 단기간 동안 사무실을 임대한다―학교의 본관 돔 건물에서부터 따로 떨어진 콘크리트 건물에 이르기까지.

그 가운에 몇몇 회사는 보스턴을 가로지르는 128번 고속도로 주변의 황금 지대로 확장 이전하는 반면, 많은 회사들은 날개를 접고 다른 업종의 회사로 변신하기도 한다.

바사르 거리는 스티브 잡스(Steve Jobs)의 차고, 휴렛 팩커드(Hewlett Packard)의 차고, 그리고 헨리 포드(Henry Ford)의 창고 같은 몇몇 기술의 탄생지 가운데 하나다. 이런 곳들은 테크놀로지 머신(Technology Machine)을 만드는 성스러운 장소이다.

패트리셔 E. 무디

나는 여섯 살이 되면서 트랙터를 운전하는 법을 배웠고, 여덟 살이 되면서 내 생애 최초의 업무를 시작했다. 나는 MIT에 입학했으나 늘 되풀이되는 생활에 싫증을 느꼈고, 그후 40년 동안 많은 새로운 기계를 만들었으며, 대략 20개의 회사를 창업했고, 그와 더불어 27명의 유능한 인재를 양성했으며, 지금도 새로운 기술 분야에 끊임없이 기웃거리는 생활을 하고 있다.

곳간―앤도버 콘트롤… 모디콘… 플레버스 테크놀로지

1968년 1월 1일, 술이 취한 채 그리고 약속 시한에 쫓겨 피곤한 몸으로, 밤을 지새고 또 주말도 없이 6개월 동안이나 꼬박 단순응용 자동화 기기 (single-application automation)를 고안하는 일에 매달렸던 나는 공장에서 일하는 방식을 바꾸기로 작정했다. 나는 곧 우리에게 관습의 한계, 즉 전선으로 연결된 자동화 기술의 해결방식에는 한계가 올 것이라는 점을 알고 있었다.

싫증도 났고 또한 지쳐 있었던 터라, 나는 아예 프로그래머블 로직 컨트롤러(Programmable Logic Controller, 프로그램 가능한 논리 제어기 PLC)를 발명했다. 우리는 바로 미니 컴퓨터(minicomputer) 혁명의 시작 단계에 있었던 것이다―표준 컴퓨터 프로그래밍(standard computer programming)의 대금은 펀치 카드와 테이프의 양으로 계산했다. 그 당시 공장들은 수많은 스위치, 중계장치, 그리고 기술자들로 연결되어 있었다. 그러나 나는 내가 고안한 PLC가 공장에서는 적어도 컴퓨터만큼이나 큰 영향을 미칠 것임을 알았다.

30년이 지나, PLC를 바탕으로 생성된 산업은 50억 달러에 이르는 기술의 성장, 부의 증가, 일자리의 증가를 실현했다. 그 가운데는 제지산업에서부터 화학 장치공장, 제련소와 탄환열차에 이르기까지 수십 개의 공정 응용기술들이 포함된다. 그 혁신 덕분에 나는 1997년 프랭클린 연구소(Franklin Institute)가 주는 프로메테우스 메달(Prometheus Medal)을 수여받았다.

기술은 내 인생의 나침반이었다. 나의 여행은 성공적이었으며, 실패와 새로운 출발을 되풀이했고, 한번도 순항한 적은 없었으나 언제나 흥미진진했다. 뉴햄프셔 주 시골, 단풍나무와 돌담으로 둘러싸인 멋진 아이디어 공장, 즉 우리의 기술 기지인 곳간(The Barn)으로 가는 수백 명의 동반 여행자들은 여행의 흥분을 함께 나누었다.

나는 그 곳간에 다른 여러 기술의 고수들과 함께 참여했는데, 우리는 새로운 아이디어가 큰돈을 벌어줄 힘이 있다고 믿었고 또 희망을 걸었다. 우리는 블랙퍼스트 클럽(내가 몸담고 있는 벤처 투자자 모임이다)에서 수천 개의 사업 아이디어를 검토했고, 그 가운데 수십 개는 우리의 축복을 받았으며, 또한 벤처 자본의 지원도 받았다.

이 책에는 잠재력 있는 좋은 아이디어가 실질적 가치와 이익을 제공해 줄는지에 대한 나의 평가방식이 담겨 있다. 늘 그래왔듯이 우리는 지금도 테크놀로지 머신을 키우기를 계속하고 있다.

다행하게도, 우리는 안목을 갖고 있기 때문에—우리는 고수들이며 또 관찰력 있는 사람들이기 때문에—기회는 지평선 위로 계속 나타날 것이다. 하나가 다른 하나를 인도하고, 그리고 다른 것이 또 다른 것을 인도하고 말이다….

리처드 E. 모얼리

모든 사람이 자동차 범퍼에 표어를 붙이고 다닌다―"자유 아니면 죽음을" "엔지니어를 사랑한다면 경적을 울려라" "후회하라, 다시 부팅하라, 그리고 다시 들어가라" 등등. 물론 우리도 하나 갖고 있다. 그것은 "테크놀로지 머신은 $$$$$$$$$―돈을 만든다" 이다. 그것이 바로 이 책의 주제이고, 또 우리의 삶을 자극하고 있다. 다른 것들―주가, 합병, 인수, 수명주기 연구, MRP(Material Requirements Planning), 팀―은 곁다리에 지나지 않는다.

우리는 기술을 사랑하고, 기술을 만드는 엔지니어를 사랑한다. 우리의 영웅은 물건을 만드는 사람, 물건을 보다 좋게 그리고 남다르게 만드는 새로운 방법을 찾아내는 사람들이다.

생산 전문가는 자신의 전문성이 황혼 속으로 사라지는 것을 보면서 산다는 느낌을 갖는다. 그들도 역시―한 세대 전의 열차와 농업, 미국 우체국과 마찬가지로―사라진다. 수요를 충족시키는데는 더 적은 사람들 그리고 더 적은 공장으로도 충분하다.

그러나 2020년 여러 곳에 분공장을 운영할 예정인 테크놀로지 머신은 놀라울 만큼 유능한 기술의 달인 집단으로 이뤄질 것이고, 또 관리될 것이다. 우리는 그런 천재들을 알고 있고, 또 그들을 믿고 있다. 그 과업을 수행할 전문가들 중 극소수만이 성공적으로 새로운 시대로 들어갈 것이라는 점을 독자들이 알아주었으면 한다. 나머지 사람들은 끝없이 방황할 것이다. 랩탑 컴퓨터(무릎에 올려놓을 만한 크기의 휴대용 컴퓨터)와 프리랜서 계약서로 무장한 거리의 전사들은, 황야의 모세처럼, 늙은이들이 죽기를 기다리고 있다.

우리는 이 책을, 오늘날 암흑의 시대가 다가오는 것을 느끼는 제조분야의 사람들, 그리고 적극적으로 살려고 노력하면서 숨쉬기를 중단하지 않는 사람들, 또한 20년 후의 자신이 살아갈 분야의 모습을 그리기 위해 조각난 사진들을 짜맞추는 사람들을 위해 썼다.

우리는 도와주고자 한다. 왜냐하면 우리는 각자의 몸 속에 생산이라는 유전인자를 갖고 있기 때문이다. 우리는 금속을 구부리고, 갈고, 닦으며 자라왔다. 우리는 흰 양말과 기름 묻은 신을 신었을 때 가장 행복했다. 우리는 물건을 분해하기를 좋아하고, 또 그것을 다시 조립하기도 좋아한다. 그러나 언제나 부속품 하나는 다르게 조립한다. 우리는 벽돌로 지은 제재소를 지나 학교로 갔고, 한때는 수천 개의 수차바퀴를 돌게 했던 강을 따라 학교로 갔다. 우리의 부모들은 점심 시간을 알리는 호루라기 소리에 리듬을 맞춰 일했다. 우리는 항상 보안경을 썼고, 우리가 배운 제2의 언어는 컴퓨터 언어였다.

우리가 독자에게 말해주고자 하는 것은, 앞으로 기업의 운명이 어떻게 될 것이고, 그 일을 추진할 멋진 사람이 누구이며, 어떻게 준비해야 하는가 하는 것이다. 독자가 듣고 있으면—그리고 오직 우리가 사랑하는 그 사람들을, 제조업의 미래를 가슴에 품고 있는 사람들의 말을, 즉 기술의 달인들의 말을 듣고 있으면—우리는 독자를 그곳으로 데려다줄 이야기를 시작하려고 한다.

패트리셔 E. 무디, 리처드 E. 모얼리

서 문

정치가와 경영자들이 건강한 경제와 성장에 대해 말할 때면, 그들은 항상 숫자를 들먹인다―ROI, 당기 순이익, 현금흐름, LBO(부채 차입에 의한 기업인수), 액면분할, 영업이익 등을 말이다.

그러나 기업의 창업자나 기술의 달인들이 성장과 경제적 번영에 대해 이야기할 때면 그들은 아이디어를 놓고 토론을 벌인다―예를 들면, 지금 사용하고 있는 시스템의 용량을 수백만 비트(bits) 더 늘리기 위해 통신 주파수 대역폭(bandwidth)을 증가시키는 방법이라든가, 뉴햄프셔에 있는 디자인 센터와 중국의 생산현장을 동시에 연결하는 위성 통신망을 깔 수 있는지, 또는 사용중인 복잡한 생산 스케줄 시스템을 단순화시킨다든지, 차세대 박막 웨이퍼 기술(thin-wafer technology)을 개발하는 것 등등이다.

우리들이 좋아했던 신기술 모두가 현장에서 곧바로 실질적으로 응용되지는 못했다. 바로 5년 전, 정보 중계기능을 가진 컴퓨터는 이 분야 기술 초기에 소프트웨어 엔지니어들을 매혹시켰던 획기적 기술들 중 하나였지만, 그 기술을 실질적으로 적용 가능한 분야는 없었다―예를 들면 GM의 페인트 공정은 이 기술을 적용했으나 몇년 후 철수했고, 보다 복잡한 공장 응용시스템으로 가는 한 단계 역할만 했을 뿐이다. 그러나 보다

14

진보된 시스템은 포트 웨인(Fort Wayne)회사에 적용되어 엄청난 성과를 올렸고, 그 뒤에 여러 다른 산업에서도 실험적으로 적용하고 또 증명된 것과 같이, 그 장기적 영향은 GM이 페인트 공정을 개선하여 절약한 이익보다 훨씬 더 컸다.

몇몇 새로운 기술은 여전히 우리 주위를 맴돌면서 기술의 정확한 완성 시점을 예측하려는 우리의 능력을 비웃고 있다. 예를 들면, 모토로라의 이리듐 프로젝트(Iridium project)는 이미 디자인 단계를 지나 계획 단계에 있으나, 출범시기를 앞두고 수많은 유사기술과 한층 더 경쟁력 있는 통신기술과 보다 이익이 높은 거대 프로젝트에 밀려나 있다.

기술이 성장의 원동력이다

기술이 부를 창출하고 성장을 가속시키므로, 기술과 지식은 제조업을 이끌고 가는 동력이다. 기술, 또는 기계에 대한 이해는 개개인의 우수한 능력 및 성실성이 어우러져, 미래를 결정지을 것이다. "테크놀로지 머신"은 제조업과 기술의 급속한 변화 그리고 제조업과 기술분야를 이끌고 갈 사람들을 위한 하나의 지침서이다. 우리들 공저자는 독자들의 관심을 개념적인 "~주의"를 넘어 성장의 핵심적 동력, 즉 기술과 인간정신으로 안내하려는 것이다.

관찰하는 방법 배우기

테크놀로지 머신은 지식, 단순성, 제조공정, 그리고 분산생산 네트워크(distributed manufacturing production networks)를 형성하는 새로운 방법 등을 기본으로 하고 있다. 본질적으로, 기술자와 제조의 전문가는 관찰하는 법을 배우고, 고객과 공급자 사이를 이어주며, 이전에 누구도 하지 못했던 정보와 프로세스를 만들어낸다. 기술의 선도자들은 기업의 다운사이징(downsizing)이라든가, 기술적 능력이 떨어지는 단순한 조직 만들기, 또는 종업원과 관련된 문제에 과도한 관심을 두는 대신에, 기업의 성장과 시장 지배력을 관리하고 또 창조하기 위해 지혜와 속도를 활용할 수 있는 능력을 갖춘 유연하고도 적응력이 뛰어난 시스템을 만들고 있다.

신선한 통찰력—단순한 진리와 분명한 비전—으로 무장한 독자들은 우리 사회에서 패배자로 오인되고 있는 기업들, 그리고 종업원의 숫자를 줄인 기업들을 재건하기 위해 해야 할 올바른 질문을 알게 될 것이다. 기술의 게임에서 누가 승자이고 누가 패자인가를 예측하는 와일드 카드를 지켜보기 바란다.

기술의 승자—3M의 포스트잇(Post-It), 비지칼크(Visicalc), 애플(Apple) 등—는 다음의 네 가지 기준을 충족시키지 않으면 안 된다.

네 가지 기술 규칙

기술의 승자는…

1. 생산성을 증가시킨다.
2. 기능을 향상시킨다.
3. 사용자에게 편리성을 제공한다.
4. 기술을 장치한 후 최적화, 기업의 지속성, 시장 점유율, 그리고 반복 사용을 가능케 한다.

가짜 기술, 예를 들면 GE의 비유연 비고정 미래 공장(inflexible and unfixable Factory of the Future), 연주를 전제로 하지 않는 작곡을 하는 로터스 심포니(Lotus Symphony), 최적화를 찾아준다는 과도하게 복잡한 OPT 소프트웨어 등은 완성만 된다면 기술의 승자가 될 것이라고 떠들썩하지만, 상업적으로 적용 가능 여부가 의심스런 기술이다. 앞서 제시한 네 가지 기술 규칙을 기준으로 판단해 보면, 이런 기술들은 통과하지 못한다.

미래의 공장은 변경된 여객 항공기의 기준을 즉각 충족치 못하고, 이 복잡한 기계는 겨우 부속품만 만드는데 그친다. OPT 소프트웨어는 생산 스케줄링이 잘 잡혀 있지 않거나 통제가 어려운 생산시스템에 적용되면 해법을 제공하지 못한다. 휴렛 팩커드의 2파운드나 되는 계산기 겸용 시계는, 시대를 앞서는 호기심을 불러일으키는 제품이었고 또 기술 규칙 2도 통과했지만, 기술 규칙 3을 통과하지 못해 실패했다.

현행의 생산 방식은 전적으로 기술에 의존한, 그리고 미래에 대한 잘못된 비전에 기초하고 있는 것에서부터, 우수한 인력을 바탕으로 상당히 단순화된 팀 방식에 이르기까지 다양하다. 어떤 생산 시설도 전적으로 자율관리 팀(self-managed work team)이 운영하는 경우는 없으며, 또한 어떤 성공적인 공장도 모든 활동을 제어하는데 지능기계만을 이용하지는 않을 것이다.

테크놀로지 머신은 미숙하고 부적절한 "해결책"을 계속적으로 골라낼 것이다. 관리자로서, 또 사용자로서 희생자가 되지 않기 위해서는, 당신의 조직을 21세기는 물론 그 이후에도 살아 남기 위해서는, 기술의 승자를 선택할 필요가 있다.

만약 당신이 어떤 기술을 이해할 수 있고, 그 응용분야를 찾을 수 있고, 네 가지 기술 규칙을 기준으로 판단한 결과, 긍정적인 평가가 나온다면 그 기술을 사라. 그런 후, 성장하여 대박을 터뜨릴 때까지 기다려라.

헬멧을 쓰고 준비를 하라. 왜냐고? 우리가 당신을 태우고 구경을 시켜

줄 테니까. 당신은 믿기지 않을 정도로 기막힌 제조현장을 보게 될 것이다—포트 웨인 페인트 공장(Fort Wayne Paint Shop), 팔콘 콜드 포밍(Falcon Cold Forming), 신칸센 탄환 열차(Shinkansen Bullet Train), 지니 키릴라의 그린빌(Gene Kirila's Greenville), PA사(PA Company), 블랙버드(Blackbird), 야바호(Javahoe) 등이다.

당신은 21세기 공장의 모습은 어떤 것인가를 이해하게 될 것이고, 어떤 기술과 어떤 사람이 그곳에서 일하게 되는지도 알게 될 것이다. 당신은 2층 높이의 유리벽으로 된 공장에서 진행되는 프로세스를 보게 될 것이고, 제품이 조용히 문을 빠져나오는 것도 보게 될 것이다. 우리는 여기저기를 볼 수 있는 특별한 장소를 알려줄 것인데, 그곳은 기술이 진정한 경로를 따라 위력을 발휘하는 곳이다. 각종 경영 유행어와 함정에 빠지지 않고서 말이다. 자 시작합시다!

제**1**장
제조업은 어떻게 작동되는가

카오스, 고통, 그리고 혁신

1811년, 프랜시스 캐봇 로웰(Francis Cabot Lowell)은 영국에 장기간 체류하는 동안, 요즘 표현으로 대담한 산업 스파이 노릇을 통해, 그가 본 영국의 동력 직조기 시스템의 연결 부위들을 기억해두었다가 귀국 후 미국 제조업의 200년 기틀을 다졌다.

로웰은 섬유 생산과정의 모든 공정들—소면 공정, 염색 공정, 방적 공정, 방직 공정, 표백 공정, 그리고 시골의 농사꾼 아내와 소규모 공장과의 계약과정 등—을 통합했고, 그것들을 한 장소에다 연속적으로 배치하여 매사추세츠 주 월터햄(Waltham)을 끼고 흐르는 찰스 강(Charles River) 언덕에 당시로서는 최신의 4층 빌딩 공장을 건설했다. 그것은 그 이후 건설된 수천 개 공장의 기본 모델이 되었다. 첫 번째 가동만으로도 너무나 성공적이어서 창업자의 꿈, 즉 돈버는 기계는 완성되었다. 매년 200%나 되는 이익은 점점 더 많은, 한층 더 큰 공장—로웰(Lowell), 로렌스(Lawrence), 린(Lynn), 맨체스터(Manchester), 그리고 뉴햄프셔의 아모스키에그(Amoskeag) 단지는 그 당시 세계 최고 면방직 단지였다—을 건설하도록 해주었다. 그후에도 혁신은 이어졌고 섬유 노동자로 구성된 도시 공동체도 생겨났다. 제조업의 황금기가 시작된 것이다.

벽돌과 몰타르에 바치는 기념사

그러나 공정상의 혁신과 규모의 확대 과정에 어려움도 있었다. 섬유 제조 공정의 완전한 수직적 통합은 노예 노동, 테일러주의(Taylorism, 인간과 도구, 기계를 어떻게 하면 과학적으로 결합시켜 노동으로부터 최대의 효율을 얻어내는가에 초점을 맞춘 과학적 관리기법), 성과급 등을 초래했고 기업주에게는 엄청난 이익을 안겨주었다. 방직공장 여공들의 짧은 유토피아 시대—공업 도시 로웰에서 평균 2년 간 일하기 위해 뉴잉글랜드 시골 지역을 떠나온 교육받은 농촌 처녀들은 그곳에서 연주회에도 가고 각종 강연도 들었으며, 또한 공산품도 쇼핑하곤 했다—는 10년 내에 보다 임금이 싼 이민 노동자에게로 넘어갔다. 그로부터 50년 후, 섬유 제조 공정의 완전한 수직적 통합이 가져다준 것은 스트라이크와 작업 중단, 폐병, 설비투자 이탈, 그리고 기계 사용 기간을 훨씬 지나고도 계속되는 과도하고도 뻔뻔한 이윤추구 행위를 타도하자는 구호뿐이었다.

기술이 넘겨받은 제조업

제조 과정은 언제나 기술과 인적 자원에 의해 제약받아왔다—기술의 이용 가능성, 훈련, 임금 등. 그러나 우리는 모든 생산 시스템의 두 가지 주요한 요소 즉 기계와 사람을 각각 다른 방법으로 적용하는 것을 배워야만 한다. 앞으로 다가올 수십 년 동안 생산 전문가들은 기계의 노예가 아니라 기술의 파트너가 될 것이다. 미래는 큰 것, 강한 것, 규모의 경제학을 중심으로 하지 않는다. 미래에는 스마트한 것, 가치, 기술에 관한 최고 수준의 이해력, 그리고 끊임없는 혁신이 중심이 된다. 그것이 곧 테크놀로지 머신이다. 우리들 대부분은 1970년대의 컴퓨터 돌풍, 경직된 계층구조를 바탕으로 우수성만 추구하는 80년대, 그리고 보다 나은 제조 기업을 향한 고지 점령 경쟁의 90년대를 고통스럽게 헤쳐나왔다.

1990년대의 "경쟁력"은 사람, 시스템, 커뮤니케이션이었다. USX(구 US스틸)와 같이 덩치를 키워 성공했던 기업들은 작고 가볍게 생각하는 법을 배워야만 했다. 누코(Nucor)의 전기로(電氣爐) 제철공장이 그 예다. 거대 기업들은 벽을 넘어 바깥에서 최적의 파트너를 고를 필요가 있었다(일본의 철강회사들이 좋은 대상이었다). 아직도 충분하지는 않다. 좋은 기업이라도 우수한 생산능력만 가지고서는 21세기를 살아갈 수 없을 것이다. 우수한 생산능력은 품질은 보장할 수 있기 때문에, 단지 큰 게임에 참가할 수 있는 입장권에 지나지 않는다. 당장 그것이 제조업의 선구자와 제조업의 생존자에게 의미하는 바가 무엇인가?

1990년대의 혁신

1990년대는 우리가 함께 성장해온 모든 조직이 궁극적으로 해체되는 것을 목격한 10년으로 기억될 것이다―교회, 학교, 가족, 정부, 기업, 건강관리 시스템, 음악, 세제 및 화폐제도를 포함해서 말이다. 나쁜 소식은 이런 해체과정이 지속된다는 것이고, 그런 가운데 반가운 소식은 앞으로 4~5년밖에 걸리지 않는다는 것이다. 생산 전문가들은 큰 불편, 엄청난 경악, 커다란 기복, 혼란, 그리고 "불균형"이 보편화될 것임을 알아야만 한다. 스트레스를 감당하는 능력과 의학적인 치료법―항우울제 프로작(Prozac), 스트레스 관리 임상치료소, 자연 명상법 등―은 완성단계로 나아갈 것이고 또 그 영역을 더욱 넓힐 것이다.

혼돈과 고통으로부터의 회복

우리는 무질서하게 조각난 그것들을 모아 다시 조화를 이루고자 한다. 우리는 그런 불편과 "혼돈 상태"가 지속되는 것을 거부하기 때문에, 우리가 그 조각들을 다시 조합하는 것은 합리적이고 또한 고통스럽지만 당연한 것으로 보인다. 영광스러운 제품—몇몇 기업들이 생산하겠지만—은 진정 혁신적일 것이고, 또 새로운 조직을 만들게 될 것이다.

그리고 늘 그렇듯이 정부나 학교가 아니라 기업이 그 추세를 이끌고 나갈 것이다. 왜냐하면 제품을 디자인하고, 물건을 만들고, 물건을 선적하는 사람은 기업에 종사하는 사람들이고, 또 생존에 효과적인 구조를 필요로 하는 사람도 그들이기 때문이다.

지금은 위험스러운 시기이다. 주식시장은 불확실하게 하늘 높은 줄 모르게 치솟다가도 폭락하기도 하며, 많은 기업들은 이미 리엔지니어링을 했고 권한을 하부로 이양했으며, 경영쇄신을 했다고 느끼고 있다. 왜 변해야 하고, 왜 성공적인 행복한 기업으로 되돌아가는 대신 지금보다 더 어려운 상황을 걱정해야 하는가? 그것도 왜 하필 지금인가?

애플, DEC, 데이터 제너럴, 아폴로, NeXT, USX, NCR, GM—한때는 똑같이 행복했고, 번창했으며, 성공적이었던 기업들의 긴 이름표가 우리 모두 함께 보고 있는 지평선 위로 뻗어나오고 있다. 우리는 어려움을 겪고 있는 기업들 내부를 살펴보고 있다. 이런 회사들 각각은 한두 가지 전략적 실수를 범했다—대개는 전적으로 소프트웨어에 의존했거나 아니면 무계획적으로 생산활동을 했거나, 그것도 아니면 고객의 요구에 귀를 기울이지 않았거나 했다. 또한 이들 회사는 엄청난 기술적 변화를 인식하지도, 예견하지도, 그리고 준비하지도 못했다.

예를 들면, 모토로라의 6시그마 운동과 말콤 볼드리지 상(Malcom Baldrige Award)은 규모가 작은 많은 회사들로 하여금 최고의 기업을 추구하도록 이끌었다. 그 반면 15년 이내에, 곤경에 처한 기업 후보자의 긴 이름표는, 생산분야 한 가지에서만 최고가 되고자 집중했던 회사, 오직 기회가 한정된 분야, 즉 생산에서만 완벽을 추구한 회사를 포함하면 그 명단이 더욱 길어질 것이다. "생산만으로는 충분하지가 않다."

다가올 미개척 분야

가장 기회가 큰 분야는 생산활동 직전과 직후의 분야이다(그림 1-1 참조). 생산기능에다 투입 요소를 제공하고 또 생산기능을 지속토록 해주는 분야를 주목하라—그곳은 아이디어가 확산되는 곳이기도 하거니와 개발의 장애물이 최종 소비자의 욕구를 충족시키는 과정을 가로막고 있다. 이런 순환 과정을 원활하지 못하게 하는 요소들 가운데는 전통적 구매방식, MIS, 주문관리, 회계처리, 중간관리자, 상급관리자, 인적 자원의 일부, 물류, 운반활동, 창고, 디자인, 엔지니어링, 생산활동 일부, 반품처리, 고객 서비스, 품질관리, 그리고 심지어 팀도 포함된다—이런 활동은 생산성에는 기여하지 않으면서 시간만 낭비하는 분야이다. 특히 이런 낭비분야는 기업의 규모가 클수록 두세 겹, 그리고 네 겹으로 두껍게 자리잡고 있다. 중소 규모의 생산자는 최종 조립활동에 이르는 한 겹—이것이 세계적 기준이다—으로 되어 있다.

〈그림1-1〉

생산 과정의 연속적 과정

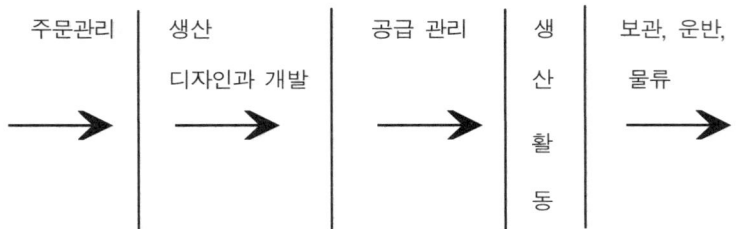

| 주문관리 | 생산 디자인과 개발 | 공급 관리 | 생산활동 | 보관, 운반, 물류 |

기회 = 시간, 품질, 원가, 유연성

* 자료: 1998. 패트리셔 E. 무디

모토로라가 품질은 이미 주어진 것이라는 것을 증명한 만큼, 6시그마 이하의 품질을 가지고는 게임에 참가할 자격도 없다. 따라서 우리는 린 생산방식(lean manufacturing), 완전 생산방식, 신속 생산방식, 그리고 실험실 생산방식을 받아들이지 않을 수 없다.

　우리는 이미 그 방식을 알고 있다. 효율적인 생산라인 배치 방법을 알고 있고, 자동화 기술을 언제 어떻게 도입해야 하는지도 알고 있으며, 또한 어느 정도로 추진해야 하는지도 알고 있다. 우리는 종업원을 선발하고, 개발하고, 훈련시키고, 그리고 동기부여하는 방법도 알고 있다. 또한 우리는 성과를 측정하는 법도 알고 있다─그런데 우리가 언제 성과를 측정해본 적이 있는가? 원하면 언제라도 좋다. 우리는 이미 알고 있으니까.

최후의 미개척 분야

　〈그림1-1〉은 구매에서 선적에 이르는 생산활동 과정을 가장 얇게 잘라내어 보여주고 있는데, 지난 20년 동안 현명한 경영자들이 제조공정에서 낭비와 불필요한 노동을 많이 제거했기 때문이다. 사실, 최근 린 생산방식에 대한 관심은 제조과정에서의 낭비와 복잡한 명령 단계를 몰아내고, 앞으로를 대비해 군살 없는 필수적인 공정만 남기겠다는 강박관념의 산물이다. 그 결과 분명해진 것은 지금은 변신을 위한 기회를 거의 남겨두지 못하고 있다는 점이다.

　게다가 공정을 통합하려는 도전에는 다음과 같은 사실이 숨겨져 있다. 로웰의 반자동 섬유 공장을 출발점으로 하여 제조활동은 인텔의 무균실, 로봇 공장, 기타 여러 분야로 발전해나갔고─특히 엔지니어링, 공급관리 그리고 생산관리─이런 활동은 독자적인 커뮤니케이션 시스템, 철학, 측정방법, 심지어 경력관리까지 제각각 개발했다. 그런 각각의 분야들은 기술적으로 완전한 공정으로 다시 통합될 필요가 있을 것이다─제거할 것이 아니라 말이다.

그런 분야들은 제조분야의 혁신가가 개발한 적이 없는 혁신, 생산 관행, 그리고 현명한 해결책을 모색할 수 있는 넓게 열린 특별한 기회를 제공한다. 2020년의 기업에서는 주문관리, 제품개발, 수금관리와 같은 기능은 하나의 고유한 커뮤니케이션 프로세스로 통합될 것이다. 정확한 청구서의 발행과 생산 지시를 위한 모든 개별 정보는 전자적으로 동시에 실질적 구매 프로세스로 연결될 것이다. 실제로, 기회를 활용하기 위한 시간 관리는 하나의 투입 및 산출 회로 도표(input and output circuit diagram)로 통합될 것이다. 선형 시스템은 더 이상 쓸모가 없게 되고, 정보를 이동시키는 컴퓨터는 투명하게 된다─남아 있는 것은 디자인의 혁신과 깨끗하고도 신속한 복제이다.

우리가 산업사회의 유산들 가운데 버리고 가지 않는 것은─확대된 가치사슬(extended value chain)을 포함하여 그리고 특히 가치사슬을 중심으로─일관성있고, 예측가능하고, 통합적이고도 손쉬운 최우수성의 추구이다. 그곳이 바로 테크놀로지 머신이 승자들을 적절하고도 유리한 위치로 인도하고, 생각할 수도 없는 높은 수준의 성과를, 게다가 상상할 수 없을 정도로 낮은 원가로 달성하도록 해주는 지점이다.

우수성(excellence) 추구는 가치사슬의 모든 구성원을 일당백(一當百)으로 인식해야 한다. 특히 전자산업의 경우, 마치 3일 이내 팔아치워야 하는 채소가게처럼 신제품을 개발하고 출시하는 시장 지향적인 목적을 갖고, 6시그마 품질을 추구해야만 한다. 두세 번째, 심지어 네 번째 계층마저도 다른 여러 기술분야에서 기업의 우수성을 추구할 기회를 찾아야 한다.

그것은 공급자가 "볼드리지" 상(Baldrige Award)을 받았는지에 대해 고객이 확인해야 한다는 것을 의미하거나, 또는 그들의 우수성 추구 파트너(excellence partner)로부터 구매과정의 우수성을 증명해야 한다는 의미는 아니다. 우리는, 그 방식을 따를 경우 초래될 불가피한 결과를 기다릴 시간이 없기 때문이다. 그것은 혼다 자동차에 근무하는 우리의 친구가 한 말처럼 "현장으로 가라"는 것을 의미한다. 우수성 추구는 현장에서 하라.

2020년의 우수성 추구

여기서 우수성의 정의를 기업 우수성(enterprise excellence)으로 확대하여 규정하고자 한다. 그리고 시스템의 전반부, 예를 들면 디자인, 구매, 물류, 포장, 고객 서비스에 초점을 맞춘다. 이런 분야는 테크놀로지 머신이 시스템으로부터 많은 시간과 돈을 할애하도록 하고, 제품의 디자인과 도입에 가장 큰 영향을 주고, 그리고 제품 디자인과 고객 디자인을 동일하게 취급한다.

우수성 집단(Islands of Excellence)

2020년에는 두 가지 종류의 기업으로 나누어질 것이다. 우수성 집단(the Islands of Excellence)과 나머지(all the rest)로 말이다. 우수성 집단에 소속되는 조직들은 많은 과업—제조활동, 실시간 (고객 주문) 제품 디자인과 동시생산, 또는 고객의 요구사항 충족—을 극단적으로 잘 수행할 것이다. 우수성 집단에 속하는 근로자들은 매우 우수할 것이다—특별히 선발되고, 훈련되고, 동기부여되고, 그리고 엘리트 조직에 속해 있는 자신의 위치를 인식하고 있다. 우수성 집단에 속하는 조직은 믿기지 않을 정도로 단순할 것이다—많은 일들이 수면 위의 잔물결과 같이 조용히 부드럽게 처리될 것이다.

그런 일들이 균형을 이루고 있음을 알 수 있을 것이다—지난 수십 년 동안 효과를 발휘했던 각종 기능들은 모두 유기적으로 한 곳에 모여, 기능들 사이의 경계가 모호해지거나, 유연한 작업 단위 속으로 통합되어 버릴 것이다.

그리고 사람들은 모두 다를 것이다. 다양성을 말하려는 것이 아니다. 비록 남녀가 근무하고 많은 민족과 인종적 색깔이 함께 하겠지만, 우수성 집단 조직의 전반적인 모습은—잘 선발되었고, 잘 교육받았으며, 꾸밈없이 잘 짜여진 이불같이—통합이라는 말이 가장 적절하다. 모든 구성원의 차이점은 큰 간격없이 전반적인 디자인 속으로 통합되어 있다.

우리는 우수성 집단에 속하는 기업에는 경직된 기업에서나 볼 수 있는 사명선언서(corporate mission statement)를 새겨넣은 장식판을 볼 수가 없다. 그 대신, 그런 조직에 속해 있는 구성원은 2년 간에 걸친 도제기간 중에 전반적인 훈련을 받는다—그 기간 동안 그들은 사명 자체를 습관화한다—왜냐하면 단순하긴 하지만 강력한 문화에 신참자가 신속히 적응하기를 기대하는 것은 무리이기 때문이다. 사람은 적응하는데는 시간이 걸리고, 또한 그들 자신이 신뢰받고 있는지 그리고 어떤 행동이 요구되는지를 아는데도 시간이 필요하다.

그러면 정신상태는 어떤가? 대체로 말해서, 자기애에 빠진 베이비 붐 세대와 X세대—혁신 세대—에 이어서 등장한 세대는 본질적 가치로 회귀했다는 것은 확실하다. 이 세대는 그들 부모세대가 인간성 자체—의식, 마음, 영혼, 그리고 지혜—를 무조건 무시했던 그런 성향은 갖고 있지 않다. 우수성 집단에 근무하는 사람들의 남다른 성향은 단순히 하나의 구성원이라기보다는 육체적 지적 능력과 함께 정신적 에너지로 충만되어 있다.

우수성 집단에 근무하는 사람은 유니폼을 입고 있다. 매일 첫 15분 동안 태극권과 같은 가벼운 운동을 한다. 때로는 사가(社歌)를 부르거나 회사 전체의 회의에 참가하기도 한다. 많은 사람이 엔지니어이고 또 기술자이지만, 모두가 그날 그날의 일과 회사의 사명을 일치시키는 통합적이고도 공통적인 비전을 공유하고 있다. 우수 집단을 지탱하는 표상과 신화들은 구성원 모두에게 잘 알려져 있다. 왜냐하면 훈련생 시절부터 그런 이야기를 들어왔고, 또 부드러운 목소리에 현명하고도 윤리적인 창업자의 말과 가르침을 되풀이해왔기 때문이다.

우수성 집단에 근무하는 사람은 오랫동안 여러 가지 방법으로 서로서로 연결되어 있다. 근로자들은 입사하면 몇몇 관련된 주요 직위에 순환근무하는 배려가 뒤따른다. 징계를 받거나 근무중단 조치는 우수성 집단에서의 축출을 의미한다. 우수성 집단에 근무하는 사람에게 있어 "나머지"로 전락하는 것보다 더한 치욕이 있을까?

〈그림 1-2〉 우수성 집단과 나머지

2010년의 우수성

우수성 집단, 그리고
"나머지"

나머지 조직들

각광을 받지 못하는 집단을 검토해 보자. 어정쩡한 사람들도 물건을 만들기는 한다. 예를 들면 지식이 별로 필요하지 않은 상품, 금속부품을 구부린 것, 아궁이에 불을 지피는 송풍기, 비닐 장난감, 그리고 간혹 고객의 주문에 의한 제품을 만든다. 그런 사람도 나름대로는 경쟁력을 가지고 있다.

그들의 피부는 거칠고 마치 전쟁터에서 며칠, 몇년, 아니 수십 년간 견뎌낸 사람처럼 반응이 빠르다. 그들은 구부리고, 뒤섞고, 발로 차고, 넘어지고, 그리고 주기적으로 그들의 눈은 공통의 초점—팀, 품질, 자격증, 커뮤니케이션, 생산성—에 집중한다. 그러나 그것도 그때뿐이다. 실적이 나빠진 회사에 대한 무관심에 맥이 빠지고 만다. 관심부족으로 인한 무질서가 회사의 유일한 통일적 주제인 것처럼 보이게 된다.

선택하라. 우수성 집단에 속할 것인가, 아니면 그 나머지로 갈 것인가를.

2020년, 비전

앞으로 맞이할 도전은 가치 사슬에 연결된 모든 기업(이후 확대 기업 extended enterprise으로 표현)들을 포용할 수 있는 새로운 기업 비전을 만드는 것이다. 그것은 기술을 바탕으로 촉진되어야 한다. 그러나 가장 어려운 과업은 인간의 역할을 규정하고 또 준비하는 것이다. 그 비전은 제조의 우수성을 넘어 세 가지 핵심 분야를 포함한다.

그것은 가치사슬의 우수성(value-chain excellence), 조직의 우수성(organizational excellence), 그리고 지식 근로자(knowledge worker)이다. 1차, 2차, 심지어 4차 하청업자마저 포함하여 확대 기업을 재창조하는 도전에는 많은 사람들의 참여가 필요하지만 마음은 단 하나만 필요하다. 이런 도전을 도와주기 위해 테크놀로지 머신은 근육과 두뇌를 보유하고 있다.

가치사슬 관리

파트너 활동(partnering)이라고? 너무 자주 사용되는 말이지. 공급 사슬(supply chain)이라고? 너무나 기저적이지. 가상 기업? 연기처럼 사라지는 허상이지. 가치사슬? 바로 그것이야. 가치사슬은 지금 우리가 논의하는 것과 가장 가까운 것이다. 21세기 기업들 가운데는 작은 섬들, 군도, 그리고 우수성 집단들의 네트워크도 있을 것이다.

확대된 가치사슬(extended value chain)의 언어

GM의 회장 잭 스미스(Jack Smith)가 수년 전 스탠포드 대학 개최의 제조관련 학회에서 연설했는데, 그의 말 속에는 역설적인 내용이 포함되어 있었다. 그것은 그가 한 말, 즉 개선된 재무제표에 관한 것이 아니라, 그가 하지 않은 말 속에 담겨 있었다. 학회의 주제는 파트너 활동에 대한 것이었다.

스미스는 파트너 활동에 대해서는 오직 간접적으로 언급했을 뿐이었고, 잠자고 있는 거인이 왜 21세기를 위한 진용을 갖추지 못하고 있는가에 대해 정확히 말했다. 현재의 재무제표 측정 시스템 어디에 "파트너에게 돌아갈 이익"이라든가, "확대 기업을 위한 총 누적 가치", 또는 "혁신으로 인한 이익" 같은 것들을 찾아볼 수 있는가?

단 하나의 기업 성과, 예를 들면 주식의 시가총액을 중요시하는 기업에는 이런 장기적 측정 수단이 빠져 있다. 몇몇 우수한 기업들, 예를 들면 모토로라도 한때 그런 적이 있었는데, 비록 그 비전을 지원할 방법은 제시하지 않았지만, 보다 폭넓은 비전을 갖고 있다. "이런 소수의 깨우친 기업들"은 단 하나의 편협한 성과, 또는 덩치 키우기에 의존한 이기기 전략, 그것도 아니면 대량생산에 의존하거나, 심지어 볼드리지 상과 같은 우수한 공급자에게 주는 상에 대한 편향된 관심만으로는 충분하지 않다는 것을 인식하고 있다.

2020년, 가치사슬 비전

2020년이 되면 "우수성 집단" 기업 파트너들은 고객만족 분야에서도 우수성을 달성할 것이다. 그들은 고객의 아이디어와 희망사항을 인식하고 즉각 완전한 제품으로 만들어내는 충분히 균형잡히고, 또 사회적으로도 통합된 기업을 창조할 것이다. 기업 파트너들은 거래에 있어서도 윤리에 어긋나지 않도록 하고, 이윤을 추구하면서도 공동선(common good)을 보호하는 방향으로 기업을 운영할 것이다.

비전은 우수한 커뮤니케이션을 통해 윤곽이 잡히고 또한 지원될 것이다.

가치사슬은 단순하게 추진될 것이다. 비전은 여러 가지 파트너 형태로 반영될 것이고, 우수성 집단에 연결된 확대 기업들을 묶어주는 끈 노릇을 할 것이다. 그것은 제조와 관련된 "최후의 미개척 기회 분야"로까지 확대될 것이고, 또한 고객만족이 일어나는 분야―예컨대 디자인, 물류, 그리고 구매와 관련된 분야까지도 포함할 것이다.

2020년의 가치사슬 비전은, 단순하고도 우아한 시스템이 가치사슬 전반에 걸쳐 통합된 정보 채널과 활발한 정보 전달을 보장하는 구조조정을 달성할 것이다. 과거 휴렛 팩커드의 구매담당 최고 책임자였고 지금은 IBM에서 같은 일을 하고 있는 진 리히터(Gene Richter)의 희망, 즉 모든 엔지니어와 디자이너의 요구에 즉각 응하는 구매자라는 희망은 현실로 다가올 것이다. 2, 3차 하청공급자, 심지어 4차 하청공급자까지도 끊임없이 고객이 요구하는 구매 자료를 수집할 것이다. 간단한 비디오 시스템이 (무엇이 잘못 되고 있다는 소식도 포함하여) 적절한 숫자를 제공해줄 것이다.

테크놀로지 머신은, 자동 에이전트(autonomous agent) 및 복합적응시스템(complex adaptive system) 소프트웨어를 근간으로 하여, 톱다운식 소프트웨어와 중앙집중식 계획과정과 같은 현행의 복잡한 유저 프로토콜(user protocol)을 대체하고 또 필요한 경우 확장할 것이다.

공급자 개발은 회사의 필수 사항이 될 것이다. 존 디어(John Deere)의 세계 공급관리 부문의 책임자이자 혼다 자동차가 제정한 우수 구매관리자에게 주는 상을 수상한 데이브 넬슨(Dave Nelson)은, 공급자 개발 접근방식 그리고 크라이슬러의 SCORE 방식은 공급자와 고객 모두가 필요로 하는 상황에 대응하기 위해 보조를 맞출 수 있을 것으로 생각하고 있다.

2020년에는 공급자 우수성은 거대한 OEM(주문자 상표 부착공급) 능력을 능가할 것이지만, 현재로서는 그 진행상황이 지체되고 옆길로 가고 있어서, 넬슨은 다음과 같은 의문을 제기하고 있다. "예를 들어, 만약 브리티시 페트로레움(BP)의 공급자 개발 프로그램(supplier development program) 같은 것이 돈을 엄청나게 벌어주고 장기적 관계를 유지하게 해주는 가치있는 것이라면, 왜 북미의 여러 기업들이 그것을 도입하려고 아우성치지 않을까?"

가치사슬 우수성 모델

지금으로서는 최고의 가치사슬 관행(value chain practice)을 수행하고 있는 기업은 없다. AST와 같은 몇몇 기업은 시스템을 선구적으로 사용하고 있다. 몇몇 기업은 인적 자원개발, 또는 공급자 개발관리 프로그램을 개발하고 있고, 렉스마크(Lexmak)는 IBM이 포기한 것을 활용하여 새로운 사업을 추진하는 프린터 메이커로서 일반 상품시장을 개발하고 있다.

〈그림 1-3〉 가치사슬 우수성 모델

우수성 모델	관 행
휴렛 팩커드의 데스크젯 프린터 공장	가치사슬의 통합, 기업 전체가 참여하는 디자인 및 마무리작업
니프로(Nypro)	기업가적 성장, 실시간 온라인 시스템, 전략적 글로벌 비전, 개인적으로 평가한 품질 기준
혼다	아메리카 일본인과 미국인의 혁신정신 활용
누코(Nucor)	전략과 직접적으로 연결된 보상시스템, "카우보이 강철" 정신, 혁신
솔렉트론(Solectron)	품질, 전략적 성장, 합병
그레고리 어소시에츠 (Gregory Associates)	전략적 아웃소싱, 적응력 높은 인적자원, 기술적 강점
밸리 로지스틱스 (Valley Logistics)	적은 원재료와 큰 아이디어, 스마트 전략
아세아 브라운 보바리 (ABB)	글로벌 리더십, 조직 혁신 분야에서 산업의 리더십 발휘

그러나 많은 회사들은 여전히 인적자원의 배치에 골머리를 앓고 있다—예를 들면, 그들이 무엇을 해야 하는가보다는 (공급자의 파견직원이 고객의 공장에 주재하므로) 공장의 어느 분야에 배치할 것인가 하는 것으로 말이다.

그들은 '근무시간 가운데 이동시간은 몇 퍼센트이고, 몇 시간의 훈련이 종업원을 지치지 않게 하고 또 생산적일까'를 염려한다. 그러나 가치사슬 중심으로 구조조정된 기업에서 몇몇 우수성 모델을 찾아볼 수 있다. 비록 이런 기업은 아직은 모든 기업에 적용할 수 있는 접근방식을 사용하는 것은 아니지만—하나의 규격만으로 모든 사람을 만족시킬 수는 없으니까—그들은 자신의 기업의 모든 활동에 응용하려고 노력한다.

2020년에는, 2020년 비전을 달성하기 위해 수행하는 모든 활동은 기업 전체의 수준을 향상시켜야만 한다. 그보다 못하게 되면 당신은 홀로 뒤처지게 될 것이다—화려하고, 행운이 따를지도 모르겠지만, 그것은 한계가 있고 결국 다윈의 적자생존 이론에 따라 멸망하고 말 것이다.

비전있는 리더

2020년의 비전은 기존의 상식을 벗어난 비전있는 리더들에 의해 창조되고 있으며, 그들은 비전을 각종 조직에 전수하고 있는 중이다. 최고의 기술을 가진 회사는 최고의 지혜, 윤리, 그리고 최고 경영자의 경영 스타일을 반영한다. 최고의 리더들, 예컨대 갤빈(Galvin), 패커드(Packard), 올센(Olsen), 잡스(Jobs) 같은 사람들은 그들 개인적인 생애가 끝난 뒤에도 적용될 수 있는 문화를 창조했다. 예를 들면, 니프로는 분명코 최고 경영자 고든 랭턴(Gordon Lankton)이 없었다면 오직 플라스틱 사업만 하면서 고객만족 영역으로는 뻗지 못했을 것이다. 마찬가지로, 모토로라의 봅 갤빈, DEC의 켄 올센, 그리고 블랙 앤 덱커(Black and Decker)의 앨 덱커는 그들이 경영 일선에서 물러난 훨씬 뒤까지도 기업문화 속에 살아 있었다.

비전있는 리더들에 관한 이 짧은 이야기는 영감을 불러일으키는 원천이다. 그들은 완전한 인간은 아니지만, 엄청난 힘과 능력을 나누어준다. 누코의 회장 켄 아이버슨(Ken Iverson)은 기술자로서 강철의 제조법을 바꾸었다. 그는 독일의 전기로를 응용하여 새로운 기술을 도입했는데, 철강산업의 선두 USX도 곧 그 기술을 채택했다.

니프로의 고든 랭턴 역시 기술자로서 실시간 공정관리를 이용하여 고품질 플라스틱 제조법을 개발하여 플라스틱 산업을 변화시켰고, 또한 산업 전반을 변화시켰다. 오하이오 주 트로이에 있는 호바트 브라더스 (Hobart Brothers)의 윌리엄 호바트 사장은 말단 종업원이 계속 성장하도록 적극적으로 지원한다.

하이라인 콘트롤(Highline Controls)의 사장 그랙 에크버그(Gregg Ekberg)는 엔지니어 겸 기업가로서 엔지니어링의 물리적 문제를 넘어 대기업의 문제 해결책을 모색하고 있다. 펜실베니아 주 그린빌 소재 피라미드 시스템스(Pyramid Systems)의 사장 진 키릴라(Gene Kirila)는 전에 없던 기술적 해결책을 고안한 독특하고도 정력적인 기업가이다. 그레고리 어소시에츠(Gregory Associates)의 밀트 그레고리(Milt Gregory) 사장은 또 다른 선구적 기술자로서 상호 경쟁하는 고객들을 하나의 지붕 아래 연결시키는 방법을 고안하고는 그들의 디자인 업무를 전문가들로 구성된 팀에 아웃소싱하고 있다.

2020년의 측정 방법

스프링필드 매뉴팩처링(Springfield Manufacturing)의 잭 스탁(Jack Stack), 작가 리처드 숀버그(Richard Schonberger), 〈검색 능력의 회복〉이라는 저서를 출판한 톰 존슨(Tom Johnson), 그리고 많은 소규모 기업들은 성과를 측정하는 새로운 측정 방법을 개발했다. 완벽한 프로세스를 만들기 위해 올바른 측정 방법을 개발하는 것은 기술관련 경영자의 최대의 당면 과제이다—정보가 너무 많으면 시스템이 인간의 상상력을 초과하게 되고, 정보가 너무 적으면 인간의 간섭으로 시스템이 효력을 발휘하지 못하게 된다.

슈하트 품질관리 상(Shewhart Award)을 획득한 도리안 사이닝

(Dorian Shainin)의 권고, 즉 "정보가 당신을 이끌고 가도록 하라"에 따르면, 처음에는 프로세스와 그 예상되는 성과 기준을 배우고, 그 다음에는 중간 과정을 수정하는 도중에 발생하는 예외적인 신호를 따라가라는 것이다.

이런 측정을 바탕으로 하는 접근방식이 암시하는 것은 2020년에는 기술의 혁신가들이 실시간 피드백과 통제시스템을 완성할 것이므로 측정시스템 그리고 측정에 따른 논란이 더욱 줄어들 것이기 때문이다. 의사결정 기준은 끊임없이 변화에 발맞추어 조정될 것이다. 이 분야의 선구자들은 절대적이고 또한 숫자로 표시하는 단 하나의 기준 대신에, 예컨대 주파수 광대역과 같이 프로세스 성과의 방향에 더욱 관심을 기울일 것이다. 기억해야 할 것은 비전은 단순한 시스템, 어느 정도의 신뢰성, 그리고 예측 가능한 성과를 포함하고 있어야 한다는 점이다.

테크놀로지 머신은 가치사슬의 모든 계층에 걸쳐 보다 많은 사람들이 동시에 이해할 수 있게 하기 위해, 각 분야에 종사하는 사람의 수를 한층 더 적게 할 것이다.

2020년의 조직

> 세상은 점점 더 작아지고…… 그렇다고 해서 더 가까워지지는
> 않으며 우리 모두는 전례없는 정치적 경제적 사건에 참여하지만,
> 우리는 그것을 이해하지는 못하고 있네.
> —리처드 바넷, "글로벌 드림", 터치스톤, 1994

앞으로 1~2년 후 회사들은 지금 유행하고 있는, 인적관리에 있어 만병통치식 프로세스인 "팀"에 식상하게 될 것이다. 선 하이드로릭스(Sun

Hydraulics)는 플로리다에 본거지를 둔 기업으로 수압 밸브 기술분야의 리더격이다. 이 회사의 인적자원관리 정책은 뛰어나게 진보적이고, 파격적이라고나 할까, 심지어 팀의 T마저도 사용하기를 거부한다. 그 대신, 창업자 에드 코스키(Ed Koski)는 테크놀로지에 초점을 맞춘다. 엔지니어이자 비전있는 리더인 코스키는 조직의 구성원이 함께 작업하는 것 이상으로 개인의 가치, 전문가의 공헌, 그리고 최고 수준의 신속 정보 시스템(agile information system)의 가치를 이해하고 있다.

앞으로 5년 이내에, 최우수 기업들의 절반은 모든 구성원의 탄탄한 기술적 능력을 바탕으로 팀제와 파트너십을 자유로이 활용하고 있을 것이다. 이런 혁신 기업들은 우리가 지금 보고 있는 전환기의 조직구조와는 상당히 달라 보일 것이다.

2020년에는, 리더격인 기업들의 경우, 기능적 업무는 서로 경계가 모호해져서 다시 그려져야 할 것이다. 특히 디자인, 공급관리, 생산관리, 그리고 전통적 엔지니어링 기능이 그렇게 될 것이다. 어떤 종업원(현행의 복잡한 직무 분류 시스템 대신, 전적으로 직위와 직무 설명서로 대체될 것이다)은, 간단한 지능 시스템 "동료"(intelligent systems "associate")의 도움을 받아 고객만족 활동을 할 것이다.

몇몇 우수성 집단에 속하는 기업에서는 고객이 자신에게 적합한 디자인을 스스로 복제할 것으로 추측된다. 그런 경향은 의류, 오락, 통신분야 제품에서 특히 활발할 것이다. 지능 시스템(intelligent system)은 인간의 의사결정 능력과 여러 가지 소프트웨어, 그리고 지금 우리가 제조활동 과정에 사용하고 있는 개인의 도구를 통합시켜줄 것이다. 지능 시스템 즉 자동 정보 중개시스템의 유용한 측면 중 하나는 매우 복잡한 문제를 해결할 수 있고, 또한 규칙에 따라 꼼꼼히 처리해야 할 과제에 대한 결정도 가능케 해준다는 점이다.

2020년의 자동 정보중개 시스템(Autonomous Agents)

당신은, 집으로 가기 위해 마지막 한장 남은 비행기 표를 받으러 금요일 저녁 7시까지 보스턴 로간 공항으로 가는 택시 속에 앉아 있다고 상상해보라. 택시 기사는 남부에서 올라온 벽돌공으로서 틈틈이 운전을 하는데, 운전중에 보스턴 지방의 명사들에 대해 계속 입방아를 찧어대고 있다. 케네디 집안의 불행에 대해, 그리고 보스턴의 프로 야구단 레드삭스 등 그의 이야기는 끝이 없다. 기사가 이야기하는 도중 당신은 은근히 걱정하기 시작한다. 택시가 제시간에 도착할 수 있을지 말이다.

1965년, 최초의 컴퓨터인 에니악(Eniac)만큼이나 큰 컴퓨터를 이용하여 사람들은 교통의 패턴, 교통 관련 역사, 대기 이론, 연료비, 화물 용량, 항공 스케줄, 기타 십여 개나 되는 변수를 응용하여, 복잡하고도 장시간이 소요되는 문제의 해법을 찾는 오퍼레이션즈 리서치(OR) 모델의 개발을 시작했다.

그러나 당신은 택시 속에서 단순함의 편리성을 만끽하고 있다. 실시간 자동으로 운전하면서, 부드럽고도 가볍게, 언제나 움직이고, 그러면서도 동시에 두 가지 일은 하지 않는 듯한 기사를 보라. 기사는 운전하는 동안 끊임없이 정보의 투입과 산출을 계속하고 있다.

그에게는 중앙에 위치하면서 정보를 알려주는, 즉 모든 것을 다 알고 있는 중앙 명령자(all-knowing dispatcher)는 없다. 기사는 자신의 판단으로 기량을 발휘하고 있다. 그는 자동 정보 중개인(autonomous agent)이고, 독립된 권한을 갖고 있으며, 어느 길로 갈지 판단하는 데 필요한 정보도 갖고 있다. 그는 자신의 운전 범위를 공항과 보스턴 중심부 그리고 잘 아는 교외 지역 몇 군데로 한정하고 있다. 고객이 가자는 대로 가는 전통적인 운전, 중앙에서 무전으로 스케줄을 알려주는 운전, 그리고 골치 아프게 수시로 코스의 변경을 알려주는 운전이라면 그는 더 이상 택시 운전을 못하고 실업자 신세가 되었을 것이다.

당신은 지금 자동 정보 중개인을 경험하고 있는 셈인데, 간단히 말해 그는 쌍방향 라디오 무전기를 가지고 있고 또한 보스턴의 뒷골목에 대한 정보가 훤하므로, 그 두 가지 도구만으로 하루를 살아가고 있다. 2020년 의 제조, 디자인, 구매 전문가는 보스턴의 택시 기사처럼 신속하고 현명 하고 그리고 유연하지 않으면 안 된다.

주의할 점은, 확대 기업이 수직적으로 통합된 오래된 조직이나, 완전히 상의하달식으로 운영하는 기업을 대체한다고 말하려는 것이 아니다. 그 리고 속도는 느리지만, 따뜻하고 행복한 근로자들이 스스로 권한을 갖는 자유방임적 조직이 "올바른 결정"을 내린다고 말하는 것도 아니다. 택시 를 타면 모두가 보스이면서도 누구도 보스가 아니다. 시간 스케줄이 여유 가 있다면 우리는 남의 사생활에 대한 이야기를 끝없이 듣는 재미도 있 다. 다만 시간과 인내심 부족이—그리고 세계시장이—이런 셀프서비스 가 제공하는 환상적 즐거움을 가로막는다.

이런 유토피아는 따뜻하지도 편안하지도 않을 것이다. 미국이 주도한 강한 개인주의의 시대는, 토마스 제퍼슨이 공공의 복리라고 명명한 공동 선(common good)을 지키려는 사회윤리에 그 자리를 내주게 될 것이다. 승리하는 조직은 규모가 더 작아지겠지만, 공동으로 사용할 수 있고 또한 원활한 생산 원천인 테크놀로지 머신의 지원을 받는 특별 기동대와 한층 더 비슷할 것이다.

물론 근로자들은 권한을 위임받고 또 자율 관리를 한다. 그들이 받은 높은 수준의 훈련과 기술적 능력 그리고 공략해야 하는 시장의 변화 속도 를 감안하면 그것은 당연하다. 몇몇 전자회사에서 볼 수 있는 이런 구조 에 대한 완벽한 비유는 다름아닌 경찰의 순찰활동이다—경찰은 라디오 의 주파수를 맞추고, 소음을 제거하고, 늘 이곳 저곳을 탐색하면서 완전한 순찰활동을 한다.

이제 분명한 것은, 2020년에는 전통적 계층구조 또는 분권적 조직, 느슨하게 연결된 제각각의 회사들―공동선 또는 최적 이익과 조화되지 않는 독자적 부문활동과 불충실한 파트너를 가진 회사들―은 시장을 빨리 장악하고 시장을 움직이는데 필요한 역량을 신속하게 발휘하지 못한다는 점이다.

IBM은 그것을 배웠다. 1984년 제1차 걸프전―속도와 우세한 병력을 동원한 대량 투입작전이 지역의 특수성에 기초한 작전을 이겼다―과 지금 시행중인 군사 시뮬레이션 훈련이 그것을 확인해 주고 있다.

새로운 조직의 과제

새로운 조직과 기업이 탄생하고 나면 새로운 리더도 등장한다. 어떻게 하면 오늘의 혁신가가 내일의 기업 리더가 될 수 있을까?

무엇보다 인프라가 중요하기 때문에, 우선 조직구조부터 만들어야 한다. 각각 하나의 기술에 기초하는 시스템들―각각의 혁신적 기술, 예를 들면 프랜시스 캐봇 로웰, 헨리 포드, 듀리아 형제(Duryea brothers), 프레더릭 테일러, 길브레스 부부(Gilbreths, 동작과 시간연구를 위해 필름을 사용했다)가 고안했던 기술들―은 낭비를 제거하는 산업기계를 만들기 위해 서로 연결되어야만 한다.

두세 배의 이익을 올리고자 한 이런 초기의 혁신가의 소망은 그들이 경영하는 기업을 폭발적으로 성장시켰다. 그 뒤, 1917년에 이르러 정점을 이룬 미국의 이민 노동력은 테크놀로지 머신을 가속적으로 발전시켰다. 미국의 무한한 자원과 소득세를 징수하지 않는 경제적 환경은 야망을 키우게 했고 부자가 되는 꿈을 불러일으켰다. 변변치 못한 기술로 기하급수적 이윤을 창출하는 기계를 만든 조직구조는 이제 변할 것이다.

2020년의 조직구조는 다층 인쇄 회로(multilayer printed circuit board)를 닮아서, 마치 여러 회로기판을 접속시키는 부분이 가장 중요한 것과 같이, 조직들 또는 파트너들이 서로 정보를 교환하는 지점에 그 성공 여부가 달려 있을 것이다. 좋은 회로는 멋진 디자인과 완벽한 접착을 요구한다. 용접이 과도하거나 또는 과소해도 회로는 파손되거나 정밀성이 떨어진다.

지금과 2020년의 제조분야 근무자의 차이는 좋은 회로들(조직들)을 만들고 그것들을 완벽하게 접착하는 것(확대 기업을 만드는 것)이다. 기술은 회로판, 배선, 그리고 칩을 제공한다. 게다가, 우리는 더 많은 용량과 심지어 열린 공간을 더 적은 회로기판에 집어넣어야 한다. 각 부품—조직으로 비유한다면 각 구성원과, 그가 사용하는 정보시스템—은 성능이 더 좋아야 하고 또 제때 준비되어야 한다.

제조의 모습을 전자회로에 비유한 것은, 우리가 은하계를 X선으로 촬영한 사진을 보면서 느끼는 것처럼, 독립적이고, 때로는 연결되어 있고, 또 때로는 회전하며, 때에 따라서는 재탄생하는 기업의 거대한 네트워크를 보여주려는 의도이다. 태양계는 태어나고 또 사라지며, 자신의 행성들을 데리고 다니며, 때에 따라 새로운 형태를 갖추기도 한다. 비유하자면, 당신의 고객은 태양에 해당하므로, 당신의 파트너들이 적어도 당신에게 매력을 느끼는 동안은 고객과 파트너들이 따라 도는 궤도는 완전히 조화를 이룰 것이다.

보수와 보상 시스템

1980년대 후반, 다양한 근로자를 대상으로 한 보수와 보상관리 시스템은 완벽하게 정확하고 공정하거나 또는 그들이 단순한 생산작업 이상을 하도록 자극하기에는 너무 복잡하게 짜여져 있었다.

〈그림 1-4〉

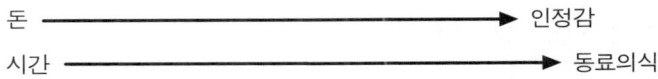

창조적 보상

귀하는 개인적 보상을 바라는가, 아니면 팀 보상을 바라는가?

돈 ─────────────────→ 인정감

시간 ─────────────────→ 동료의식

더욱이 회사가 팀을 실험하기 시작하기 전까지는 집단 보상은 위장 급여 또는 최고 경영자의 성과급 제도로 그치는 경향이 있었다. 테일러 시대에 유행했던 성과급제도(piece rate system)를 대신할 어떤 노력도 없었다. 성과급의 도입으로 품질과 유연성은 떨어진 반면 생산량을 증가시켰다면, 1990년대에는 팀 목표, 자질 향상, 그리고 다양한 단기적 목표를 기준으로 보상을 제공하는 시스템을 개발하려고 했다. 그러나 오직 금전적 보수에만 초점을 맞추어 보상시스템을 만들려고 시도했던 회사들은 노동의 유연성과 회사의 성장을 위한 계획에 심각한 차질이 있음을 알게 되었다. 만약 조직이 시대에 뒤진 보상제도와 표창제도에 얽매여 있다면 신기술은 도입되지 않는다.

인적 자원 개발을 위한 보상제도

2020년 당신의 회사가 우수성 집단에 속한다면, 회사는 일부 종업원에게 복잡하고도 도전적인 분야—예를 들면 어학, 디자인과 데이터 베이스의 이용, 시뮬레이션 기법, 파트너 기술, 부문간 교차 커뮤니케이션 기술, 그리고 기술에 기초한 어떤 구체적 분야의 가변적 지식—에서 인내와 성실로 몇 가지 기술을 획득한 대가로 보상하기를 원할 것이다. 21세기에는, 관리자들(그 무렵 관리자의 수는 훨씬 줄어들었을 것이다)은, 팀에 대한 충성심이라든가 외부로 드러난 공헌 등과 같이 측정하기 어려운 사항들은 보상 시스템에 포함하기에는 매우 어려운 요소라는 사실을 알게 될 것이다. 2020년 대부분의 회사들은 지식근로자로 구성된다고 가정해야만 하는데, 그들 가운데 많은 사람은 직위가 없으며, 매우 구체적이고도 기술적 능력을 나타내는 길다란 직함을 가지고 있을 것이다. 예를 들면 다음과 같다.

시뮬레이션 전문가, 웹마스터, 고급 제조 전문가 겸 아웃소싱 전문가, 현장 훈련을 받은 물리학자, 컴퓨터공학 석사, 5년간 특별 기동대 근무, 5급 수준의 순환근무 완료, 세 가지 언어 가능, 캐나다 출생, 기술분석사, 프로급 숏스탑, 구원 투수

과도한 환경 소음

너무 지나친 것 아니냐고? 이것이 바로 전환기의 요구이다. 그것과 관련된 모든 사람이 제 목소리를 내고, 또 제지당하지도 않고서 말이다. 그러나 2020년이 되면, 당신의 회사는 최고의 지식근로자가 등장하는 것을 허용하는 그 구식의 계층구조를 다시 도입하는 방법을 발견할 것이다. 게다가 당신이 눈치있는 사람이라면, 그런 기술자들 자신은 당신의 회사를 위해 일한다는 생각을 하지 않고 있음을 알게 될 것이다.

그들은 회사의 종업원이고 또 확대 기업 네트워크의 한 부분이지만, 그들은 자신이 무엇보다도 기술의 촉진자라는 것을 알고 있을 것이고, 회계나 자금부문, 또는 구매부문에 매달려 있는 사람이 아니라고 생각할 것이다.

지식근로자는 우수성 집단에서 매우 특수한 집을 소유하고 있을 것이다. 새로운 일의 분야 말이다. 어려운 기술과 그것을 원만하게 활용할 수 있는 "인간공학"(ergonomic) 지식을 갖춘 사람은 우수성 집단에 둥지를 틀 것이다. 우리가 어정쩡한 영역이라고 이름 붙인 나머지 조직에 근무하는 사람들은 지식근로자처럼 대화를 할 수도 있고, 지식근로자처럼 보이려고 노력할 것이고, 심지어 지식근로자가 하는 일과 도구를 흉내내어, 오락용 도구—사운드 칩, 큐빅, 각종 파일과 서류 등—를 대량으로 만들기도 할 것이다. 그러나 그것은 진짜가 아니다. 기본적인 기술과 훌륭한 혁신능력이 없이는 잘 짜여진 세상은 오직 지식근로자의 신나는 세계를 반영하는 것—다만 주어진 것을 즐기는 일—에 지나지 않는다. 나머지 조직에 속하는 사람들은 부와 성장을 창출하는 기술 프로세스에 오직 가까이 가는 척만 할 것이다.

아이디어는 지식근로자의 화폐이다

미국의 전 노동부 장관 로버트 라이시는 지식근로자를 "상징 분석가(symbolic analyst)"로 이름지었다. 그는 지식근로자를 중개인 또는 아이디어의 거래인으로 묘사했다. 그런 부류에 속하는 사람은 연구분석가, 디자인 엔지니어, 소프트웨어 엔지니어. 토목 기사, 생물공학 기사, 음향 기사, 공중관계 전문가, 투자은행가, 중개인, 법률가, 부동산 중개 및 개발자, 회계사, 경영 컨설턴트, 에너지 컨설턴트, 농업 전문가, MIS 전문가, 조직 개발 전문가, 영화 관련 종사자, 작가, 여러 형태의 출판인, 편집인 그리고 시인 등이다.

이 이름표에 가장 공통적인 단어는 무엇인가? 그것은 엔지니어, 컨설턴트, 디자이너, 고치는 사람, 이야기꾼, 그리고 거래인이다.

내가 처음 일을 시작했을 때,
그들은 "내가 한 일"에 대해 보수를 주었다.
그 뒤 그들은 "내가 한 말"에 대해 수표로 지급하기 시작했다.
드디어 나는 "내가 생각해낸 것"에 대해 보상을 받고 있다.

—로미 에버델(Romey Everdell),
라스 앤 스트롱사의 전(前) 수석 부사장, 매스터 스케줄링의 창시자

아이디어는 돈이고, 시간은 당신이 소유한 지적 재산권이다

아이디어는 당신의 화폐가 될 것이다. 당신은 아이디어를 확산시키고, 팔고, 축적하고, 고치고, 나누고, 그리고 훔칠 것이다. 당신은 새로운 아이디어—예를 들면, 새로운 정보유통 방법, 또는 시장이 매우 한정된 분야의 생산기술— 를 지적 재산권을 통해 보호하려고 하겠지만, 세상에는 지적 재산권을 다루는 변호사들이 별로 없을 것이다. 또한 당신이 주장하는 지적 재산권을 보호하기 위해 소송을 추진해줄 법원의 직원도 충분하지가 않다. 지적 재산권을 최상으로 방어하는 방법은 법원에서 나오는 게 아니라 시장을 성공적으로 지배함으로써, 그것도 빨리 빨리, 더 더욱 빨리 지배함으로써 가능하다.

테크놀로지 머신 시대에서 시간은, 우수성 집단의 강력한 공통 윤리가치(shared ethical value)와 더불어 당신이 가진 유일한 지적 재산권일 것이다—예컨대, 충성심, 신뢰, 정직성, 그리고 집단에 대한 헌신은 효과적인 조직 특성으로써 다시 등장할 것이다.

지식 근로자의 모델: 하나를 찾았다!

금요일 밤 10시, 샌프란시스코 공항으로 가는 셔틀버스 안. 대부분 사람들은 이미 맥주 한 잔 정도 마셨고, 주말 분위기에 빠져 장거리 통근에

따른 피곤도 잊었다. 열댓 개나 되는 음성메일은 답하지 않고 내버려둔 채. 젊은이는 셔틀버스를 타자마자 자신의 비행기 터미널 번호를 말하고서는 휴대폰을 꺼낸다. 일본말을 쓰기도 하는 그는 서너 통의 전화를 하는데, 때로는 전자산업 분야의 용어를 지껄여댄다. 참다 못한 기사는 운전에 방해되므로 전화소리를 줄여달라고 말하고는, 우리가 알고 싶은 내용을 물어본다. 그는 누구이고, 하는 일은 무엇인지 말이다.

그의 이름은 클라크이다. 그는 반도체 판매인으로서, 젊은 미국인 엔지니어이고, 오하이오주에서 자랐고, 일본에서 2년간 근무했고, 일본인 아내와 살며, 내일 아침까지는 보스턴에 도착할 것이고, 그 다음날은 웨스트 코스트로 돌아와야 하고, 하루 뒤에는 싱가포르로 갈 예정이다. 지난주에 그는 4개의 도시를 순회했다. 그는 필요한 모든 장비―랩탑 컴퓨터, 휴대폰, 스캐너 등―를 휴대하고 다니는데 모두 디지털 제품이다. 꼭 필요한 것 중 휴대하지 못하는 것은 그의 나이키 신발 밑에 부착한 프랫 앤 휘트니(Pratt & Whitney) 쌍발 엔진이다.

클라크는 부자는 아니다. 우리는 그가 파울로 앨토 고급지역이나 전망 좋은 언덕배기의 아파트가 아니라 중간 수준의 아파트에 산다고 가정하자. 그러나 그가 바로 지식근로자이다. 1990년대를 위한 지식근로자 말이다.

그가 갖고 있지 않은 것은 우수성 집단에 거처를 갖고 있지 않다는 것 이상이다(그는 너무나 자주 여행을 하고, 간혹 자신이 어디에 있는지 잊을 때도 있는데, 그것은 전환기의 또 다른 증상이다). 그리고 때때로 그는 자신의 윤리적, 문화적 정체성을 잊어버릴 경우도 있다(왜냐하면 비록 흰 유니폼처럼 즉각 눈에 띄지는 않지만, 그는 다양한 정체성을 갖고 있는 것이 아니라 오직 하나만 갖고 있기 때문이다).

우리는, 전환기에 처해 있는 오늘날의 지식근로자는 정보시대의 희생물로서, 은퇴를 준비하고 있고, "버블이 많은 기계와의 관계를 끊어버리려 하고 있다"(shutting off the bubble machine)는 것을 알고 있다. 우리가 부딪힐 진정한 도전은 2020년의 지식근로자 클라크를 위해 기술 집합(skill set), 목표(goal), 인정감(recognition), 그리고 보상 시스템(reward system)을 마련하는 것이다. 오늘날의 지식근로자는 지나치게 일을 많이 하거나, 부적합한 곳에서 일하고 있으며, 기계시대(Machine Age)를 떠나서 우수성 집단(Island of Excellence)으로 가는 불안한 전환기에 살고 있다.

우리가 앞에서 지적한 우수성 집단의 비전 몇 가지를 기억하기 바란다. 이쯤에서 우리는 다음과 같이 선언할 수 있다. 많은 통합된 기능들—구매, 디자인, 생산, 그리고 고객만족—은 경계가 모호해지고, 부문간 장벽을 없애고 원활한 작업 흐름을 창출하는 기술에 의해 정렬되고 재구성될 것이다. 그러므로, 지식근로자의 모델은 많은 기능들을 자유자재로 다루고, 때에 따라 여러 목표들이 충돌을 일으켜도 즐겁게 해결할 줄 아는 사람일 것이다.

또 다른 하나를 찾았다…

자신의 2층 사무실을 왔다갔다하고 있는 이 플라스틱 제조업자는, 빅3 자동차 회사들에게 부품을 공급하는 수백 개의 회사들과 경쟁하고 있다. 이 회사는 개인기업이고, 곧 기술적으로 도약할 준비가 되어 있다. 다양한 CAD/CAM 장비가 가득찬 디자인 룸이 30개가 넘는데, 이 회사는 2020년의 지식근로자가 근무할 환경을 미리 보여주고 있다.

위층 유리벽으로 된 사무실은 푸른색 화면의 컴퓨터 터미널들이 연결되어 있고, 벽 쪽에는 각종 자료를 보관하고 있는 회전 선반이 있다. 조용히 일하고 있는 종업원들은 거의 움직이지 않고 스크린 앞에서 검색하거나, 전화 또는 화상회의에 접속하고 있다. 특히 한 사람, 27세의 글렌은 록웰(Rockwell)과 TRW 컴퓨터 모두 능숙하게 다루는데, 지금 그는 행복하게도 다음 단계의 연구를 시작하고는 곰곰이 생각에 잠겨 있는 듯하다.

글렌의 책상 위에는 평범한 두 대의 컴퓨터가 있는데, 하나는 디자인 작업을 위한 대형 화면의 컴퓨터이고, 다른 하나는 자료 전송, 검색용이다. 글렌은 카티아(Katia) 소프트웨어를 이용하여 빅3 회사들과 접속하는 방법을 설명한다. 그는 지금 진행중인 설계도면과 책상 밑 상자에 버린 것들을 가리킨다. 그러는 동안, 두 대의 터미널은 〈그림 1-5〉와 같이 펜텔의 색연필 상자를 책상 위에 엎고는, 연필을 깎아 뒤로 접을 수 있는 마분지 통에 정확한 색깔 순서대로 정렬하고 있다.

〈그림 1-5〉

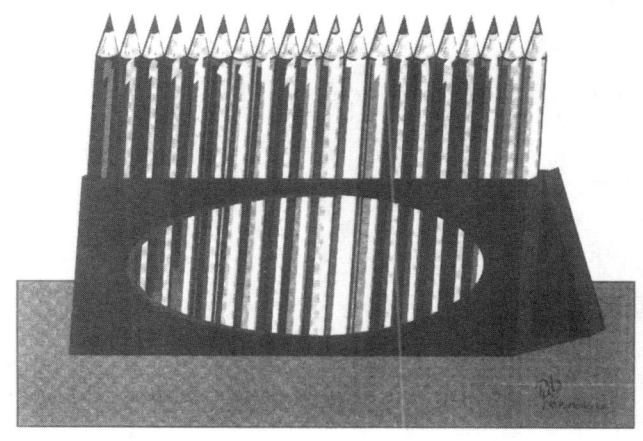

전환기의 기술

글렌이 하고 있는 일은 여러 디자이너들—종이와 연필 그리고 찰흙으로 엄청나게 잘 팔릴 디자인을 하는 자동차 디자인의 최고 베테랑들—의 작품 사이의 간격을 좁히는 일이다.

그가 한 일은 다른 엔지니어에게 전달되고, 그것을 인수받은 다른 엔지니어는 치수를 재고, 모양을 바꾸어보고, 수정하고, 그리고 대개는 작품을 한층 더 생산 가능한 상태로 만든다.

디자이너와 엔지니어는 서로 말을 하지 않는다. 표면적으로 그들은 각각이다. 그들은 서로 알아들을 수 없는 언어를 사용하고, 다른 도구를 사용하며, 그리고 다른 종교를 갖고 있다. 프로세스의 순차적 특성은, 반복되는 준비시간 그리고 거듭된 측정과 결합하여, 수개월에서 수년까지 걸리기도 한다.

자동차산업에서 가장 **빠른** 혁신 기업인 크라이슬러 자동차마저도 새로운 디자인을 하는데 수년간 그리고 수백 명의 엔지니어를 투입한 것은 크게 놀랄 일은 아니다.

그러나 글렌은 전환기의 지식근로자로서 두 세계를 연결하고 있다. 하나는 연속적이고, 한 곳에 매여 있고, 매끄럽지 못하고, 그리고 자주 위기에 직면한다. 다른 하나는 창의적이고, 생산과 구매 공정으로부터는 자유롭다.

이리하여 방금 우리는 지식근로자의 모습에 다른 여러 요소들을 추가했다—문화적 연결자, 커뮤니케이터, 번역자, 통합자(integrator), 그리고 예술가(artist)가 바로 그것이다.

지식 근로자의 세 가지 기본적 특성

1. 기술적 요소
2. 커뮤니케이션 능력
3. 창의성
   그리고 하나를 더 추가한다면…
4. 윤리

윤리의 등장

지식근로자의 네 번째 특성은 작업과 관련한 윤리의식이다. 윤리란 사업상 관계가 진실되도록 기준이 되는 가치로서, 우리가 파트너와 더욱 긴밀하게 작업하고, 또 기업간 활동이 잦아지게 됨에 따라 더욱 더 중요해질 것이다. 어떤 사람의 평판—그의 말이 믿을 만한지, 여러 사소한 특성들은 어떤지—은 그의 기술이 증가하는 것과 함께 따라다닐 것이다. 누구와 어떻게 제휴할 것인가 하는 것뿐만 아니라, 그가 어디서 살며 어디서 일을 할지도 결정할 것이다. 예를 들면, 공급관리에 있어서 "윤리적 구매"(ethical purchasing)란 지켜야 할 행동 관행으로서, 선물제공 금지, 특별한 호의 제공 금지 등을 말한다. 이는 당연한 일이다. 그러나 2020년의 윤리적 거래(ethical transaction)는 기업 관행을 넘어 기술 관리와 집단의 충성심에까지 나타난다.

이런 각각의 조직은 새로운 조직구조뿐만 아니라, 소속된 시장에 대한 공급관리 혁신과 선진적 시장 접근방식을 채택하고 있다. 정밀 수압밸브 장치를 생산하는 선 하이드로릭스는 공식적인 조직도표가 없으며, 팀제를 한번도 도입한 적이 없다.

지식 근로자 모델

선 하이드로릭스 (Sun Hydraulics)	시스템스 소프트웨어 어소시에츠 (Systems Software Associates),
CNN,	바사르 스트리트(Vassar Street),
드루 산틴(Drew Santin)	산틴 엔지니어링(Santin Engineering)
파사디나 디자인 스튜디오 (Pasadena Design Studio)	버몬트 오르간 웍스 (Vermont Organ Works)
로스 밸브(Ross Valve)	플레버스 테크놀로지(Flavors Technology)
넥스트(NeXT)	스토리스 보트야드(Story's Boatyard)

또 다른 파격적인 디자이너 겸 엔지니어의 선두격인 파사디나 디자인 스튜디오는 자동 디자인 공정 그 자체를 다시 디자인하고 있다. 스티브 잡스가 엄청나게 투자했으나 업적은 아직 신통치 않은 넥스트는, 최고 수준 품질의 컴퓨터를 생산하는 자동 조립 공정이 "기계를 만드는 기계"(the machine that makes the machine)가 될 수 있음을 증명했다. 그리고 매사추세츠 주 에섹스에 있는 스토리스 보트야드는 목조선 건조부터 시작하여 그 역사가 200년이 넘은 조선소로서, 조선과 관련된 비밀을 몇 세대 동안 소중히 보호함으로써, 오랫동안 잊혀졌던 동부 해안 고유의 디자인을 현대적 소재와 결합하여 생산하는 방법을 복원하고 있다.

통합과 전문화의 딜레마

그러나 지식근로자는 어떻게 그 많은 여러 기술들을 혼자서 축적할 수 있을까? 혹은 다기능 전문가는 어떻게 그 많은 업무를 수행하는가? 예를 들면, 2020년의 전자제품 공급자는 일차적으로 정보와 오락 제품을 공급하는 기업일 것이다. 따라서, 그런 업무는 전기로의 철강 공정과는 달리 일선에 고객만족 팀을 필요로하지 않지만, 어쨌거나 2~3차 하청업체는 각종 원재료를 필요로 한다는 사실을 이해해야 한다. 심지어 운전기사마저도 전기로 시장에 간접적으로 영향을 미친다는 것, 그리고 기술이 나아가는 방향이 어딘지도 알아야만 한다.

궁극적으로 인적자원 관리는 보다 발전된 직무 설명서를 따르게 되겠지만, 그러나 2020년의 조직 구성 모델은 해당 기업의 제품 판매 목표를 가장 잘 달성시켜줄 기업들의 최고 유행 모델로부터 나올 것이다. 대부분의 기술직 근로자들은 엔지니어이거나 기술자일 것이라는 점을 예상해야 한다. 그들의 보조자는 디지털 기계(예컨대, 전문가 시스템과 같은 컴퓨터)이거나, 아니면 작가, 조사분석가, 그리고 상품 전문가와 같은 사람들일 것이다. 근로자들은 훌륭한 이야기꾼, 작가, 그리고 뛰어난 발표자일 것이다. 그런 기술들은 유능한 인재들을 엘리트 대열에 합류시킨다. 그들이 받는 보상은 상당한 수준의 급료와 복리후생은 물론이고, 조직 내외부의 최고수들과 파트너가 될 자격을 부여받는 것이다.

2020년

예측이라는 것은 물리학과 유사하다. 우리는 어느 예측된 사건에 대해 시간이라는 차원을 감안하지 않는다면, 그 사건의 미래를 80% 정도 예측할 수 있다. 그러나 우리가 시간 척도를 결정하려고 해도, 그리고 비록 어떤 사건에 대해 부정확한 정보뿐이라 하더라도 매년, 매일마다 변화가 일어난다는 것은 틀린 말은 아니다.

제조업의 모습에 대한 우리의 미래 전망을 20년 앞으로 늘려보면, 즉 2020년의 제조업 분야에 대한 우리의 비전을 제시해보면, 세상은 기술을 중심으로 성공적으로 변신한 기업과 그 나머지로 확연히 분리될 것이다.

제조 과정은, 실험실과 유사한 환경 속에서—깨끗하고, 조용하고, 그리고 한층 더 규모가 작은—다시 말해 기계가 다양한 제품을 생산하고 있을 것이다. 자동차, 의류, 각종 공구, 전자제품, 의약품, 화학 제품, 그리고 플라스틱 등 매우 다양한 제품들이 작업 현장이 아니라 독자적인 전문가에 의해 디자인될 것이고, 어쩌면 심지어 고객이 직접 디자인한 것을 소규모의 한층 더 신속한 복제 센터(replication center)에서 생산하게 될 것이다.

여기서 지식근로자의 모습은 아주 중요하다. 우리는 미래의 조직을 사람이 전혀 없는, 우리가 살고 있는 풍경과는 전혀 다른, 그리고 가능하지도 않은 첨단 기술 비전을 제시하는 대신, 미래의 제조 기업의 조직 방식과 경영 방법은 1990년대 최고 기업들이 하고 있는 것과도 상당히 다를 것이라는 점을 말하고자 하기 때문이다. 공장의 숫자는 점점 더 줄어들지만, 단위 공장은 한층 더 많은 제품을 생산하는 방법을 배우면서 경험한 변화는, 제조업 관련 분야에서도 유사한 변화를 일으킬 것이다.

예를 들면 윤리, 교육, 공장 마을, 작업 습관, 그리고 지식근로자와 기술자의 양성 등에 변화를 가져올 것이다. 최고 수준의 기업에서는 인적자원은 보호되고, 또 계획적으로 양성될 것이다. 반면 최하 수준의 기업에서는 어중이떠중이가 큰소리를 칠 것이다. 당신의 제조업 분야 비전을 20년 후로 확대하라. 당신의 집, 당신의 학교, 그리고 당신의 공장이 어떤 모습일지 와서 보라.

제2장

127개의 와일드 카드

—우리는 어떻게 되고, 무엇을 할 것인가

앞으로 우리들 모두는 성공할 수 있을 것이다. 다만 미래가 현실화될 수 있다는 것을 우리가 받아들인다면 말이다. 모든 변화를 몰고 가는 사람은 우리를 테크놀로지 머신으로 데려다 줄 것이다. 테크놀로지는 제조 분야뿐만 아니라 사회구조와 커뮤니케이션 방식마저도 새롭게 만들 것이다.

2020년, 다시 말해 겨우 20년 후에는, 제조업을 이끌어 나가고, 제품의 디자인과 생산 분야에 종사하는 사람들을 관리하고, 그리고 그들이 사용하는 커뮤니케이션 규약(communication protocol)을 이끌고 갈 시스템은 오늘날 가장 우수한 확대 기업의 시스템과도 다를 것이다. 그 시스템은 우리가 상업적으로 그 성능을 이미 검증한 가장 특색있는 것들만 모아놓은 것보다도 더 빠르고, 더 강하고, 그리고 더 많은 기능을 통합하고 있을 것이다.

분산 및 현지 생산

글로벌 경쟁자는 현지 사정에 맞게 판매하고, 디자인하고, 그리고 생산할 것이다. 1990년대 휴렛 팩커드, 플랙스트로닉스(Flextronics), AST컴퓨터, 모토로라, 솔렉트론, 니프로, 그리고 혼다 아메리카 등은 모두 전통적인 규모의 경제와 중앙집중식 생산기능을 포기하고, 글로벌 사업 전략을 추진했다. 그 이유는 고객과 보다 가깝고 신속하게 접촉하고 시장을 선점하려는 것이다. 기대되는 효과는 보다 빠른 현금화에다, 품질은 한층 좋고 값은 더 싼 제품의 생산이다.

고객이 제품을 수령한 후, 혹은 제품을 디자인 한 후 가능한 빨리 현금 흐름 즉 대금을 회수하는 것—"현금의 수확"(harvesting cash)—은 인터넷 전자화폐 교환제도(internet electronic currency exchange)로 촉진될 것이다. 그러나 현행의 예측불가능하고도 매끄럽지 못한 제조관행은 자동제어 지불 서비스(closed-loop payment service)의 도입에 장애가 되고 있다. 2020년 경에는 모든 기업이 자신들은 '현금을 수확'하는 사업에 종사한다는 것을 인식하고 있을 것이다. 그들이 비록 어떤 종류의 제품을 조립하고, 주조하고, 단조하고, 또는 직물류를 짠다 하더라도 제품은 단지 거래의 수단에 지나지 않는다. 그 시점이 되면 기업들은 생산과 운반에 관한 온라인 추적 장치를 구축해 놓았을 것이다.

제조는 두 가지 종류의 제품을 복제하는 것이 될 것이다. 하나는 창조적인 온라인 고객 디자인을 복제하는 것이고, 다른 하나는 특정 제품의 표준화일 것이다. 물론, 제조 과정의 비밀은 창조적인 제품의 지적 재산권 영역에 속하는 것이고, 표준화는 순수한 생산 과정을 의미한다. 창조적인 디자인과 그것을 복제하는 데는 전례 없이 많은 아이디어가 요구된다.

그러나 도요타, 휴렛 팩커드, 모토로라, 심지어 볼드리지 상을 두 번씩이나 수상한 솔렉트론, 그리고 다른 많은 우수한 제조 기업의 모델 기업이라 해도 아직은 단 3일 만에 자동차를 만드는 방법을 고안하지는 못했다. 또한 각종의 부엌용 가전 제품과 가정용 전자제품 및 오락용 기기를 통합한 맞춤 디자인은 아직 시기상조이고, 심지어 100달러 또는 그 이하의 가격에 컬러 프린터, 복사기, 팩스, 그리고 TV를 직접 디자인하고 조립하는 방법은 알지 못하고 있다.

우리는 가속적인 기술 발달이, 우리가 일하고 또 살아가는 방식을 변화시킬 것이라는 점을 인식하고 있다. 그러나 우리는 절대적인 문화적 경제적 평등이 지배하는 유토피아를 제시하지는 않으며, 또한 세계의 모든 시민이 박사학위를 소지하고, 전 세계적으로 로밍되는 휴대폰─어떤 국가의 휴대폰을 들고 전 세계를 여행하며 통화할 수 있는 휴대폰─그리고 일생 동안 안락한 생활을 보장하는 유토피아를 말하려는 것은 아니다.

승리자와 패배자

2020년에는 승자와 패자로 나누어질 것이다. 그리고 성장기업과 낙오자 사이의 격차는 엄청날 것이다. 마치 마이크로소프트의 짧은 제품 수명 주기가 빌 게이츠로 하여금 엄청난 현금흐름(소위 "마이크로소프트 은행")을 가능케 한 신제품을 발명하도록 한 것처럼, 새로운 아이디어는 보다 젊고, 보다 튼튼한 젊은이들─그들도 잠시 동안이겠지만─로 하여금 승자의 대열로 초대할 것이다.

와일드 카드

지금부터 5년 후의 제조업의 풍경화는 20년 후의 것이나 마찬가지로 분명하지 않을 것이다. 발전적 변화의 힘은 그 풍경화 속에서도 거의 느낄 수 없을 것이고, 기업의 정체성이 모호한 것처럼 담장과 담장 사이도 흐릿할 것이며, 어떤 것들은 중력의 힘 때문에 내려앉았을 것이고, 또 다른 것들은 몇몇 분야에서 힘차게 솟아나 있을 것이다.

그러나 20년 후, 즉 2020년에는 획기적인 기술 발달이 전반적인 산업의 모습을 이미 재구성했을 것이고─자동차, 플라스틱, 비행기와 개인의 운송수단, 통신, 유전공학, 교육, 그리고 오락산업—그것도 너무나 엄청나서 분명하게 비교될 것이다.

예를 들어, 1998년 크라이슬러의 디자인 프로세스 흐름도표를 2020년의 개략적인 도표와 비교하면, 거기에는 같은 것이라고는 하나도 없을 것이다. 프로세스 자체가 다시 설계되었을 것이고, 진흙이나 카티아 패키지 소프트웨어는 이미 옛날 이야기고 테크놀로지 머신은 제품 완성시간을 몇 달에서 며칠로 단축시켰을 것이다.

그리고 모든 기술적 성공이 선진국과 중진국을 구분하지 않고 무차별적으로 일어나지는 않을 것으로 보인다. 그 이유는 기술적 진보는 경제적 경계(economic boundary)를 넘어설 수도 있고, 그리고 그 주변을 맴돌기만 할 수도 있기 때문이다. 지금 인도나 워싱턴의 레드몬드에서 쉽게 진행되고 있는 소프트웨어 설계작업이 앞으로 올 변화를 암시해준다. 오직 클리브랜드에서나 가능했던 철강 생산이 앞으로 세계 어느 곳에서나 생산이 가능해질 것이다. 디트로이트의 수 마일이나 되는 공장에서나 가능했던 자동차 생산이 아마존 강변이나 뉴욕 맨해튼의 86번가에서 완전 분해된 부분품을 조립하는 차고형 점포에서 생산되어 나올 것이다.

신기술 무기를 가진 제3세계 국가들, 예컨대 중국과 파키스탄이 이익을 창출하는 첨단산업의 원천 역할을 할 것이다. 워싱턴에 있는 인구조사 연구소(The Population Reference Bureau)는 20세기 초 16억이었던 세계 인구가 2010년이면 60억을 돌파하고, 그 대부분의 증가는 가난한 국가에서 일어날 것으로 예측했다. 그리고 중국, 인도, 미국, 그리고 인도네시아가 4대 인구대국이 될 것이고, 그 다음으로 파키스탄, 브라질이 될 것으로 예측했다. [1]

---

[1] *AOL Online News*, May 12, 1998, Washington, D. C.

오늘날의 MS 윈도우는 20년 전의 코볼(Cobol)과 같다—지금은 많이들 사용하고 있지만 자식들 세대에서는 사용되지 않을 것이다.
—무디와 모얼리, 1999

640킬로 바이트면 누구에게도 충분할 것이다.
—빌 게이츠, 1981

자신의 집에 개인용 컴퓨터를 들여놓기 원하는 사람은 아무도 없을 것이다.
—켄 올슨, 1977

내 생각에, 전 세계적으로도 대형 컴퓨터 시장은 아마 5대면 충분할 것이다.
—토마스 왓슨, 1943

공기보다 무거운 물체가 하늘을 나는 것은 불가능하다.
—로드 캘빈, 1895

100년도 채 안 되는 기간에, 제조업자들은 프레더릭 테일러(Frederick W. Taylor)가 확산시킨 제조기술의 원칙들을 재정의하고 또한 소멸시켜 버렸다. 10년도 채 안 되는 기간에, 도요타 생산시스템의 영향은 세계의 생산 및 원재료 조달 공정을 혁신했다. 마찬가지로 우리는 강력한 기술적 발전을 예견할 수 있다. 우리는 그것을 포커 판에서 부르는 것처럼 와일드 카드(만능패)라고 명명하고자 한다. 그것들은 다음과 같이 127개나 된다.

주의할 점은, 얼핏 보기에 이들 와일드 카드는 상호 모순되거나 충격적으로 보일 것이고, 심지어 약간은 엉터리 소리 같은 것도 있을 것이다. 그러나 이것들은 사고력을 확장시키고 또한 뉴턴의 과학체계에 도전하도록 부추긴다. 물론 와일드 카드 가운데는 동의할 수 없는 것도 있을 것이다. 카드 게임의 승패를 결정하는 것은 미래이므로, 우리가 기껏 할 수 있는 것은 카드를 갖고 즐기는 일뿐이다.

시간과 돈

미래에 대한 계획을 회피하는데는 많은 핑계가 있고, 또 몇몇 좋은 이유도 있다. 정말 인간이란 우스꽝스러운 데가 있는 동물이다. 인간만이 미래를 예측할 수 있는 동물인데, 바로 그 점 때문에, 인간은 계획해야만 된다는 사실을 인정하기를 거부하고 있는 것이다. 늘 그렇듯이, 비전을 달성하는 수단들은 지금으로서는 힘들고, 비용이 많이 들고, 상대적으로 시장의 크기가 작지만, 그러나 그 수단은 유익한 과학뿐이며, 더 나아가 미래의 획기적 기술을 만드는 것뿐이다.

새로운 아이디어가 넘치지만, 그 아이디어를 획기적 기술로 전환하는 것은 바로 장애물과 맞부딪히는 곳이다. 여러 장애물 가운데 하나가 문화인데, 예컨대 세계표준을 인정하지 않는 지적 분위기라든가 독점적 위협으로 인한 시장진입의 어려움 등이다. 2020년 드디어 우리는 혁신을 통해 아이디어를 획기적 기술로 전환시키는 방법을 터득하게 될 것이다. 또한 그때가 되면, 우리가 촉매적 경영(catalytic management)—혁신을 촉진하는 동적 경영—이라고 명명한 관리기술이 등장하여 유연하면서도 강력한 프로세스를 제공해줄 해결책이 될 것으로 믿고 있다.

사업의 전통적 접근방법 대신, 생산관리 및 혁신관리(manufacturing and innovation Management)를 채택하게 되면, 관련된 아이디어를 자

유롭게 배양 촉진하는 채집 수렵형 조직(hunter/gatherer organization)
으로 바꾸어 놓을 것이다.

다음의 예측은 기술적 근거를 갖고 있고, 몇몇은 가족, 마을, 경력, 그리
고 교육의 조건을 적고 있다. 그러나 승자들은 부와 성장을 창출하는 획
기적 기술을 활용한다.

와일드 카드

1. 기술은 제조뿐만 아니라 사회구조와 커뮤니케이션 방식도 바꾼다. 기술의
연계(technology linkages)가 지금 "자연스럽게" 국경과 커뮤니케이션 요소인 지
리적, 가족적, 언어적 동질성을 대체할 것임을 예상해야 한다.

2. 대량 생산은 완전히 분산된 생산 시스템과 판매 현장에서의 생산 방식에
길을 내어줄 것이다(그림 2-2 참조). 대량 생산과 다층적 경영구조(complex
hierarchy of management structure)는 150년간 전성기를 누렸다. 핵심적인 부품
을 지역에다 하청을 주고, 디자인을 맡기고, 그리고 궁극적으로 재생가능한 원
재료의 생산과 재소비를 고객에게, 그들의 가족에게, 그리고 그 자신에게 맡기
는 산업들을 주목하라. 제조는 소비시점(그리고 디자인 시점)에서의 복제활동
이 될 것이다. 중요한 것은 디자인, 시장에 출하하는 시점, 그리고 제품의 다양
화이다. 이런 종류의 프로세스 혁신이 예상되는 제품 산업은 의류산업, 오락장
비산업, 그리고 통신장비산업이다.

3. 15년 이내에 등장할 2020년의 승자들은 규모가 작고, 지금은 듣지도 못했
고 또 알 수도 없는 무명기업일 것이다. 그들은 고객만족을 추구하는 휴양지,
건강 및 건강관리 사업, 특수 수송업, 판매인의 능력을 최대로 활용한 사업, 음
식점, 소규모 총포업, 그리고 경비산업에서 폭발적으로 성장할 것이다. 이런

"새로운" 사업의 수명은 인간의 수명과 비례할 것이고, 소득이 확대될수록 번성할 것이고, 그리고 그런 사업은 고객 밀착적 정보구조에 크게 의존할 것이다. 즉각적으로 알 수 있는 "개인 건강"과 "안전"에 관한 정보는, 더 나아가 다이어트에 관한 관심증대는 이런 "소규모 산업"을 가속화시킬 것이다. 이런 종류의 산업도 어느 정도 한계가 있을 것은 분명하다. 그러나 그 한계는 예상한 것보다는 훨씬 더 적을 것이다!

4. 2020년의 패배자들은 미국과 독일의 대기업들이다. 분명히 관절염을 앓고 있는 기업들—예컨대, GM과 제록스 등—이 나이를 먹었다는 표시는 그들의 성숙한 재무구조에 나타나 있으며, 그들이 재난을 당할 것은 예측할 수 있는 일이다. 이보다는 덜한 희생자 가운데는 MS, 스토리지텍(StorageTek), 시게이트(Seagate) 등으로, 이들이 가진 뛰어난 기술도 차츰 한계에 부딪히고 있다.

5. "주변적 사업자들"(marginal operators)—소수의 고기술 근로자를 활용한 비경쟁 분야의 사업자—은 지식 대신에 양적 공급에 적극성을 띨 것이다. 1800년대 중반, 선철 난로 제조업자의 생존전략처럼 그들이 사는 지역에, 그들만의 고유한 디자인에, 판매에, 그리고 수송에 매달려 살려고 노력할 것이다.

6. "소규모 산업들"(mini-industries), 즉 단기적으로 급속히 성장하고 또 소멸하는, 단 한번 승부하는 기술의 승자는 거대 산업 부문을 대체할 것이다. 시장 세분화는 하향지향적 분산적 추세를 계속할 것이다. 과거 "컴퓨터 산업"이 그것을 보여준다. 컴퓨터는 그것을 담는 상자가 다른 만큼이나 소매점포용, 연구소용, 산업용, 그리고 교육용으로 틈새시장을 만들어왔다. 개개인의 용도에 맞춘 수송산업, 개인의 건강, 개인의 안전과 취미와 관련된 아이디어는 모두 6개월 내에 시장에 나타나서, 확산되고, 그리고 사라진다는 점을 유의하라.

7. 재생산(remanufacturing): 카메라, 자동차, 변속기, 종이, 일부 소비자 제품 등은 재생 수리업과 재활용산업의 성장을 가속시킬 것이다. 사우스캐롤라이나

주 서머빌에 있는 윌리엄스 테크놀로지(Williams Technology)는 전략적 근거를 자동차 부품의 재생산에 두고 있는데, 이와 같은 "재생산업"(reman business)에서 민감하고도 신속한 기술적 적응자는 번창할 것이다.

고물 창고: 자동차, 공구류, 컴퓨터 장비의 고물 창고는 재생활용 산업의 선구자 노릇을 했다. 그것은 지저분한 듯 보이지만, 그러나 지금은 프랜차이즈를 주고 있고, 아무나 할 수 있는 것도 아니다. 그리고 전자 카탈로그를 만들고 있는데, 예를 들면 폴크스바겐 1972년도형 카뷰레이터를 찾기 위해서 녹슨 폴크스바겐 자동차 더미를 뒤질 필요가 없다. 그 부품이 어디 있는지 정확한 위치는 온라인으로 알 수 있고, 더 나아가 미리 연락해 두면 부품들은 깨끗하게 닦아놓고, 재빨리 꺼내어 보일 수 있도록 선반에 올려놓았을 것이다.

자동차의 수명이 다한 후, 차체는 전기로로 보내질 것이다. 케네스 아이버슨이 전기로 제철산업을 일으켜서 누코에 최초로 미니밀(Minimill, 전기로)을 설치하자 모든 폐차 가격이 즉각 상승했고, 또 철강제품의 가격도 덩달아 올라갔다.

8. 일본은 재무의 중심이지 제조의 중심은 아닐 것이다. 돈을 이용하고, 돈의 흐름을 관리하고, 투자하고, 이자를 받고, 현금을 회수하는 것이 일본의 생활 스타일과 문화적 적성에 한층 더 맞을 것이다. 자금과 관련된 시스템을 짤 수 있는 소프트웨어의 베테랑은 미국에서 배우고, 일은 일본에서 할 것이다. 점점 더 많은 고급학위 소지자와 기술자들이, 자금과 관련된 문제를 해결하는 고급 소프트웨어를 개발하기 위해 일본으로 떠나게 되면서, 컴퓨터가 오직 제조와 소비시장에만 보급된 나라에서 일본으로의 두뇌유출 현상을 보게 될 것이다.

9. 핵 발전은 르네상스 시대를 맞을 것이다.

10. 아이디어가 당신의 화폐이고, 시간이 당신이 가진 유일한 지적재산권이므로, 지적재산권 관련 법률은 붐을 이루고, 또 그것은 인터넷상의 정보교환 그리고 다른 모든 정보 미디어를 통제하게 될 것이다.

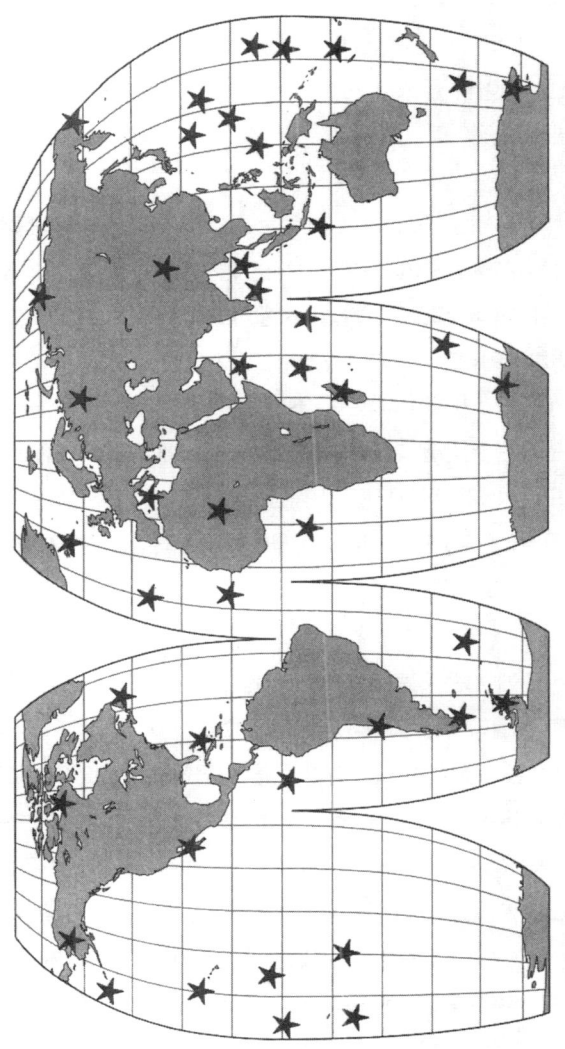

11. 지적 자본: 가장 중요한 자산은 사람이 될 것이다―그러나 그것은 단순하게 사람의 수를 의미하는 것이 아니라 사람의 질이다. 기술력이 제조분야, 의학분야, 오락산업분야, 그리고 통신분야를 지배할 것이다. 박사학위 소지자와 소프트웨어의 베테랑 그리고 디자인의 대가들은 경영층과 임원진에 자리를 잡게 될 것이다. 엔지니어의 급료는 천장을 찌를 것이고, 보통 샐러리맨들은 깜짝 놀라 뒤로 넘어질 것이다!

12. 원재료의 대체는 시스템의 대체를 초래할 것이다. 혼다 자동차가 알루미늄 엔진을 개발하면서 천연자원의 부족문제―강철의 무게와 강철의 수송문제―는 엔진 디자인에 새로운 물질을 사용하도록 유도하고 있다. 그러나 혼다가 개발한 최초의 엔진은 실패했지만, 주조방법을 완벽히 하기 위한 반복된 실험은 마침내 일련의 기술적 대박을 터뜨렸고, 경쟁자들로 하여금 5년 이내 알루미늄을 사용하는 기술을 개발하지 않으면 안되게 했다. 그리고 실제적으로 1998년 올스모빌의 오로라 엔진은 기름통, 받침대, 그리고 앞부분이 모두 알루미늄으로 제작되었는데, 인디애나 500 자동차 경주에 참가한 자동차에 장착한 엔진들 가운데 최고 선택품이 되었다.

13. 주유소 옆에 사는 사람은 언제나 기름통이 비어 있다. 성공적인 회사는 오직 이익에만 매달리지는 않는다. 궁극적인 지표―이익, 일의 즐거움, 삶의 의의, 사회적 혜택을 포함하여―는 다만 돈을 성공적으로 벌었다는 표현에 지나지 않으며, 결국 돈은 고유 기술과 그 기술을 응용하여 창출된다. "수많은 좋은 아이디어"로부터 획기적 기술을 창출하는 연금술은 다음 20년 동안의 성장을 위한 핵심 요소이다. 그러나 이익만을 추구해서는 혁신과 성장을 촉진할 수 없는데, 그 이유는 이익에 집중한다는 것은 주유소의 기름이 실제로는 비었는데도 불구하고 계기판만을 "가득찼음" 표시로 되돌려놓는 것과 같기 때문이다. 해야 할 일은 실제로 기름을 다시 채우는 것이다. 기름을 채웠으면 계기가 어떻게 표시되든 상관없다.

14. 종신 고용제가 부활될 것이다─적어도 일부 회사에서는 말이다.

15. 레이션(Raytheon): 어떤 엔지니어도 거대 규모의 느린 조직인 레이션과 같은 곳에서 근무하기를 원하지 않을 것이다.

16. 미국의 우체국은 대리석으로 지어진 은행 같은 화려한 건물을 포기하고 뒷골목과 신설 도로를 파고들 것이다. 우체국은 우표, 만화책, 비디오 테이프, CD, 그리고 다양한 종이로 포장된 통신 수단을 팔 것이다. 전자 우체국 직원들은 전자우편을 취급하고 플라스틱 카드와 화폐교환 업무를 취급할 것이다.

17. 회사는 커지기도 또 작아지기도 할 것이다. 공장들은 미국의 농업이 간 길을 따를 것인데, 그것은 중소규모 가족 농장에서 출발하여 거대 농장으로 성장했고 또 아주 작은 시장을 노린 특수 농장으로 변해 갔다. 제조분야에서도 살아남은 자는 매우 규모가 커졌거나, 아니면 전국망을 필요로 하지 않는 회사, 그리고 소규모 전문점일 것이다. 1억 달러에서 10억 달러 수준의 "중규모 회사들"은 경쟁력을 상실할 것이다. 거대 기업은 몇몇 산업을 지배할 것이다─이를 두고 독점의 복귀라고나 할까. 완전히 성숙된 경쟁 시장에서, 현금과 혁신적 두뇌로 무장한 대기업은 소규모의 민첩한 기업들로 구성된 확대 기업과 전쟁을 벌일 것이다.

18. 게의 껍질과 뼈의 성장: 가벼운 신물질, 비유하자면 게의 껍질과 뼈의 성장처럼, 비행기, 스키, 그리고 테니스 장비를 혁신한 복합물질은 여러 제품─비행기, 빌딩, 자동차, 기차 등─의 골조 디자인 방식을 바꿀 것이다. 게의 껍질은 두 개의 표면에 여러 겹의 단층으로 구성되어 있다. 껍질과 뼈 모두 부드럽고도 날카로우며, 그 사이에는 엉성하게 끼워 놓은 유리섬유 장치를 닮은 강한 섬유질의 게살이 있다. 힘이 없는 물질은 부패될 수 있으며, 뼈와 마찬가지로, 압력이 가해지는 곳에는 물질이 증가될 수 있다. 스트레스를 받는 지점에 사용되는 가벼운 광합성의 물질은 2020년에는 주요한 원재료가 될 것이다.

19. "잉크 젯" 강철("ink-jet" steel): 용해강철 그리고 다른 여러 금속의 분해기술은 강철 부품을 3차원으로 만들 수 있게 한다. 실제로, 용접공정에 굴절작업을 하고 또 용해강철을 추가함으로써, 고객의 주문에 따른 강철을 기초로 한 단단한 물질을 만들기 위해 강철부품─3차원 프린터와 같은─을 조립할 수 있도록 해준다. 이런 기술은 자동차의 전동장치와 복합 부품에 응용될 것이다.

20. 가죽: 가죽의 신축적 성질은 최종 단계의 미적 감각을 완성하도록 해줄 것이다. 그리고 고가격 가죽은 틈새시장을 찾을 것이다.

21. "보이지 않는 제조."(invisible manufacturing): 어떤 고객도 제조 과정을 모를 것이다. 고객은 당연히 기술이란 말은 사전적인 의미로만 국한되고, 또 독립적인 것으로 인식할 것이다. 햄버거는 진정 쇠고기 살점 한 조각으로 만든다. 제조된 제품은 진정 혁신적 복제활동의 한 부분이다. 이 두 가지 이미지를 상호 연결시키는 것은 보이지 않는 제조라는 개념을 받아들이는 것을 더욱 어렵게 만든다. 복제품 생산이 아닌 진정한 제조 그리고 식품의 제조는 환경주의자, 자본 투자자, 그리고 소비자의 욕구에 한층 더 적합하도록 한다.

22. 기술자 구함: 우주항공 기술자 (그리고 수리업자) 급구. 수천 개의 통신위성이 수백만 개의 서비스를 하면서 지구를 돌고 있으므로, 그것에 연료를 채워주어야 하고, 수리를 해야 하고, 부품을 제조해야 하고, 그리고 위성 내에서의 서비스가 필요할 것이다. 따라서 인공위성의 제조, 지상 지원, 안테나와 관련된 사업, 그리고 통신과 제어 기술은 큰 사업이 될 것이다.

23. 시간 여행(time travel): 르네상스 또는 미국의 남북전쟁을 시간 여행을 통해 경험해 보라─심 시티(Sim City)와 같은 정확한 시뮬레이션 모델은─사용자를 또 다른 생활, 예컨대 특정 거주집단, 대학, 심지어 제조활동에까지 데려다준다.

24. 수천 개의 소규모 인공위성을 이용, 개당 천만 달러의 비용으로 생산 가능해진다: 인공 위성 내에서의 생산은 태양열을 이용하고, 고도의 광대역 통신이 가능해지므로 과거 지상에서의 생산 영역을 확대할 것이다.

25. 노동자가 사라진다! 제조부문의 위축은 농업기술과 전자산업의 전철을 밟아 노동자의 인건비를 줄이게 될 것이다. 컴퓨터와 지능 시스템 그리고 소수의 사람만으로 제조활동을 관리할 것이다. 새로운 설비투자의 20%는 컴퓨터일 것이고, 대부분의 제조 인건비는 기술자들의 몫일 것이다― 1990년대 영화와 소프트웨어를 제작하는 방식과 똑같이 엔지니어링, 시뮬레이션 기술자, 아이디어 수집에 투입될 것이다. 5% 미만의 노동력만이 실제적인 혁신적 복제활동(innovative replication)에 참여할 것이다.

26. 전문가에게 아웃소싱한 디자인 업무, 제조활동, 생산계획과 생산일정에 앞선 포트폴리오 구성, 심지어 판매활동마저도 웹, 혹은 차세대 웹을 통해 추진될 것이다. 독립적인 자동제조 기술들, 예컨대 PLC, 로봇, 그리고 컴퓨터 수치제어 기기들은 JAVA와 같은 실시간 기술을 응용한 다양한 소프트웨어를 장착한 내부 제어장치에 압축되어 있을 것이다. 통합적 소프트웨어는 고객이 진정으로 원하는 것―시장점유율, 경쟁우위, 그리고 이익―을 고객에게 제공하기 위해 기업간 연계 능력을 갖춘 차세대 웹이다.

27. 고객의 초긴급 필요사항을 해결하기 위한 물류 및 디자인 분야에 엄청난 원가절약과 속도 향상 기회가 있다.

28. 출퇴근 시간의 교통정체는 종말을 맞을 것이다. 그 이유는 사람들이 일하는 곳에서 살고, 또 사는 곳에서 일할 것이기 때문이다. 이는 산업혁명 초기의 공장 마을과 유사하다. 회사에 대한 출근은 새로운 복제 장소를 선택한다든지, 또는 작업현장에서 기밀을 유지하면서 디자인 암호를 입력시키기 위해 출근하는 것 등에 한정될 것이다.

29. 제조 생산성의 표준은 표준 생산비용(standard production cost)에서 고객과 계약을 하는 수준까지 올라갈 것이다. 생산성 측정은 산업의 표준을 따를 것이다. 노무비와 재료비를 웃도는 원가는 서비스의 차이를 보상하는 수준일 것이다.

30. 기술인력의 부족: 기술 전문가에 대한 높은 수요는 기술인력, 특히 첨단 기술 분야의 남성 기술인력 부족을 초래할 것이다. 이런 부족 현상은 여성을 기술분야로 몰리게 할 것이고 모든 기술 근로자(technology worker)는 은퇴 시기를 늦추게 될 것이다.

31. 텔레비전은 사라질 것이다. 인터넷 통신장비를 통한 각종 정보의 올려주기(upload)와 내려받기(download)는 개별 고객의 취향에 맞는 오락 및 통신 서비스를 제공할 것이다.

32. 개인 휴대기술: 6개월 된 아이부터 모든 사람은 "배트맨의 만능 벨트", 즉 힘을 북돋아 주는 컴퓨터 칩, 메모리 칩, 일생 동안의 건강 및 교육 경력 기록, 그리고 기업과 관련된 정보를 몸에 휴대하고 다닐 것이다.

33. 컴퓨터는 지금보다 만 배나 더 성능이 향상될 것이다.

34. 소프트웨어는 종말을 맞게 될 것이다―그것은 지능 시스템에 내장될 것이다.

35. 미국은 여전히 미터법을 사용하지 않을 것이다.

36. 스크류 드라이브는 지금과 같은 모양을 유지할 것이다.

37. 볼트와 너트는, 아교와 플라스틱, 원피스 용접구조로 대체될 것이다. 제

조 공정은 부품과 조립 그리고 복잡한 재고관리 시스템 대신에 사출성형으로 이동할 것이다.

38. 자동차용 레이저 용접기와 절단기는 중공업용 공구가 아니라 가정 용구가 될 것이다.

39. 멋진 신세계: 멋진 가구, 멋진 타이어, 공기 필터, 선글라스, 시계줄, 수도 꼭지, 신속한 고속도로 티켓, 편리한 은행 통장, 자동 녹음기, 조작이 간편한 헬리콥터, 개스 터빈 잔디깎기, 빵굽는 기계, 커피잔 등이 등장할 것이다.

40. 조직구조는 지속적으로 큰 변화를 겪을 것이다. 사람이 아니라 과업이 조직의 디자인에 가장 큰 영향을 미칠 것이다.

41. 노동조합과 상인 조합은 눈에 뜨지 않을 정도로 약화될 것이다.

42. 다시 강조되는 정직성: 정직성과 가치시스템은 기업과 개인의 성공에 가장 큰 영향을 미칠 것이다. 모두가 윤리의 중요성을 인식하고 있다.

43. 시간의 질: 보다 길고, 지루한 근무 시간, "딜버트 따라하기 식"의 시간보내기는 좌절을 가져오므로 시간을 한층 더 유익하게 보내려는 욕구가 증가한다. 그러나 시간의 질이 무엇인지에 대해서는 명확한 정의가 내려지지 않을 것이다.

44. 사회복지: 윤택한 사회복지 제도는 자동차, 주택, 그리고 음식물까지 해결할 것이다.

45. "세상을 바꿀 수 없으면, 네 자신이 변해라": 출생에서부터 신체의 복제사망에 이르기까지, 가능한 모든 인간조건과 상황에 따른 의약품이, 마치 성형

수술을 하듯 극빈자 계층과 엄청난 부자를 가리지 않고 사용될 것이다. 각종 의약품—기분전환제, 성격개조용, 흥분제, 안정제, 폭력성향 완화제, 촉진제, 강하제, 정력제, 성생활 보조제, 안락사를 돕는 약, 공격적 성격 치유제—은 문화적 경계, 종교, 그리고 가족마저 대체할 것이다.

46. 생물공학: 머리가 없는 몸통은 생체 창고은행 역할을 할 것이다. 당신이 태어나고 주민등록이 되는 날, 당신의 DNA 특성은 오직 당신만을 위한 복제 장기와 피부가 보관된 장기은행에 기록되고, 정리될 것이다. 유전자 조작과 생물공학이 할 수 없는 일을 생체 부품이 하게 될 것이다. 당신의 등록번호에 맞추어 정리된 DNA는 어느 부품이 분실되거나 혹은 복제되는 것을 막아줄 것이다.

47. 가상 시민권(virtual citizenship): 패스포트는 당신이 근무하는 기업이나 위성 시민권을 기준으로 발급될 것이다. 당신의 법적 주소는 당신으로 하여금 위성통신이 제공하는 모든 특권—은행업무, 주식거래, 메시지 전달, 정보 검색, 보안 계약, 그리고 오락—을 누릴 수 있도록 해줄 것이다.

48. 치외법권적 은행(extralegal banking): 스위스와 케이먼 군도(Cayman Island)의 금융기관처럼, 글로벌 규제를 벗어난 위성 은행이 등장할 것이다. 해적 위성이 그것들을 훔쳐가기 위해 나타날 것이다. 물리적으로든 아니면 바이러스를 퍼뜨리든 간에 말이다.

49. 3차원 팩스가 가능할 것이다.

50. 맞춤식 특수 집적회로의 등장—스스로 폐기되는 컴퓨터 칩.

51. 회사의 전반적인 규정은 건강에 관한 문제까지도 규제할 것이다. 예컨대 고용 카드의 몰수라는 처벌 단위에 따라, 당신은 한 주에 두 번 브로콜리를 먹

어야 하고, 20분씩 운동을 해야 하고, 매일 신경안정제를 먹어야 할 것이다.

52. 아프리카—전쟁은 더욱 잦고 기근은 더욱 심할 것이다.

53. "당신에게만 신선한 채소!": 당신이 어떤 브로콜리의 줄기를 먹는다면, 그것은 유전공학적으로 당신에게만 적합하도록 수경재배법에 의해 맞춤재배될 것이다. 어떤 특정한 사람을 위한 신품종의 과일과 채소가 등장할 것이다. 그것은 실질적으로 피부 상처와 손상을 최대한 막아주는 강력한 비타민을 포함하고 있을 것이다. 애플사가 사과 이름을 따서 제품명을 지은 것처럼, 이제는 거꾸로 맥킨토시(Macintosh), 노든 스파이(Nothern Spy), 기타 등등의 이름을 붙인 사과가 높은 가격으로, 최고급 전문 틈새시장에서 잘 팔릴 것이다.

54. 일회용 치약과 칫솔.

55. 성능이 강화된 살충제.

56. 초음파를 이용한 토크 렌치(torque wrench).

57. 초소형 인공 풀벌레, 지능형 쓰레기 청소기 등이 당신의 잔디밭과 집을 감시하면서 집 주변이 늘 같은 모습을 유지하도록 외부 침입자를 막아준다.

58. 주택에는 지능 엔트로피 폐쇄 시스템(intellectual and entropic closed system)이 설치된다. 주택 내부의 살균과 물의 재생이 추진된다. 주택 살균 탱크는 오폐수를 다시 사용할 수 있도록 한다. 폐쇄 시스템 기술은 우주항공 기술을 활용할 것이다.

59. 월마트가 승리한다. 대량 제품 디자인, 조립, 그리고 판매점은 가격이 비싼 전문점을 몰아낸다.

60. 지역별 에너지 대책: 연료 상자형 휴대용 발전기, 배터리, 이동형 발전기, 배낭형 발전기, 심장 이식용 발전기, 램프, 그리고 소형 개스 터빈.

61. 경매로 구입할 수 있는 것들: 모든 것—책, 음악, 구직, 맞춤옷, 의약품—은 아마존과 비슷한 웹을 통해 구입할 수 있을 것이다. 그 외에도? 일자리, 주식, 비행기표, 책, 결혼 상대자, 입양아, 의약품, 그리고 개인교사 등은 인터넷을 통해 협상을 하고, 보상을 지급하고, 그리고 배달될 것이다.

62. 마이크로 칩: 지금 미국에 사는 사람은 알게 모르게 평균 6개의 마이크로 칩을 부착하고 있다. 2020년에는 그 숫자는 개인별로 1만 개로 늘어나 식탁용 소금 그릇, 모든 신용카드, 전구, 컴퓨터 키보드, 샴푸용기, 종이책 표지, 그리고 공기 정화기에 부착될 것이다.

63. 교육: 현행의 12년제 교육은 계속 불평의 대상이 될 것이다. 거대 기업들은, 근로자의 교육에 실패한 정부의 사회공학적 실험(social engineering experiment)에 염증을 느끼고는, 출생 시점부터 사망에 이르기까지, 그리고 근로자의 고용주기에 맞추어 종합적이고도 효과적인 교육 프로그램을 수행하려 할 것이다. 아이도, 어른도, 그리고 노인도 일을 할 것이다. 강의와 교실의 풍경은 정적인 아동학적 모델(교사 한 명에 학생 30명, 나무 의자에 칠판) 대신에 록 연주회와 비슷할 것이다. 대학은 마치 산타 페 연구소(Santa Fe Insstitute)가 새로운 기술을 개발할 때마다 조직을 바꾸듯이 새로운 과제에 맞추어 교과과정을 바꾸기를 되풀이할 것이다.

64. 북미 대륙은 새로운 경제권을 형성할 것이다—뉴잉글랜드와 대서양 연안, 텍사스와 멕시코 북부, 플로리다와 푸에르토리코 등으로 말이다.

65. 새로운 혁신적 컴퓨터: 넷스케이프의 후손, JAVA의 후손, 또는 혜성처럼 나타난 컴퓨터 기술은, 마치 50년 전 핵에너지를 통제할 수 없었듯이, 지금 우

리로서는 통제할 수 없는 새롭고도 용도를 예측할 수 없는 기계로 돌연변이 할 것이다.

66. 광대역(송신전파나 증폭기가 효과적으로 작용하는 주파수의 폭) 압축기술은 다른 여러 통신장비의 필요성을 줄여줄 것이지만, 광대역에 대한 수요는 계속 폭발적으로 증가할 것이다.

67. 휴대용 감지기는 정기적인 건강진단 또는 유지보수 활동을 대체할 것이다. 회로판 기술과 소형화 기술이 발달하면서 엄청나게 작은 감지기를 개발하게 되면 의료, 소매, 제조, 그리고 많은 일정관리 기능을 혁신할 것이다. 예를 들면, 당뇨병 환자는 혈당치를 측정하기 위해 슈퍼마켓에서 파는 스캐너를 사용할 것이다. 건강진단, 금속부품의 수리와 대체, 품질관리, 도장 및 화학적 코팅, 소매점 판매관리 및 생산관리는 모두 지능 감지기로 처리될 것이다.

68. 일기 예보는 새로운 기술과 풍부한 자료를 이용한 예측 모델의 도움으로 장기간에 걸쳐 보다 쉽고 보다 정확하게 할 수 있을 것이다. 예를 들면, 태평양의 엘니뇨 현상(El Nino), 미국 남부 해안의 토네이도, 동부 연안의 허리케인의 진로가 정확하게 예측되고, 또 태풍의 풍속과 피해 범위 등을 사전에 알 수 있게 될 것이다. "곧 안심을 해도 괜찮다!"

69. 새로운 형태의 컴퓨터가 등장할 것으로 보이는데, 양자역학 컴퓨터 (quantum mechanical computer), 생물학적 컴퓨터(biological computer), 그리고 광학적 컴퓨터(optical computer) 등이 선보일 것이다. 새로운 종류의 컴퓨터는 어떤 장치에 내장될 것이고 또 무선으로 연결될 것이다. 컴퓨터는 상황을 인식하고 행동 패턴을 결정할 것이며, 바람직한 요구사항을 걸러내어 의사결정과 예측을 할 것이다. 초고속 주파수를 이용한 무선 연결 기술의 도움으로, 매우 광범한 지역의 통신활동을 위해 상호 접속된 소형 지능 컴퓨터들은 상황에 따라 새로운 시스템을 만들기도 하고 또한 변형되기도 할 것이다. 컴퓨터들 사이

의 연결 디자인과 문제해결 방식은 컴퓨터 내부에 이미 장착되어 있어서, 소위 컴퓨터 인간(주름살마저 있는 인간 모습의 컴퓨터)이 조작할 필요도 없을 것이다.

70. 음성인식 시스템은 계산기능, 은행업무, 그리고 보안업무를 거의 독차지할 것이다. 비록 오늘날 초보 수준의 음성인식 시스템을 개발하는데 비용이 수십억 달러나 투입되고, 최초 모델이 등장하기까지 앞으로도 수년이 걸리겠지만, 다음 세대의 음성인식 시스템은 성능이 한층 더 향상되고, 보다 유연하며, 그리고 간단한 프로그램을 통해 여러 다른 형태의 인식장치들과도 결합될 것이다. 인식 시스템을 설명해보자. 금요일 차를 몰고 들어오는데 당신의 개가 어떻게 당신을 알아차리는가. 그것도 렌트카인데도 말이다. 개는 음성, 냄새, 그리고 행동 경향을 파악하기 위해 일련의 탐지기와 신호기를 가동하는데, 그것은 21세기의 어느날 당신의 집에 부착된 경보 시스템, 예컨대 전자 윌리(electronic Willie)가 가동되는 원리와 똑같은 방식으로 작동할 것이다.

71. 컴퓨터는 인간의 사회 조직과 행동을 모방할 것이다. 예를 들면, 교통흐름이나 군중을 통제할 때처럼 말이다.

72. 복잡한 상황에 적응할 수 있는 지능 시스템이—사람이 아니라—철도, 공항, 은행 등, 많은 정보를 필요로하고 또 극도로 역동적인 여러 업무를 관리할 것이다. 지능 시스템은 과거 별도로 운영되었던 성능이 뛰어난 복합 시스템의 단순한 연장이다. 독자들은 이런 시스템이, 예컨대 자동으로 추진되면서 "기계 끝에 달린 컴퓨터(computers on wheels)"처럼, 최종 단계의 서비스를 보다 소규모로, 그리고 지능적으로 활동하는 것을 목격하게 될 것이다. 미세 물체나 감식 대상의 물체가 성장하는 방향을 알기 위한 통계 처리업무, 벽에 걸린 브리핑용 차트 대신, 내장된 장치로 끊임없이 피드백하는 컴퓨터, 그리고 제조와 관련된 다른 많은 예를 들 수 있다.

73. 10년 내에 맞춤 자동차, 의복, 정형외과용 장비를 즉각 공급받게 될 것이다. 15년 내에 생명 연장과 관련된 몇몇 제품을, 그리고 생명주기 단계별로 필요한 여러 가지 물품을 살 수 있을 것이다. 낮은 이익으로 겨우 손익 분기점이나 맞추는 제조활동이 계속될 것이지만, 성장은 차별화와 스마트한 시스템으로부터 나오게 될 것이다.

74. IT는 더욱 빠른 변화를 가져올 것이다. 사용자가 필요한 사항을 구체적으로 지시하면 IT는 그런 요구를 해결해 줄 것이다.

75. 오락산업을 대상으로 하는 기술은 엄청나게 성장할 것이다.

76. 빅 브라더(조지 오웰의 소설 <1984년>에 나오는 모든 정보를 탐지하는 인물)는 당신을 감시할 수 없을 것이다. 프라이버시 보호와 보안 시스템은, 특히 개인의 재무관리 및 건강관리와 관련된 분야는 물론, 약간의 비용만으로 대부분의 사용자들을 신용조사소, 전화회사, 그리고 여러 영리추구 인터넷 정보제공 사업자들의 끈질긴 침입으로부터 해방시켜줄 것이다.

77. 해킹은 계속된다. 컴퓨터 해커는 더욱 늘어난다. 협박과 절도 등 약간의 컴퓨터 테러리즘은 불가피하게 일어날 것이고 또한 각종 장비를 못쓰게 만들 것이다. 지능 범죄자들은 법원의 판결문을 수정하고, 급료 대장에서 사람의 이름을 깨끗이 지워버리기도 할 것이다. 그리고 알 수 없는 바이러스가 속도 위반 스티커를 지워버릴 것이다. 그러나 현명한 기업들은 자동차, 항공기, 주택, 전화, 각종 그래픽 자료에 대한 방어용 소프트웨어를 준비할 것이다.

78. 사람들은 글로벌 시민이 되어 2시간 내에 세계 어디라도 갈 수 있을 것이다.

79. 계급 갈등과 방어벽으로 둘러싸인 도시: 이웃들 사이에 경제적 격차가 급속도로 커지면서 불평등은 긴장, 계급 갈등, 폭력사태와 전쟁을 유발할 것이

고, 정부는 항상 해오던 대로 사회문제에 대한 해결책을 내놓을 것이다. 재력이 있는 시민들은 완전히 격리된, 기업 도시국가를 만들 것이고, 능력이 없는 시민들은 스스로 살길을 찾아, 그들끼리 동맹을 맺고는 "유사 도시"(pseudo city)—클럽, 유니폼, 오락 등 그들만의 독특한 생활 스타일을 즐길 수 있는 도시—를 만들 것이다. 이런 기술을 바탕으로 하는 영지(領地)의 선구자로서는 중세의 성벽 도시(파리, 시에나, 피렌체, 하이델베르그)가 있고, 그 외에도 구조물과 지형을 이용하여 사람을 물리적으로 보호한 일정한 지역(중국의 만리장성, 영국의 해협, 대서양)이 있다. 디즈니가 만든 축복 도시, 캘리포니아의 언덕에 있는 몇몇 타운들, 그리고 백악관이 2020년 도시의 선구적 모델이다.

사회계층은 비성장 분야의 기업에 근무하는 경직되고 연대감이 강한 중하층 계급을 포함하게 되면서 더욱 분명하게 구분될 것이다. "행운의 중산층" 전문가는 기술자와 전문직 근로자가 주로 거주하는 '우수성 집단'의 최고위 계층으로 분류될 것이다. 광범한 "하층 계급" 구성원들은 고립되고 또한 통제 가능한 일정 지역—일종의 섬—에 몰려 살 것이다. 계급들 사이에 이동은 거의 없을 것이지만, 글로벌 경제가 추진되면서 간혹 "행운의 중산층"으로의 신분을 향상시키는 경우가 있을 것인데, 그것은 지역적으로 게릴라 활동의 증가 그리고 계층간 갈등이 지속적으로 터지면서 하층 계급에 한정된 새로운 이민 집단이 생기기 때문이다.

80. 구매행위—개인용 운반기구와 개인용 건강 추적장치 등—는 생명과 관련되어 이루어질 것이다.

81. 건강한 국가 그리고 여러 경제적 단체는 "공동의 복지"라는 개념이 등장하는 것을 관찰하게 될 것이다. 보다 많은 사람의 이익을 위한 의사결정, 사회 간접자본의 유지, 근로자의 건강, 우수성 집단의 이상(理想)의 확대 등이 그 규범이 될 것이다. 우수성 집단의 헌법을 만들고 또 육체적 지적 조화를 보장하는 유전공학을 추구할 것이다.

82. 각각의 새로운 공동체마다 정신적 지도자가 등장하겠지만, 그들 모두가 인간의 성장에 도움이 되는 접근방식을 강조하지는 않을 것이다. 정당한 방법으로 자금을 모으고 기술을 이용하고 또한 대중의 지지를 받으면서 "교회와 국가"의 혼합체를 다시 복귀시키려는 도사들이 나타날 것이다. 이들과는 달리, 기술적 자원 그리고 시장을 일격에 무너뜨릴 수 있는 능력을 축적하기 위해 기업과 자신의 역량을 결합하는 사람도 나타날 것이다.

83. 우리는 유니폼을 입는다든가 또는 다른 여러 기관별로 차별화를 꾀하는 움직임이 나타나는 것을 보게 될 것이다―단체 모자, 깃발, 사가, 축하행사, 비밀번호가 있는 반지, 그리고 칩을 넣은 표식이 등장할 것이다. "비즈니스 캐주얼 옷차림" 즉 지금 크게 유행하고 있는 개성 표출은 불경스럽고 또 탈조직적이라고 해서 오래 전에 배척당하고 없을 것이다.

84. 빅3 자동차회사는 특수목적 운반구의 생산과 디자인을 현지화하는 수송회사의 등장, 그리고 정규도로를 이용하지 않는 운반용역과 소규모 건설 및 도로건설용 장비를 제공하는 수송회사의 등장으로 인해 성장하게 될 것이다.

85. 미국의 각 주(州)를 연결하는 고속도로 시스템의 일부 구간은 차세대 운반구, 즉 블랙버드(Blackbird)의 전용도로가 될 것이다. 전용도로에 소형차 운행을 금지하게 되면 안전 수준을 향상하고 또 개인 여행으로 인한 교통사고도 줄일 것이다.

86. 항공 운송시스템은, 보다 작고 한층 더 빠른 제트기가 "예약을 받아" 운행하는 단거리 여행(승객 만족 서비스를 하는 비행기 택시) 위주로―하늘이 아니라 지상의 사정에 맞게―재편될 것이다. 항공산업은 1990년대에 구조조정, 합병, 가격전쟁과 서비스의 질 저하를 경험한 바 있는데, 제조와 마찬가지로 규모의 경제 모델을 포기하고 20~30명 단위의 제트기 운항으로 이동할 것이다. 혼다 자동차는 2000년 말경 개발을 목표로 무게는 훨씬 가볍지만, 속도가

매우 빠르고 연료 효율이 좋은 중형 여객기의 기초 모형을 완료했다. 그런 항공 시스템은 결과적으로 우수성 집단들 사이를 여행하기 쉽도록 해줄 것이다. 경쟁력이 떨어지는 기업들 그리고 한계기업들에 근무하는 종업원들은 그들의 기업이 지역적으로 생존하기에 급급할 것이므로 업무상 여행을 할 겨를이 없을 것이다.

87. 계획적인 대량 학살은 사라질 것이고, 그 대신 사회의 상층부에서는 치고 빠지는 경제적 경쟁(hit and run economic competition), 즉 "속도전"이 벌어질 것이다. 사회의 중하층 및 최하 계층에 대해서는 개개인을 생계유지에만 전념토록 하는 통제 시스템이 등장할 것이다. 노예와 같은 최하위 계층에 대해서는, 올더스 헉슬리(Aldous Huxley)의 소설 <용감한 신세계>(Brave New World, 1932)에 나오는 방식처럼 유전공학, 의약품, 선택적 교육, 그리고 심성과 행동을 통제하기 위한 위락행위를 활용할 것이다.

88. 정부의 권위는 거대기업의 권위에 밀려날 것이다. IBM, MS, 그리고 세계적 은행의 정상들이 모여 자본의 성장과 개발을 위해 자금을 조달하는 회의를 열고, 우수성 집단들을 육성하고 또 유지하며, 인구 및 경제 전략을 세우는 것을 예상할 수 있다. 냉전 시대 마샬 플랜(Marshall Plan), IMF, 록펠러 재단, 그리고 J. 맥클로이(J. McCloy) 재단이 수행했던 역할을 빌 게이츠 같은 사람이 하게 될 것이다. 정부의 영향력이 쇠퇴하면서, 새로운 기관들이 등장하여 기업들 사이에 경제적 영향력을 조정할 것이고, 특정 기업들로 하여금 시장 지배를 가능하도록 조정할 것이다. 과거 미국 정부가 각종 국립 연구소를 지원했고, 그후 지역적 제조 센터를 지원했지만, 앞으로 각국의 정부들은 기업의 성장을 촉진하기 위해 통신 인프라를 강화하고, 정보를 수집하며, 그리고 노동 규제를 완화하는 등 기업에 대해 한층 더 지원적인 역할을 할 것이다.

89. 의료 세계에서는, 초소형 로봇(nanobot)이 질병의 진단, 건강관리, 그리고 수술 등을 담당하게 될 것이다. 복제 장기와 인공 피부 그리고 각종 인공 기관

이 각종 질병을 치료하기 위해 장기 은행에 보관될 것이다.

90. 주식거래소—미국의 AMEX(주식거래소), 나스닥(Nasdaq), NYSE(뉴욕증시) 그리고 도쿄 증권거래소—는 사라질 것이고, 엄청난 데이터 베이스와 글로벌 주식거래소가 등장할 것이다. 기업의 정보시스템 구조는 그들 자신의 재무 및 세금 관련 자료를 스스로 준비하고 배포할 것이며, 한층 더 규모가 큰 거대 기업들 사이에는 규제 원칙의 필요성을 느끼게 될 것이고, 전문가와 예측가들이 우량기업들을 골라내 주길 바랄 것이다.

91. 부자들을 위한 수공예품: 우수성 집단에 속하는 부유한 사람들이 예술적 감각으로 옷을 입고 미적 즐거움을 추구함에 따라, 기계로 대량 생산한 물건 대신 수공예품들이 다시 호황을 누리게 될 것이다. 금속성의 스판덱스 유니폼도 아니고 또 스타트랙에서 외계인이 입은 남녀 구분이 없는 옷도 아니고, 찰스 디킨스(Charles Dickens)가 즐겨 묘사한 에드워드 왕조시대의 최하층 시민의 삶과는 극단적인 대조를 이루는 부자들의 풍요한 삶이 다시 등장할 것이다.

92. 생산성 향상과 새로운 조직구조는 제품의 디자인과 생산지원 공정에 필요한 엔지니어들의 수를 75% 수준까지 감축할 것이다.

93. 연구개발(R&D)식 접근방식이 테크놀로지 머신을 운영할 것이다. 신제품의 주간별 기여도, 근무자별로 제3자에 대한 특허 사용 허가 빈도, 매출 대비 연구개발비 비율, 신제품의 회전율, 기술가치의 비율 등을 평가받게 될 것이다.

94. 다기능 주방기기가 각종 음식을 요리하게 될 것이다. 우리가 먹는 음식의 80% 또는 그 이상이 외식이거나 아니면 완전히 마이크로웨이브에서 가공할 수 있는 포장된 음식일 것이다.

95. 이동 사무실 (그리고 이동 식당, 이동 침실, 이동 미디어실): 1980년대 재

택 근무자의 수는 56%나 증가했다. 1990년 조사한 미발표 자료에 따르면, 340만 명이 재택 근무를 하고 있는데, 이는 1980년 200만 명에서 꾸준히 증가하고 있는 것으로 미국의 전체 노동력의 3%를 차지한다. 반면 1980년대의 숫자는 1960년 이 분야의 통계를 수집한 이래 지속적으로 감소한 것이었다.

96. 주택도 사무실과 마찬가지로 모듈화(modular)되고 또 간소하게 될 것이다. 마치 만화 딜버트에 나오는 칸막이 사무실 및 공장처럼 주택의 벽도, 가구도, 연결 장치도, 그리고 각종 전기 설비도 다시 설치할 수 있고 또 이동이 용이하게 될 것이다.

97. 아이는 '조기에 그리고 큰'(early and big) 녀석으로 만든다. DNA와 적성검사는 아이의 장래 직업과 취미를 세 살부터 결정하고 성장을 촉진할 것이다. 시장은 엄청나게 많은 틈새 시장으로 구성될 것이므로, 아이들로 하여금 자신에게 가장 적합한 목표시장을 알게 하고 미래의 모델에 집중하도록 하는 것은 그들 자신과 장차 그들이 속할 각종 집단에도 중요하다.

98. 제품별 연결 플랫폼: 제조활동은 특정의 활동에 초점을 맞춘 고정된 플랫폼에서가 아니라, 앞서 말한 주택과 사무실처럼, 연결망의 매트릭스처럼 진행될 것이다. 그러므로 플랫폼은 연결활동이 이뤄지는 한 점으로서, 전기와 전선을 연결하는 장소 그리고 커뮤니케이션의 접점 역할을 하게 될 것이다.

99. 도박사는 그 결과가 엄청난 손실뿐이라는 것을 알고도 계속 도박을 할 것이다. 그 이유는 그것이 바로 자신이 즐기는 게임이기 때문이다.
우리는 무엇이든 설명할 수 있겠지만, 진정 아무것도 알지 못할 것이다. 사회가 발달하면 사회는 분석중독증에 걸려서 과학문맹(science illiteracy)이 되는 경향이 있다. 사회는 각종 표준(ISO 9000 등)과 분석에 매몰되게 된다―스프렛시트, DNA코드, 각종 선택권, 기업 전략, 제조와 관련된 각종 변수, 그리고 시나리오를 분석해야만 한다. 뭐가 뭔지도 모를 자질구레한 자료와 무질서한 구조 속에서 정보를 가공하는 우리의 능력은 진정한 과학과 공학에 대해 인과관계를 찾아내는 능력을 발휘하지 못하게 한다. 점성술을 이용하여 중요한 의사결정을 하는 것(레이건 대통령 시절처럼)은 기술관료에게는 모욕이지만, 그러나 문제가 있다는 측면에서 보면, 그것이 다른 어떤 의사결정 방법과 비교해도 다를 바가 없을 것이다.

2020년에는 한층 더 많은 분석 대상들이, 철저한 근본적인 분석 대신 풍문이나 일시적 현상을 근거로 이루어질 것이다. 회사는 점점 더 많은 분석을 하게 되리라는 점을 명심하라. 컨설턴트는 그럴수록 더욱더 많은 돈을 벌게 되겠지만, 분석 결과는 그에 반비례하여 쓸모없는 것이 되고 말 것이다.

100. 기술관료의 왕(technocrat king): 엔지니어들은 전기 자동차와 컴퓨터의 날짜 인식 오류문제는 ▲조직에 궁극적으로 손해가 되거나(전기 자동차), ▲결과적으로 지루하고, 별로 의미가 없으며, 도움도 되지 않으며, 문제 거리가 되지 않을 것이다(인식 오류). 2020년이 되면, 기술자들은 어떤 기술적 과제를 해결해야 하는지, 그것을 어디에 적용해야 하는지를 판단하고는 우선 순위를 판단하여 뒤로 밀어놓거나 또는 우선적으로 추진하겠지만, 이익기준으로 무조건 추진하지는 않을 것이다.

101. 한층 더 높은 실패율은 보다 많은 투자를 필요로 한다. 벤처 자본은 투자한 대상 기업으로부터 큰 이익과 빠른 자본 회전을 요구하지만, 그것은 적어도 1년은 소요된다. 결과적으로 더 많은 투자와 더 높은 위험을 초래하게 되어 도박사들을 파멸로 몰아갈 것이다.

102. 마지막 붕괴 직전에, 잡초들은 무성하게 자라는 법이다. 극단적인 태도를 취하며 지리적으로 구애받지 않는 수만 명의 사람들이 수천 개의 소규모 집단을 만들 것이다―예를 들면 종교 집단, 사이비 종교 집단, 용병, 그리고 교육에 관심이 있는 사람들의 모임이 활발하게 등장할 것이다. 이런 집단들은 사회의 중심부로 가까이 접근하면서 점진적으로 덜 극단적으로 변신할 것이다.

103. 스스로 해결한다. 우리가 사용하는 등잔불을 우리가 만들고, 신문도 스스로 제작하고, 분석도 스스로 하고, 의약품 처방과 공기구의 수리, 개인용 컴퓨터도 스스로 제작하고, 심지어 아이의 교육도 스스로 해결한다. "개인적"이라는 말의 쓰임새가 한층 더 많아질 것이다―개인적 가족, 식이요법적 필요성을 최대로 충족시키도록 처방된 개인적 음식, 개인적 의복(특정 개인의 몸에 맞는 규격의 옷 그리고 개인의 취향에 맞고 또 피부에 적합하게 재단된 옷), 개인적 (고객이 설계한) 자동차가 등장할 것이다. 이렇게 개인적 제품이 증가하면서, 개인의 수많은 갖가지 요구사항을 해결해 줄 신속하고도 유연한 생산방식을 필요로 할 것이다.

104. 흙을 옮기는 수동 도구들은 사라진다: 제초기와 불도저는 물론이고, 바퀴 달린 손수레는 멋있는 전동 추진 장비에 밀려날 것이다.

105. 동력: 발전 산업에는 탈규제가 진행중이고, 자본 재배치가 시작되고 있으므로, 천연가스 터빈 발전기를 포함하여, 다양한 동력기기에 대한 규제를 완전히 탈피하는 방향으로 조금씩 천천히 추진될 것이다. 모든 주택용 발전은 분산적 지역적으로 추진될 것이다.

106. 영어로 말하라! (독일어, 세르비아어, 터키어, 그리스어, 루마니아어 등등은 안 된다) 언어의 소멸율(extinction rate)은 가속될 것이고, 영어는 점점 더 많이 사용되고 또 지배적 언어가 될 것이다. 영어는 본질적으로 한계가 있는 상형 문자가 아니라 표음 문자이다.

107. 용감한 신세계(brave new world): 승마는 예외로 하고, 약물, 스테레오, 자동차, 미식 축구, 스케이트보드, 그리고 심지어 컴퓨터가 평균적인 10대의 생활과 근로자의 태도를 결정하게 될 것이다. 약물을 이용하여 건강, 스트레스 해소, 체중조절, 고통, 그리고 기분전환을 하는 근로자는 유순해질 것이고, 또한 충분한 훈련과 높은 수준의 교육을 받은 다기능 전문가가 될 것이다. 경영이라

는 과학(science of management)은—어떤 약물을 어떻게 어느 근로자에게 투여할지를 결정하는—곧 약물의 과학(science of pharmacopia)이 될 것이다.

108. 가상 정원에 물을 뿌리고, 가상 식물을 위해 흙을 고르고, 그리고 가상 애완 동물에게 먹이를 주는 장면이 실제 생활에 등장할 것이다.

109. 서커스가 인기를 모은다: 축구, 프로 레슬링 그리고 야구는 시들해질 것이다. 파도타기와 같이 사람들이 직접 참가하는 오락이 번창하게 될 것이다. 통역이 필요 없는, 그리고 음향이 없는 시각 이미지 기술이 사람들을 캘리포니아 해변으로 데려다 주거나 격렬한 게임을 할 수 있도록 해준다. 그러므로 대중을 위한 오락은 많은 것들이 다문화적(cross-cultural)으로 될 것이고, 또한 각종의 유사한 변종 오락이 등장할 것이다.

110. 말라깽이는 밀려나고, 뚱보가 득세할 것이다. 스파이스 걸(Spice Girls)과 케이트 모스(Kate Moss)와 같은 날씬한 사람들은 사라지고, 일본의 스모 선수를 닮은 뚱보가 먹성 좋은 지구촌 중산층의 중심으로 등장하게 될 것이다.

111. "햄버거를 어떻게 요리해 드릴까요? 덜 익혀서, 적당히, 그것도 아니면 삶은 새우를 넣어 드릴까요?" 좋아하는 맛을 내는 복제동물의 요리가 식탁에 등장할 것이다—쇠고기와 양의 DNA는 지방별로 사람의 입맛에 맞게 설계될 것이다. 어떤 요리든지 다른 요리방식으로 "요리"될 수 있다. 영양과 미각을 고려한 새로운 식품산업이 등장할 것이다.

112. "(가상이 아니라) 실제의 로버트 씨 일어서 주시겠습니까?" 허위 신분증과 은행계좌, 가짜 이력서와 출생 및 사망 증명서, 허위 운전 면허증과 보험 증서, 그리고 학력 위조를 통해 성격 개조와 신체적 성형이 가능하게 됨에 따라, 관리자와 지도자는 누가 고용되어 있는지, 누구에게 물건을 팔고 있는지, 그리고 인터넷상의 고객이 실제 인물인지를 알 수 있는 보안 장치가 필요할

것이다.

113. 탁아 행위가 늘어난다: 어린이와 애완동물은, 다루기가 힘들거나 아니면 돌보아주고 양육하는데 엄청난 비용이 들므로, 사립학교와 특수 기관에 맡겨질 것이다.

114. 먼저 시도하고 뒤에 수정하기(slap and fix): 대부분의 엔지니어는 문제 해결에 대한 연역적 뉴턴식 접근방식, 즉 문제를 관찰하고 그것을 해결할 때까지 순서에 따라 추론해 나가는 방식을 배웠을 것이다. 2020년에는 신속한 자본 회수를 위해 엄청나게 다양한 원재료를 사용하고 또 즉각적으로 의사결정을 해야 하므로, 가능성이 크고 최적에 가까운 해결책을 찾기 위해 먼저 시도해보고 그 다음 고쳐나가기를 계속하게 될 것이다. 서적도 이런 방식으로 제작될 것이다—연필과 흰 종이 앞에서 몇 달간 생각하고 또 계획하는 것이 아니라, 지금 당장 조판해두고, 나중에 고치는 식으로 말이다. 제조에 있어서도 매우 발달된 시도와 수정 방식(slap and fix approach)이 일반화될 것이다. 누구도 매뉴얼을 읽을 필요가 없을 것이고, 설치와 수리는 간단한 시도와 수정 활동이 될 것이다.

115. 초공간 데이터베이스(hyperspace databases): 데이터베이스와 컴퓨터 검색엔진은 단순한 1차원적 구조가 아니라 다차원적 구조로서 즉각적인 검색과 분석을 가능하게 할 것이다. 수학의 등식과 데이터베이스, 지식의 구조가 다차원적일수록 컴퓨터가 인식하는데는 더 간단하고 또 더 쉬우므로, 제조와 관련된 소프트웨어는 수학 그리고 새로운 수의 개념을 활용할 것이다. 단조로운 1차 또는 2차원 데이터베이스는 4차 또는 8차원보다는 효율이 훨씬 떨어질 것이다. 데이터베이스와 초공간(hyperspace)이 효과적이기 위해서는 상호 영역이 구분될 수 있어야 하는데, 그래야만 새로운 제조 소프트웨어가 무한정한 데이터베이스를 이용하여 신속하게 해답을 찾을 수 있는 수학이론과 실질적 프로그램을 다룰 수 있기 때문이다. 사람들은 지금보다 수학을 훨씬 덜 사용할 것이

고 취미생활의 하나로 될 것이다―십자 단어 풀이처럼 말이다.

116. 유인물질 페로몬(pheromone)과 향기요법(aromatherapy): 다른 분야의 감각을 활용한 마케팅 활동과 제품의 품질 향상이 하나의 새로운 과학으로 등장할 것이다. 향기, 시각, 그리고 독특한 느낌이 나도록 하는 것은 모든 소비자 제품의 디자인 설계에 포함될 것이다.

117. 초고성능(hyperperformance): 지속적으로 향상되는 성능 개선―예컨대 자동 변속기, 회전 반경, 차세대의 가속기 등에서 보는 바와 같은 성능 개선―은 주택건설과 제조 공정에도 이어질 것이다. 자동으로 닫히는 문, 안내문을 읽을 수 없는 상황이나, 또는 글을 몰라도 정확하게 진행되는 프로세스는 최고 수준의 장비를 자동으로 가동시킬 뿐만 아니라, 사람들로 하여금 안전사고를 일으키지 않도록 해줄 것이고, 시설도 손상하지 않도록 해줄 것이다.

118. 행동 예측 모델링(predictive behavioral modelling): 사고의 예방이나 사후 교정보다는, 사건의 발생 여부에 대한 예측이 장치의 디자인에 더 큰 영향을 미칠 것이다. 사회 문제의 예측(예컨대, 가정 폭력과 음주 운전)을 위한 연구자금 제공은 다소간의 반발이 있겠지만 급속히 증가할 것이다. 과대 선전된 미디어―이는 또 다른 일시적 사회현상이다―는 과학적 방법에 의해 개발된 사회 모델링과 사회문제 해결방법에 대한 하나의 반발로서, 21세기에는 엄청난 사회 운동, 선동, 그리고 반항 때문에 뒷전으로 밀려날 것이다.

119. 소음 억제: 고속도로의 소음, 교통 소음, 그리고 공항 소음은 측정되고, 규제되고, 그리고 낮은 수준으로 억제될 것이다.

120. 운전자 없는 자동차의 등장

121. 또 하나의 물질 혁명("플라스틱"): 스스로 깨끗해지는 유리창과 각종 장

비; 분해되어 흙으로 되돌아가는 포장 용기—병, 캔, 종이 상자—가 등장하고, 털을 제거해주고, 위생적이고 전기적으로 따뜻해지고, 색깔이 변하고, 그리고 몸에 꼭 맞는 옷을 만드는 섬유가 등장하는 것을 지켜보라.

122. 종이의 소비는 더 늘어날 것이다. 종이는 오랜 세월 동안 시험을 견뎌낸 유일한 정보 매체이다.

123. 높이가 몇 킬로미터나 되는 빌딩이 들어설 것이다.

124. 약에 대한 거부운동(antimedicine): 그때가 돼도 여전히 감기에 대한 완치법은 개발되지 않았을 것이고, 사회의 일부 사람들이 면역력이 떨어지는 사태가 발생함에 따라, 풍진이나 기타 다른 전염성 질병은 여전히 확산될 것이다.

125. AIDS에 대한 치료는 오래 전에 해결되었을 것이지만, HIV가 에이즈의 병원균이 아니라는 사실도 확인되었을 것이다.

126. 일부 지도자들은 우수한 DNA를 소유한 자신들만이 리더십을 발휘해야 한다는 당위성을 증명하기 위해 화려한 성적(sexual) 능력을 통해 계속 과시할 것이다.

127. 가장 빨리 성장하는 직업은 컴퓨터 과학, 네트워크, 그리고 건강 및 의료와 관련된 것들일 것이다. 미래학자 조지 길더(George Gilder)는, 네트워크 기술은 중앙연산처리 장치보다 10배나 앞서 나갈 것으로 예측한다. 공저자들은, 기억 용량이 증가함에 따라 그 숫자는 10배 이상이 될 것으로 생각한다. [2]

---

[2] Gilder, George, *Telecommunications Policy Roundtable*, *Forbes ASAP*, December 5, 1994, p.162.

앞을 예측하기 위해 뒤돌아보기

일본 야스카와 전기회사(Yaskawa Electric)의 개발 담당 중역인 세이이치 야스카와(Seiichi Yaskawa)는 일본의 유력지 〈호우치 뉴스〉가 1901년 1월 2~3일 보도한 예측 리스트를 인용하여 일본 산업의 거대 트랜드를 추론하길 좋아한다. 야스카와는 세련된 지능 통제 시스템에 의해 운영되는 초고속 운송 네트워크(탄환열차) 부분까지 예측 리스트의 범위를 계속 넓혀간다.

백년 뒤, 그 당시 이름도 알려지지 않은 일본의 예언가들이 한 예측의 적중률은 대체로 24개 중 17.5개, 즉 73%였는데, 이는 1백년간의 거대 기술 발전에 관한 예측 가능성을 증명하는 것이다. 미래에 대한 예측 사업은 사계의 권위자와 금융관계 종사자에게는 수지맞는 사업이 되고 있는데, 그 이유는 때맞춘 올바른 예측은 큰돈을 벌어다주기 때문이다. 기술은 변한다. 특히 운송, 통신, 오락, 건강 분야는 우리 일상생활에 큰 영향을 끼치고 또 대량 소비되는 것이므로 우리가 결정하고 있다고 (실제는 아니지만) 생각하는 "선택"의 방향을 암암리에 유도하고 결정해준다. 의약품을 사용하지 않는, 신체 외부적으로 접근한 마인드 컨트롤이 등장할 것이다.

혁신의 진정한 의미

혁신(innovation) : 이 용어의 의미는, 이미 늘상 해오던 일을 겨우 조금 더 잘하게 되었다는 것을 뜻하지는 않는다. 혁신은 새로운 획기적인 성과, 부와 성장의 폭발적 증가, 새로운 시장의 창출, 심지어 한층 더 큰 부와 자원의 창출을 의미한다. 자신을 다음 단계로 인도해줄 메커니즘을 정확히 예측할 수 없는 혁신적 리더가 도전해야 할 것은, 물리학, 컴퓨터 공학, 인간의 행동, 트랜드를 이해함으로써, 그들을 둘러싸고 있는 환경

을 파악하고 또 환경에 영향을 미칠 방법을 찾는 것이다. 혁신적 리더는
시간에 쫓기게 마련이고, 떨쳐버릴 수 없는 경쟁자의 존재는 일상적인
판매 및 재무 활동의 어려움을 한층 더 크게 느끼게 한다.

중소규모 기업의 리더는 혁신을 가능케 하는 자원 배분에 힘을 쏟아야
한다. 모토로라와 같은 몇 안 되는 혁신적 대기업의 리더는 창업자 갤빈
가족의 정력과 정신을 손상하는 것을 막아야 하고 또한 조직적 장애물—
가족의 직접 경영과 거부권 행사—을 제거해야만 한다.

〈그림 2-3〉

1901년 일본의 예측

1. 전 세계를 연결하는 무선 전화
2. 컬러 사진을 전 세계에 즉각적으로 전송
3. 맹수들의 멸종
4. 사하라 사막의 녹지화
5. 중국, 일본, 그리고 아프리카의 부흥
6. 7일 만의 세계 일주; 누구나 세계 여행을
7. 하늘을 나는 군함
8. 파리와 벼룩의 멸종
9. 에어컨
10. 전력을 이용하여 그린랜드에 열대식물의 경작(!)
11. 고성능 음성 전송기, 10마일 이상 떨어진 곳에 있는 연인과 사랑
    의 대화
12. 영상 전화
13. 영상 전화를 이용한 쇼핑
14. 전력을 연료로 사용
15. 도쿄와 고베를 2시간 반만에 주파하는 탄환열차

16. 지상 및 지하를 달리는 고무 타이어 기차

17. 전 세계를 잇는 열차 네트워크

18. 자연재해의 통제

19. 최저 신장 6피트

20. 고통도 없고 약물치료가 필요없는 전기침술에 의한 치료

21. 말이 없는 마차

22. 동물 언어의 이해

23. 고등 교육

24. 전국적인 전력망

〈그림 2-4〉

거대한 도전들

지식과 정보에 대한 접근을 허용하라
- 언제, 어디서도 접근할 수 있느냐 없느냐
- 모든 정보에 대한 즉각적인 접근권
- 언제, 어디서도 존재하는가 아니면 부재하는가

건강 증진을 위해 즉각적인 접근을 가능하도록 하라
- 믿을 수 있는, 그리고 적당한 비용의 진단과 보철
- 지구가 영속할 수 있도록 하는 디자인과 제조

일상 생활을 단순하게 하라
- 서류 없는 사무실
- 현금거래 없는 사회

인류에게 존엄성과 안락함을 보장하라
- 지능 고속도로와 운송 시스템
- 풍부하고, 깨끗하고, 안전하고, 이용 가능한 에너지

새로운 고부가가치 제품과 산업

---

*출처: 조지 길더, 텔레커뮤니케이션 폴리시 라운드테이블, 포브스 *ASAP*, 1994.12.5 p.162

기술의 약속 위반

우리는 테크놀로지 머신을 쇠퇴한 산업과 조직을 갱신할 창조적 힘의 원천으로 인식하고 있다. 그러나 우리 생각에는, 비록 조지 길더의 거대한 도전이 우리를 그런 방향으로 몰아가고 있기는 하지만, 기술이 항상 유토피아를 보장하지는 않을 것이다. 레오나르도 다빈치가 연필로 그린 우아한 혁신의 꿈은 구성비와 원근법에 관한 도형 규칙을 명확하게 했지만, 그의 천재성은 또한 당시 상황으로는 어쩔 수 없이 전쟁의 기술을 바탕으로 하고 있었다.

인터넷을 최초로 이용하여 돈을 번 것은 세계적인 포르노 산업이었다. 원자력은 히로시마의 비극과 원자력 발전소에 의한 방사능 오염을 가져왔다. 심지어 재생공학과 생명지원 시스템마저 인간에게 끔찍한 경험을 안겨주었다. 그 모든 기술이 처음의 그들의 약속을 지키지 못한 것은 순수한 기술을 결점 많은 인간이 운영했기 때문이다.

아무도 원자력의 물리적 힘을 부인하지 않지만, 쓰리마일 아일랜드(Three Mile Island)와 체르노빌은 원자력 발전소의 관리에 대한 취약점을 노출하고 있다. 과학 그 자체의 문제는 아니지만 말이다. 펜실베니아 주 해리스버그에 있는 쓰리마일 아일랜드 원자력 발전소가 방사능 유출 가능성 문제로 폐쇄되었을 때, 주변 마을과 농가의 거주자들은 이 사건이 그들의 가축과 부동산 가치에 미치는 영향이 얼마나 큰지에 대해 위험지역 바깥 사람들만큼도 알지 못했다. 정말이지, 미 전역에 배포되는 신문에는 쓰리마일 발전소의 굴뚝을 배경으로 홀스타인 종 젖소들이 풀을 뜯고 있는 사진 몇 장만 실린 것뿐이었으니까.

그러나 핵사고가 완결되었다는 선언이 나온지 3일 뒤, 발전소로부터 2마일 이내에 젖소는 한 마리도 보이지 않았으나, 거주자들은 그들의 생활과 재산에는 아무런 피해가 없다는 믿음을 선포했는데, 그 이유는 행정

당국자와 그들의 회유를 받은 사람들이 주민들을 구워삶았기 때문이었다. 과학과 그 운영 사이의 격차는 아주 큰 것이었다.

미래를 내다보고, 과거를 뒤돌아보고

개개인의 성취와 기술의 꿈을 축적한 것만으로는 2000년대의 모습을 정확하게 그려주지는 못할 것이다. 왜냐하면 이런 기술과 관련된 단편적인 사건들은 그림 전체를 완성하는데 필요한 다른 요소들과 스스로 연결되어주지 못하기 때문이다.

도시를 주로 연구하는 역사학자 하워드 맨스필드(Howard Mansfield)는 그의 저서 〈기억의 집〉(In the Memory House)에서, 추억을 되새겨줄 뉴햄프셔 지방 여러 마을의 가게를 방문해, 후세를 위해 소중하게 간직한 물건의 의미를 어떻게 발견했는지를 밝히고 있다.[3]

그는 향토 역사학회와 역사 박물관 그리고 스크랩북에 잡다하게 보관된 것들을 보았고, 조상의 목소리가 담긴 성스러운 유품을 발견했다―1864년 뉴햄프셔 디어링(Deering)에서 접을 붙인 최초의 겨울 사과나무 와인샙(winesap) 가지로 만든 수공예품, 프리메이슨 정착민의 창고에 사용되었던 최초의 호두나무 대들보 조각, 메인 스트리트의 구둣가게에서 마지막으로 자르고 바느질하여 만든 구두 한 켤레, 한때는 번성했던 필립스톤(Philipston) 마을에서 만든 최후의 재봉틀, 매사추세츠 월트햄(Waltham)에서 생산한 최후의 라디움 시계, 제2차 세계대전 당시 연합군의 승리에 크게 기여한 레이션 개척자들(Raytheon pioneers)이 만든 최초의 마이크로웨이브 오븐 등이다.

마을의 성장 또는 어느 가문과 관련된 문서는 살아 있는 고고학이다. 묘석, 오래된 사진, 결혼과 사망 그리고 출생 증명서, 세금납부 기록, 신용

---

[3] Mansfield, Howard, *In the Memory House* (Golden, Colo.:Fulcrum publishing, 1993)

카드 영수증, 자동 현금지급기 명세서, 주행거리 기록, 회전식 출입구 입장권은 인간의 보편적인 생활 양식을 보여준다—보편적이라고 한 것은 비록 앞서 열거한 각각의 것들이 어떤 특정한 개인의 생활 반경에는 적용될 수 없겠지만, 그것들 모두를 합하면 많은 사람들의 사는 모습과 그들의 꿈을 묘사하게 된다. 수 세대에 걸쳐 오래 간직한 자료만큼이나 가치 있는 것이 바로 구전되어 오는 역사와 과학의 혼합물이다. 구전되어 오는 역사와 기업의 기록, 한 세대에서 다음 세대로 무의식적으로 이어진 기억의 파편과 지역의 이야기는 연구조사만큼이나 정확하다는 것이 증명되었다—그것들이 진실을 말하는 까닭은, 그것들이 소중하게 간직되어 왔기 때문이다.

화소로 본 기술(Technology seen in Pixels)

단순한 예측과 구전되어오는 역사, 기본적인 시간 스케줄은, 축적된 기술들을 토대로 현실을 고려하고 또 우리의 상상력을 집중시키도록 하는 강력한 도구이다. 이런 여러 정보가 모여 일정한 추세를 만든다.

물론 모든 혁신을 다 예측할 수는 없지만, 기업이 내부적으로 직면한 이해에만 관심을 기울이면 미래의 모습을 그리기 어렵게 되고, 또한 많은 주요한 변화들은 사소한 암시를 통해서만 알게 되는 경우도 있다. 영국에서 북미 대륙까지 수개월이나 걸리는 항해를 한 메리 앤 존(Mary and John)호 그리고 메이플라워(Mayflower)호 같은 배를 타고 온 영국의 이민자들은 바다로부터 180마일이나 떨어진 육지의 소나무 냄새를 맡을 수 있었다. 그것은 오직 그들의 희망사항일 뿐이었을까? [4]

---

[4] Ibid.,p.278.

제3장
도대체 여기서 거기까지
왜 못 간단 말인가?

쾅하는 충돌은
당신의 값비싼 컴퓨터를
쓸모없는 돌덩이로 만들어 버린다.

당신이 찾고 있는 웹사이트는
찾을 수 없는데
쓸데없는 것은 한없이 많다.

혼돈이 그 속을 지배하고
반성, 후회, 그리고 다시 부팅하고
다시 질서가 찾아온다.

물 속으로 들어간다
물은 계속 흘러간다
지금 보고 있는 이 페이지는 여기에 없다.

―인터넷 사이트에서

시나리오 #1

6시그마의 나라

    판매 책임자는 세계 최대의 PC공장에 컴퓨터 마더보드를 공급하는 공장의 견학을 약속했다. 초대를 받은 당신은 뉴욕 주 북부 19세기 섬유공장의 담장 안에서, 최첨단 인쇄회로기판을 조립하는 것을 보고 묘한 느낌을 받는다. 그리고 견학용 작업복을 입고 몇 가지 필수사항을 지시받고는, 주차장을 지나 전자공장으로 들어간다.

    당신은 나무 계단들을 걸어 올라가서는 몇몇 테스트 기기들 앞을 지나 지정된 공장을 둘러본다. 어느 지점에 당도하자, 안내인은 이곳이 마지막 칩을 조립하여 PC용 마더보드의 품질검사를 하는 곳이라고 설명한다. 당신은 "눈에 보이는 생산라인"을 예상했지만, 벽돌로 만든 복도, 칸막이 작업장, 그리고 금속제 캐비닛으로 가득 찬 미로를 보고는, 생산작업의 흐름은 잘못투성이고 또 복잡하다고 내심 생각한다. 다시 응접실로 되돌아 나오는 길을 찾기 위해 당신은 지도와 돌아나올 길 표식을 위한 빵조각을 필요로 할는지도 모른다.

    다른 견학자들과 함께, 당신은 조용히 한 작업대로 접근한다. 그곳에는 푸른 작업복을 입은 여종업원 클레어가 칩들을 보기 위해 자신의 납땜기를 내려놓았다. 그 순간, 대형 쓰레기 수집차가 14인치 벽돌로 된 복도를 따라 공장 내부로 들어온다. 그 수집차는 각각의 작업대 앞에 멈추더니 작업자들의 플라스틱 쓰레기통을 말끔히 비운다. 작업자가 푸른색의 30갤런 쓰레기통을 뒤집자, 작은 먼지가 마치 구름처럼 공장 내부에 퍼지며 작업대를 한 겹의 먼지로 덮는다. 클레어는 땜질을 계속한다.

안내자는 제품의 품질에 대해 설명하는데, 아직은 6시그마에 대해서가 아니라, 그 이하의 다소 낮은 수준의 품질에 대해 설명한다. 누군가가 질문을 한다. "회사의 품질 문제는 마더보드를 조립하는 이 공장의 작업 환경과 관련있는 것이 아닌가요?" 침묵이 흐른다.

시나리오 #2

새로 구입한 5천 달러짜리 랩탑 컴퓨터가 기기음을 내더니 켜졌다. 윈도우가 장착되어 있는 컴퓨터를, 당신은 새로운 키보드의 자판 배열에 맞추어 기분좋게 키를 두드린다. 갑자기 커서가 반짝거리더니 화면이 회색으로 변한다. 순식간에 당신의 심장이 멎는 듯하지만, 잘못 친 단어가 스스로 고쳐지고, 그리고는 당신은 아무런 일이 없었다는 듯 작업을 계속한다.

닷새 후 컴퓨터 모니터가 완전히 검정색으로 변한다. 프린트할 수는 있지만 화면에 글은 보이지 않는다. 핫라인 고객 서비스(Hot Line Customer Service)에 전화를 걸자, 담당 기사가 나타날 때까지 22분짜리 음악과 채팅 서비스가 제공되는데, 고객은 그것을 즐기기도 하고 또 구입하기도 한다. 그 컴퓨터를 판매한 사람이 없다─아마도 다른 일 때문에 외출한 모양이다.

드디어 어느 기사가 나와서 상황설명을 듣고는 결함이 있는 부품을 교체해주기로 동의한다.

6주 후, 컴퓨터가 큰 소리를 낸다—스크린에 "메모리 에러. 메모리 부족. 메모리 에러" 메시지가 뜬다. 또 한차례 전화를 걸고 부품이 교체된다. 그 다음에는, 일분간 80자도 처리하지 못하고는 키보드가 꼼짝하지 않더니 모음이 처지지도 않는다.

고객만족 담당 책임자가 전화를 받고서는 모든 것을 설명한다—그 모니터 공급자가 문제가 있다는 이야기, 그리고 키보드 공급자도 마찬가지고. 그러나 메모리 문제에 대해서는 아무런 해명이 없다. 그는, "이 특별 제작한 5천 달러짜리 모델은 반품율이 13%나 됩니다"라고 귀띔했다. 당신의 질문은 당연히, "도대체 어떻게 최상위 3개 회사에 속하는 PC메이커가 그런 높은 결함율을 알고서도 판매할 수 있나요?" 였고, 침묵이 뒤따랐을 것이다.

이 고객을 만족시키기 위해, 그 책임자는 보다 높은 가격표가 붙은, 속도도 빠르고 결함율이 한자리수인 모델로 업그레이드 해주기로 약속한다. 당신은 이 제안을 받아들이고, 업그레이드할 시점이 되면 조립공장에 들고 가는 것을 즐겁게 생각한다.

시나리오 #3

항공산업의 대표주자 보잉(Boeing)은 20여년 전 자동차산업이 부딪혔던 것과 유사한 상황에 처했다. 보잉은, 777 프로젝트, 즉 "도면없는 비행기 설계"를 추진하면서 비행기 설계에 훌륭한 혁신적 접근방식을 도입했고 또 설계에 고객을 직접 참가시켰지만, 부품 공급관리와 하청회사의 공정관리 문제 때문에 진척이 예상보다 늦어졌다. 보잉의 주 경쟁자는 영국과 프랑스의 합작회사인 에어버스(Airbus)사 단 하나였다. 당시 보잉은 밀려드는 주문에 즐거운 비명을 질렀다. 그러나 아시아의 경제위기로 몇몇 고객이 불가피하게 주문을 취소하자 밀렸던 주문은 말끔히 사라졌다. "게임을 알리는 공소리가 다시 나자" 보잉은 매일매일, 어디서든 에어버스와 경쟁하지 않을 수 없었다.

보잉의 공급관리 문제와 그 복잡성이 초래한 결과인, 오래 걸리는 주문 생산처리기간(lead-time) 문제는 2020년까지는 해결되지 않으면 안 된다. 그렇지 않으면 다른 소규모의, 저가격의 경쟁자들이 수도 없이 등장할 것이다. 예를 들면, 혼다 자동차는 자사의 5대 장기목표 가운데 하나인 제트 비행기의 모형을 실험 완료했다. 보잉과 에어버스 둘 다에 대한 도전은 여러 곳에서 나타날 것이다.

제조공정이 긴 기술은—그것이 생산분야든 혹은 공급관리분야든—그것이 무엇이든 저기술이다.

시나리오 #4

당신은 고객의 많은 주문을 해결하기 위해 분투하는 소규모 회사라고 가정하자. 당신은 자동차부품을 기계로 조립하고 있으며, 종업원들은 숙련되어 있고 사기도 높지만, 피로가 누적되어 있다고 하자. 최근 당신은 "뭔가 손을 써야" 할 필요를 느꼈다—당신의 고객들은 제조 및 엔지니어링 우수성의 표준 같이 보이는 반면, 당신은 잦은 설계 변경에다 공급사슬상의 문제로 조립과정에 하자가 발생할까봐 전전긍긍하는 소규모 공급업자이다.

당신이 앞으로도 계속 성공 가도를 달릴지 여부는 회사가 보다 많은 기계들을 확보할 수 있는가에 달려 있다. 여러 종류의 연마기, 파쇄기, 선반, 용접기, 분류기, 소형 절삭기, 기름 제거기, 절단기, 구부리는 기기, 광택기기 등이 새로 판매된다—각각의 새로운 자본설비는 엔지니어들에게는 "필수품"이다. 지금까지도 힘들여 이룩한 성공이지만, 그런 설비를 도입하면 더 나아질는지 아니면 그저 더 어려워질 뿐일는지 의문이 들기 시작한다.

그때 당신은 제조현장을 근본적으로 바꿀 수 있는 새로운, 구미가 당기는, 그리고 인간중심의 접근방식이 있다는 이야기를 듣게 된다. 그것은 카이젠(改善, kaizen)이라 불리는 것으로, 일본어로는 "보다 낫게 만든다"라는 의미이다. 그리고 이 간단하지만 강력한 기법을 사용해 본 몇몇 사람들이 이 방법을 소규모로, 집중적으로 사용해보라고 추천하고 있으므로, 당신은 카이젠을 도입하면 문제를 상당히 해결하고 또 제조현장과 경영을 보다 간편하게 운영할 수 있을 것으로 기대해 본다.

카이젠의 뿌리들

믿기지 않을지 몰라도, 이런 모든 생각들이 지금까지는 효과가 있었다. 그 이유는 카이젠은 다이이치 오노(Daiichi Ohno)가 개발한 도요타 자동차 생산 시스템에 기초를 둔 최상의 전통적 기법이다. 심지어 일본어 그대로 사용하는 것이기도 한데, 일찍이 에드워드 데밍(Edward Deming)과 조제프 주란(Joseph Juran)이 실행했던 것으로서, 단순화와 표준화를 추구하는 이 기법은 분명 일본의 자동차산업, 직거래 공급업자, 그리고 전자산업 등에 기여했기 때문이다.

작업의 표준화

그러나 카이젠은 일부 컨설팅회사와 다소 경험이 적은 실무자가 실시하기에는 위험한 강력한 무기이다. 그리고 카이젠은, 기업내의 활동이 단지 활동 그 자체로서 보상을 받는, 다시 말해 "하면 된다"는 식의 구호로 대표되는 종업원의 자세가 지배적인 환경에서는 대다수 소규모 생산

센터에 큰 실망감만 안겨준다.

권한을 위임받은 종업원들이 팀을 조직하고는, 최고경영자의 지원도 받아내고, 자료를 수집하고, 스파게티식 연결망도 짜고, 제안서도 발표하고, 기계를 옮기고, 작업대를 만들고, 그리고 일하러 간다. 그들은 당연히 자신들이 카이젠 활동에 참여했다고 말할 수 있으며, 자신이 쌓은 공적에 대한 권리들이 카이젠 활동의 숫자만큼이나 축적된다. 하지만 작업과정의 표준화가 없이는, 즉 최고의 지속적인 변화 촉진자가 없이는 5~6주, 혹은 7주가 지나면, 일들은 오랜 익숙한 작업관행으로 되돌아가기 시작한다. 그렇게 되면 작업흐름이 엉망이 되고, 또 무엇보다도 작업현장에 복잡성과 예측불가능을 가져오게 된다.

〈세상을 바꾼 기계〉와 〈린 방식〉의 공저자 짐 우맥(Jim Womack)은 엉망이 된 제조공정을 성공적으로 재정비하고 지속적으로 그것을 유지하는 과제를 가로막는 가장 큰 장애물 중 하나가 표준화 문제라고 믿고 있다. 짐 우맥이, 하트포드 와이어몰드(Hartford's Wiremold), 켄터키주 루이빌 소재 란테크(Lantech)와 같이―그리고 그 외에도 존슨 앤 존슨, 혼다 아메리카(이 회사의 BP 프로그램은 일본의 혼다와 테루유키 마루오(Teruyuki Maruo)에 의해 개발된 카이젠 방법이다), 파크 하니핀(Parker Hannifin), 그리고 TRW 등―미국에서도 카이젠을 선구적으로 추진한 기업들과의 경험에 따르면, 역동적인 카이젠 공정은, 경험있고 훈련받은 실무자가 체계적으로 적용하기만 하면, 다시 말해 최근에 급조한 카이젠 팀에 의한 것이 아니라면, 강력한 경영개선 도구라는 것을 확인했다.

그러나 성공적인 카이젠 프로젝트는 거의 대부분 처음부터 끝까지 공정에 초점을 맞추었다. 예컨대, 혼다의 리엔지니어링 프로그램은 전형적인 것으로 13주가 걸렸는데, 첫째 주 며칠 동안은, 단순히 제조현장을 관찰과 자료수집을 통해 분위기를 파악하는데 소비했다.

혼다의 BP는 최고지위(Best Position), 최고 생산성(Best Productivity), 최소 가격(Best Price), 그리고 최고의 파트너(Best Partner)를 의미하는데, 1970년대 일본에서 완성된 것으로 1990년 미국 공장에 도입했다. 북미에서 90개가 넘는 공장들이 압출 또는 조립과 같은 작업에 대해 120개에 가까운 프로젝트를 추진했으며, 관련자 12만 명 가운데는 소규모 공급업자들도 많이 있었는데, 그들도 이 기법을 도입했다. 그 결과, 철저한 자료 분석과 지속적 공정변화를 전제로 한 진보된 카이젠 방식이 등장했다. 프로세스가 확립된 것이다.

카이젠을 통한 개선은 생산성, 품질, 원가절감, 재고 및 공간의 절약과 같은 분야에 효과를 보인다. BP를 실시한 결과 카이젠 이전의 1인당 한 시간당 총생산량을, 카이젠 이후와 비교하여, 47%가 증가했다고 주장한다. 전반적인 품질향상은 30%, 원가 절감은 7~10 혹은 그 이상으로 증가했다고 한다. 게다가 BP는, 가치분석, 가치공학과 같은 혼다의 다른 여러 개선 프로그램과 마찬가지로, 1998년 혼다 어코드(Accord)용 부품 구입가격을 20% 가량 절감하는데 기여했다. 그 절감액은 구매가격의 인하가 아니라, 부품의 원재료 및 노무비의 실질적 절감을 통한 것이었다.

하지만 카이젠 방식은 일반적으로 기술적 방식으로 간주되지 않는다. 그 이유는 성공사례가 종종 권한위임이라든가 종업원의 제안 등을 강조하고 있으므로, 미국에서는 조화를 이룬 카이젠 활동이란 단지 청소, 정리정돈, 청결, 권한위임된 팀으로부터의 제안활동, 그리고 현장 종업원들의 인간관계에만 국한된 것으로 잘못 인식되고 있기 때문이다. 비록 이런 모든 성과들이 대체로 최고의 카이젠 프로그램과 활동에서 나오는 것이지만, 이 기법이 원래 의도한 것은 엔지니어와 사무직 기술자에 대한 지속적인 의존 없이도 작업 현장에서 문제가 된 공정을 기술적으로 개선하려는 것이었다.

전후 일본의 기업들은 엔지니어가 부족했기 때문에, 카이젠의 선구자들은 자신들이 이용할 수 있는 노동력을 최대로 활용할 수 있는 방법을 생각했다. 그들은, 자신들의 당면한 목적을 달성하기 위해서는 현장으로 나가 작업자들을 만나서는, 듣고 조용히 관찰하고, 그리고 현장의 적극적인 종업원들, 즉 "진정한 전문가들"을 격려해야 한다는 것을 알았다. 그들은 노동자들 사이에 신뢰를 확립해야 했고, 경영자들도 작업자와 마찬가지로 작업과정을 이해해야만 했다. 왜냐하면 현장관리자가 진두지휘했기 때문이다.

그러나 기업의 임원들은 새로운 정치조직을 만들기 위해 노력하는 것도, 혹은 작업현장과 사무실에 민주주의를 불어넣기 위해 노력하는 것도 아니다. 그들은 다만 적은 자원을 보다 생산적으로 사용함으로써 작업을 더 좋게 더 빨리 수행하는 방법을 필요로 할 뿐이다. 전후 일본에서, 철강이나 다른 여러 금속은 매우 귀했다─원재료를 낭비하는 것은 국가에 대해 누를 끼치는 것이었으므로, 가정은 말할 것 없고 기업은 국가의 한정된 자원을 활용하기 위해 열심히 노력했다.

위대한 스승의 교훈

테루유키 마루오는 자신은 젊은 품질기사로서 모든 원재료에 대해 신중히 생각해보는 훈련을 받았다고 말한다. 쇠 쓰레기들은 대개 잘못된 압출공정에서 쌓이므로, 그 결과 자신의 BP 추진계획은 먼저 압출공정에 대한 것이었다. 이 부문에서 그는, 철강 제조공정을 좀 더 경제적으로 배치함으로써, 원료비의 20~30%를 절감─총이익에 기여─할 것으로 기대한다.

사실, 마루오에게서 배운 사람들은 자신들이 이 세상 어디에 있는 어떤 공장에 들어가든 간에, 몇 분 내에 그 공장이 잘 가동되고 있는지를 알수 있도록 배운데 대해 자랑스럽게 설명한다. 엄격한 스승인 마루오는 자신의 제자들이 일련의 간단한 질문을 함으로써 그들의 직감을 활용하는 방법을 가르쳤다.

예를 들면, "펀치 프레스가 가동되는 소리를 들을 수 있나?" 왜냐하면 만약 자네가 "카-청크 카-청크"하는 기계 소리를 듣지 못한다면, 공장이 돈벌기는 틀린 것이니까.

혹은 "무슨 냄새가 나는가?" 만약 제자가 심지어 문제된 공장에 들어가기도 전에 기름 냄새나 유해가스를 맡게 된다면, 그 제자는 아마도 공장이 유지 보수가 제대로 안 되고 있다는 것을 안다. 마찬가지로 제자의 관찰 결과, 공구류가 불편한 장소에 놓여 있거나 또는 에어콘이 없는 공장의 경우—마루오는 에어콘이 없는 공장에서 일하는 사람은 정상 수준의 80%밖에 생산성을 올리지 못한다고 생각한다—정밀조사를 하게 되면 잘못된 공정을 찾아낼 수 있을 것이다.

마루오의 교육방법은 엄하고도 자상했다. 그는 문제된 공장의 모든 기능을 조사하기 위해 신중하게 카이젠 팀 7명을 선발한다—그가 7명을 선발하는 것은 7이 행운의 숫자이기 때문이다. 그는 의도적으로 팔방미인 종업원을 피하고, 한쪽으로 치우친, 다시 말해 엔지니어링에만 숙련된 사람, 혹은 금형 기술자, 혹은 압출 기술자 등을 선발한다.

그는 특정 공정에 대한 기술을 가진 여러 전문가들의 능력을 통합함으로써 가장 충실하고 즉각적인 결과를 산출할 수 있다는 것을 알고 있었다. 비록 7명의 다양한 전문가들로 구성된 팀은 "상호조정"하는데 시간이 걸리긴 하지만, 경험 없는 사람을 또 다른 현장경험을 시키듯 공장에 끊임없이 투입하는 식의 단기적이고 무분별한 카이젠 방식보다는 이 균형잡힌 방식이 더 효과적이라는 것이 증명되었다.

불행하게도 미국의 많은 중소 공급업자들 사이에는 마루오의 증명된 방식이 충분히 관심을 끌지 못한 관계로, 경험 적은 카이젠 컨설팅회사들의 무분별한 활동이 확산되고 있다. 많은 중소기업들이 손실을 보았고, 그리고 다른 많은 중소기업들이 여전히 공정문제를 체계적이고 지속적으로 해결할 방법을 찾고 있는지도 모른다.

무엇이 잘못 되었는가?

모토로라의 6시그마와 볼드리지 상, 각종 주(州) 단위의 상과 전문분야별 품질상이 제정된지 수년이 지났고, 품질 관리의 우수성을 측정하기 위한 수많은 품질검사 규약이 등장했으며, 필 크로스비(Phil Crosby), 데밍, 주란 등이 저술한 수백권의 품질 관련서들이 있음에도 불구하고 많은 회사들이 별로 변한 것이 없다.

컴팩이나 게이트웨이와 같은 1차 공급자들은 시장상황에 맞게 기본적인 품질관리를 할 필요가 있으나, 그 아래 단계의 2차, 3차, 4차 공급자들은 놀랍게도 기본적인 품질수준도 제대로 맞추지 못하고 있다.

그 이유는 전자회사들은 6시그마에 못 미치는 품질로는 고객을 만족시킬 수 없기 때문이다. 고객을 완전히 만족시키지 못한 상태에서의 록인현상(lock-in, 기술제품의 경우 어떤 제품을 한번 사용하게 되면 다소 성능이 떨어져도 계속 사용하는 현상)은, 특히 랩탑컴퓨터처럼 고가 제품인 경우, 기업이 생산과 판매에 있어 대량생산 접근방식을 아직 준비하지 못하고 있다는 것을 의미한다.

완벽하지 못한 공정은 어쩔 수 없이 불완전한, 그리고 그보다 더 나쁜 어떤 문제를 발생시킬지도 모르는 제품을 만들게 된다.

공급사슬의 끊어진 연결망

1997년 결성된 NISCI(National Institute for Supply Chain Integration, 전국 공급사슬 연합회)의 회장 마이크 도일(Mike Doyle)에 따르면, NISCI 의 목적은 "연합회 소속 구성원의 공급사슬이 하나의 통합된 시스템으로서 보다 나은 기능을 수행하도록 하는 방법을 모색" 하려는 것이다.

NISCI는, 회원이 3개 또는 그 이상의 거래 파트너들 사이에 연결된 공급사슬의 성과를 최적화하는 방법을 연구하고 또 개발하는 활동을 지원한다. 사실, 이 협회는 이런 활동에 참여하고자 하는 회사들에게 3개 이상의 공급사슬망을 보유할 것을 요구하는데, 그 이하의 경우 효과가 없기 때문이다.

할리 데비슨(Harley Davidson)은 창립 회원이다. 할리 데비슨의 구매 책임자 리로이 짐다스(Leroy Zimdars)는 이 활동의 성과를 높이 평가한다. 그는 "우리 회사에 납품하는 1차 공급자들에게서 발생하는 공급관리상의 문제들을 해결함으로써 우리는 큰 진전을 보았다"고 말한다. "그러나 우리가, 보다 더 큰 문제를 확인하기 위한 집단적 활동에 참가하지 않고서는 그리고 공급사슬 사이에 적용할 수 있는 표준 방침을 개발하지 않고서는 목표한 성과를 달성할 수 없다는 것을 알고 있다."

NISCI의 국장인 봅 파커(Bob Parker)에 따르면, 미국에서 공급사슬은 대체로 한쪽에서는 대규모 상표를 부착하는 생산자가 소비자를 위한 목적으로 실시하고, 다른 한쪽에는 대규모 원료 생산자에 의해 실시되고 있다. 그 중간에 거의 30만개가 넘는, 비록 규모는 작지만, 최근 미국의 순고용인구 증가의 대부분을 차지하는 핵심적인 제조업자들이 있다. 잘 짜여진 공급사슬은 효율성, 시장변화에 대한 보다 신속한 대응, 보다 나은 디자인 및 제조공정, 그리고 증가된 생산성을 보장한다.

NISCI의 창립회원인 8개 회사—혼다 자동차, 트레인, 크라이슬러, 존

디어, 할리 데비슨, 서플라이 아메리카, 시카고 대학, 전국 구매관리협회—는 아래의 6개 활동이 동시에 추진된다면, 느슨하게 연결된 공급사슬 하에서 운영되고 있는 개별 기업들이 하나의 통합된 시스템을 운영할 수 있을 것으로 확인했다.

1. 3개 또는 그 이상의 연결망 사이에 가치창조를 강조할 것
2. 3개 또는 그 이상의 연결망 사이에 성과를 향상하기 위해 표준화, 교육의 인정, 훈련의 실시
3. 3개 또는 그 이상의 연결망 사이에 실시간, 합의에 의한 결정을 지원하는 사슬구조의 설계
4. 3개 또는 그 이상의 연결망 사이에 사슬 경제 성과(chain economic performance)의 측정
5. 3개 또는 그 이상의 연결망 사이에 협동을 지원하는 신뢰, 문화, 그리고 인간관계의 창조
6. 3개 또는 그 이상의 연결망 사이에 집단적 개선을 촉진하는 법적, 규제적, 그리고 입법 환경의 창조

다리 아래 숨은 도둑을 조심하라

기업들이 소위 파트너들과 좋은 관계에서 일하는 데 실패하는 것과, 완벽한 공정을 유지하는데 실패하는 것은 모든 기업이 처한 보편적 문젯거리이자, 다리를 건너려는 최초의 나그네를 기다리며 다리 아래 누워 있는 도둑과 같다.

그러나 지금부터 2020년 사이에, 기업이 사용하는 기술들이 획기적으로 발전하여—소프트웨어의 등장 그리고 제조기술에 있어 전혀 다른 접근방법—문화적 조직적 장애물들을 극복하고, 이 문제를 해결할 확대 기

업집단을 가능하게 할 것으로 보인다. 그렇게 되면 원료공급과 제조설계 그리고 생산공정은 완벽하게 될 것이다.

소프트웨어, 제조, 혁신 등에서 무엇이 잘못되었는가?

20여 년 전, 당시 소형 엔진 생산분야에서 미국의 선두주자였던 브릭스 앤 스트래튼(Briggs and Stratton)은 1930년대의 모델을 완벽하게 생산함으로써 업계에서 강자의 지위를 누려왔다. 미국 중서부의 생산자들의 조립공정은 제조활동에 있어 전통적인 문제를 안고 있었다—크랭크축과 조립공정에 걸려 있는 녹슨 "적시투입"용 거대한 상자들, 재촉하는 소리, 부품 부족, 성과급 생산, 그리고 완충재고 문제 등이었다.

브릭스 사는 충성스런 고객들과 광범한 판매망 덕분에 자금형편이 항상 넉넉했다. 종업원들은 모든 새로운 주문들에 대해 잘 적응했다—모터가 달린 자전거, 휴가용 자동차, 보트, 호수가 작은 집 등을 위한 모터 등을 즉각 공급했다(좋은 기업환경은 종업원들에게도 최소한의 휴가기간만 허용했다). 오후 3시 퇴근을 알리는 종소리가 들리자, 주차장은 미국에서 만든 각종 자동차들—한결같이 대형자동차들—수백 대를 바깥으로 내몰고 있었으므로 주차장 출구를 찾는 방문객은 비명을 지를 지경이었다.

그러나 밀워키의 이 엔진 조립업자의 눈에 거의 띄지 않는 저 멀리 지평선에, 경쟁자들이 조용히 나타났다. 경쟁자들은 밀워키를 계속 방문했고, 그들의 시간을 체크했으며, 그리고 깔끔하게 그려진 한 묶음의 청사진에 연필로 연신 체크했다. 그들의 목적—5년 내 미국과 태평양 지역의 소형엔진 시장을 석권하는 것—은 분명 달성가능한 것으로 생각되었다. 경쟁자들은 새로운 엔진 설계로, 거의 완벽한 품질과 경제적 연비로, 이미 오스트레일리아와 북미 일부 지역을 침투하고 있었다.

어느 날 아침, 브릭스 앤 스트래튼의 엔지니어들은 어둠침침한 뒷방에 모였다. 누군가가 새로운 혼다 엔진을 구입했고, 세 명의 엔지니어들이 해체작업을 할 작정이었다—그들의 경쟁자가 특별히 무엇을 잘하고 있는지 보려고 그냥 엔진을 역 엔지니어링(reverse engineering)하려는 것이었다. 책임 엔지니어가 스크류를 풀자마자, 엔진은 단순하고도 깨끗한 알루미늄 주물 디자인이 드러났다.

그때 생산부문에 종사하는 많은 종업원들이 들어왔는데, 엔지니어들이 차츰 분해를 더해갈 때마다 흥분의 소리가 작은 방을 가득 메웠다. 어쩜 이렇게 지능적으로 설계를 했는지 그리고 잘 만들었는지 말이다! 설계 각도와 가공 부분도 더 작고, 원재료도 다르고, 보다 작은 구멍에 더 많은 장치가 압축되어 있었다. 이 새로운 기술은 브릭스가 30년 동안 사용한 것과 놀랄 정도로 차이가 컸다.

그러나 오랫동안 시장을 지배해왔던 제조업자들에게는 새로운 것에 대해 뿌리깊은 거부감이 있는 법이다. 그 점은 브릭스도 예외가 아니었다. 브릭스 종업원들의 첫 번째 반응—즉 "경쟁자들이 우리를 따라온다고? 우리의 상표만으로 고객의 충성심을 불러일으킬 수 있지"—은, 소형 엔진 시장에 정말이지 뭔가 나타나고 있다는 생각으로 서서히 바뀌었다. 도둑들이 태평양을 몰래 건너서, 자신들의 상표를 인지시키면서 계속 시장을 잠식하는 동안, 잠자는 밀워키 거인은 기본적으로 3세대 전의 설계와 제조공정을 그대로 유지하면서 판매에만 힘을 기울이고 있었던 것이다. 브릭스는 자사의 상표를 일차적으로 소비자의 뇌리에 심기 위해 슈퍼볼 게임 하프타임 광고에 50만 달러를 쏟아부었는데, 정작 브릭스의 제품은 주로 OEM 방식을 통해 팔리고 있었다.

원가절감과 과다재고에 대해 주의를 기울였으나 경쟁자들은 더 싼 가격으로 밤낮없이 진군하여 미국 공장의 입구까지 들이닥쳤다.

몇 년이 더 지나고 시장 점유율도 몇 퍼센트 더 떨어진 후에야, 누군가가 진정 문제가 되는 부분을 제기하려고 결심했다—제품과 공정에 대해서 말이다. 브릭스는 전적으로 새로운 엔진 설계를 추진했다. 동시에 최고경영자는 고임금과의 전쟁 그리고 공정 문제에 대한 신경전을 더 이상 하지 않기로 하고, 노조가 없는 남부지역으로 엔진 생산공장을 조용히 이전했다.

브릭스는 제품관련 문제를 진정으로 해결했는가? 그렇다. 그러나 그것은 어쩔 수 없이 그렇게 되었다. 공정문제도 함께 해결했는가? 물론 부분적으로는 해결했다. 밀워키에서의 생산을 조정함으로써, 보다 쉽게 생산할 수 있는 제품을 설계함으로써, 그리고 마지막으로 인건비를 줄임으로써 회사는 회생의 길로 돌아섰다.

복잡성, 소프트웨어, 그리고 혁신을 죽이는 것들

많은 회사들—게이트웨이, 컴팩, 브릭스, 그 외 많은 회사들—은 기업경영 역사상 어느 시점에 경영혁신(innovation)문제로 골머리를 앓았다. 1970년대 후반 많은 미국회사들은 패키지 소프트웨어에 대한 잘못된 판단으로 수백만 달러를 투입했지만 다양한 이유로 실패를 맛보기도 했다(그림 3-1 참조).

그들의 잘못된—예를 들면 MRP, 생산능력 계획 소프트웨어, 구매 소프트웨어, 디자인 소프트웨어 등은 제조현장의 고유한 문제들을 완전히 해결하고, 보다 나은, 더 보기좋은, 더 부유한, 더 혁신적인 세상을 만들 것이라는—기대 덕분에 분명 수십 명의 소프트웨어 백만장자가 탄생하기도 했다.

〈그림 3-1〉

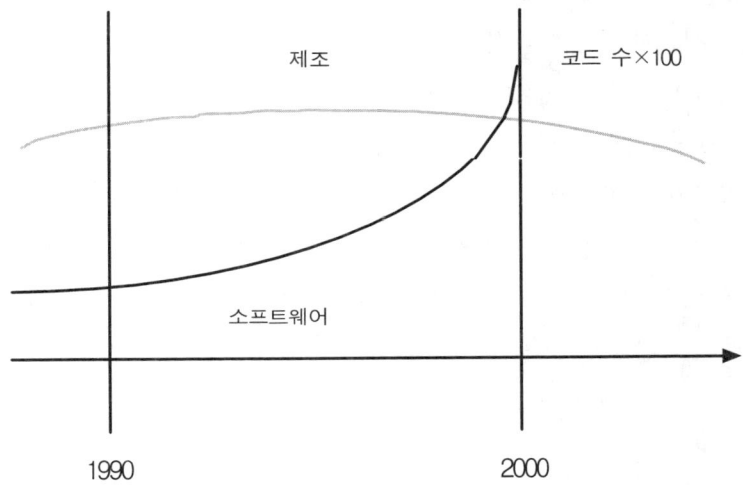

그러나 오늘날 성공적인 제조회사들의 CEO들에게, 만약 그들이 성공적으로 경영을 수행함에 있어서 취한 주요한 행동 세 가지를 들라고 질문한다면, 세계 최대의 패키지 소프트웨어 메이커인 MAN MAN 혹은 오라클(Oracle)의 제품을 도입한 것이라고 과연 몇 명이나 대답할 것인가? 지금은 SAP과 Baan이 보다 규모가 큰 제조현장에서 눈에 띄고 자주 입에 오르내리는 위치를 점하고 있지만, 사용자와 설치자 모두 문제점들을 호소하고 있다.

분명한 것은 이런 패키지 소프트웨어가 잘못된 문제를 해결하는데 사용되고 있다는 점이다. 사용자는 자주 다음과 같은 반응을 한다. "당신이 갖고 있는 도구가 망치뿐이라면, (당신의 눈에 보이는 모든 문제는) 못으로밖에 보이지 않는다." 패키지 소프트웨어가 극단적으로 복잡한 공정들을 단순하게 만들 수 있지 않는 한, 그것은 세상을 상대로 투쟁을 벌이는 기업의 목에다 값비싼 닻을 매두는 것에 지나지 않는다.

제조 공정관리를 위한 소프트웨어 애플리케이션 패키지는 잘못된 문제의 사소한 부분을 해결하기 위해 분리된 채로 유지되고, 그리고 자주 설계를 바꾸고 있다. 예를 들면, 대부분의 계획 소프트웨어에 있어, 구매 모듈(purchasing module)은 나중에 생각을 더해보고 추가로 구입한다. 마찬가지로, JIT(Just In Time)로 인해 물류 및 추적활동이 엄청나게 증가되었다는 사실을 인식하지 못한 계획 시스템은 제조활동 자체를 엉망으로 만든다. 지난 30년 동안 북미 지역에서 생산활동에 소프트웨어를 사용한 기업들은 컴퓨터를 재고관리, 임금계산, 또는 내부통제에 사용하면서, 그리고 현장과는 별도의 장소에서 설계와 생산을 하는 문제를 해결하면서 성장했다.

도요타 생산시스템 그리고 다양한 카이젠 방식은 공정의 단순화를 추진하고 또 문제를 해결하려고 시도했다. 하지만 미국식 소프트웨어는 털어내야 할 그리고 완벽하게 해야 할 필요가 있는 공정에다 오히려 보다 많은 복잡성을 짜 넣고 있다. 두 방법—하나는 공정을 축소하고 단순화하고, 다른 하나는 복잡한 정보시스템 관리를 통해 끊임없이 통제를 한다—은 생산문제를 갈라놓았다. 극단적으로 복잡한 공정에 적용된 소프트웨어 애플리케이션은 인간이 관리하기에 너무 복잡하고, 인공지능을 도입하기엔 너무 비싼, 외생변수를 유발한다.

예를 들면, MRP와 그 변형 소프트웨어는 1980년대 엄청난 이익을 보았다. 하지만 올리버 위트(Oliver Wight)와 상상력이 뛰어난 IBM의 또 다른 한 팀이 하나의 공정에 대해 사용할 수 있는 전반적 시스템, 즉 BOM(bill of material explosion module)을 설계했는데, 이것이야말로 모든 못에 대한 하나의 망치가 되고 말았다. BOM은 단지 고기를 얇게 저미는 기계 격으로, 여러 단계의 부품 조립과정을 최소의 구성요소들로 세분할 수 있도록 해주는 프로그래밍상의 승리였다.

이런 과제를 해결하기 위한 이전의 시도들은 단순히 계산능력의 부족 (예컨대 제곱근의 계산) 때문에 실패했다. 제2세대 MRP Ⅱ 애플리케이션이 수천 곳에 적용되면서 복잡성은 관리 불능의 정도로 심해졌다.

컨설턴트와 소프트웨어 업체들은 회사가 혼란에 빠질수록 돈을 더 벌었다. 회사는 단순한 개념에 대한 맥나마라 식의 오적용(McNamarian misapplication, 맥나마라가 미국방장관 시절 삼군의 예산중복 편성을 피하기 위해 한층 더 복잡한 컴퓨터 프로그램을 개발했음을 의미) 때문에 사기를 당한 것이다.

JIT의 적용현장은 예외없이, MRP모듈을 공장에 연결하기 위해 쌓아놓은 전선들이 수 마일이나 되었다. 작업순서 일정이 중단되자 계획자들 사이에 당장 혼란이 일어났다. 제조과정의 여러 단계에 흩어져 있는 원재료의 재고를 추적하고 또 계산하는 작업은 수백 가지의 소프트웨어 작업을 유발시켰다. 생산현장의 전문가들은 마치 자신들이 꼼짝없이 포위당한 듯 느꼈다. 원재료 담당 관리자들은 컨설턴트가 제공한 패키지를 설계 도면대로 가동시킬 수 없었기 때문에, 차례 차례로 주차장으로 끌려나가 총격을 받은 듯했다.

마찬가지의 일들이 한층 더 큰 소프트웨어 솔루션(software solution) ―단순한 아이디어에 복잡한 소프트웨어를 장착하는 작업―에서 진행되고 있었는데, 그 가운데는 MES(Manufacturing Execution System)와 ERP(Enterprise Resource Planning)도 포함된다.

이와 관련해, 소프트웨어 대가들 중에 급관리에 대한 기본적인 의문을 제기한 사람이 거의 없었고, 그리고 대부분의 판매용 소프트웨어 솔루션은 "추가기능들"이 사용자의 요구를 충족시키지 못했기 때문에 항상 불평의 대상이었다.

또 다른 실망—품질관리의 성패

품질인증—ISO 및 기타 품질인증상—그 자체가 튼튼한 공정을 보증해 주지는 않는다. 비기술자 출신 경영자들에게는, 이런 품질관련 제도가 혼란을 가져다준다. 그것들은, 좋은 길잡이를 따라가는 길을 막고, 그리고 자기 회사의 공정을 점검하고 작업흐름을 이해하는데 필요한, 회사 전체를 볼 수 있는 불빛을 흐리고 있다.

과연 얼마나 많은 경영자들이 자사의 통합적인 가치를, 즉 투입에서부터 시작하여 1차, 2차, 3차, 심지어 4차 하청기업을 포함한 최종 산출에 이르기까지의 전체속도를 측정하고 있을까? 한 개의 초점을 가진 기술— 그것이 ISO이든, 자율관리팀이든, 혹은 가치흐름도이든 간에, 제조 우수성을 추구하는 무거운 짐을 수행하는 단 하나의 방법에 초점을 맞추는 기술—로는 효과가 없다.

예를 들면, GM은 공급 불안정과 노조의 작업 거부가 예상되는 경우 한 측면만을 추구하는 JIT를 적용하면서, 그런 점을 매번 확인했다. GM 의 아크론 타이어공장이 스트라이크를 일으켰을 때, 그 파업은 GM의 조립공장도 따라서 폐쇄하지 않을 수 없도록 만들었다. 물론, 그 문제는 JIT의 개념 속에는 포함된 것은 아니지만, JIT를 적용하는 환경에서 어쩔 수 없이 발생하기도 한다.

혁신에서 규모의 경제의 한계까지

경영시스템과 좋은 공정이 확보되지 않으면, 기업들은 가끔 최소한의 이익이라도 내기 위해 판매상의 속임수 혹은 규모의 경제(economy of scale)에 의존하기도 한다. 1814년, 프랜시스 캐봇 로웰이 찰스강변을 따라 보스턴 제조회사(Boston Manufacturing Conpany)의 1호 공장을 완성했을 때, 그가 구상한 것은 섬유생산 관련 수공업 회사들 전체를 통합하는 것이었다―그는 실질적으로 새로운 생산공정을 창조했던 것이다. 그리고 그는 찰스강 댐의 수력을 활용하여, 즉 일련의 수문들, 수차, 가죽 도르래, 바퀴를 이용하여 모든 기계를 가동할 계획을 세웠다. 이 최초의 공장에서 로웰이 어느 정도의 이익계획을 세웠는지는 알 수 없으나, 그가 규모의 경제를 바탕으로 추진한 이런 초기의 공학적 접근방식은 창업한 지 2년이 채 안 되어 200%가 넘는 이익을 보았다. 그러나 이 공장은 또 다른 여러 최초 기록을 세웠는데, 그 가운데는 최초의 스트라이크도 포함된다.

메리맥강을 따라 거대 섬유공장들이 솟아났는데, 회사의 명칭은 보스턴 제조회사의 최초의 소유주들―로웰, 로렌스, 애플턴―의 이름을 딴 것으로서 모두는, 산업 역사가 로버트 달젤(Robert Dalzell)이 기업 엘리트로 명명한 사람들, 즉 이익을 축적하고 이익을 착취할 새로운 생산기술 운동의 선구자들에 의해 설립되었다. 1812년 전쟁(나폴레옹 전쟁 중 프랑스가 영국을 봉쇄한 것을 말함)으로 돈벌 기회가 줄어들었거나 아예 막혀버린 뉴잉글랜드의 상인들은 점점 더 커지기만 하는 벽돌공장에 벤처자본을 쏟아부을 기회를 발견했다. 공장 부지 선정에 필요한 것은 수력(나중에는 증기), 수송로, 그리고 자금이었다. 하나의 공장이 성공하면 연이어 또 다른 공장이 들어섰다. 규모의 경제는 끝이 없는 것처럼 보였다.

공장에 관한 모든 것은 창업자의 비전과 탐욕에 비례하여 건설되었다―예를 들면, 공장의 연못과 폭포에서 물을 뽑아내는 운하시스템, 거대한 창문, "주택지구(공동주택에 사는 근로자를 위한)"의 크기 등이 그랬다. 네 번째 필요 요소인 노동은 쉽게 얻어졌다.

노동자들은 공장문으로 밀려들었다―양키공장(Yankee mill) 최초의 여자 종업원들은 평균 근무기간이 2년이었고, 그 이후에는 많은 젊은 여성들이 폐에 가득 찬 먼지를 깨끗하게 하기 위해 옛 농장으로 되돌아갔다. 곧 양키공장의 여공들은 보다 싼 노동력으로 대체되었다. 캐나다, 아일랜드, 스코틀랜드, 이태리, 그리스, 폴란드, 그리고 러시아 등으로부터 이민 대열이 밀려들어 왔기 때문이다.

그들의 일하는 방식—수동 기계, 중단 없는 가동, 낮은 임금, 노예노동—은 1930년대까지 기업가들에게 큰돈을 벌어주었다. 노동자의 이직율과 문맹은 이익을 축적하는 과정에 별로 방해가 되지 않았다. 휴일도 스트라이크도 마찬가지였다.

그러나 규모의 경제가 한계에 부딪히자 시스템은 약해지기 시작했다. 가장 값비싼 자산인 기계가 늙어버린 것이다. 아모스키에그, 거대 도시 맨체스터, 그리고 뉴햄프셔의 섬유공단에는, 각각 한때는 세계에서 가장 번창하면서 돈이 넘쳐흘렀다. 기계를 수리할 시간도 없었고, 이익은 새로운 기계로 투자되지도 않았고, 강력해진 노동자들의 집단적 힘을 거의 무시했으므로 소유주들은 상황을 생각해볼 시간도 없었다. 그때가 바로 사슬을 끊고 남부로 갈 시간이었을까? 그 당시 섬유공장의 공정은 유연성이 없었고, 또 수많은 직조기는 오직 계속 가동되어야만 돈을 벌 수 있었다—선택의 여지가 없었던 것이다.

한때 번성했던 아모스키에그의 운명은 결정되었다. 1937년 토마스 제퍼슨 쿨리지(Thomas Jefferson Coolidge), 아모스키에그의 출납국장이자 미국 민주주의의 아버지 토마스 제퍼슨의 유일한 법적 후손인 그는 산하 위원과 더불어 재투자된 이익의 위력을 재확인했고 그리고는 남부로 갔다. 아모스키에그의 경영자들이 공장을 폐쇄하고, 일부 기계를 이전하고, 이익의 일부는 철도에, 새로운 섬유에, 그리고 신흥산업에 투자하게 되면서, 수천 명에 달하는 맨체스터의 근로자들은 길바닥에 나앉게 되었으며, 돈도 연금도 없는 신세가 되었다. 기업가들은 투자 수익에 대한 욕심이 지나쳐 공장현장의 공정 개선이나 기술혁신 투자에는 관심이 없었다.

부서진 유리창들과 녹슨 철문만이 여전히 아모스키에그의 쇠락을 증명하고 있다. 비록 몇몇 건물들이 재건축되어 소규모 사업 또는 창업자를 위해 사용되고는 있지만, 60년이 지난 지금까지 이 도시는 회복되지 못했고 또 잊혀져가고 있다.

미시건 주 맨체스터와 플린트, 뉴욕 주 트로이, 펜실베이니아 주 베들레헴, 오하이오 주 클리브랜드, 미시건 주 디트로이트 등은 모두 규모의 경제 공식을 100년간 운영했던 기념비적 도시들이다. 더 큰 것이 항상 더 좋은 것은 아니다.

〈그림 3-2〉 전형적인 19세기의 공장 지역

혁신은 필수다

거의 50년 후, 당시 DEC의 사장이었던 케네스 올슨(Kenneth Olson)이 드디어 개인용 컴퓨터(PC) 시장에 진입하기로 결정했을 때, 그 당시 애플 사장 스티브 잡스는 올슨의 올드 밀(Old Mill) 본사에 검은 장례화환을 보냈다. 실패가 예견된 올슨의 PC 전략은, 응용범위가 좁은 또 다른 PC제품을 출하하는 것이었는데, 이 분야의 시장이 얼마나 빨리 성장할지를 예상치 못하고 있음을 여실히 드러낸 것이다. 그는, 보다 싼 가격에 보다 다양한 기능을 장착한 너무나 많은 경쟁자들 사이에서 오직 DEC라는 이름만으로 시장을 개척하기에는 너무 늦었던 것이다.

모닝 노츠 리서치 레포트(Morning Notes Research Reports)의 분석가 에드워드 케쉬너(Edward Kerchner)에 따르면, 비록 PC의 주가가 1982-83년 호황을 누렸지만, 1984년 2월이 되자 25개의 주요 PC 주가는 52주 동안의 최고가에 비하면, 평균 50%가 떨어졌다.[5] 뒤이어, 대부분의 선두주자들이 시장에서 사라졌다—아폴로(Apollo), 오스번(Osbourne), 신클레어(Sinclair), NCR 등이었다. 그 반면 오늘날 PC의 거인들—델(Dell), 컴팩(Compaq), 그리고 게이트웨이(Gateway)는 아직 명함도 내밀기 전이었다.

웹, 훌라후프, 혹은 혁신 명령

인터넷 산업도, 그 전의 PC산업과 마찬가지로 1990년대의 인기 기술이다(그림 3-3 참조). 그러나 2020년까지는 인터넷 산업도 몇 안 되는 고객별 특수 애플리케이션 회사들이 좌우하게 될 것이다. 자동차산업과 PC산업, 여러 세분된 바이오테크산업 등과 마찬가지로 고위험의 웹 시장에

---

[5] Kerschner, Edward, CFA, *Morning Notes Research Reports*, May 11, 1998, p.1.

대한 투자는 조정기와 다양화기로 접어들고 있다. 자동차산업과 바이오산업은 우리가 인터넷에 대해 추측했던 것과 똑같은 추세를 따랐다. 1900년에서 1908년 사이 자동차산업에 뛰어든 485개의 자동차회사들 가운데, 그후 8년 이내에 262개 회사가 도산했고, 계속해서 생존한 회사는 극소수였다. 바이오테크 주식은 PC에서 손을 뗀 자금을 유혹하고 있다. 그러나 1991년 말 기준으로 35개의 주요 바이오테크 회사들로 손꼽혔던 회사들 가운데, 1999년에는 오직 10개 회사만이 창업 때보다 높은 주가를 유지하고 있었다.

미국은 485개나 되는 자동차회사들이 필요하지 않았다. 우리는 100개가 넘는 인터넷 관련업체를 진정 필요로 하는가? 앞으로 인터넷이 혁신의 도구가 되긴 하겠지만, 대부분의 공급자들은 오직 접속장치만 팔고 있다. 유용하고도, 강력한 애플리케이션을 공급하는 회사도 거의 없으며, 그리고 본질적으로 전자적으로 연결된 자유로운 네트워크에 기초한 시장에 대해, 잘 구조화되어서 쉽게 틈새를 찾아 접근할 수 있도록 해주는 공급자는 거의 없다. 케쉬너는, TV는 비록 미국 가정에 30% 보급되는데 35년이 걸렸지만, 웹은 2002년이면 그 비율에 도달할 것이라고 강하게 주장한다(이는 웹의 출범 후 8년만이다). 그 다음엔? 몇몇 제2, 제3, 그리고 제4세대의 인터넷 혁신 엔진이 등장하여 부가가치 높은 애플리케이션을 앞세워 특수한 시장들—가정에서의 사용자, 학교, 제조현장, 오락산업 등—을 장악할 것이다.

그러나 기술에 대한 흥분은 주식시장에서 수요증가로 나타나는 법이어서, 지난날의 최대의 혁신 추진자들—원자력, 자동차, PC, 그리고 바이오테크 등—과 마찬가지로 웹도 이익과 손실이라는 현실적 순환과정을 밟게 될 것이다. 과대선전은 결국 수준높은 사용자와 소비자의 선택을 거쳐 서서히 제자리를 잡게 될 것이다.

〈그림 3-3〉

인터넷에도 한계가 있다

"인터넷을 고속도로로 생각하라"—앨 고어 전 미국 부통령

또 다시 돌아온 허풍쟁이들. 근거도 없는 몇몇 기술 낙관론자들이 정보 초고속도로를 떠들고 있군.

그들은 그곳에 가지 못해. 웹은 초고속도로와 같은 것이 아니야.

비유를 반대로 해보자. 초고속도로가 네트워크처럼 됐다고 가정해보자.

차선이 백개나 되는 고속도로. 패인 자국들과 쓰레기들이 넘치고. 사적으로 사용되는 교량과 고가도로. 고속도로 순찰대는 없다. 깨진 호루라기에 자전거를 탄 몇 명의 임대 경찰. 핵폭탄으로 무장한 500명의 자위대.

모든 교차로에 최소한 237개의 진입도로가 있다. 길표시는 없다. 엔세나다(Ensenada)로 가고 싶다고? 바퀴가 18개인 자동차가 길을 묻자 창문 너머로 고함을 친다.

임시 교통법규

월요일부터 금요일 사이 오전 7시에서 9시까지 몇몇 주행선들을 단독 운전하는 사람에게 벌금을 매길지 투표를 하자. 다른 주행로에서 휴대폰을 사용한 사람에 대해서는 재판없이 처벌하자.

AOL은, 에볼라 바이러스 희생자 수백 명을 싣고, 유인원 동물의 죽은 시체들과 썩은 배추를 다른 차에 옮긴다. 그것들 대부분은 집에서 공구로 조립된 것이다.

어떤 자동차는 최고 속도가 시간당 9마일인 2.5마력의 잔디깎기 엔진이 장착되어 있다. 다른 것은 니트로글리세린을 연소시키고 또 시속 120킬로에서도 게으름을 피고 있다.

번호판도 없다. 그 대신 제2차 세계대전 시의 폭탄 그림이 붙어 있다. 거대한 이빨 그리고 흡혈 독수리의 그림이 괴기하다. 범퍼에 장착된 기관총. 고속도로에서 만난 사람에게 손가락으로 신호를 보내고는 당신의 배기관에 장착할 백색 인산염 수류탄을 입수한다. 순찰 헬리콥터를 쏘기 위해 지대공 미사일 포대가 달린 평상꼴의 트럭이 지나간다. 염화수소 염산으로 가득 찬 물총을 든 꼬마들이 세 발 자전거를 타고 신호도 없이 차선을 바꾼다.

고속도로에 출구가 없다. 하나도 없다. 지금, 그것이 주(州)간 고속도로(Interstate Highway) 시스템을 운영하는 방식이다.

오늘 당신은 어디를 가고 싶어?

　　　　　　　　　　　　—인터넷 어디서나 볼 수 있는 글

웹 사용자들은 접속기능 이상의 많은 기능들을 제공하는 인터넷 공급자들에게 사로잡히게 될 것이다―오락, 전문제조 서비스, 모든 분야에 걸친 상거래 기능, 혹은 관심을 끌 만한 새로운 서비스(마치 UPI와 API 통신사가 한때는 새로운 소식을 가장 빠르게 전했듯이)를 제공한다면 말이다.

산업성장의 자연적 경로―조정기, 합병기, 이익창출로 이어지는 과정에 걸림돌이 되는 어떤 규제나 기술적 애로점이 등장한다면, 진정한 혁신 생명주기가 효과를 발휘하는 것을 막게 될 것이다. MS와 미국 정부 사이의 대립은 빌 게이츠의 진군을 늦출 수도 있는 일시적인 장애물일는지는 모르지만, 어쨌든 또 다른 억제할 수 없는 전자 다윗이 등장하여 골리앗의 영역에 진출할 것이다.

그것을 우리는 혁신 명령으로 부르기로 하자. 기술은 승리할 것이고, 기술은 수많은 부자들을 만들 것이고 또한 손실을 입히기도 할 것이다. 그러나, 장기적 안목으로 보면, 즉 자동차와 컴퓨터 그리고 웹에 이르기까지, 핵심적 혁신산업이 백년 간에 걸쳐 가속적으로 발전한 것을 되돌아보면, 현명한 경영자라면 주기적으로 등장했다가는 사라지는 또 다른 요소를 인식하게 될지도 모른다. "공익"을 위한 부의 창출이라는 아이디어―예컨대, 일본의 통산성(MITI), 보스턴 제조회사와 18세기 공장 마을 등―가 2020년의 우수성 집단과 더불어 다시 나타날 것이다.

"공익"의 재등장

정부의 규제기관이나 일부 투자자들은 기술의 탄생, 성장, 그리고 소멸이라는 불가피한 순환을 이해하지 못한다. 그들은 기술의 열매를 하루속히 따기 위해, 강력한 혁신 에너지를 관리하려고, 방향을 결정하려고, 그리고 전환하려고 노력하지만, 그들의 간섭은 위험하고 또한 소용없는 짓이다.

1880년대 초, 뉴잉글랜드를 가로지르는 하천과 강을 따라, 완전히 공장들로 이뤄진 마을들이 군락을 이루고 있었다. 기계 제작소가 제분공장 옆에서 가동하고 있었고, 강 하류에 자리잡은 제재소들이 거듭 성장하고 있었다. 수력을 대체한 증기기관이 나타나면서 공장을 들판에 세울 수 있게 되었는데, 심지어 하천 수자원으로부터 수 마일이나 떨어진 곳에도 공장이 건설되었다. 그러나 물리적으로 공장 마을(mill vallage)은 그 고유한 정체성을 유지했다. 18세기부터 1930년대에 이르기까지, 비슷한 회사들로 구성된 이런 군락은 그 지역에 사는 모든 주민들에게 현금을 받고 제품을 공급했는데, 그 현금은 다시 자본으로 축적되었고 또한 다른 목적에도 사용되었다.

매사추세츠 주 북동쪽에는 길이가 20마일 되는 니시티시트 강이 있는데, 이 강은 뉴햄프셔 주 경계 바로 위에 있는 포타니포 호수에서 시작하여 페페렐(Pepperell) 마을의 중심을 가로질러 나슈아 강으로 합류하고는 미국의 산업혁명을 선도한 메리맥 강으로 다시 이어진다.

니시티시트 강은 한때 매우 오염이 심했으나, 10여년 동안의 노력 끝에 깨끗해져 지금은 B급 강이 되었다. 사람들은 연어 낚시를 즐기고, 낮은 모래톱에서 수영도 하고 있다.

이 강은 공장 마을의 완벽한 중심지였다. 20마일의 강을 따라 6개의 공장 마을들이 있었고, 제분공장, 기계 제작소, 하프를 만드는 공장, 제재공장, 그리고 제지공장이 번창했다.

새로운 기술이 태어나고, 성숙하고, 사라지는 공장마을은 공익에 대해 공통적으로 관심을 갖고 있었다. 이런 공동체에 사는 주민들이 다음 세대와의 연결에 대해 모른 체한다는 것은 있을 수 없는 일이다. 그곳의 교회와 학교는 공익을 당연시하는 전통을 주입시켰다.

〈**그림 3-4**〉 니시티시트 강을 따라 형성된 퍼페렐 공장 마을의 지도

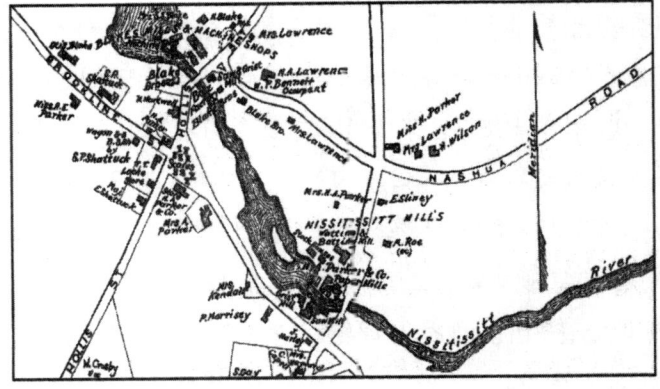

공휴일, 축제, 그리고 마을 신문은 그 신념을 더욱 강하게 심어주었다. 게다가 소득세 납부 전 기부행위와 자율적 규제가 먹혀들었다.

우리는, 공장 마을과 그 통합적 가치 그리고 인간적 관계의 중요성이 되살아날 것으로 예측한다. 2020년에는 기업 승자들로 구성된 우수성 집단은 잘 운영되고, 경쟁력있는 지구촌 공장 마을을 건립해 있을 것이다. 수력발전 이후의 이런 공장 마을을 가동하는데 필요한 지적 자본의 원천은, 아주 멀리 흩어져 있을지 모르지만, 그러나 각각의 승자 기업 마을 (winning enterprise village, 지역적으로는 멀리 떨어져 있으나 IT와 공급사슬을 이용하여 형성된 확대 기업)은 경쟁력있는 생산과 교역에 필요한 모든 기초적 장비들을 갖추고 있을 것이다. 여컨대, 훌륭한 공정, 운송 및 통신 장비, 그리고 우수한 제품 등을 말이다

어떤 마을은 혁신의 중심지가 될 것이다. 또 어떤 마을은 교역용 상품

을 만들 것이다. 패배자들은 성장하지도 못하고 심지어 종업원들에게 급료도 지급하지 못할 정도로 고전할 것이다.

단순성과 복잡성

메리맥 강 상류에 위치해 있으면서 로웰의 섬유공장들에게 소면기를 공급했던 스코필드(Schofield) 기계제작소, 그리고 강 몇 마일 아래에 진행중인 첨단 컴퓨터 조립공장 단지의 건설 사이에 어떤 일이 있었는가? 어떻게 혁신 명령이 그 통제력을 상실하고 단순한 공정에 훨씬 정도가 심한 복잡성을 부과했는가? 왜 브릭스 앤 스트래튼은 혁신적 경쟁자의 등장에 맞서 TV에 제품 광고를 함으로써 대응하려 했는가? 엔지니어들이 경쟁자의 알루미늄 엔진을 해체했을 때 누가 그 제안을 했는가?

기술자들은 아니다.

셉토(Septor) 사의 전 사장이자 래더 로직(ladder logic, 제어기 설계에 있어 기본적인 접근 방식의 하나)의 주창자인 로저 로브레니치(Rodger Lovrenich)는, 확장의 개념—인간 능력의 증가—이 우리들로 하여금 복잡성을 선호하도록 유도했다고 말한다. 우리는 인간의 능력을 보완하기 위해 기계로 된 팔(로봇을 이용한 컨베이어 시스템), 다리(자동 원재료 이동기기), 눈(비전 시스템과 바코드 판독기), 귀(센서), 심지어 뇌(원격 단말기와 네트워크로 연결된 자료저장 장치)를 만들었다. 때로는 이런 희한한 도구가 효과를 본다. 또 때로는 다른 여러 장치들과 충돌을 일으킨다.

우리 인간의 능력은 인간이라는 종에 대해 저주와 축복을 동시에 제공하는 양면성이 있다. 다른 동물들은 보다 미세한 요구를 충족시키기 위해 몇 겹의 복잡성을 추가하기보다는 현실을 수용하든지 아니면 죽거나 한다. 원숭이는 흰개미를 잡아먹을 수 있고, 앵무새는 서로 의사소통을 할 수 있고, 말이 진화를 거듭하다 보면 복잡한 진화의 가지에는 아름답지만

약한 것도 태어난다. 그러나 동물들은 인간처럼 자신들의 세상을 복잡하게 만들 수는 없었다.

확장의 개념은 우리들로 하여금 눈은 레이더를 통해, 근육은 기계공학과 원동기를 통해, 청력은 전화, 라디오, 인터넷을 통해, 그리고 3파운드의 뇌는 컴퓨터를 통해 확장하도록 해주었다. 그러나 단일의 패키지에 보다 많은 기능들이 들어 있다는 것은 한층 더 복잡해진다는 것을 의미한다.

공정의 원격조작과 디자인 과정상의 협력도 마찬가지다. 비록 우리 모두는 다기능 소프트웨어를 갖고 있지만—심지어 오늘날 PC마저도 철저히 복잡하지만—2020년에도 우리는 여전히 문자인식 및 음성인식 시스템을 계속 사용할 것으로 보이는데, 그 이유는 타이핑하는 것보다는 쓰고 말하는 것이 한결 더 쉽기 때문이다. 하지만 먼저 공정을 올바르게 하고, 문제의 이면에 숨은 진정한 공정의 흐름이 잘 보이도록 단순화하는 일이 중요하다. 그것은 인식의 문제가 아니다.

1970년대 경영자들은 벤치마킹(benchmarking)에 매혹당했는데, 이 활동은 흥분에 가득 찬 많은 기업여행을 촉진했고 또한 다소 진지하게 들리는 성공사례만 나오면 경쟁적으로 열띤 연구를 하도록 만들었다. 그랙 왓슨(Greg Watson)의 멋진 벤치마킹 지침서에도 불구하고, 벤치마킹에 관심있는 개인들에게 정기적으로 자신들의 공장 문을 개방해온 몇몇 앞선 기업들의 도움에도 불구하고, 그리고 주기적인 벤치마킹 세미나에도 불구하고, 어쩐지 이 활동은 그 몇년 후 빛을 잃었다.

아마도 리엔지니어링(reengineering, 공정의 축소와 계층 단축 그리고 수평조직을 통한 고객만족 활동)과의 경쟁국면에서, 처음에는 통일성도 있었고 또한 의도도 좋았던 벤치마킹의 본질이 흐려진 듯하다.

모토로라가 6시그마 운동을 추진하고 볼드리지 상을 타기 위해 노력하면서 보다 나은 자료를 수집하는데 벤치마킹을 좋은 방법으로 삼았다. 심지어 모토로라 자신과 공급자들이 제조활동의 여러 측면을 평가하고 상대적 성숙도를 측정하는데에 사용하는, 종합적인 평가도구인 QSR (Quality System Review)마저도 그 명성을 상실하고 말았다.

다른 수많은 기업들도 비슷한 "평가와 인증" 지침을 따랐고, 그리고 공급업자들, 특히 매일매일의 활동이 존속과 생존투쟁 그 자체인 소규모 업체들은 녹초가 되었다. 비록 벤치마킹과 우수관행의 인증은, 여러 기관들이 남발하는 ISO인증이 허용하는 낮은 수준까지는 내려간 적은 결코 없었지만, 그럼에도 불구하고 전체적으로 서류위주의 방법은 침체를 맞게 되었고 또 책임감이라는 매력도 상실하기 시작했다—필요하고, 정확한 활동이지만, 지루하고 또 하나의 부가가치를 창출하지 않는 활동으로 인식되었다.

그런 활동을 추진하는 동안, 모두는 깊이 다음의 사실을 알게 되었다. 우리는 근본적인 공정의 문제를 파악하고 또 해결하려고 노력한다는 사실을, 그럴려면 측정이 아니라, 분명 기술이 해답이라는 사실을 알았다는 말이다. 공정을 고쳐라. 그리고 그 뒤에 측정하고 연구하라. 그러나 공정을 먼저 그리고 잘 고쳐라.

영리단체와 수많은 컨설턴트, 그리고 매스컴의 엄청난 야단법석은, 기준과 정보라는 분명한 필요성을 제대로 파악하지 못하게 하는 역할만 한 셈이었다—단지 자료가 아니라, 기업의 의사결정자가 올바른 길을 따라가서 올바른 성과를 낼 수 있도록 이끌어주는 정보를 말이다.

다코다 부족의 지혜로운 이야기에 이런 것이 있다. 타고 있는 말이 죽은 말이라는 사실을 알았다면, 최상의 전략은 말에서 내려오는 것뿐이다. 하지만 기업에서는 죽은 말을 타고도 간혹 엉뚱한 전략을 추진하는데, 예를 들면 다음과 같은 것들이다.

1. 더 강한 채찍을 산다.

2. 기수를 바꾼다.

3. 다음같이 얘기한다. "이것이 지금껏 우리가 이 말을 타던 방식인데."

4. 말에 대한 연구를 할 위원회를 구성한다.

5. 다른 사람들은 죽은 말을 어떻게 타는지 보러 다른 곳에 견학 갈 계획을 세운다.

6. 기준을 변경하여 죽은 말을 타는 것을 허용한다.

7. 죽은 말을 소생시킬 특별팀을 만든다.

8. 승마 기술을 향상시킬 훈련기간을 마련한다.

9. 오늘날의 환경에서, 죽은 말의 상태에 대해 논의한다.

10. 요구수준을 낮추어 다음같이 선언한다. "말이 죽지 않았다."

11. 죽은 말을 탈 수 있는 하청업자들과 계약한다.

12. 속도를 높이기 위해 죽은 말을 여러 필 한데 묶는다.

13. "채찍을 가할 수 없을 정도로 죽은 말은 없다"고 선언한다.

14. 말의 성능을 향상하기 위해 추가 연구자금을 지원한다.

15. 다른 하청업자는 말을 더 싼 방법으로 탈 수 있는지 비교분석을 실시한다.

16. 죽은 말이 한층 더 빨리 달릴 수 있도록 하는 제품을 구입한다.

17. "이 말은 더 나은, 더 빠른, 한층 더 싼 죽은 말이다"라고 선언한다.

18. 죽은 말의 용도를 찾기 위한 품질관리 분임조를 짠다.

19. 말에 대한 최저 필수 성과수준을 조정한다.

20. 이 말은, 말의 구입 비용을 아예 독립변수로서 취급하고(그 결과 어떤 영향을 안 받는다는 전제 아래) 구입했다고 선언한다.

21. 죽은 말을 감독자 지위로 승진한다.

22. 죽은 말을 "챔피언"으로 지명한다.

공정, 공정, 공정

본질적 문제를 명확히 파악하기 위해 공정(process)을 기술자들의 손에 맡겨라. 로브레니치는, 자신은 제조현장의 복잡성의 원인을, 특히 기계가 통제하는 분야에서의 복잡성의 원인을 이해한다고 믿고 있다. "공장은 점점 더 복잡해질 것이다. 본질적으로 인간이 하는 일이란 자기 자신이 옴쭉달싹할 수 없을 때까지 복잡성을 더해가는 것이다. 그러므로 앞으로 할 일은 '복잡성을 어떻게 관리할 것인가'이지, '할 일이 무엇인가'가 아니다. 그것은 정말 사소한 문제이다."

어떤 기계―생산라인, 혹은 공장의 제어기, 아니면 로봇―가 있는데 매 50년마다 고장이 나거나 멈추어 버린다고 가정하자. 그 경우 통계적 확률로 보면, 기계는 일반인이 수선하게 될 것이다. 회사는 경험 많은 그리고 언제라도 준비된 일단의 숙련된 수선기사들― 이를테면 메이테그(Maytag) 사의 수선 전문가들과 같은―을 보유할 것인가, 아니면 스스로 감시하고, 진단하고, 수리되는 기계를 사용할 것인가 하는 선택에 직면한다.

그러나 2000여 개의 부품으로 이루어진 전통적인 자동화 공장에서 모든 고장의 가능성을 예상해 프로그램을 짠다는 것은, 통신망의 하자를 발견하는 기계, 즉 수많은 실패의 경우를 조합한 최고로 복잡한 시스템을 개발하는 것처럼 너무나 오랜 시간을 필요로 할 것이다. 그 시스템은 앞으로 따라가고, 뒤로도 움직이고, 혹은 멈추기도 하고, 그리고 복잡성은 끝이 없을 것이다. 수천 개의 연결지점을 갖고 있는 200야드 길이의 선이, 갑자기 멈춘다. 기사들은 고장난 곳을 찾는 일을 어디서부터 시작하는가?

로브레니치는 다음과 같이 말한다. "회사는 간혹 그것을 가정주부가 하는 식으로 접근하는데, 그것은 우리가 컴퓨터를 고칠 때 사용하는 방법

과 같다. 퓨즈가 2천 개나 되고, 전구의 숫자도 2천 개인 시스템이 있다고
하자. 시스템을 구성하는 논리선들을 한데 묶는 식으로 복잡성을 해결할
수 없다는 것이 분명해진다. 우리가 해야만 하는 것은, 문제가 발생할
때 시스템이 스스로 문제를 진단, 제기하는 그런 시스템을 만드는 것이
다."

그는, 완벽한 것은 아무 것도 없다는 사실을 경영자들이 받아들이라고
권장한다―시스템도 시스템의 구성요소도 실패할 것이라는 점을 인정하
라는 것이다. 복잡한 기계를 그리고 복잡한 시스템을 유지하는 올바른
방법이 있고, 만약 우리가 훌륭한 진단 시스템을 성공적으로 만들었다고
하면, 우리는 복잡성을 관리하는 문제를 해결한 셈인가?

공장에서 발생 가능한 모든 사고에 대처하기 위해 고안된 여러 종류의
안전장치와 대체 시스템 때문에 복잡성의 문제가 일어나는 것은 극히
일부에 지나지 않는다. GM이나 브릭스 같은 회사들은 이런 문제를 해결
하기 위한 시스템을 오래 전부터 갖고 있었다.

그들은 실질적인 공정흐름을 발견하고 또 명료하게 할 필요가 있다.
공장에는 너무도 많은 계층들, 임시 업무들, 각종 부서, 기능들, 그리고
창고들이 있기 때문에 원재료가 제품으로 이어지는 단순한 흐름을 보지
못하고 있는 것이다.

공정을 고쳐라. 그런 다음 복잡성을 해결할 수단을 찾아라―수요와 관
련된 복잡성, 확대 기업의 복잡성, 속도가 빠른 기술의 복잡성에 대해서
말이다. 하나의 패키지에 기능을 많이 포함시킬수록 복잡성은 더욱 증가
한다. 공정의 원격조작 그리고 디자인 과정상의 협력은 더 많은 복잡성을
의미한다. 그러므로 공정을 올바르게 하는 일을 먼저 하라.

앞서 설명한 마더보드 공장과 랩탑컴퓨터 사례는 이들 두 첨단회사가
자사의 문제를 성공적으로 해결하기 전에 그리고 원격 생산통제 문제를

해결하기 전에, 그들은 자신들의 공정을 제대로 고치고 나서, 기본적인 품질관리와 우수한 공정관리 문제로 되돌아가야 한다. 기술은 성숙할수록 점점 더 단순해진다.

제**4**장

기술 규칙!
PLC(프로그래머블 로직 컨트롤러) 기술

우리는 솔루션(solution)을, 기술자들의 손이 아니라,

문제에 부딪힌 사람들의 손에 쥐어주고 싶었다.

―딕 모얼리

길을 가다 우연히 들른 호기심 많은 방문객의 눈에는, 한 층 아래에 있는 깨끗하고 조용한 생산현장에서 분명 아무런 일이 일어나지 않고 있다. 유리벽을 통해 보이는 것들은 그의 예상과는 전혀 달리, 다음 작업을 기다리는 조립공들에게, 컴퓨터로 작동되는 배달시스템을 통해 전달되기 위해 반제품 또는 부품을 가득 담고 있는 운반상자들이 컨베이어 벨트 위에 있거나 포장되어 있는 것을 볼 수 없었다. 독촉하는 사람도 혹은 지게차들도 그곳에서는 혈압을 오르게 하지 않았다.

그 방문객은 도대체 이 조용한 공장에서 정확히 어떤 제품이 생산되는 것인지 궁금할 뿐이다. 작업복을 입은 몇몇 작업자들이 각자 조용히 설계도면 주위로 모인다. 바코드 스티커가 붙은 여러 규격의 상자들이 1시간마다 도착하는 급송 화물차에 실리기 위해 정리가 잘된 창고에 보관되어 있다. 제품의 종류는 다양했지만, 방문객의 눈에 가장 잘 띄는 것은 제품의 이동이 아니라 공정의 흐름이었다―원재료 재고에서부터 고객의 손에 들어가기까지, 처음부터 끝까지 6시간에 이르는 과정을 한눈에 보여주는 분명한 배치였다.

패널들이 웨이브 솔더를 통과하고 초소형전자 릴들이 유리섬유와 베릴륨(beryllium, 원소기호 4번, Be) 동판 위에 실리콘 회로판을 장착하는 동안 작업 지시등은 주기적으로 깜박이고 있었다.

이 회사는, 첨단산업으로 변신한 또 하나의 17세기 공장마을인 매사추세츠 주 노스 앤도버의 중심지에 위치해 있는 모디콘(Modicon)사인데, 그 자체가 산업자동화 세계일 뿐 아니라 산업자동화 기술의 원천 노릇을 하고 있다(모디콘 사는 이 책의 공저자 딕 모얼리가 PLC를 만들기 위해 창업한 회사이다). 유리벽을 통해 바라보는 생산현장은 전체 공장 설계가 강 수면의 잔물결이 연속적으로 퍼져나가는 모습이다—과거에는 분리되어 있던 기능들을 서로 연결하여 한 장소에다 모든 공정들을 통합하고 간결하게 일렬로 배치했는데, 지능시스템과 안전장치를 추가했고, 공정에서 수천 명의 인력을 감축했으며, 고객들은 자신들의 제품에 대한 검사 및 설계를 위해—현장에—직접 참여하고 있었다. 불과 몇 달 전에, 관리자는 실질적인 생산활동을 위한 공간을 더 확보하고 재고 폐기물을 쌓아두기 위한 공간을 없애기 위해, 금속제 자동 부품 창고를 없애기로 결정했다.

뉴잉글랜드의 모든 공장마을과 마찬가지로, 노스 앤도버의 기업가들, 즉 보스턴 제조회사의 공동 창업자 폴 무디(Paul Moody)의 후손들은, 자신들이 그 수자원 관리권을 보유하고 있던 강둑을 따라 테크놀로지 머신(technology machine), 즉 기술을 창조하는 공장을 건설했다. 자연조건이 허락하지 않는 부분에 대해서는, 그들은 에너지의 저장고로서 저수지를 활용했고, 에너지 및 원재료 수송을 위해서 인공수로와 수로 그리고 운하를 사용했고, 마루바닥의 수차로부터 맨 위층에 있는 직포기까지 동력을 전달하기 위해 가죽 도르래와 활차를 이용했다.

이곳 노스 앤도버 하이 스트리트에 데이비스(Davis)와 푸먼(Furman)은 섬유 기업가들의 꿈을 도와주기 위해 기계 제작소를 출범했다. 그들이 사용하는 에너지의 원천인 코치체윅(Cochichewick) 강은 수 마일을 아래로 내려가 거대한 산업용 강인 메리맥 강과 합류한 뒤 함께 대서양으로 사라진다.

하이 스트리트를 따라 섬유공장이 하나 있고, 이 4층짜리 건물 옆에는 나중의 일이지만 수차를 대신할 증기발전소가 들어섰다. 그러나 댐의 전경, 저수지, 그리고 오래된 철로의 버팀벽은 여전히 모디콘의 6층 공장 전망대에서 내려다보인다. 하천은 방향이 바뀌었고 지하 수로로 다시 바뀌었지만, 물은 여전히 공장단지를 지나가고 있다.

연이은 개선들은 의욕적인 사람들에게 고무적이었고 드디어 그들의 테크놀로지 머신을 건설케 했다. 간단한 양털 소모 공정 즉, 직조 가능한 양털 섬유를 골라내기 위해 바늘이 꼽힌 손바닥 크기의 나무빗으로 양털을 골라내는 작업 공정이 최초의 성과 중 하나였다.

〈그림 4-1〉 데이비스 앤 푸먼 기계제작소 전경(1862). 나중에 종업원 모두와 함께 모디콘의 본사가 되었다. 건물들 사이로 멀리 강이 흐르고 철도의 버팀벽이 보인다.

18세기 후반 어느 날, 훗날 기술의 대가가 된 폴 무디는 스코필드 기계 제작소에서 도제생활을 했는데, 역시 노스 앤도버에 있는 이 공장은 모디콘에서 불과 400미터 떨어진 언덕 위에 서 있다. 그곳에서 폴은 중요한 기술적 혁신을 이룩했다.

그는 드럼통 크기의 소모기(梳毛機, carding machine)를 발명하여, 난로 옆에서 여자들이 하던 양털 소모작업을 빼앗아, 강 옆을 따라 아래에 있는 공장에 소모공정을 설치했다. 그가 발명한 소모기는 섬유생산 공정을 통합하고 또 표준화하기 시작했다. 무디의 혁신적 기술은 여인네들의 딸들을 농장으로부터 해방시켰다.

그후 20여 년 동안 양키공장의 여공들은 소음이 엄청 심한 직포기를 가동했는데, 그곳에서 생산한 옷감은 남북전쟁 중에는 군인들에게 입혔고, 그 직포기는 강둑을 따라 늘어선 공장에서 일했던 수많은 외국인 노동자들과 그 가족들을 먹여 살렸다.

산업 연금술, 다른 종류의 직포기술

그러나 거의 200년이 지난 뒤인 지금 모디콘에서, 그 방문객은 다른 종류의 직포공정을 보고 있다. 그 옛날의 공장의 부지에, 우아하게 재단장한 시계탑의 그림자를 따라 오래된 벽돌, 잣나무 대들보, 콘크리트, 그리고 유리로 만든 건물들 사이로 모디콘 기술단지가 뻗어 있다.

PLC의 발명과정과 새로운 산업의 등장을 설명하는 연대기가 붙어 있는 지하 1층 100피트 길이의 복도는 기술의 변화과정을 보여주고 있다. 방문객들과 종업원들은 카페테리아로 가는 길에 이 기술의 역사와 유리상자에 전시된 08모델(최초의 PLC 모델)을 보면서 매일 복도를 지나간다.

새로운 연금술

세련되고 최고로 숙련된 근로자들이 능숙하게 조작하는 매우 지능적인 기계들이, 그리고 첨단공정 기술들이, 모래와 금을 이용하여 고객의 자동화 기술 요구에 맞춰 새로운 솔루션(solution, 해법, 해결책, 이곳에서는 주로 소프트웨어를 이용한 접근)을 짜고 있다. 기초 물질들—모래, 실리콘, 금, 납, 구리, 양털—을 돈으로 바꾸는 방법, 즉 산업 연금술사의 도전이 (모디콘의) 매 8시간마다의 교대작업에서, 그리고 매 시간, 매 분 (모디콘의 종업원들에 의해) 실현되고 있는 중이다.

19세기에 들어온 지 몇 년 후부터 시작하여, 그후 수십 년 동안 규모의 경제에 발맞추어 성장해온 시스템은, 100여 년 간 한 해도 거르지 않고 막대한 이익을 토해내면서 점점 더 복잡하게 되어갔다. 소위 스파게티 다이어그램(spaghetti diagram)이 19세기 제조공정의 전형적인 모습인 뒤틀림과 뒤집힘, 즉 섬유에서 자동차 심지어 컴퓨터까지 포함하여 대부분의 산업사회 제품들을 만들 때 사용하는 소용돌이 공정을 묘사하고 있다. 스파게티의 한 가락마다 연금술사의 기본 물질에다 노무비와 간접비가 추가되었다. 대기시간, 불필요한 작업, 그리고 부품이동 등 각종 낭비가 긴 생산라인을 따라 쌓였다.

'박스'에 들어가다

붉은 벽돌의 19세기 섬유공장 뜰 한 가운데서 모디콘은, 산업용 자동제어 기기에 대한 맞춤식 솔루션을 혼자 설계하기 위해 주말도 휴일도 쉬지 않고 일해온 엔지니어의 기술적 성공사례로서 우뚝 서 있다. 하나의 솔루션이 나오면 사람들을 바쁘게 했고, 각 솔루션은 그 다음의 고객을 위해 재설계되어야 했다. 같은 방법으로 두 번 되풀이되는 일은 없었고, 모든 것은 차례대로 진행되었으며, 다른 어떤 것과 동시에 계획되지도 또 실행되지도 않았다. 아무 것도 쉽지 않았고, 어떤 작업도 큰돈을 벌어주지 못했다. 또한 보다 큰 도전감을 안겨주지 않았다. 딕 모얼리의 표현에 따르면, 그것은 지옥에 떨어진 엔지니어에게 가해진 7번째의 고리, 즉 발목을 쇠사슬로 채워 실험용 작업대에 묶는 고리였다. 그 작업대에서 그는 설계도면을 그렸고 또 밤낮없이, 주말도 휴일도 없이 전선을 만지작거렸다.

모얼리의 솔루션, 즉 PLC(programmable logic controller)는 공장의 작업방식을 영원히 바꾸었다. 지금까지는 화학공정, 철강생산, 그리고 의약품 제조와 같은 작업에 적합하게 맞춤 제작된 교환기와 계전기 등을 (컴퓨터 프로그램이 아닌) 전선으로 배치했으나, 이 장치는 그런 것들을 수백 종이나 제거했기 때문이다. PLC는 복잡성을 제거하고, 그리고 지금까지 공장 자동화의 본질이었던 "혼잡을 깨끗하게" 정리했기 때문에, PLC는 유연성은 물론이고 신뢰성과 설치의 속도를 증가시켰다. 공장의 관리자는, 신제품이 설계실에서 나올 때마다, 전기기사와 기술자를 부를 필요 없이, 라인을 쉽게 재배치할 수 있었다.

128번 국도 주변을 따라 형성된, 훨씬 초기의 첨단 기술의 본거지인 매사추세츠 주 베드포드—프로그레스 소프트웨어(Progress Software), 아택스(Atex), 그리고 그 외에도 많은 벤처회사들이 창업되었다—에서 20마일 가량 떨어진 콘크리트 차고에서 베드포드 어소시에츠(Bedford Associates)라는 이름으로 출발할 때부터, PLC는 성능에 대한 호평 그리고 고객의 증가 때문에 곧 더 넓은 공간과 더 많은 생산이 필요할 정도로 성장했다. 모디콘, 즉 PLC를 만든 이 회사는 그후 프랑스의 재벌회사 슈나이더(Schnider) 그룹에 흡수되었다.

그러나 오늘날의 모디콘은, 다른 대부분의 첨단 회사들과 마찬가지로

19세기 공장—혼란스럽고, 복잡하고, 독촉하는 사람들, 여러 계층의 관리자들, 끊임없는 혼돈 속에 작업하는 공장—처럼 출발했기 때문에, 2020년 이후의 제조현장의 모습이 어떨 것인지 그리고 어떻게 운영할지에 대한 단서를 제공하는, 연구소를 닮은 제조현장이다. 20년만에 이 회사는 혼란스런 모습을 제거하고, 그리고는 공정을 정돈하고 또 원만하게 만들었다. 그 결과 보다 적은 공간, 더 적은 노동력, 보다 짧은 시간에 작업하게 되었고 생산성과 품질도 향상되었다.

12만 평방피트(3500평)가 채 안 되는 공장에서 모디콘은 월 3만2천 개의 산업제어기들을 생산하고 있는데, 이것은 총 4만2천 개가 넘는 인쇄회로판에다 350만 개의 표면처리 기술을 담고 있다는 것을 의미한다. 매년 285명의 현장 생산전문가들이 약 2억 달러 상당의 제품을 출하하고 있다—"자동" 공장도 아니지만, 노동집약적 공장도 역시 아니다.

생산 시설로서 이 공장은 시설배치와 제품흐름이라는 차원에서 여러 차례의 변화를 거쳤다. 생산 담당 부사장 부르스 보더만(B. Boardman)은 현재의 계속흐름작업(continuous flow) 개념은 작업 셀(work cell) 환경에서의 묶음 처리방식(batch process)에서 전환한 것이라고 설명한다. 최근 공장 현장과 관련된 프로젝트에서, 이 회사는 유연한 투입공정을 창조하기 위하여, 새로운 자본장비에 3백만 달러를 투자했다. 묶음 처리방식과 작업 셀은 모디콘이 필요로 하는 유연한 가속 및 감속 작업을 하기에는 너무 느리고 또 너무 불규칙했다.

사실, 모디콘의 제조 전문가들은 인쇄 회로판 생산주기를 70% 줄였고, 시스템 전체의 주기(시스템은 평균 3개의 인쇄 회로판으로 구성된다)를 8일에서 3일로 즉 63%를 줄였다.

모디콘은 많은 경쟁자들과 경쟁한다. 앨런 브래들리(Allen Bradley), 미쓰비시, 그리고 지멘스는 자사의 여러 고유한 산업제어장치를 생산하고 있다. 경쟁은 GM과 라바츠(Labatts)와 같은 고객들이 원하는 맞춤 고객 솔루션을 보다 빨리, 보다 적은 회로판에 제작하느냐에 달려 있다. 모디콘의 PLC가 응용되는 산업은 전 세계적으로 주류 제조, 페인트 제조, 제재 산업, 정유산업 등이다.

PLC, 50억 달러 산업의 탄생

모디콘은 1968년 초 단일의 혁신적 장치를 발명함으로써 성장했다. 주물로 싼 이 소프트웨어 박스는, 수많은 계전기와 수 마일의 전선으로 구성된 55피트짜리 캐비닛과 같은 성능을 갖고 있다. PLC는 신뢰성 높고 또 일관적인 공정 제어기를 만드는 50억 달러 상당의 산업을 탄생시켰다.

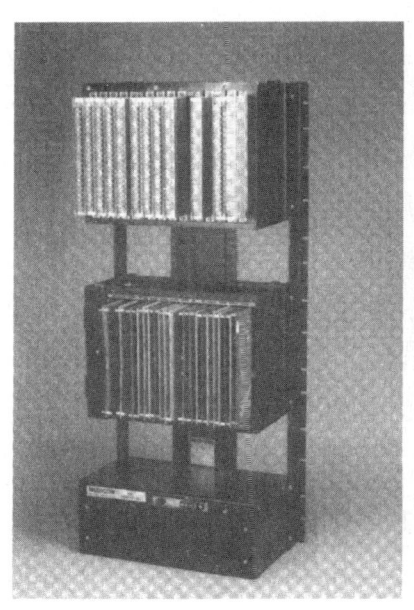

〈그림 4-2〉 최초의 PLC. 이것은 지금 스미소니언 박물관에 소장되어 있다

PLC 사례는, 제품의 생산방법을 계속 혁신하도록 하는, 하나의 기술 혁신 사례이다. 이 소프트웨어 박스는 공장의 디자인을 바꾸었다. 새로운 생산라인들을 과거보다 더 적은 오류를 발생시키면서도, 더 빨리 그리고 더 싸게 배치할 수 있게 해준다.

19세기와 20세기 초 공장 건물은 그 자체가 경이적인 설계였다. 교환기, 플러그, 전선, 테스트 보드, 안전 시스템 등을 선으로 연결한 네트워크를 만들고 또 설치하는데 여러 해가 걸렸고 또 수억 달러가 소요되었다. 정교하게 선으로 연결된 전기회로에 대한 오류점검과 유지작업은 설비보수 엔지니어 및 기술자들을 필요로 했는데, 공교롭게도 그들의 전문가적 능력은 때때로 생산관리라는 보다 큰 기업의 이해를 압도하기도 했다.

게다가, 에너지 흐름이 집중되는 이 경이적인 복잡한 상황은 전혀 융통성이 없었다. 새로운 기계가 도입될 때마다 필요로 하는 부대시설과, 새로운 제품생산을 위한 라인 배치 때문에 배선과 공정관리를 전적으로 새로 하지 않을 수 없었다. 과거 섬유공장에서 못질한 주물 베틀과 프레스에 동력을 공급하는 가죽 벨트와 도르래와 마찬가지로, PLC 이전의 공장들은 모든 생산 조건을 고려하여 과잉으로 대처한 증거물이다.

상상해 보라. 단일의 데스크 탑 PC를 통해 자동적으로 제어되고, 인터넷으로 중앙설계실의 담당자와 연결된 바퀴 달린 상자, 큰 바퀴 위에 설치된 생산라인, 그리고 무선 커뮤니케이션을 말이다. 이것이 바로 모디콘의 테크놀로지 머신이 준비하고 있는 거대한 도약이다.

혁신 이야기—아이디어가 어떻게 생성되고, 그것을 완성하기 위해 왜 그런 생각들을 하게 되었는지 하는 이야기—는 보물이다. 최초에 아이디어를 낸 사람들의 말은 사라진다. 그리고 그들이 하는 말들이, 이런 신기한 도구들이 제조활동에 미치는 강력한 영향에 대해 항상 완벽하게 이해하고 반영하지는 못할지도 모른다.

■ PLC 이야기—왜 PLC를 만들었는가

어디서나 사용하기 위해 그 기계를 만들었다

목조선과 제철공들의 시대에는, 대규모 운반작업 그리고 불연속적 공정 혹은 연속적 공정에 대한 통제는 중계장치를 통해 이루어졌다. 다시 말해, 그것은 문제의 해법과 통제방법이 통제를 위한 배선(wiring)의 배선구조 위상(wiring structure topology)에 의해 만들어진다는 것을 의미한다. 중계장치 대신에 반도체로 직접 대체하는 아이디어는 실현되었지만, 그 대체가 문제를 제거한 것은 아니었다. 대체작업의 미성숙과 디자인 문제 때문에, 반도체 대체품의 신뢰성은 중계장치(디자인은 상당히 성숙되어 있었다)의 신뢰성보다 더 우수하지도 않았다.

우리는, 기계가 소프트웨어 천국에서 가동되도록 하기 위해 공장 바닥에서 6개월 내지 9개월을 소비해야 하는 문제를 여지껏 해결하지 못했다. 기업은 또한 보다 높은 성과, 보다 높은 품질, 그리고 보다 많은 작업을 할 수 있는 능력을 확보하기 위해 고민하고 있다. 중계를 위한 배선연결이라는 전통적 지혜로는 이런 필요성을 해결할 수 없다는 것은 분명하다.

그것을 컴퓨터라 불러서는 안 된다

그러나 딕 모얼리(나)로 하여금 PLC를 만들도록 한 주요 촉진요소는 개인적인 동기였다. 나는 그 전날 파티를 벌였고, 새해 아침 술이 깨지 않은 채 일어났으므로 완전히 멍한 상태였다. 나는 반도체를 이용한 다른 제어 시스템을 만들 생각도 그리고 알고리즘을 배선에 적용할 생각도 하지 않았다. 나는 또 다른 중계 패널(relay panel)을 만드는 작업을 빨리 끝내고 싶었는데, 그때 여러 방법들 중 하나가 감지기와 실행기를 직접 박스에 연결하면 어떨까 하는 생각이 떠올랐다. 그렇게 되면 상호연결기능 그리고 어떤 통제기능을 실행하는 알고리즘의 위상(topology)은 소프트웨어 박스 그 자체의 일부가 될 수 있는 것이다.

물론 우리들은 매우 복잡한 몇몇 제어 알고리즘(algorithm=algorism, 계산의 순서, 또는 컴퓨터 등의 기계처리의 순서)의 해결을 위해 미니컴퓨터를 사용하고 있었지만, 미니컴퓨터의 언어와 실시간 반응은 애석하게도 충분하지가 않았다. 됐어. 박스를 중계장치의 소프트웨어 시뮬레이션과 통합하는 것은 분명 가능성이 있을 거야 라는 생각이 들었다. 왜냐하면 그것은 이전에 몇 군데서 성공한 적이 있었기 때문이다. 그것은 "배선시간(wiring time)"을 6개월에서 6일로 단축시켰고, 그리고 전통적인 중계장치로는 할 수 없었던 가감산과 나눗셈과 같은 기능을 수행할 수 있도록 했다. "그것은 또한 우리들을 미니컴퓨터로부터 그리고 그 요란스런, 비 실시간(non real-time) 순차적 프로그래밍 메커니즘으로부터 해방시켜 주었다."

"무슨 일이 일어날까?" 라는 말로 시작하여, 나는 계속 말했다. "만약 우리가, 신뢰성있고, 또 그 속에서 기계공구와 직접적으로 연결하는 능력을 가진, 그 다음에는 프로그래밍과 환경 둘 다에 대해 책임을 지는 기계 또는 박스를 만든다면 말이다."

그 당시 우리가 사용할 수 있는 유일한 컴퓨터 언어는 베이직(Basic)과 어셈블러(Assembler)뿐이었는데, 실시간으로 프로그램을 짜기에는 둘 다 비용이 매우 높았다. 우리는 솔루션(solution)을, 기술자들의 손이 아니라 문제에 부딪힌 사람들의 손에 쥐어주고 싶었다. 우리는 미니컴퓨터를 설계하고 싶지도 않았고, 또한 연결장치를 대신할 반도체 대체품을 만들고 싶지 않았다.

우리가 바란 것은, 보다 높은 기능성, 보다 빠른 속도, 그리고 컴퓨터 솔루션을 가진 사람이 아니라, 문제를 가진 사람이 접속할 수 있는 컴퓨터 기술을 이용하여 중계장치를 대신할 소프트웨어 대체품이었다.

그 당시 두 가지 분명한 솔루션은 중계장치와 전자기술뿐이었다. 중계장치는 진정 문제였다. 왜냐하면 그것들은 신뢰성이 낮았고, 복잡한 기능을 위한 것이었으며, 실현할 수 없는 것이었다. 연결장치의 "소프트웨어"는 배선 속에 있었고, 그리고 "소프트웨어"를 점검하고 또 설치하는 동안, 많은 경우, 상대적으로 간단한 기계공구가 공장바닥에서 6개월 내지 1년 간 멈춰서 있곤 했다. 제어기능의 알고리즘 조작은 중계장치의 배선 그 자체 내에 있었고, 중계장치는 단지 2진법 스위치에 지나지 않았다.

중계장치를 대체하는데는 두 가지 방법이 있었다. 첫째, 그리고 한층 더 쉬운 것으로, 그 당시 누마로직(Numalogic) 사나 디지털(Digital) 사가 공급했던 것과 같은 종류의 반도체를 장착한 카드로 직접 대체하는 것이었다.

이런 카드(또는 보드)는 처음에는 중계장치를 직접 대체했고, 그것들은 중계장치보다도 신뢰성이 더 높다는 장점을 제공했다. 또한 일단 통전 기간(burn-in period)이 지나면 수리가 거의 전혀 필요 없었다. 뿐만 아니라 카드는 연결장치보다 한층 더 큰 기능성을 갖고 있었다. 왜냐하면 카드는 단순한 2진법 중계기능보다 훨씬 더 복잡하게 만들 수 있었을 뿐 아니라, 교차점마다 기능이 고정되어 있지만 오히려 그것은 단순하게 일을 처리할 수 있었기 때문이다.

미니컴퓨터가 아니다. PLC 속의 소프트웨어

그 흐린 날, 술이 덜 깬 정초, 나는 나의 아이디어를 설계도면에 그렸다.

공정 도중에 방해를 받아서는 안 된다
기억장치에 직접 연결된다
반복적인 사소한 일을 처리하는 소프트웨어는 제거한다
느리게(이는 큰 실수였다)
안전장치―실제로 효과가 있는 튼튼한 디자인의 것
언어―베드포드에서 먹혀들 정도의 것
동료들(직업 안정)

나는 I/O구조(입출력 구조), 기계 구조, 그리고 기계의 규모를 설명하는 검은 다이어그램을 그렸다. 만약 내 기억이 정확하다면, 최초의 스케치는 단지 128자의 기억능력만 있으면 되었다. 어쨌든, 128,000자가 아니라 128자였다는 점이다. 물론 우리는 며칠 후 기억용량을 즉각 1000자로 증가시켰다.

아이디어는 확장된다

나는 그날 아침 내내 블랙커피를 벌컥벌컥 마시면서 프로그래머블 컨트롤러, 프로그래머블 모션(처음에 내가 생각한 이름은 프로그래머블 리미트 스위치였다), 기계적 포장작업, 그리고 애플리케이션에 대해 대충 윤곽을 잡았다. 애초에 나는 대부분의 애플리케이션을 선반, 연마기, 분쇄기와 같은 별도로 분리된 기계공구에 적용할 생각이었으나, 실제로는 그런 분야에 팔고자 한 우리의 최초의 시도는 큰 벽에 부딪혔다.

(요즘 용어로 표현해서)실시간 영역에서 구체적인 적용분야를 가진 이런 종류의 프로세서(processor)는 기계공구를 제어하는 사람들에게 엄청난 힘을 제공했다. 첫째, 그것은 "컴퓨터"가 아니었다. 사실, 정초 바로 뒤부터 나는 일주일 내내 여기저기 흩어진 메모 더미에서 그리고 참고 도면에서 컴퓨터라는 단어를 찾아내 지워버렸다. 나는, 이 기계가 컴퓨터가 아니라, 프로그래머블 컨트롤러(programmable controller)라는 것을 용어상으로 분명히 하고 싶었던 것이다. 비록 우리는 이 기계의 설계과정에 있어 몇몇 분야에 우리의 목적을 달성하기 위해 컴퓨터 기술을 사용하긴 했지만, 우리가 컴퓨터를 사용한 용도는 매우 구체적이고 또 매우 좁은 분야에 국한했다.

1968년 1월 1일, 정오

정오까지 나는, 확장 가능한 I/O 개념과 모듈러 시스템(modular system, 규격화되어 독자적인 기능을 갖는 교환 가능한 구성요소들로 이루어진 시스템) 접근방식을 포함하여 제품계획과 사업계획을 완료했다. 하드웨어 설계는 CPU, 기억장치, 그리고 "논리 해결자"(logic solver)가 각각 3분의 1씩이었다. 논리 해결자는 래더 라인(ladder lines)의 정사(精査)를 폰 노이만(Von Neumann, MIT의 전설적인 수학교수)의 기계로 할 수 있었던 것보다 더 빨리 해결하기 위해 필요했다.

이것은 최초의 병렬 프로세서(parallel processor)였다. I/O는 "섀도우" 포맷(shadow format) 속에서 기억장치에 직접 연결되었다. 우리는 그 당시로서는 절대 불가능하다고 여겼던 코어(core)를 사용했다. 안전성이 낮은 기억장치는 여전히 해결되지 않았다(역설적이지만, 오늘날 우리는 코어는 문제가 안 된다고 생각했을 것이다). 기억장치의 대체품은 "로프"(rope)였다―이것은 컴퓨터 언어로 변환된 부호를 표시하는 연결 형태(wired configuration)를 가진 와이어 코어(wire core)를 말한다.

PLC 기계가 비트 당 최대의 에너지를 소요했으므로, 우리는 구입할 수 있는 최대의 코어 메모리를 PLC에다 장착했다. 우리는, 비트 당 최대의 에너지가 섀넌의 기본 법칙(Shannon's basic law, 정보 전송의 수학적 처리를 체계화한 미국의 수학자 클라우드 섀넌이 정립한 기본법칙. 정보량의 단위로 쓰이는 비트도 그가 도입한 것임)이 적용되기를 원했기 때문에 물리학이 이 작업에 도움이 되었다.

초기 PLC들은, 주변의 전기 변화(electrical variance)에 대한 저항을 검사하기 위해 부착해둔 테슬라 코일(Tesla coil, N. 테슬라가 발명한 특수 변압기로서 불꽃 방전으로 생기는 고주파 진동 교류전류의 전압을 높이는 간단한 감응코일)로부터 발생하는 스파크에 노출되었다.

우리는 소프트웨어 개발기간을 정상적으로 걸리는 시간인 6개월에서 6일로 줄였다. 그렇게 할 수 있었던 것은, 소프트웨어의 설치에 가장 시간이 많이 드는 배선작업 시간을 줄였기 때문이었다. 학계에서는 아직도 무엇이 일어났는지 모르고 있으며, 그들은 솔루션의 문제를 오랫동안 무시해왔다. 문제에 직접 부딪혀 있는 사람들이 솔루션을 찾는 과업에 가장 적합했던 것이다. 우리들은 그들이 필요로 하는 문제해결 수단을 제공했다.

그해가 다 가기 전에, 우리는 모디콘이라 불리는 별도의 회사를 설립했는데, 그것은 모듈러 디지털 컨트롤러(MOdular DIgital CONtroller)의 약자로서 지금 이 회사는 순항하고 있다. 모디콘 084는 그런 노력의 결과이다. 084라는 이름은 베드포드 어소시에츠—컨설팅회사이자 모디콘의 창업보육회사—에서의 작업 번호가 84번째 제품이었다는 사실에서 따온 것이다.

심지어 그 당시부터, 우리는 자기 도취에 빠져 있었고 또 자부심이 대단했는데, 그 이유는 숫자가 084였기 때문이었다—우리는 베드포드 어소시에츠가 최소한 999개의 포로젝트는 수행해야 할 것으로 전제하고 있었고, 그리고 우리는 세 자리수의 명명법을 사용했다. 따라서 모디콘 084는 베드포드 어소시에츠가 84번째 프로젝트에서 설계한 모듈러 디지털 컨트롤러라는 것을 의미한다.

기계를 살 찌우기

우리가 벤처 자본가 또는 투자자들을 끌어들이지 못한 것과 관련한 이야기는 컨트롤러의 신화 속에 자주 회자되는 내용이다. 그것은 모든 좋은 기술이 겪게 되는 공통된 이야기다—PLC를 탄생시킨 것은 필요 때문이었지, 돈 벌 계획 때문이 아니었다. 언젠가 나의 아버지는 나에게 "아들아, 네가 머리가 좋기보다는 운이 따랐으면 한다"고 말한 적이 있었다. PLC는 한 조각의 좋은 운이라고 해야 할지 모르겠다!

그것은 차세대 컨트롤러로 나아가는 긴 여행의 출발점이었다. 최초의 기계, 즉 084는 소프트웨어 설계시간을 6개월에서 6일로 줄였다. 우리는 그해 정초의 약속들 대부분을 충족했고, 그리고 공장현장에서 문제에 부딪힌 사람들—문제를 해결하는 일에 가장 적합한 사람들—에게 해결수단을 제공하는데 성공했다. 정말이지, PLC의 발명은 도요타 혁명을 가능하게 했다. 학계에서는 이 점에 대해 우리의 역할을 계속 무시하고 있다.

최초의 제품 084는 프로그래머블 컨트롤러의 개념을 증명했고 또 이런 종류의 제품에 대한 시장을 확립했다. 1968년 정초 이후 30년이 지나, 나는 PLC를 개발한 공적으로 프랭클린 인스티튜트(Franklin Institute)로부터 프로메테우스 상(Prometheus Award)을 받았다.

PLC라는 획기적 기술을 통해 다시 생각하는 소프트웨어

소프트웨어는, 제조업이 당면하는 문제의 많은 부분을 야기하고 있지만, 그것은 또한 기술 발달의 대부분의 기회가 되기도 한다. 현재 우리가 사용하는 모든 첨단 기술 제품은 80% 이상을 소프트웨어에 의존하고 있으며, 전형적인 첨단 기술제품은 20여 년 전 우리가 연구했던 하드웨어 상의 알고리즘 또는 성과기준을 더 이상 포함하고 있지 않다. 이제 하드웨어는 다목적이고 그리고 프로세서, 기억장치, 그리고 I/O들을 담는 그릇에 지나지 않는다.

어떤 구체적인 시장을 대상으로 하는 전문적인 하드웨어의 생산은 다목적 하드웨어의 지원을 받는 전문적인 소프트웨어로 대체되고 있다. 심지어 서보 컨트롤(servo control, 일정 대상의 위치와 자세 등에 관한 기계적인 변위를, 이미 따로 설정하여 놓은 목표값에 항상 일치하도록 자동적으로 제어하는 장치), 수치제어, 디스크 진단 장비(disk diagnostic equipment), 동력 또는 통신장비 등의 분야에 있어서도 하드웨어는 비슷하지만—박스에 포함되어 있다—소프트웨어는 해당 제품의 구체적인 응용 활동이 되고 있다. 한층 더 성능이 뛰어난 컴퓨터 그리고 용량이 더 큰 기억장치는, 우리가 일반적인 하드웨어 상에서 하고자 하는 어떤 종류의 알고리즘 조작도 우리들로 하여금 거의 모두 할 수 있도록 해주었다.

PLC는 여전히 컴퓨터가 아니다

자동차 생산과 연관된 환경에서 불연속적으로 부품을 생산하는 공장—대량생산 공장—이 프로그래머블 컨트롤러 산업의 주요 시장이다. 그러나 PLC가 구체화되던 1968년으로 되돌아가 보면, 이 기계는 다른 시장들을 목표로 했다—기계공구, 연마기, 선반, 회전기 등이었다.

최초의 PLC 084가, 이 책의 공저자 모얼리의 1962년형 폰티악 자동차의 짐칸에 실린 채, 버몬트 주 스프링필드에 있는 브라이언트 척 앤 그라인더(Bryant Chuck and Grinder) 사로 운반되었을 때, 판매상 주요하게 내세우는 장점은 기계의 신뢰성이었다. 게다가 개척기의 개성있는 모습의 전자 박스에 담긴, 튼튼한 외관도 인기를 모았다.

이 기계를 얼핏 쳐다본 브라이언트의 종업원은 "하느님 감사합니다. 이것은 또 하나의 파스텔 색의 박판 금속 조각이 아니군요"라고 소리질렀다. 랜디스와 GM을 포함하여, 그후의 고객들은 이 장비의 강도를 확인하기 위해 일부러 떨어뜨려 보기도 했다. 어느 공장에서 설치할 때 일어난 일인데, 베드포드의 종업원이 문턱에 걸려 넘어져 200파운드 무게의 금속상자와 기억장치가 콘크리트 바닥에 내팽개쳐졌다. 그러나 그로 인한 환경적 충격—열, 습도, 혹은 미끄러운 손가락 때문에 발생한 충격—이 기계를 못쓰게 하지는 않았다. 거기에는 개폐 스위치도 없었고, 불필요한 시스템이나 오류점검 장치도 없었다. 이 기계는 어디서나 가동할 수 있게 만든 것이었다.

첫 4년 동안의 판매는 엄청났다. 포드 자동차는 PLC를 1986년까지는 채택하지 않았는데 반해, 도요타 자동차는 즉각 그 아이디어를 받아들였다. GM은 초기에 도입한 편에 속하지만, 다른 여러 고객들이 채용하는데는 6~7년이 소요되었다. 운반작업 그리고 다른 여러 공정 자동화 분야에서도 수요가 늘어났다. 소프트웨어와 기억장치는 1k에서 4k로 확장되었다. 제3보드의 도입과 래더 로직을 해결하는 보드(ladder logic solver board)의 등장은 연산능력을 증가시켰다.

단순성과 린 생산, 소프트웨어의 최대 도전

생산과 관련된 모든 혁신이, PLC처럼 생산현장에서의 삶을 단순하게 만들어주지는 못했다. 많은 요소들이 생산문제를 복잡하게 만들었고, 게다가 일단 발생된 요소는 원상회복이 어려웠다―예를 들면, 노사간의 마찰, 각종 지침서, 오래된 구매관행, 기술을 모르는 CEO, 그리고 잘못 짠 소프트웨어 코드 등 무수히 많다.

소프트웨어 솔루션에 대해 생산현장 관리자들이 매혹당하면서(혹은 그들의 속기 쉬운 성격 때문에), 수백만 달러를 들인 가짜 미래기술로 만든 공장들이 1980년대 등장했다. 당연히 GE 그리고 프랫 앤 휘트니(Pratt & Whitney)와 같은 앞선 회사들은 매우 정교하지만 융통성이 없는 컴퓨터, 로봇, 자동화된 창고, 컨베이어, 궤도 차량, 그리고 일단의 정비보수 기사들로 구성된 미래의 자동공장을 건설했다. 그러나 GE의 신공장으로서는 애석한 일이지만, 비행기 제작 수요가 떨어지자, 이 공장은 겨우 부품만 계속 생산하는데 그치고 말았다. 이것은 너무 빨리 너무 많이 자동화한 공장의 실패 사례였다.

어떻게 보면 소프트웨어 산업은 복잡성의 창조자인 셈이다. 소프트웨어의 하청 설계회사들, 이를테면 반복작업에 대한 관리를 위한 소프트웨어, 즉 MRP I, II, III, ERP, 각종 창조성 도구들, 인터넷의 끝없는 연결, 웹사이트, 맥나마라 식 접근방식 등의 소프트웨어를 설계하는 회사들은 단순한 작업을 혼돈에 빠지게 했으며 또 후퇴시켰다.

그러나 이런 회사들이 실패한 일을, 독자적으로 소프트웨어를 제조하는 회사들이 해냈다―예컨대 아폴로 컴퓨터(Apollo Computer), 데이터 제너럴(Data General), DEC(지금의 컴팩) 등은 자사의 소프트웨어 솔루션을 구체적이고도 적은 분야에 집중함으로써 고객의 문제를 해결하려 시도했다. 소프트웨어 문제를 제거할 수 있는 최선의 방법은 소프트웨어의 코드의 수를 줄이는 것뿐이다―더 큰 불도저를 만들어 자주 땅을 파야 할 필요성을 제거하는 것이다.

그 당시 미국에서, 소프트웨어 엔지니어 한 명이 완벽하게 문서화되고 오류 없는 소프트웨어를 설계하는데 드는 시간은 한 시간당 대략 코드 한 라인이었다. 물론 예외가 있겠으나, 이는 대체로 엔지니어 한 명이 일년간 수준 높은 완벽한 코드 3000라인을 설계할 수 있다는 것, 혹은 한달간 동등한 수준의 어셈블러 소스 라인(assembler source line)을 3000라인을 설계할 수 있다는 것을 의미한다. 그러므로, 엔지니어는 자신의 가치를 최대로 창출하기 위해서는 코드 한 라인당 가능한 최대로 "작업"을 할 수 있도록 해야만 했다.

그러나 "고급 컴퓨터 언어"가 등장하자, 프로그래머나 엔지니어의 생산성이 폭발적으로 증가했다. 우리가 그런 사실을 알게 된 것은, RMI(R. Morley Inc., 공저자 모얼리가 운영하는 연구소)가 뉴햄프셔 주에 있는 발삼스 리조트(Balsams Resort)에 대해 프로젝트를 맡아 완료했을 때였는데, 그 당시 우리는 몇몇 매우 우수한 인력과 고급언어를 사용함으로써, 소프트웨어 엔지니어 팀을 구성하지도 않은 채, 개발 시간을 반으로 줄였다.

"만약 건물들이 소프트웨어 프로젝트처럼 만들어진다면, 단 한 마리의 딱따구리가 문명을 파괴할 수 있었을 것이다"

PLC라는 혁신이 등장한 이후에도 사라지지 않은, 소프트웨어가 당면한 두 번째의 주요 도전은 코드의 신뢰성, 즉 코드가 얼마나 튼튼한가 하는 것이다.

소프트웨어 기술은, 만약 어떤 오류가 발생하면, 그것이 어디서 발생하든 간에 시스템 전체가 망가진다는 문제를 해결하려고 노력하고 있다. 어떤 코드 방식은 본질적으로 훨씬 더 신뢰성이 높은 경우도 있다. 예를 들면, 규칙기반 언어(rule-based language), 래더 리스트(Ladder List), PLC에 사용한 애플리케이션에 기초한 언어 등이다.

이런 언어들은 두 가지의 기본적 장점이 있다. 하나는 그것이 확산되는 것이 아니라 수렴된다는 점이다. 다른 하나는 코드의 각 단위 부분이 독자적으로 구성되고 애플리케이션의 다른 부분과는 관계가 적거나 전혀 없다는 점이다. 따라서 이 경우 오류가 발생해도, 오류가 단일의 출력 구조(output structure) 내에 국한되어 있고 또 수렴되기 때문에, 가까이 연관된 코드에만 영향을 미친다.

소프트웨어 프로젝트의 관리는 또한, 많은 프로그래머들로 하여금 동일한 문제에 대해 작업하는 것을 쉽도록 해주는, 이런 식의 느슨하게 연결된 프로그램 단위들(loosely coupled segments) 때문에 용이하게 추진되고 있다. PLC가 그렇게 성공한 여러 이유들 가운데 하나는 이와 같은 소프트웨어의 신뢰성이었다.

비록 과거의 기술 발전이 하드웨어의 발전에 큰 영향을 미쳤지만, 미래의 성공은 대규모 소프트웨어 집약적 제품(software-intensive product)의 성공 여부에 달려 있을 것이고, 그리고 그런 제품은 오늘날의 하드웨어 중심 제품(hardware-related product)보다는 훨씬 더 어려운 과제와 목표를 수행할 것이다.

효율적인 코딩과 고급언어는 우리가 그런 장애를 극복할 수 있도록 해줄 것이다. 현장의 작업은 매우 수준 높은 고급언어로 개발한 튼튼한 코드를 사용함으로써 해결될 것이기 때문에, 전통적인 코드의 라인 수를 천 만개나 사용하는 프로그램이 흔하게 등장할 것이고, 또 그것이 불가능한 과제도 아닐 것이다. 비록 하드웨어는 매년 한두 가지 요소씩 개선된 데 반해, 소프트웨어는 다소 뒤처지고 있었지만, PLC와 같이, 효과적으로 설계되어 있고 또 제품화된 획기적인 소프트웨어의 등장은 앞으로 있을 장애물을 뛰어넘도록 해줄 것이다.

PLC와 PC의 비교 : 적용상 개성의 차이

PLC라는 기술혁신을 현장에 적용한 것은 PC를 사무실에 적용하여 최초의 기술혁신을 이룩한 것만큼이나 의미있는 일이었다. 기술상의 차이가, PLC 채용자가 "비컴퓨터화" 공정을 채택하는 것이 왜 그다지도 중요했는가 하는 이유를 설명한다. 그것은 기본적으로 개성의 문제이다.

PC는 무엇보다도 인간을 위한 설계, 즉 편리한 키보드, 모니터, 전화연결, 그리고 인간의 다른 모든 능력을 연장하려고 설계된 것이었다. 그러나 인간은, 컴퓨터 수치제어 기계와는 대조적으로, 끈기가 있고 또 상대적으로 느리다. PC는 대량의 데이터베이스를 쉽게 조작할 수 있는 반면 인간의 두뇌는 대규모의 숫자를 기억할 능력이 없기 때문에, PC는 대규모 데이터베이스에 쉽게 접근할 수 있고 기억하도록 해준다.

그러나 PC는 상당히 많은 간접비를 유발하고, 그리고 설계의 본질상, PC는 실제적 물리적 장소에서가 아니라 컴퓨터에 저장된 대로 데이터를 찾아간다. PC의 오퍼레이팅 시스템(OS, operating system, 컴퓨터의 운영체제)과 인간-기계 인터페이스(man-machine interface, 키보드나 디스플레이처럼 사람과 컴퓨터 등 기계를 연결하는 장치)는 1차적으로 현장의 연구자 그리고 프로그래밍 비전문가를 위한 것이었다. 따라서 컴퓨터 시스템은, 예컨대 어떤 특정 상황에서의 상호작용 과정에 최고 10초의 지연은 허용할 수 있다.

그러나 산업현장에서의 정보처리 속도는 요구 수준이 훨씬 더 높다. 그것이 효과적이기 위해서는 만분의 1초 내지 십만분의 1초 내에 응답해야만 한다. 특히 PLC는 실질적으로 십만분의 1초 내에 응답하도록 설계되었고, 전형적인 적용분야는 만분의 1초를 목표로 한 것이었다. 평균 100헤르츠의 대역폭과 반응속도를 가진 기계적 프로세스는 극히 적다—항공기의 보조날개, 파이프 밸브 개폐기, 굴착기, 그리고 다른 여러 기계적 도구들은 사실상 만분의 1초보다 느린 속도로 가동되는 경향이 있는데, 이런 것들은 PLC로 관리할 수 있는 이상적인 후보들이다. 달리 표현하면, 1초에 100회전하는 것은, 6000RPM으로 달리는 가솔린 엔진 또는 내연연소기관의 매 회전운동의 1회전의 반응속도에 해당한다. 산업현장에는, 코일 감기와 병 주입 등과 같이 이보다 더 **빠르게** 가동되는 것도 있으나 그런 것은 예외적인 것이다.

따라서 PLC는 실시간 가동되고 또 간단하므로 중공업 산업현장에 적용하는 것은 가치있는 일이다.

PLC가 획기적인 기술이라고 판단할 수 있는 또 다른 기준은 그 정확성에 있다. 제어된 에너지의 집중적 발산은 오직 매 8천 분의 1초 당 60헤르츠 라인마다 일어날 수 있다. 물론 이것은 인간의 인식능력에 훨씬 못 미치는 것인데, 이것은 일반적으로 제어 애플리케이션에 대한 동력 샘플링 레이트 또는 보드 레이트(baud rate, 컴퓨터 정보 전달 속도의 단위)이다.

교류 전기(AC) 발달사는 역사적으로 송전선 그 자체가 순환하면서 사용한 주파수(frequency), 즉 역사적으로 몇 개 분야 —인간의 눈으로 지각할 수 있는 범위, 전구의 발달, 변환기술의 이용 가능성, 그리고 적당한 속도 하에서 모터를 회전시킬 수 있는 능력—에서부터 유도한 원칙을 중심으로 전개되었다. 제어산업(control industry)의 큰 발전을 감안하고서도, 16,000분의 1초의 풀 사이클 타임은 충분히 효과를 발휘했다.

그러나 인간은 대략 7헤르츠의 클럭 레이트(clock rate), 그리고 대략 3초의 비인내 사이클 타임(impatient cycle time)을 갖고 있다. 예를 들면, 우리가 스프렛시트 또는 워드 프로세싱 프로그램을 짤 때, 복잡한 명령어를 사용한 상황에서, 적당한 결과가 나올 때까지 몇 초 동안 기다리는 것은 흔한 일이다. 동시에 프린트 명령을 내리는 것 또한 흔히 있는 일이며, 그런 상황에서 또 몇 초를 기다릴 것이다. 일반적으로 말해, 실시간 산업제어 애플리케이션은 많은 일들이 매우 빨리 발생하고, 각각의 일 그 자체는 참으로 단순한 것이기를 조건으로 하는 반면, 인간은 투입되어온 과제를 수행하는데 상당히 많은 시간적 여유를 갖고서 복잡성을 띠는 특성이 있다.

기존의 컴퓨터 OS의 수정, 예컨대 UNIX 그리고 다른 여러 언어들은, 기껏해야 산업 애플리케이션을 위한 타협의 산물에 지나지 않는다. 산업현장에서 필요로 하는 컴퓨터는 실시간 프로세스를 처리할 수 있는 예측가능하고 빠른, 다목적 애플리케이션 패키지이다. 이런 OS들은 문제의 많은 구성요소들을 표본검출 할 수 있고, 그것들을 쉽사리 적당하게 처리할 수 있다―따라서 제어모듈 또는 소프트웨어모듈은 문제가 아니다. 문제는 산업제어 환경에서 동시에 작동하지 않으면 안 되는 모듈들의 숫자이다. 이런 능력은 해결되기 시작하고 있지만, 그러나 복잡성이 큰 환경과 다목적 산업 애플리케이션에서는 여전히 해결해야 할 과제로 남아있다.

단순하게 하라. 시스템으로부터 모든 소음을 제거하라.
변동을 줄이기 위해 하이준카 박스(heijunka box,
전체 생산량을 가능한 고르게 작업할 수 있도록 하는
작업시스템, production smoothing이라고도 함)를 사용하라.
부품의 공급에 맞춰 생산 스케줄을 고르게 하라.
재빨리 대응하고 또 유연하게 하라.

―짐 우맥, 린 엔터프라이즈 인스티튜트의 창업자,
<세상을 바꾼 기계> <린 사고>의 저자

린 엔터프라이즈 인스티튜트의 사장 겸 〈세상을 바꾼 기계〉라는 획기적인 저서를 쓴 짐 우맥은 린 생산방식의 잠재력을 최대로 높이기 위해 연구를 하고 있다. 린 생산은, 시스템의 효율적 사용기법과 새로운 인간 시스템을 결합하여, 생산문제를 2020년의 비전에 한층 더 가까이 다가가게 해줄 "다음 단계"라고 희망한다.

코네티컷 주 소재 하트포드, 루이빌 소재 몇몇 프랫 앤 휘트니 공장들, 켄터키 주에 있는 란테크, 메이테그, 그리고 펠라(Pella)는 우맥의 지혜를 충실히 따르고 있다.

그 뿌리가 도요타 생산시스템과 데밍으로까지 거슬러 올라가는, 생산문제 개선을 위한 카이젠식 접근방식에 대해, 아난드 사르마(Anand Sharma), 신기주츠(Shingijutsu), 마사키 이마이(Maasaki Imai), 그리고 테루유키 마루오와 같은 대가들의 가르침으로부터 몇몇 아이디어를 이끌어내어, 앞에서 얘기한 지도적 회사들은 대부분의 생산 작업현장에서 자주 눈에 띄는 누적된 낭비와 복잡성—무다(muda, 無駄)—을 제거하려고 노력한다.

하지만 린 추종자들(Lean thinkers)은 자동 솔루션을 거부하지는 않는다. 그들은 다만, 공정을 고치기 위해서는 먼저 잘못된 흐름을 깨끗이 제거해야만 하고, 최고의 제품을 지원하기 위한 최고의 공정을 설계하는 작업에 권한있는 전문가들의 지혜를 끌어내지 않으면 안 된다는 사실을 중요하게 이해하고 있는 것이다. 그러나 그들의 매우 힘찬 움직임은, 전자공학 그리고 인터넷 커뮤니케이션이 우수 집단 전반에 걸쳐 발휘할 거대한 혁신과는 반대로, 앞으로 20년 동안은 어린이들의 걸음마처럼 보일 것이다.

보잉과 에어버스는 자사의 전반적 공급기반을 통해 복잡성의 문제를 해결하고 있는 거대기업의 주요 사례이다. 보잉이 기록적 신규 주문으로 비명을 지를 무렵, 자사의 증명된 능력으로는 주문을 모두 응할 수 없다는 것을 알았다.

그때 마침 들어온 신호가 사태를 해결했다—동남아의 경제위기로 인해 아시아로부터의 많은 주문들이 취소되었던 것이다. 그 주문 취소가 보잉에게 자사의 공급사슬 프로세스를 재설계하든가 또는 현상유지로 복귀하든가 할 시간적 여유를 제공했다.

비행기를 만드는데 있어 2년이라는 세월 동안 해결할 문제는 기술적 문제가 아니다—그것은 솔루션과 관련하여 이미 오래된 문제인 사람과 조직의 문제이다. 우리가 생각하기에 비행기 제작공정은 수공업식 장인 전통(craftman tradition)을 따르고 있다. 따라서 주문이 밀리거나 시간이 촉박하면 생산시스템에 문제가 발생하고, 끝내는 내부에서 폭발하고 말 것이다.

공교롭게도, 짐 우맥이 몇몇 용기있고 또 창의력있는 현장 경영자들에게 문제를 그런 식으로 해결하도록 제의했지만, 그것은 전반적인 작업에 대한 대규모적 구조조정을 않고도 유연성과 속도를 올릴 수 있게 하는 기술의 도입과 경합하게 될지도 모른다.

우맥의 관찰, 즉 "경영자로 하여금 린 생산의 힘을 인식하지 못하도록 하는 것은 자본이 아니다" 라는 것은 실패한 미래의 공장 그리고 그 비슷한 곳에서 이미 증명되었다. 우맥에 따르면 "제조업체의 10% 미만이 린 생산을 하고 있다. 그러나 그것은 정말 효과를 보고 있다".

〈세상을 바꾼 기계〉의 공저자이자 영국의 대학교수인 댄 존스(Dan Jones)는 린 생산을 통한 발전의 여러 증거를 지적한다. "유럽에서는 수년 전만 해도 하나의 기업도 없었으나 지금은 100개의 회사들이 규칙적으로 제로 ppm 또는 6시그마에 도달하고 있다. 선두주자들은 도요타, 혼다, 닛산이다."

156

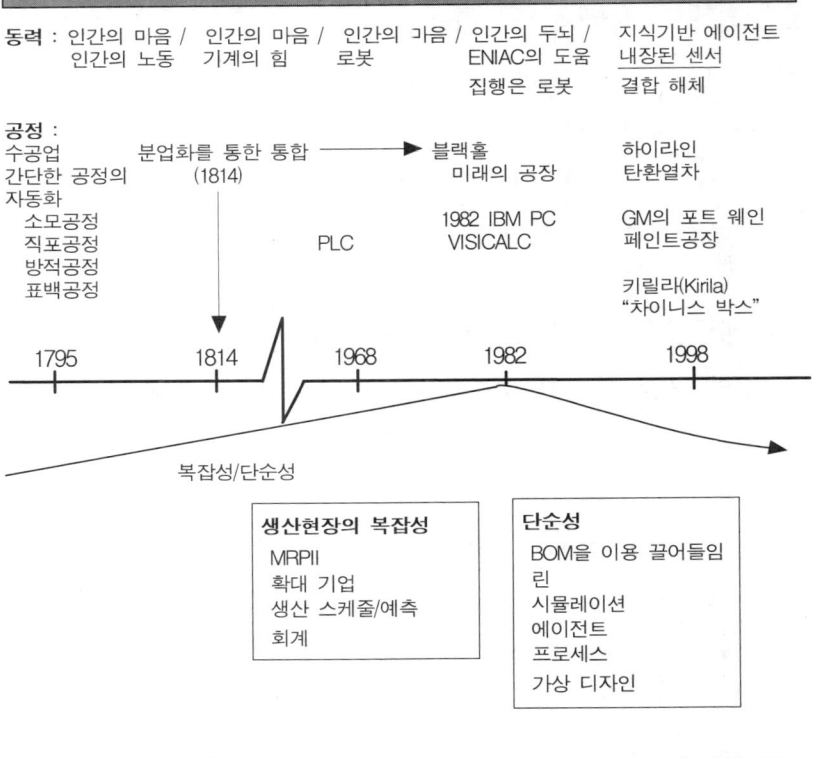

〈그림 4-3〉

산업지능의 연속선

동력 : 인간의 마음 / 인간의 마음 / 인간의 가음 / 인간의 두뇌 / 지식기반 에이전트
　　　　인간의 노동　기계의 힘　　　로봇　　　ENIAC의 도움　내장된 센서
　　　　　　　　　　　　　　　　　　　집행은 로봇　결합 해체

공정 :
수공업　　　　　분업화를 통한 통합 ──────▶ 블랙홀　　　　하이라인
간단한 공정의　(1814)　　　　　　　　　　미래의 공장　탄환열차
자동화
　소모공정　　　　　　　　　　　　　1982 IBM PC　GM의 포트 웨인
　직포공정　　　　　　PLC　　　　VISICALC　페인트공장
　방적공정
　표백공정　　　　　　　　　　　　　　　　　키릴라(Kirila)
　　　　　　　　　　　　　　　　　　　　　　　　"차이니스 박스"

1795　　　1814　　　1968　　　1982　　　1998

복잡성/단순성

┌─────────────────────┐　┌─────────────────────┐
│ **생산현장의 복잡성**　│　│ **단순성**　　　　　　│
│　MRPII　　　　　　　　│　│　BOM을 이용 끌어들임　│
│　확대 기업　　　　　　│　│　린　　　　　　　　　　│
│　생산 스케줄/예측　　 │　│　시뮬레이션　　　　　　│
│　회계　　　　　　　　　│　│　에이전트　　　　　　　│
│　　　　　　　　　　　　│　│　프로세스　　　　　　　│
│　　　　　　　　　　　　│　│　가상 디자인　　　　　 │
└─────────────────────┘　└─────────────────────┘

값싼 원재료 ⤑ 값싼 노동력 ⤑ 값싼 노동력 ⤑ 값싼 두뇌

　　우맥은 제조 전문가들에게 전통적인 방식을 버리라고 충고한다. 부품
창고, 비표준 작업방식(예컨대, 나는 이것은 존에게 배웠어, 또는 이건
다르지만 어쨌든 효과는 있어 하는 식의 작업), 그리고 오래된 기업문화
를 말이다. "부품창고는 인간에게 알려진 것 가운데 최고의 소음 발생기
이다. 당신은 소음 정도에 따라 신호를 내리지 않으면 안 된다. 시스템으
로부터 소음과 변동성을 제거하라. 그러면 문화도 따라 변하게 된다!"

도요타 자동차가 생산 스케줄에 사용하는 하이준카 박스와 카드 시스템과 같은 장치들은 복잡한 소프트웨어 모듈을 대신하여 사용하려고 고안된 것들이다. "제품군을 연구하고, 그것들을 능률적인 끌어당김식 작업흐름(pull flow, push flow와 대칭되는 개념으로 작업흐름이 진행될수록 각종 문제를 해결하여 하자나 낭비가 줄어드는 식의 작업방식)으로 배치하고, 그리고 생산현장의 근로자들에게, 단지 일자리를 제공하는데 그칠 것이 아니라, 경력을 쌓는 기회를 제공하라."

스케줄을 순조롭게, 조용한 작업흐름

GM의 서비스 부품 관리자, 봅 아른트(Bob Arndt)는 생산현장의 게으른 동료 문제를 해결하기 위해서는 "어떤 분야를 하나 정해서, 그곳을 정말 재미있게 만들어 사람들이 그곳에서 일하고 싶도록 만들어라. 그다음은 모두가 따를 것이다"라고 말한다. 그것이 바로 문화의 변화이다. "중간관리자와 작업현장 사람들에게 성공의 기회를 제공하라. 그러면 그들은 자존심을 세울 기회를 개발하기 시작할 것이다."

우맥은 기업들에게 교육 프로세스를 재설계하도록 권고한다. 그 이유는 교육과 관련된 많은 부분이 무의미하기 때문인데, "한정된 용도의 대상을 배우기 위해 무한정 시간을 들이는 것은 '자격증'을 취득하는 것에 지나지 않는다". 우맥은, 그 대답은 "아침에 배우고 그리고 오후에 실행하는 것"이다. 이는 실제로 카이젠을 실행하는 대부분의 사람들이 하는 방식이다.

옆길을 보지 말라—북극성을 보고 가라

생산 문제와 관련된 많은 전문가들은 오늘날 다양한 영향을 끼치고 있다. 몇년 전, 볼드리지 운동의 뒤를 이어, 미국 정부는 ARPA와

DARPA(두 프로젝트 모두 미국의 고등 연구 기획청에 의한 기술 및 군사기술에 관한 연구 프로젝트임)로부터 전용된 수백만 달러의 자금이 비영리 컨설팅 및 교육기관에게로, 그리고 부분적으로는 영리를 추구하는 컨설팅사 및 교육 훈련기관으로 흘러 들어갔지만 결과는 신통한 것이 없었다는 것을 "알았다".

1990년대 최고의 제조기업들에게 상당한 영향을 제공할 기술의 추세는 모델링, 그래픽 유저 인터페이스(GUI), 딜버트와 경영불만족, WWW과 그 후예들, 그리고 지능 시스템이었다. 생산분야에 있어 린 생산 및 단순성 추구파들이 고객의 모든 요구와 다른 여러 문제를 해결할 수 없었던 것을 해결하기 위해, 카오스이론(Chaos theory)과 복합적응 시스템이 그 역할을 물려받을 것이다.

WWW은 몇몇 통합문제를 해결할 것이고, 그리고 점점 더 많은 고객들과 공급자들이 다른 규격과 언어로 된 파일을 서로서로 그리고 자신들의 작업현장에 급히 전송하게 됨에 따라, WWW은 새로운 성능을 계속 선보일 것이다. 우리는 지평선 위에 솟아 나온 바벨탑을 계속 보게 될 것이다. WWW는 중간 상인을 없애고 또 직접 판매를 촉진함으로써 궁극적으로는 보편적인 세계표준을 확립할 것이다. 브라우저(browser), 자기조직화 스마트 시스템(self-organizing smart system), 리이너 모터(leaner motor), 그리고 각종 신기한 기구들이 제조활동을 거꾸로 그리고 옆으로 뒤집어 놓을 것이다. 항공 관제탑의 컨트롤러들이 오랫동안 바라던 종류의 피드백 시스템, 즉 실시간 온라인 제어 시스템(real-time on-line control system)은, 점점 더 많은 근로자들이 자신들의 잘 숙련된 손을 갈수록 덜 사용하게 됨에 따라, 서류작업을 대신하게 될 것이고 그리고 전 세계 수천 개 공장의 벽에 부착된 생산 도표(production chart)를 때내어 버릴 것이다.

우리들로 하여금 린 생산, 그리고 개선된 작업 현장이라는 중간 지점을 떠나서 획기적 기술에 기초한 우수성 집단으로 가도록 해주는 새로운 기술들의 일람표에는 합성물질, 자동 에이전트, 규칙에 기초한 브라우징 바이러스(browsing virus), 그리고 내장된 센서(embedded sensor) 등이 포함된다.

미래의 공장들은, 이런 기술들이 완벽한 품질을 보장하고 고객의 주문 주기에 맞춰 즉각적인 유연성을 보장하게 되면서, 이런 기술들 각각의 장점을 활용하여 공정의 원가를 30% 또는 그 이상을 절감케 해주는 MES와 결합하게 될 것이다.

꼭 기억해둘 것은, 단일 포인트의 기술들—단일 기술이 유행하도록 하는 일에 환상적으로 기여한 MRP 또는 신경망(neural net) 또는 퍼지논리(fuzzy logic), 심지어 인공지능을 포함하여—은 효과가 없다. 지혜로운 경쟁자들이 자신들과의 경쟁에서 수십년 앞서가고 있으므로, 앞으로 모든 종류의 가속기와 모든 종류의 메신저와 게이트포스트(messenger/gatepost)가 결합되어 발휘할 힘을 주목하라.

제5장

우리를 목적지까지 데려다줄 지능 시스템
—카오스, 복합 적응 시스템, 그리고
다른 여러 지원 기술들

지능 시스템을 위한 시

잔물결이 친다
침묵이 흐른다
기계가
조용히 생각한다

아무것도 보이지 않자
기계는 멈춘다
모든 것이 제대로 돌아가는 소리를 듣고는
기계는 플러그를 뽑고는 어디론가 날아간다

—PEMoody@aol.com

곳간(The Barn)으로 가는 길

국도를 지나자 길은 줄곧 오르막으로 변했고, 뉴햄프셔 주 시골 마을 할리(Harley)를 가로질러 미래의 제조 컨트롤 시스템이 있는 곳간으로 이어졌다. 곳간은 돌담으로 둘러싸인 언덕에 마치 젖꼭지처럼 불거져 나온 튼튼한 붉은 건물로, 100년 전에는 소와 양이 풀을 뜯던 곳에 그후에 다시 심은 단풍나무들로 가리워져 있다. 그 주변에 남아 있는 것이라곤 샤툭 단풍나무 곳간(Shattuck's Maple Barn)뿐이었는데, 그것은 원목과 제당 곳간 겸 식당이었다.

방향 표시등을 깜박거린 후 나는 스톤로(Stone Road) 쪽으로 방향을 바꾸고 전분 제조 공장(Starch Mill) 도로로 향하는 낡은 길을 따라, 버려진 공장의 폐기물을 지나 계속 직진했는데, 그 폐기물들은 19세기 말에 가동했던 전분 공장에서 나온 것이었다. 나의 이륜구동 자동차는 속도를 높여 샌드 피트로(Sand Pit Road)를 지나 비포장길까지 가서는 마지막 이정표를 뒤로하고 첨단 기술 도시가 선물한 운동장에 도달했다. 우리가 달려온 이 길이 미래와 어떤 관계가 있을까? 눈에 보이는 것이라곤 앞쪽으로 짐을 들어올리는 짐수레차뿐이었다. 우리가 묻는 질문에 아무 대답도 못하고서 말이다. 심지어 그 속의 카폰마저도 고장나 있었다.

뉴햄프셔의 도로가 진흙탕으로 변하는 시절

일반적으로 프로세스 컨트롤과 제조과정의 문제는 기상학, 생물학, 그리고 다른 여러 과학과 마찬가지로 복잡하고 또 미묘하다. 그러나 농장의 곳간(The Barn)—저자는 신기술이 개발되고 있는 오래된 농장의 '곳간'을 하나의 고유명사로 사용함—에는 답이 있다. 그곳에는 많은 사람들이 소프트웨어와 그들의 창의성을 통합하여 제조활동의 미래의 모습을 구상하고 있다. 곳간은 RMI의 본부로서 돌담, 단풍나무, 벚나무, 그리고 여름이면 모기떼들로 가득 찬 수수한 연구소 건물이다. 곳간을 방문하는 사람들은 2020년의 제조 시스템의 두뇌가 될 새로운 시스템을 혁신적으로 개발하기 위해 이곳에 머무르길 좋아한다. 아무도 해답을 갖고 들어오는 것은 아니지만, 이곳에 오면 모두가 어렴풋이나마 미래의 모습을 짐작할 수 있다. 이곳에서는 린 생산방식(lean manufacturing), 아질 생산방식(agile manufacturing), 유연 생산방식(flexible manufacturing), 권한이양 생산방식(empowered manufacturing), 그리고 JIT방식을 고안했다. 그 다음에는 무엇을 고안할 것인가?

지능 시스템의 모험

곳간을 방문하는 사람들은 제조업의 발달과정을 하나의 연속선으로, 다시 말해서, 시간이 지나면서 성숙도가 높아지는 일련의 회사로서 인식하게 된다. 중요한 것은 제조회사가 사용하게 되는 기초장비의 수준이 점점 더 높아지는 것이다. 각각의 모든 기술들을 시스템으로 통합하는 것이 제조업의 미래 경쟁력의 핵심이다.

● 곳간에서 몇 시간 남쪽에 위치한 매사추세츠주 노스 앤도버(North Andover)의 AEG 슈나이더 오토메이션(AEG Schneider Automation)

은 30년 전의 발명품이다.

●앤도버 컨트롤(Andover Controls)은 기술적으로는 이 책의 저자인 모얼리가 발명한 것으로서 최신의 컨트롤 시스템이다.

●그것보다도 더 최신의 것은 뉴햄프셔 맨체스터의 플레브스 테크놀로지(Flavors Technology)로서, 이 회사는 매리맥 강을 따라 형성된 오래된 섬유단지 아모스케그에 있는, 첨단 기술을 발명하는 소프트웨어 개발 회사이다.

곳간은 이런 기술혁신과 그 이상의 것을 수행하는 연구단지로서, 철저히 컴퓨터로 관리되고, 또 기술관련 하드웨어와 소프트웨어로 가득 찬 믿기지 않을 정도로 디지털화된 연구소이다. 그것이 제조업의 미래 모습이다.

제조업에 종사하는 우리들 모두가 지난 20~30년 간의 발전상, 다운사이징, 리스트럭처링 등을 되돌아보면 알 수 있는 사실인데, 우리는 제조 활동을 엄청 복잡하게 수행했고, MIS에 과도하게 의존했으며, 인간적 측면은 고려치 않고 OR에 너무 치우치거나, JIT라는 극단적인 단순화 기술에 치우치는 등 평탄치 않은 길을 왔다갔다했었다.

제조업은 이제 막다른 선택의 길목에 다다랐다. 그 다음 길은 지능 컴퓨터 시스템(intelligent computer system), 지능 에이전트(intelligent agent), 그리고 다른 여러 기술적 혁신이 기다리고 있다. 컴퓨터는 지금 인적 자본과 마찬가지로 제조 공장의 주요 생산 요소이다. 컴퓨터와 산업 자동화는 제조업을 다음의 방향으로 한층 더 이끌고 나갈 것이다.

● 분산(decentralized)
● 비동시적(asynchronous)

● 에이전트 중심의, 그리고 에이전트가 관리하는(agent-based and -managed)

● 자기조직화(self-organizing)

지능 시스템은 과거에 독자적으로 존재하던 것들을 단순히 연장해 놓은 것으로 복잡한 시스템(complex system)이다. 복잡계 이론(complex theory)은 복잡한 시스템과 그것들이 산출하는 여러가지 속성들을 지배하는 원리를 밝히는 새로운 통합 과학(interdisciplinary science)이다. 복잡계 이론은 제조분야뿐 아니라 일반 사회에서도 흔히 볼 수 있는 현상이다. 사실, 제조 과정은 새들이 떼지어 날아가면서 자율적으로 편대를 짜는 모습이라든가, 개미들이 집을 짓는 방법과 유사한 점이 많다. 자연계는 우리가 2020년의 제조업의 비전으로서 제시하려는 독립적 에이전트 접근방식(independent agent approach)을 보여주고 있다.

복잡계 이론을 적용한 또 다른 분야들 가운데는 공급사슬 최적화(supply chain optimization), 자기조직화의 개발, 자율관리 네트워크 등이 있다.

복합적응 시스템(complex adaptive system)이란 무엇인가?

노벨 물리학상 수상자이자 산타 페 연구소(Santa Fe Institute)의 창설자인 머리 겔만(Murray Gell-Mann)은 복합(complex)이라는 단어의 정의를 내리기 위해 그 어원을 찾아 본 결과, "끈으로 이은" 이라는 의미의 라틴어 plexus 또는 "접는다" 라는 뜻을 가진 plicare라고 했다. 문자 그대로, 단순이라는 의미의 simplex는 한 번 접은 것을 의미하고, 복합을 의미하는 complex는 여러 번 접거나 꼰 것을 의미한다. 겔만의 설명을 들어보자.

우리는 자연을 지배하는 원리와 그것의 한 부분을 이루고 있는 복합적인 현상 사이의 관계에 관심을 두고 있다. 우리가 어떤 현상을 두고 복잡하다고 말할 때, 그것이 무질서하다는 것을 말하는 것은 아니다.

그 현상은 언제나 일련의 0과 1로서 표현될 수 있는 것을 의미한다. 인지된 불규칙성을, 무질서하게 인지되는 것과는 달리 하나의 간단한 메시지로 압축적으로 표현할 수 있는 이런 시스템을 무엇이라고 하면 좋을까? 나는 그것을 복합적응 시스템(complex adaptive system, 이하 CAS로 표시)이라고 명명한다.

CAS는 세상에 관한 자료를 연속적으로 이용한다. 세상 그 자체, 그 전의 행동, 그리고 그 결과 등을 포함하여 일련의 자료로 파악한다. CAS는 그 자료에서 파악한 모든 규칙성을 하나의 스키마(schema) 또는 모델로 매우 압축적으로 표현한 것이다. 스키마는 변경될 수 있고 또 변종이 나올 수도 있다. 그것은 실제 세계로부터 또 다른 자료를 입력받아 추가할 수 있으며, 그 결과 실제 세계의 행동을 예측할 수 있는데, 왜냐하면 그것들이 실제 세계에 영향을 미치기 때문이다. 그리고 실제 세계에서 일어나는 결과들은 어떤 경쟁과정에서 특별히 어떤 것을 선택하도록 압력을 넣는다.(1998년 4월 뉴 멕시코 산타페에서 개최된 "복잡계 학회"에서)

스키마는 어느 정도 안정성과 견고함을 갖추어야 하고, 경쟁력이 있어야 하며, 그리고 피드백을 할 수 있어야 한다. CAS에 관한 모든 사례는 어쨌든 실제 생활과 연결되어 있지만, 그것은 또 다른 CAS를 만들어내는 경향이 있다. 겔만은 그것을 다음과 같이 설명한다.

40억 년 전 생명체 이전 상태의 화학물질이 있었는데, 그것이 생물로 진화하고는 하나의 유기체가 되었고, 그것이 또 진화하여 포유류 면역 체계로 그리고 스스로 배울 수 있고 또 사고할 수 있는 체계로 발달하여,

그 다음에는 인류 문화로 진보했으며, 이어서 조직이 등장하고 세계 경제로 발달했고, 컴퓨터가 등장하고 발달하면서 그것은, 그것들 스스로 CAS가 되는 지경에까지 이르렀다. 그러므로, 컴퓨터에 기초한 CAS는 그것을 창조한 사람들의 실생활과 상호 연결되어 있는 것이다.

또 다른 연구자들은 환경의 변화를 이해하고 또 적응할 수 있는 소프트웨어를 이용하여 여러 적용방법을 개발하고 있다. 제조활동에 대한 적용은 더디게 진행되고 있지만 어쨌거나 출발은 한 셈이다. 뉴멕시코 대학교수 겸 산타페 연구소 연구원인 스테파니 포레스터(Stephanie Forrest)는 컴퓨터의 바이러스 퇴치과정과 유사한 소프트웨어를 개발하고 있다. 그녀가 개발하는 것도 일종의 CAS이다.

카오스(chaos)에 대한 겔만의 정의—어떤 프로세스의 결과물이 초기의 아주 미세한 변화에 극도로 영향을 받는 상태—는 우리가 기업 측면에서 카오스 이론, 또는 카오스 이론의 적용을 논할 때의 상황을 분명하게 설명해주는 것이다. 그 경우 우리는 실제로 각종 경영변수(management of variables)에 대해 논의하고 있는 상황이다. 제조 활동이나 공급사슬 관리와 같은 복잡한 활동의 경우, 새로운 또는 예상치 못한 변수의 등장은 프로젝트 전체의 방향을 바꾸어놓을 수 있는데, 그런 경우 우리는 매시간 등장하는 변수들의 세계를 질서있게 관리하기 위해 컴퓨터를 활용한다.

복합적응 시스템(CAS)

산타페 전략 연구소(Santa Fe Center for Emergent Strategies)의 부루스 아벨(Bruce Abell) 관리국장은 기업 그 자체가 CAS라고 보고 있다.

만약 기업이 본질적으로 적응능력을 갖춘 CAS에 한층 더 가깝다면 매우 유리할 것이다. 그렇지만 CAS는 기업이 필요로 하는 그 무엇이 아니다. 기업은 이미 태어날 때부터 CAS이기 때문이다. 기업은 CAS가 무엇인지, 어떻게 작동하는지, 그리고 그것을 이해함으로써 그 활동을 개선할 수 있는 방법을 파악할 필요가 있다.

기업은 일시적으로 유행하는 경영 방식—예컨대 리엔지니어링—에 휩쓸리는 경향이 있으나, 아벨에 따르면 기업은 경쟁적 환경에 장기적으로 존속할 수 있는 관점이 필요하다고 한다.

몇 가지 변수들이 기업이라는 공룡을 해체하려 하고 있다—예를 들면, 커뮤니케이션에 투입되는 시간과 거리가 단축되고 있으며, 국경이 낮아지고 있고, 고객의 욕구가 다양해지고 있으며, 경쟁이 한층 더 세계적으로 진행되고 있고, 자본은 더욱 풍부해지고 있다. 아벨은 글로벌 기업으로서의 새로운 조건과 느리게 변화하는 참호전식 조직(entrenched organization) 사이의 격차를 "다윈식의 진화세계에 뉴턴식 물질대사(metabolism)"로 비유하고 있다. 이런 격차의 예는 많다.

시어즈와 월마트
GM과 혼다
AT&T와 MCI

이런 회사들 사이의 경쟁은 경직된 중앙집중식 계획방식과 유연하고도 분산된 지능조직 사이의 경쟁이다. 예를 들면, GM은 신차를 디자인하고 생산하는데 혼다보다 훨씬 느린데, 그것은 아마도 혼다가 중앙집중식 조직 대신 특별기동대와 비슷한 조직을 운영하기 때문일 것이다.

복합 적응시스템의 특성

상호 작용하는 에이전트(interacting agents)

새롭게 등장하는 현상들(emergent pnenomena)

분산적 통제(distributed control)

개방적 환경(open environment)

확률적 사건 발생(probablistic events)

비평형적, 비선형적(nonequilibrium, nonlinear)

적응적, 공동 진화(adaptive, coevolving)

자율적 규제(self-regulating)

월마트의 신속한 운영방식—정보처리와 거래속도뿐만 아니라 취급 품목의 다양성, 낮은 비용 등—은 참호전식으로 회사를 운영하는 시어즈로서는 모방하기 힘든 사업방식이다.

본질적으로 물질대사는 환경과 더불어 진화한다—조직과 더불어 진화하지 않는다는 말이다. 느린 내부 속도와 빠른 외부 속도 사이의 불일치는 글로벌 경쟁환경에서 경쟁자의 발목을 잡게 될 것이다. 아벨은 회사가 비록 고도의 도구적 물질대사(operational metabolism)를 완벽하게 유지할 능력이 있다 해도, 인지적 물질대사(cognitive metabolism) 때문에 경쟁력을 상실할 수 있다고 주장한다. 경영자는 회사란 아이디어이고, 그리고 CAS는 회사가 혁신과 창조적 활동에 필요한 시간과 자원을 제공할 수 있는 잠재력이라는 사실을 인식해야 한다고 주장한다.

지능 시스템을 부문별로 가동시키려면, 그들 고유의 환경이 변하는 과정에서, 그 변화를 이해하고 적응하려는 논리적 규칙을 준수하는 시스템을 전제로 한다. 회사가 지능 시스템을 그들의 모든 시스템에 적용시키는데 초점을 맞추게 되면, 다른 여러 부문별 요구를 해결하기 위해 지능 에이전트가 스스로 전반적인 시스템을 파악하고 또 적용한다는 것을 알게 될 것이다. 취급하는 제품들이 다양하고, 시장의 변화가 빠르고, 그리고 제조 공정이 복잡한 경우, 부문별 지능 시스템(localized intelligence)은 중앙집중식 계획이나 느린 대응 방식에 비해 틀림없이 유리하다.

2020년의 자동 에이전트

1장의 이야기, 즉 금요일 오후 7시 마지막 손님을 태우려고 로건 공항으로 가는 보스턴의 택시는 움직이는 지능 에이전트의 생생한 사례이다.

〈그림 5-2〉

운전기사는 그때그때 상황을 판단한다—마치 그 자신이 지능 에이전트인 양 지리 정보 시스템 컴퓨터의 스크린에 나타난 상황을 판단하고 가능한 모든 코스를 검토한다.

그는 택시회사 본사의 지시에 따르지 않고 자신이 갈 코스를 스스로 판단한다. 그것은 회사를 운영하는 보다 빠른—그리고 보다 스트레스가 덜 쌓이는—접근방식이다.

"개인 운송 수단"을 관리하는데는 매우 많은 변수들—예컨대, 비행기 운항 스케줄, 날씨, 짐의 갯수, 잔돈, 교통순경—이 관련되는데, 이는 어떤 제조 공장의 변수만큼이나 많은 것이다. 이것은 복잡계가 자동 에이전트에 의해 잘 관리되고 있는 사례이다.

운전기사는 중요한 몇 가지 행동규칙을 갖고 있다.

- 가장 빠른 길로 간다.
- 길가에 기다리는 사람을 태운다.
- 본사의 연락 사항에 응답하고 또 의견을 교환한다.

2020년 공장의 자동 지능형 에이전트는 보스턴의 운전기사만큼이나 빠르고, 판단력이 정확하고, 유연하지 않으면 안 된다. 공장의 운영방식은 보스턴 최고의 운송회사만큼 신속하고, 유연하고, 상황을 잘 판단해야 한다.

카오스와 창발적 행동

창발적 속성과 창발적 행동

스스로 "눈앞에" 보이는 것으로 판단해 자신이 방향을 조종하면서 날아가는 비행기를 상상해 보자. 이런 식의 실시간 온라인 비행에 반대되는 것이 중앙관제탑의 지시에 의한 비행이다. 만약 관제탑과 조종사가 끊임없이 대화를 할 수 있다면, 그리고 만약 비행기의 전자장비의 성능이 충분하다면 비행과 관련된 많은 정보들, 예컨대 날씨, 연료, 방향과 속도를 바꾸어야 하는 상황에 대해 관제탑과 조종사에게 전달될 것이다. 이에 대해 특별히 예민하게 반응할 필요는 없는데—왜냐하면 어느 방향으로 가든지 비행기는 관제탑의 지시를 따라야 하며—이런 상황은 제조 활동이 수백년 간 해왔던 방법과 별반 다르지 않기 때문이다.

그러나 지능 시스템이 비행기 속에 내장되어 있다면 어떻게 될까? 비행기는 스스로 이륙하고 날씨를 파악한 뒤, 비행기 속에 내장된 감지 장치에 전달하고, 다른 여러 정보를 항법장치에서 분석한다. 비행기가 중앙관제탑과 "확인할 필요가 있는" 유일한 시점은 착륙 지점 또는 착륙 예정시간을 알려줄 때뿐이다. 아주 간단하게 들리겠지만, 이것이 바로 각종기계—비행기, 절삭기계, 용접기계 등—에 지능 시스템을 장착하여 공장을 사람의 손이 거의 없이도 가동할 수 있도록 하는 접근방법이다.

복잡계 과학(The Science of Complexity)

중세시대까지는 사람들은 모두 지구가 우주의 중심인 줄 알았으나, 코페르니쿠스는 태양이 중심이라고 주장하면서 그 당시의 보편적인 신념체계를 반대했다. 그 당시 사람들은 좀 더 많은 측량—더 많은 지혜가 아니라, 더 많은 자료를 수집—을 함으로써 코페르니쿠스의 주장을 반박하는데는 실패했다. 행성이라는 말은 "방랑자"를 의미하는 것으로, 드디어 천문학자와 과학자들도 역시 태양이 중심이라는 것을 상상하게 되었고, 태양계의 중심은 지구가 아니라 태양이라는 사실을, 자료에 의해서가 아니라 사색의 결과로 이해하기 시작했다. 마찬가지로 우리도 조금 떨어져서 객관적으로 생각해 보면, 제조라는 소우주에 우리가 차지하는 위치를 이해하기 시작할 것이다.

아인슈타인의 주장, 즉 우리의 위치가 어디이든 빛의 속도는 일정하다는 것은 다른 많은 현상을 설명해준다. 이것은 지혜에 속한다—이를 뒷받침할 자료가 있든 없든 간에 이것은 패러다임의 엄청난 변화이다.

불의 사용, 총포류의 등장, 컴퓨터의 발명, 역풍을 활용하는 돛의 고안, 인을 사용한 성냥 그리고 페덱스의 출현도 모두 패러다임의 강력한 변화였다. 이런 변화의 한 가운데 있는 사람이 극단적으로 고집이 세거나 지엽적인 관점에 머물러 있다면 훼방꾼 노릇을 하거나 회의론자에 머무르고 만다. 예를 들면 아버지는 아이들과 너무 가까이 있기 때문에 오히려 자녀들을 이해하지 못하는 반면, 멀리 떨어진 다른 사람들은 우리 아이들의 성장과 발전을 분명하게 느낀다. 지금 우리는 다이나믹 시스템, 카오스 이론의 적용, 복잡계 이론, 창발 시스템(emergent system), 인공 지능 등 우리의 직선적 사고방식에 혼란을 일으키는 기술혁신의 한 가운데서 있으면서도 그것을 잘 인식하지 못하고 있다.

공장에 적용된 인공지능 시스템

미국에는 최근 분산 시스템에 기초한 지능 에이전트를 도입하고 자율적으로 생산방식을 조정하는 몇몇 훌륭한 사례가 있었다. GM의 도장공정, 철물 가공공정과 금속 표면처리 공정, 그리고 보다 복합적으로는 농업용 기계와 일본의 탄환 열차가 그 예이다.

한층 더 나아가, 작업 시스템을 조직하는 방법, 복잡한 다국적 기업의 생산방식을 조정하는데 필요한, 규모는 작지만 성능이 뛰어난 시뮬레이션 기법과 CAS 기법이 개발되고 있다. 제3세대의 지능 제조공장인 플레버스 테크놀로지의 J. 호웰 미첼(J. Howell Mitchell)은 인디애나주 포트

웨인의 도장공정도 하나의 예라고 생각하고 있다.

복잡계의 응용: GM의 포트웨인 페인트공장

1986년 공저자 가운데 한 사람인 딕 모얼리는 한 프로젝트를 추진했는데, 그것은 몇 년 후 기업계에 적용되었고, 연구대상으로도 선풍적 인기를 모았다. 그의 프로젝트는 매우 단순한 것으로서 트럭에 도장을 하는 것이었다. 그의 방식은 복잡계 이론의 구체적이고도 이익을 낼 수 있는 사례로 연구 대상이 되었는데, 복잡계 이론을 응용한 톱다운식 방식으로 조립공정의 전통적 방식을 대체하는 것이었다.

조그만 변화가 큰 결과를 낳는 효과를 본 것이다. 예를 들면 GM은 새로운 복잡계 이론을 한 작은 분야—인디애나의 트럭 공장—에 적용함으로써 엄청난 비용절감 효과를 본 것이다. 그러나 매우 간단하게 보였던 작업—트럭의 도장공정—이 복잡계 이론에 기초한 작업 일정에 추가됨으로써 최악의 경우 예측할 수 없는 결과를 가져올 수도 있다. 모얼리에 따르면, 복잡계 이론과 그 인접 학문들—복잡계 시스템, 새로운 기계, CAS—은 모두 그 도장공장에 적용되었고, 폭넓게 적용할 수 있는 이런 과학 이론이 생물학과 의학에 적용될 수 있는 것과 같이 제조 공장에서도 효과를 발휘할 것으로 생각하고 있다.

행동을 지시하는 것이 아니라, 프로그래밍한다

산업용 기술은 여러 단계를 거쳐, 예를 들면 로직 컨트롤(logic control), 중계장치, 트랜지스터, 미니컴퓨터, 프로그램 컨트롤러, 셀룰러 제조기법(cellular manufacturing) 등으로 발전해왔다. 그러나 기술과 그 적용이 아무리 뛰어나고 또 신뢰성이 높다 하더라도, 복잡성이 사람들로 하여금 그 시스템의 내용을 모두 파악하지는 못하도록 한다. 다시 말하면, 복잡계 시스템—도장공장, 기상 예측, 패스트푸드 식당의 러시아워 등—은 원칙상 그 산출 결과를 예측할 수 없으므로 사전에 프로그래밍할 수 없다는 것이다.

적응 시스템(adaptive systems)

우리는 시스템을 문제에 적용하는 것 외에는 다른 방법이 없다—패스트푸드를 빨리 서비스하는 맥도날드 햄버거 시스템을 만들고, 각각의 일기 예보 시스템들 간에 신속히 정보를 전달하는 통신 설비를 갖추는 방법밖에 없다. 이런 아이디어는 역사적 자료 또는 사전에 정해진 규약에 따라 멀리 떨어진 곳에 있는 "중앙 두뇌" 부서가 통제하는 방식을 속도와 유연성 그리고 지역별 지능 시스템으로 대체하자는 것이다.

디자인 규칙들

적응 시스템은 시스템을 문제에 맞추는 것이다. 모얼리는 27명의 아들 (기술)을 양육하는(개발한) 아버지(발명가)로서, 그의 개념—자신의 행동을 스스로 알아서 잘하는 아이—은 복잡계 생산 시설을 운영하는 접근 방식과 궤를 같이 한다. 좋은 아이는 의사나 변호사가 되도록 사전에 프로그램을 만들 필요가 없고, 일반 행동 원칙만 주입하면 된다—방을 깨끗이 청소하고, 스파게티를 다 먹은 후에 디저트를 먹고 숙제를 한다는 식으로 말이다. 그후 그들은 자라서 자기의 적성에 맞추어 의사, 변호사, 트럭기사, 또는 가정 주부가 된다. 우리는 그들의 행동을 프로그래밍하는 것이지, 그들의 목적지를 프로그램하지는 않는다.

이와 똑같은 가설을 도장 공정에 적용하여, 모얼리는 GM을 설득하여 "무엇을 만들라는 프로그램을 만들거나 설명하는 대신에, 그것을 만드는 과정을 프로그래밍하도록" 했다. 필연적으로, 모얼리는 GM의 경영자들로 하여금 그들의 과거 방식과는 매우 다른 자세를 갖도록 요청했다─즉 프로세스를 믿도록 요청했다.

그 결과 GM은 소프트웨어의 복잡성을 상당 수준 줄이는 효과를 보게 되었다. 이 변화 과정을 지켜본 어느 임원은, 산출량과 속도라는 측면에서 도장 공정의 한계비용은 절감되었지만 소프트웨어 때문에 골치 아프다고 말했다. 따라서 RMI 팀은, 만약 그들이 페인트 공정 모듈의 행동을 프로그래밍할 수만 있다면, 그들은 소프트웨어를 단순화하고 산출량을 높일 수 있을 것으로 가정했다. 그러나 어떤 프로그램도 트럭 도장 공정이라는 어려운 작업에 관련되는 많은 변수들을 포함하지 않으면 안 되었다.

도장 공정의 문제점

"고객의 취향에 맞추어 마감하기"는 자동차 산업에 있어 핵심적인 문제이다. 왜냐하면 고객은 기능만 보고 자동차를 구입하지는 않기 때문이다. 보기도 좋고 성능도 좋은 스포츠형 트럭을 바란다. 그러나 GM으로서는, 트럭 사업부가 수지맞는 사업부이므로 페인팅 작업의 고비용과 트럭의 여러 부분을 페인팅하는 복잡한 공정계획은 별로 달갑지 않았고 또 가능할 것 같지도 않았던 것이다─그 문제는 단순히 색상의 변화나 속도의 문제가 아니었다.

도장 공정은 분사장치와 밀폐시설 그리고 일정한 온도가 필요하고, 한번 통과하는데 3분이 걸리는 공정이다. 그렇지만 정기적 수선과정과 예상치 못한 작업중단─공장 종업원들이 말하는 소위 일정의 차질─등 모얼리는 많은 도장 공정의 전형적인 문제가 조립라인의 중단이라는 것을 관찰했다. 때로는 페인팅 기구의 입구가 막힌다거나, 페인팅을 할 트럭이 없다거나, 공기압력이 잘못되었거나, 또는 페인팅 시설이 수리중이거나 프로그램을 다시 조정하는 등의 이유로 중단되었다. 게다가 페인팅할 색깔에 맞추어 트럭이 투입되지도 않았고, 때로는 대기 시간이 너무 길었다. 작업 일정은 말 그대로 엉망이었다.

계획을 짤 수 없는 것을 계획하는 방법

모얼리와 그의 팀은 페인트 부스(paint booth)의 사정에 맞추어 일정 계획을 짜는 프로그램의 필요성을 느꼈는데—부스로 바로 진입하는—이 방법은 GM의 전통적인 중앙통제 방식과는 전혀 다른 것이었다. 다시 말해 부스에 맞춰 페인팅 작업을 하는 것이 아니라, 각각의 부스가 페인팅 작업을 신청하도록 했다. 모얼리는 이 방식을 전통적인 밀어내기식(push through) 방식과 반대이므로 끌어들이기식 일정계획(pull through schedule)이라고 명명했다. 결과적으로 이 방식은 칸반(또는 카드) 시스템(kanban or card system)에 기초한 끌어들이기식 제조방법보다 더 획기적인 것으로 밝혀졌다.

GM의 공장에, 이와 같은 경매방식의 소프트웨어를 이용하여 공장의 중간층이 아니라 마루바닥 페인트 부스에 지능 시스템을 설치하게 되자, 다른 공정의 일정계획에도 큰 영향을 끼치게 되었다. 게다가 소프트웨어가 반복적으로 검토하고, 다양한 모델과 색상의 트럭에 대한 일정 계획을 수립하고, 또 페인팅 기구가 계속 가동되도록 함으로써, 페인팅 작업의 여러 라인 중에서 가장 어려운 계획 작업—설비의 전환과 작업 준비—은 최소화되었다.

도장은 매우 전문적인 공정이므로 조립 공정에 있어서 언제나 골칫덩이 노릇을 해왔다. 왜냐하면 도장 공정은 모든 조립라인—모든 색상과 모든 모델의 차종—이 한꺼번에 몰리는 장소이므로 각종 타입과 색상의 차량 그리고 생산 수량을 거의 통제할 수 없기 때문이다. 그리고 자동차

한 대를 품질검사 또는 수리를 위해 라인에서 끄집어내게 되면, 하루 작업을 위해 힘들게 개발한 작업 계획에 차질을 초래한다.

부스에는 단순한 행동기준을 설정하고, 현장에는 유연한 계획방식을 적용하라

페인트 부스를 일정계획과 연결시키기 위해서, 모얼리는 각각의 부스에 소위 '치킨 브레인'(chicken brain) 즉 몇 가지 행동규칙만 따를 줄 아는 간단한 지능 시스템을 장착했다. 각각의 부스는 항상 바삐 돌아가도록 하고, 그 성능에 따라 새로운 작업을 신청하도록 프로그래밍했다. 각각의 조립 라인은 독립채산제 형식으로, 그리고 최소의 비용으로 가동되도록 했다.

경매 방식의 작업

여기서 경매 방식의 논리를 설명해 보자. 가상의 작업 리스트가 작업 대상인 트럭을 표시하면, 한 부스는 그 리스트를 보고 어느 부스에 지금 끝낸 작업과 같은 것이 있는지 검색한다. 동일한 작업이 없으면 긴급 작업이 있는지 살펴본다. 만약 우선 순위의 작업이 없다면 그 부스는 아마도 자신의 부스에서 가장 가까운 위치의 작업을 또는 가장 빨리 처리할 수 있는 작업을 기준으로 새로운 작업을—말하자면 하이 로우 카드에서 로우를—신청한다.

스케줄을 관리하는 사람 입장에서 보면, 이 시나리오는 트럭이 입고되고 컴퓨터 프로그램이 가동되는 시점에 "나는 검정색을 페인팅할 트럭이 하나 있어"라는 말을 함으로써 출발한다. 이미 검정색을 칠하고 있고 또 그 작업을 다 끝마쳐가는 부스는 그 검정색 트럭에 대한 작업을 매우 높게 신청할 것이다. 그러나 다른 색을 페인팅하는 부스는, 비록 지금

작업을 하지 않는다 해도 매우 낮게 신청할 것이다. 한층 더 멀리 떨어져 있고 또 붉은 색을 페인팅하거나 수리중인 부스, 그리고 사정이 좋지 않은 부스는 작업 신청 순위를 낮게 제안할 것이다. 이런 가상의 신청방식을 통해 일정관리자는 가장 높은 순위로 신청한 페인트 부스에 트럭의 작업을 맡긴다.

부스는 세 가지 간단한 행동 규칙에 따라 작업을 한다. 첫째, 쉬운 일부터, 둘째, 중요한 일부터, 셋째, 아무 일이라도. 물론 그 신청 프로세스 또는 반복적 작업계획 프로세스는 십억 분의 1초 내에 이루어진다. 거기에는 종이에 계산할 필요도 없다. 그리고 생산 일정에 변동이 없고 또 완전히 비현실적인 계획 때문에 바꾸어야 할 사항이나 차질이 없다면 일정 계획 프로그램을 짜는데는 지능컴퓨터가 3~4주 정도 계산하면 충분할 것이다. 지능컴퓨터가 장착된 공정관리는 자동차 산업에서 원가를 많이 차지하는 부분인 유휴 작업장 또는 유휴 페인팅 부스를 최소화함으로써 작업 지연문제를 해결하고, 예상치 못한 변화에 대처하고, 작업준비와 관련된 손실을 제거한다.

기술적으로 매우 앞선 조립라인을 갖고 있는 노스 아메리칸(North American) 공장은 작업중단 1분마다 대략 2만 6천 달러의 손실이 발생한다. 하류 부문의 문제(downstream problem)를 해결하기 위해 여분의 기계를 가동할 수 있도록 조립라인의 일정계획을 세우거나 또는 교대작업을 활용하는 것은 유연 스케줄링(flexible scheduling)을 대신할 수 있는 값비싼 대안이다.

GM 공장의 성공 요인들

되돌아보면, 팀 리더는 이런 획기적 시스템은 독특한 환경 아래서 장착되었다는 것을 인정한다. 그들은 온건한 노동조합이 있는 공장을 필요로 했고, 그들은 비용절감과 사기저하 문제를 해결하려고 노력했으며, 그리고 새로운 프로젝트로부터 이익을 올리기 위해 예산이 필요했다. 뿐만 아니라 그들은, 하는 일이 시간이 걸리더라도 수용해주고 또 위험을 기꺼이 감수하는 문화를 필요로 했다. 사실 플랫폼 설계(platform design)는 1988년이 되어서야 완성되었고, 베타 테스트(beta test, 문자 대신 그림이나 부호로 하는 지능검사)는 1990년에 실행되었으며, 패러럴 인프런스 머신(parallel inference machine, PIM, 병렬 추론 기계)이 최종적으로 설치된 것은 1991년이었다.(PIM은 컴퓨터 기억장치를 이용하여 가공속도를 높이는 장치로서 모얼리가 발명한 것이다.)

그후 많은 놀라운 일들이 일어났다. 모얼리는 "곤란한 사실은, 뒤이어 무슨 일들이 일어날지 나는 전혀 몰랐다"라고 회고했다. 예를 들면 경매 모델(bidding model)은 가끔 전통적인 일정계획 방식보다 더 느리기도 했다. 그러나 새로운 방식은 대체로 기계의 가동률을 높였다. "그것은 로켓 과학이 아니라 위에서 아래로 지시하는 행동"으로서, 일방적인 통제가 아니라 4행의 컴퓨터 부호를 활용하는 것이었고, 그리고 페인트 부스를 치킨 브레인으로 가동하는 것이었다.

시스템 통합 기술과 공장 자동화 및 컨트롤 제조회사인 하이라인 컨트롤사(Highline Controls, Inc.,)의 사장 그랙 에크버그(Gregg Ekberg)는 제조분야에 있어 자동 에이전트의 이점을 누구보다도 잘 인식하고 있는 사람이다.

에크버그는 GM에서 생산, 수선, 그리고 공무 등의 업무를 14년간 한 사람으로 자기 자신을 "공장 바닥에서 발을 떼본 적이 없는 사람"으로 소개한다. 그는 또한 GM, 포드, 파크 하니핀(Parker Hannfin)에 1차 또는 2차 납품회사인 팔콘 콜드포밍(Falcon ColdForming)의 주주이기도 하다. 에크버그는 지능 시스템으로 큰돈을 번 사람이고, 컴퓨터 공학 학위를 가진 전기 엔지니어이며, 복잡계 생산 공정 문제로 해석될 수도 있는 단순한 접근방식을 초기에 도입한 사람이다.

에크버그는 1991년 포트 웨인 공장에 페인트 부스를 설치할 때 프로젝트 매니저였으며, 또한 GM의 트럭 조립공장의 도장공정 변경작업을 지휘했다. GM에서의 경험을 바탕으로 그는 보다 소규모의 작업 현장에 비슷한 시스템을 개발하고 설치했다. 에크버그가 지금 집중적으로 추진하고 있는 사업은, 선구적인 페인트 공장 시스템을 응용하여 소규모 공장이 필요로하는 반복적이고도 유연한 일정계획에 접목시키는 일이다.

GM의 포트 웨인 도장공장의 성과

포트 웨인 공장의 새로운 설비는 좋은 결과를 거두었고, 제조공정에 지능 시스템을 적용할 수 있다는 근거를 제공했다. 그 공장은 생산공정의 피드백을 통해 연간 2억 달러의 원재료비 절감 효과를 거두었다. 공기 공급 통제실(air supply house control)은 PLC에서 PIM으로 이동되었고, 컴퓨터 명령부호의 수는 40%가 절감되었으며, 컴퓨터 프로그램 코드의 수(lines of code, LOC)는 수백 행에서 단 4행으로 줄어들었다. 컨트롤 소프트웨어(control software)는 그 일을 수행하는 전기기사—엔지니어가 아니라—가 보기에도 훌륭한 것이었다. 복잡성(complexity)의 한가운데서 단순성(simplicity)을 이룩한 것이다.

잇따른 프로젝트에 대한 비용은 최소화되었는데, 그 이유는 페인트 공정의 매개변수와 환경조건을 통제하기 위한 코드의 실질적 개발은 4일밖에 걸리지 않았고, 그것을 현장에 설치하는데는 겨우 6일이 소요되었기 때문이다. 도장공장은 통제하기 힘든 여러 변수들—온도, 습도, 하향통풍, 페인트 원료의 공급, 분무기의 사용, 그리고 공기투입—을 예민하게 다루는 곳이다. 공기 공급을 통제(온도, 습도, 하향통풍)하는 통제실은 복잡하고 또 매우 불안정하다. PIM 기법의 단순성은 현장의 엔지니어들로 하여금 페인트 공정을 한층 더 잘 통제할 수 있도록 해주었다. 게다가, 그 전에는 페인트 공정률과 공기압력 상태(분무기와 선풍기의 사용정도)에 대한 해법이 없었기 때문에, 이런 매개변수에 대해 표준 피드백 컨트롤의 도입은 트럭의 몸체에 바르는 페인트의 원료비를 상당히 절감했다.

J. 호웰 미첼(J. Howell Mitchell)은 도장공장의 특성을 전통적인 산업 방식에다 자동 에이전트 스케줄러(autonomous agent scheduler)를 결합한 것이라고 표현한 적이 있다―"GM 페인트 공장의 자동 에이전트 시스템은 어려운 다변수 생산 문제를 해결하는 기법이다."

페인팅 작업과 비용이 많이 드는 다른 여러 공정―예컨대, 할리 데이비슨의 크롬 도장공정―은 자동차 및 자동차 부품회사가 해결해야 하는 전형적인 난제이다. 왜냐하면 이런 공정들은 최상의 조건 아래 작업을 해야 할 뿐만 아니라, 빈번한 작업교체와 제품 한 개마다 생산일정을 계획하는 것은 전통적 일정계획 방식과 도구들로는 거의 불가능한 것이기 때문이다. 언제나 어느 정도의 대가는 치러야 하는 법이다―그것이 외관상 완벽한 품질을 보장하지 못한다거나, 경제적 효율적 관점에서 색상을 연속적으로 처리하지 못하는 것이든 간에 말이다.

테네시 주에 있는 닛산 자동차의 스미르나(Smyrna) 공장은 고품질의 환경 친화적 생산활동의 모범이지만, 포트 웨인 공장에서 사용하고 있는 카오스 소프트웨어는 채용하지 못하고 있다. 많은 산업 현장에서 지금도 애를 먹고 있는 것은, 생산일정은 최대로, 작업교체 시간은 최소로 하고, 그리고 고객이 요구하는 여러 가지 색상(검정색 외에)을 제공하는 문제이다. 복잡성의 문제 외에도, 대규모 조립공장이 부품과 완제품을 특수 페인팅 또는 도금을 하기 위해 특수한 가공공장에 운반하는 문제가 있다.

이런 공정을 아웃소싱하는 것은 이론적으로는 타당하지만, 그 경우 생산 일정에 카오스 현상을 초래한다. 원재료의 운송과 추적은 물류비와 재고 비용을 증가시키고 또 대개는 품질 문제도 유발한다.

페인트 공정의 화학적 성질을 감안하면, 인간이 그것을 완벽하게 유연하고도 경제적인 시스템으로 디자인하기는 어렵다. 그러므로 포트 웨인의 사례는 획기적인 것이라 할 수 있다. 포트 웨인 공장에서는 트럭의 몸체—여러 종류의 그리고 다양한 색상의 몸체—가 차례대로 공장에 입고되면, 그것은 10개의 부스 가운데 한 곳에 투입된다. 그곳에서, 부스의 스케줄러 소프트웨어는 트럭에 대한 작업일정을 최상으로 계획한다.

미첼은 이런 과정을 "가공시간 및 대기 수량에 대한 지능적 해법"이라고 명명했다. 이것은 획기적인 해법이라고 할 수 있는데, 왜냐하면 이것은 상당히 멀리 떨어져 있는 페인트 원료들을 교체하는 과정에 일어나는 작업 중단 현상을 최소화해주기 때문이다. 그리고 이 시스템은 작업 교체 시 발생하는 인건비와 원료비를 절감했을 뿐만 아니라, 공장의 하류 부문의 생산성을 향상했다.

페인트 원료의 공급, 통풍, 그리고 분무기의 공기 주입 등을 통제하는 기본 프로그램은 4일 만에 개발되었다. 최초의 컴퓨터 프로그램은 뉴햄프셔의 플레버스 테크놀로지에서, 포트 웨인 공장과 비슷한 알렌 브래들리사(Allen-Bradley)의 수압 및 로봇 분사 공장에 적용하여 검토했다. 컴퓨터 소프트웨어는 가상상황에 대한 실질적 관찰을 토대로 하여 조정되었다.

설비에 대한 시스템 소프트웨어가 완성되자, 포트 웨인에 조립라인 1대당 전반적인 시스템을 구축하는데는 6일이 걸렸고, 부스 하나에 4대의 페인트 로봇(paint robot)이 배치되었다. 품질에 관한 자료가 수집되었고, GM은 그것을 "필름 빌드"(film builds)라고 명명했다. 점성계수와 상황에 따른 미세한 변화의 가능성 때문에 필름 빌드의 판독이 필요했고 또 각각의 색상을 분석해야 했다. 엔지니어들은 소프트웨어가 잘 작동하는 것으로 판단하고는 그 다음에는 동일한 부스 내의 또 다른 4대의 로봇에 적용해 보았다─부스에는 8대의 로봇이 설치되었는데, 4대는 페인트 작업을 했고, 4대는 마감작업을 했다.

최종 결과를 다시 평가했는데, 이번에는 완성품을 검토할 목적이었고, 그리고 1년 간 나머지 9개의 부스에 대해서도 재검토했다. 설비의 구축과 소프트웨어의 수정에는 2일이라는 짧은 기간에, 그것도 현장의 전기기사가 프로그래밍했다. PIM에 대한 베타검사, 즉 PIM을 산업현장에 최초로 구축하고 증명하는데는 1년이 소요되었다. 테스트는 1년만에 성공적으로 완료되었고, 그 결과 PIM을 도입하고는 외부의 지원 없이 내부 인력만으로도 가동할 수 있었다.

현장의 전기기사들은 그 설비를 6년간 소프트웨어나 하드웨어 측면에서 아무런 고장도 없이 가동하고 있으며, 설비의 수선을 위해 설비 공급업자를 부르지도 않았다. 고객이 사용하는 프로그램의 기본 자료는 디스크에 저장되어 있어 누구나 접근할 수 있도록 했다. 플레버스 테크놀로지의 프로그래머 6명이 설계한 이 패키지 소프트웨어는 6년간 원료비의 절감만 해도 매년 4배나 되었다.

페인트 부스의 자동 에이전트의 두 번째 기능은 로봇의 분사기기에 투입되는 페인트 원료와 공기의 흐름을 통제하는 것이었다─부스당 4대의 로봇은 각각 3개의 변수들(두 번의 공기 주입과 한 종류의 페인트 원료)을 제어한다. 통제실의 컨트롤 패널은 각각의 작업이 진행되는 과정을 보여주고, 또 잡다한 통제기능을 수행한다. GM은 스케줄링의 정확성을 알기 위한 기능은 채택하지 않았는데, 그 이유는 그 기능을 추가하는데는 5만~7만5천 달러의 비용을 들여 특수 감지기를 부착해야 하기 때문이었다.

도장공장의 획기적 기술

오토바디 컨소시엄(Auto Body Consortium)의 비전있는 최고 경영자이자 GM에서 43년간 근무한 에르니 바할라(Ernie Vahala)는 포트 웨인 공장에 대해, 품질개선 분야의 벤치마킹 대상을 넘어, 제조분야의 지능 소프트웨어 개발에 크게 기여했다고 주장한다. 그는 다음과 같이 말했다. "전통적 연역적 엔지니어링 방식은 제조 현장의 모든 변수들을 감당할 수 없었지만, 이 시스템은 전통적 소프트웨어 엔지니어링의 95%를 제거한다."

소프트웨어의 컨트롤 기능은 알렌 브래들리 사의 원격장비가 담당하고 10개 부스에 연결된 컨트롤 패널의 표시판은 애플토크(Appletalk) 사가 담당했다. 이 시스템은 이토록 간단했지만 획기적인 기술이었다.

자동 에이전트가 유리한 이유

이런 종류의 자동 에이전트 소프트웨어가 여러 다른 방식의 소프트웨어보다 유리한 이유는 다음과 같다.

1. 소프트웨어가 한층 더 규격화되어 있어서, 필요한 곳이면 어디든 유연한 지능 시스템을 제공할 수 있다.
2. 소프트웨어와 이를 지원하는 하드웨어는 아무리 많은 자료라도 처리할 수 있도록 디자인되어 있다. 따라서 저장용량은 문제가 되지 않으며, 자료의 검색과 가공을 즉각적으로 해결할 수 있다.
3. 시스템은 소프트웨어가 지시한 그대로 따르는 것이 아니라, 소프트웨어가 기술한 상황에 맞춰 판단하고 행동한다. 따라서 이 소프트웨

어는 소프트웨어의 코드 수를 엄청 줄여준다—훨씬 덜 복잡한 소프트웨어가 한층 덜 복잡하게 작동한다.

제2세대 지능 에이전트 시스템

그로부터 10년 후, 에크버그의 지휘 아래 스틸웍스(SteelWorks) 사와 셰인 스틸 프로세싱(Shane Steel Processing) 사에 또 다른 간단한 소프트웨어가 적용되어 한층 더 복잡한 제조과정의 통제를 수행하고 있다. 에크버그가 사장으로 있는 하이라인 컨트롤은 어떤 작업을 완전히 분해하고는 가능한 최소 단위로 구성함으로써 새로운 기계를 디자인하고 있다. 그는 이런 이산적 요소들(discrete elements)을 "에이전트"라고 명명했는데, 그것들은 교환기 또는 감지기 노릇을 할 수도 있다. 그의 철학은 엄청나게 많은 변수들로 구성된 복잡성을 한꺼번에 해결하려 하는 대신에, 한번에 프로그램을 하나씩, 에이전트의 행동에 초점을 맞추어 해결하려는 것이다.

스틸웍스, 한번에 하나씩

스틸웍스 사는 아이오와주 데 모인(Des Moines)에 있는 금속 캐비닛 제조업체이다. 이 회사는 한 시간에 260단위를 생산할 정도로 생산 속도가 빠르다. 이 회사의 1년 매출은 약 1억 달러이고, 주요 제품은 사무용 및 가정용 캐비닛이다. 캐비닛은 2~4개의 서랍을 갖고 있고, 제품의 폭은 가로 세로 18인치와 22인치이다. 가장 많이 팔리는 제품은 서랍 2개가 달린 캐비닛으로 하루에 5천 개 가량이다.

공장장 랜디 크로(Randy Kroh)에 따르면, 페인트 공정은 두 개의 부스로 나뉘어져 있는데 3방향으로, 그리고 윗부분과 서랍을 페인팅하는 작업은 매우 어렵다고 했다. 어떤 때는 좁은 공간에서 작업이 이뤄지기도 하는데, 특정한 공정에서 부품을 제때에 공급하지 못하기 때문에 작업을 다시 하거나, 다음 작업으로 운반하는데 애로가 많다는 설명이었다.

"운반의 비효율성"이 어느 정도인가? 크로에 따르면, 재작업 비율이 20%에 이르므로, 분명 원가를 절감할 수 있는 부문이다.

스틸웍스 사는 2개짜리 부스를 5개짜리로 바꿀 생각이었다. 에크버그는 신구 설비를 통합하려는 스틸웍스 사의 아이디어를 수용하고는 그 시스템을 컨트롤하는 소프트웨어를 개발하려는 것이었다. 에크버그와 미드웨이 인더스트리얼(Midway Industrial) 사—부스 제조작업과 설비 제공업자—는 한 차례 회합을 갖고는 새로운 공장에 대한 개념을 한층 더 명확하게 규정하고 합의를 보게 되었다. 스틸웍스 사는 부품을 파악하는 방식을 바꾸고자 했다. 지금까지 부품은 한 번에 하나씩 확인되었는데, 새로운 시스템은 각각의 부스 앞에서 확인되었다. 이것은 정확성이라는 관점에서 보면 커다란 개선이었다.

페인트 공정에 관련된 기계와 공구들은, 각종 페인트 도구, 고압 접착팩, 색상 변조기, 공기 압력기, 컨베이어, 부스, 그리고 분무기를 이동하는 진동기 등이었다.

손실 없는 작업교체

스틸웍스 사의 제조 엔지니어인 토니 오버맨(Tony Oberman)에 따르면 5개의 부스로 바꾸는데 놀랍게도 아무런 문제도 없었다고 한다. 에크버그는 기존의 PLC를 가지고 갔다.

6주 동안 여러 차례 전화, 팩스, 그리고 e메일이 스틸웍스 사와 하이라인 사이에 오고간 뒤, 에크버그는 되돌아왔고 새로운 PLC 프로그램을 구축했다. 그는 또한 보조 전기공급 문제도 해결했는데, 설치 후 그것은 계획대로 잘 가동되었다.

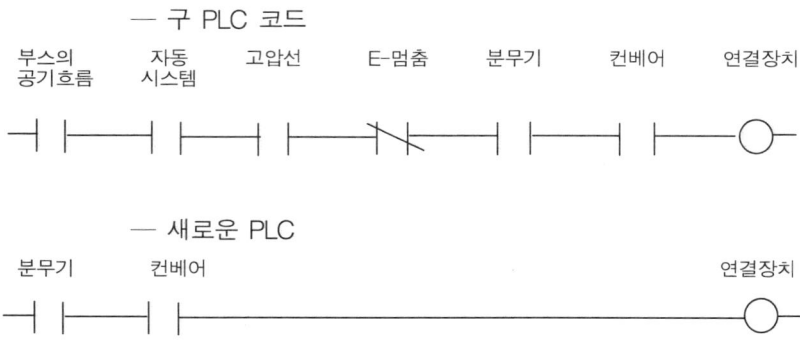

〈그림 5-3〉

스틸웍스 사의 하드웨어 및 소프트웨어 디자인 복잡성과 코드의 수의 감소

— 구 PLC 코드

부스의 공기흐름 | 자동 시스템 | 고압선 | E-멈춤 | 분무기 | 컨베어 | 연결장치

— 새로운 PLC

분무기 | 컨베어 | 연결장치

캐비닛의 다양한 길이에 적용하기 위한 미세한 조정─에크버그는 길이를 조정하기 위해 앞뒤에 가산기만 부착했다─은 매우 간단했다. 작업 교체에 따른 작업 중단은 이제 옛날 얘기가 되고 말았다. 컴퓨터 키보드를 4번만 두드리면 제품의 설계도를 서랍이 2개 달린 것에서부터 4개 달린 것까지 순식간에 바꿀 수 있으므로, 스틸웍스 사는 어떤 모델 변화도 할 수 있다. 그때까지 사용하던 두 개의 시스템들─그중 하나는 영상 인식 시스템이었으나 어떤 부분을 한번도 제대로 인식한 적이 없었다─은 새로운 앨런-브래들리 PLC(Allen-Bradley PLC) 장착으로 쓸모가 없어졌다.

크로는 "처음 두세 달은 어려움이 많았다. 우리는 여러 가지 골치아픈 문제에 직면했다. 어떤 것은 프로그래밍의 문제였고, 또 다른 것은 하드웨어 문제였다"고 말했다. 어쨌든, 스틸웍스 사는 파이로트 테스트나 시뮬레이션도 하지 않고 새로운 시스템을 가동시켰다.

스틸웍스 사의 페인트 공정은 매우 간단했다. 하이라인 사는 전기와 관련된 디자인을 했고, 프로그램을 짰고, 다른 여러 전기공사는 아웃소싱 하거나 직접 제작했다. 이 과정에 투입된 도구들은 각종 페인트 도구, 고성능 접착 팩, 색상 변조기, 공기압력 발사기, 컨베이어, 부스, 그리고 분무기를 이동하는 진동기 등이었다.

물리적 법칙에까지 확대된 단순성

에크버그는 스틸웍스 사의 응용 결과를 제2세대, 또는 제3세대 PLC 작업일는지도 모른다고 생각하고 있다. 구 시대의 PLC 부호에서는, 분무기를 이동하기 전에 디자이너는 여러 단계의 릴레이 래더 로직(relay ladder logic)을 사용하곤 했다. 그 반면, 새로운 PLC 부호에서는 분무기는 연결 과정의 작업 요청에 따라 이동한다.

에크버그는 보다 간단한 이 디자인에 대해 다음과 같이 설명한다. "그것은 아무런 문제 없이 작동한다. 우리는 물리의 법칙을 믿는다. 물리의 법칙에 해당하는 것까지 프로그래밍할 필요는 없는 것 아닌가." 스틸웍스 사의 사례는 분무기의 방아쇠를 통제하는 작업에 자동 에이전트라는 단순성을 적용할 수 있음을 보여주는 것이다.

동일한 상황에서 전형적인 PLC를 적용하여 분무기를 가동시키면 공기의 압력을 자동으로 점검하고, 비상 정지가 일어나지 않도록 하고, 시스템이 자동적으로 작동되도록 하며, 진동기는 켜져 있고, 고압 전기도 들어온다.

그러나 자동 에이전트 방식에 따른 분무기 사용은, 아무런 점검을 할 필요없이 오직 작업 요청에 따라 사용할 수 있는 분무기가 되는 것이다. 공기압력을 점검할 필요도 없는데, 그 이유는 만약 공기압력이 충분하지 않다면 분무기가 전혀 작동하지 않기 때문이다──분무기의 방아쇠를 당기려면 공기가 필요하다. 비상 정지 여부를 점검할 필요도 없다. 만약 그럴 가능성이 있다면 역시 공기압력이 없을 것이기 때문이다. 고압전기에 대한 점검도 할 필요가 없다—전기가 들어오지 않는다면 페인트 원료가 분출되지 않는다. 고압전기가 켜져 있게 하는 것은 페인트 공정의 책임이 아니라 공무 부서의 책임이다.

프로세스가 스스로 해결하도록 하라

그러므로, 에크버그의 접근방식은 안전문제를 해결하고 또 실패를 예방하기 위해 컨트롤 프로그램을 점검하거나 예방장치를 준비하느라 지체하는 대신에, 어떤 문제가 발생하면 그 문제 자체가 스스로 긴급 해법을 찾도록 내버려둠으로써 단순성(simplicity)이 효과를 발휘하도록 하는 것이다.

스틸웍스 사는 그 결과를 놀라울 정도로 빨리 보여주었다. 기능적 사양서(function specification)는 4시간만에 완료되었고, 컴퓨터 코드는 2일만에, 그리고 시스템 전체는 15일 만에 완료되었는데 오류는 단 2건밖에 발견되지 않았다. 전기를 켜고 16시간이 지나자 공장 전체가 완전히 가동되었다. 그리고 앞으로 개선할 부분과 변경해야 할 부분에 대한 해결 능력은 한층 더 높아졌다.

에크버그에 따르면, 자동 에이전트 방식은 쉽게 기계를 교체할 수 있는데—"우리는 하나를 떼어내고 두 대의 기계를 추가할 수 있다"—이는 전통적 방식의 자동화로는 해결할 수 없는 해법이다. 프로그램 디자이너는 동일한 수의 컴퓨터 코드를 사용하여 기능상으로는 4.5배의 능력을 발휘하도록 하고 있다.

지금 스틸웍스 사는 재작업 비율을 5% 미만으로 낮췄다. 크로는 목표를 2% 미만으로 잡고 있는데 이는 충분히 달성 가능하다고 믿고 있다.

<그림 5-4>

자동 에이전트 접근방식

- 사용도구와 그 기능을 파악한다.
- 사용도구의 속성을 파악하고, 그것에 영향을 미치는 변수를 규정한다
- 각각의 도구의 속성을 근거로 도구를 통제할 소프트웨어를 개발하고, 그리고 보편적인 변수를 확정한다

그러나 시스템에 관련된 모든 요소가 완전한 것은 아니다. 에크버그는 시스템의 약점을 즉각 알아차렸다. 스캔 시간(scan time)이 너무 느렸기 때문에, 프로그래머들이 PLC의 긴 고리를 빠져나오도록 소프트웨어를 개발하는데 애를 먹게 했다("제조 분야는 상당히 많은 한계를 갖고 있는 컨트롤러들과 함께 작업을 한다"는 속담이 있다). 에크버그는 스캔 시간 문제를 해결하기 위해 동시적 병렬적으로 처리할 수 있는 연산장치(synchronous parallel processor)를 개발하고 있다.

스틸웍스 사를 위한 그 다음의 프로젝트는, 에크버그의 또 다른 소프트웨어를 이용하여 인라인 실시간 진단(in-line real-time diagnostics)을 수행하는 것이다. 스틸웍스 사의 고도로 자동화된 생산라인은 작업중단 사태가 일어나기 전에 피드백과 각종 자료에 대한 감지 장치를 사용함으로써 한층 더 개선될 것이다.

디트로이트의 셰인 스틸 프로세싱

셰인 스틸 프로세싱 사는 제철회사와 자동차회사들이 갖추기 싫어하는 무중심 연마시설(centerless grinding facility)로 작업하는 회사이다. 이 회사는 강철 지지봉(steel stay bar), 스프링, 그리고 강철봉 등을 연마

하여 델파이 스프링(Delphi Spring), 포드, GM, TRW, 그리고 이튼(Eaton)과 같은 거래선에 매월 만 파운드 이상을 공급하고 있다. 이 회사는 강철봉을 바르게 펴고 절단하고 연마하는데, 제품의 두께는 대체로 0.4~1.5인치이고 길이는 25피트까지 다양하다.

하이라인 사는 직경 1~4인치 강철봉을 가공하는 무중심 연마시설의 자동 투입 및 인출 시스템을 설계하고 건설했다. 그 시스템은 다음과 같이 구성되었다.

1. 최상부의 철판에 탑재된 봉강의 숫자에 따라 색인을 표시하고, 2~6 개의 봉강을 투입하는 여러 겹의 철강을 보관하고 있는 투입판(feed table)
2. 최상부의 판에서 봉강을 끄집어내어 핀치 롤러에 묶어 넣는 투입장치(feed arm)
3. 사이드 핀치 롤러(side pinch roller)에 투입
4. 사이드 드라이버 롤(side driver roll)에 투입
5. 연마작업(기존의 작업)
6. 사이드 핀치 롤러에서 인출
7. 사이드 드라이버 롤에서 인출
8. 사이드 테이크어웨이 장치에서 인출
9. 사이드 철판에서 인출

9개 부문은 모두 독자적으로 작업이 이뤄지고 상호간의 엇물림은 없다. 각 부문에 필요한 감지기를 장착한 기계적 디자인은 각 부문으로 하여금 다른 부문의 상황에 구애되지 않고 작업을 할 수 있도록 했다.

예를 들면, 투입장치와 연마작업 사이에 상호 엇물림이 없기 때문에,

사실은 그런 가능성은 없지만, 가동이 멈춘 연마장치에 투입장치가 봉강을 투입할 가능성이 있다. 따라서, 연마장치에 손상을 입히지 않기 위해 드라이브 롤 모터(driver roll motor)는 직류 전기로 가동하고 있으며, 연마장치가 손상되기 전에 모터는 감속하게 된다. 시스템에 과부하가 걸리면 시스템은 멈추게 되므로, 시스템 조작자는 곧 자신이 가동이 멈춘 연마장치가 있는 줄도 모르고 시스템을 자동으로 가동시킨 실수를 알게 된다.

소프트웨어에 내장된 에이전트가 봉강을 적재한 무개차와 철판을 통제하고, 투입 및 인출 장치에 탑재하는 과정과 드라이버 롤러에 투입하고 인출하는 과정을 통제하고, 투입 및 인출 설비 그리고 연마설비를 통제한다. 봉강이 지나가면, 집게가 계속 아래로 내려가고, 그 다음에는 펀치 롤러가 밀어넣는다. 에크버그가 집게를 "지능적"으로 설계했기 때문에 집게가 봉강을 들어올린다. 그는 가능한 모든 상황을 프로그래밍에 고려하지 않는 대신에 소프트웨어를 간단하게 만들었다. 이에 대해 그는 다음과 같이 설명했다. "시스템을 구성하는 각 요소의 행동을 신뢰하고 있으므로, 우리는 가능한 모든 돌발사태를 고려하지 않았다. 그것은 소프트웨어의 문제가 아니라, 각 요소의 행동에 관한 문제이다. 수익의 50%는 하드웨어에서 나온다. 프로그래밍 코드를 끝없이 길게 짠다고 해서 수익이 더 나올 리가 없다."

스탤스 테크놀로지

그러나 에크버그의 시스템이 성공적이라는 것에 대해 비판하는 사람도 있다. "그 디자인에 우리는 몇 가지 단순한 것들에 초점을 맞추었다— 모든 엇물림 과정에 신경을 쓰지 말라. 스틸웍스는 우리가 자동 에이전트 시스템을 만들었다는 것을 모르고 있다."

셰인 스틸 프로세싱 사는, 하이라인 사의 주요 고객으로서, 회사가 보유한 시스템 자체에 엇물리는 부문이 아예 없었다. 만약 안전이 문제된다면, 별도로 소프트웨어를 개발하는 대신, 감지기를 몇 개 더 장착하는 것이 낫다고 에크버그는 권장한다. 셰인 스틸 프로세싱사의 소프트웨어는 2시간만에 완성되었고 또 장착되었다. 나머지는 고객이 앨런-브래들리 PLC용 래더 로직을 짰다.

자동 에이전트 소프트웨어의 장점은 그것을 빨리 개발할 수 있고, 보수하기 쉽고, 한층 유연하고, 그리고 다른 상황에 구애되지 않고 독자적이라는 점이다. 에크버그는 자동 에이전트 소프트웨어를 PIM을 포함하여 다른 여러 새로운 환경에도 적용하는 계획을 수립하고 있다.

병렬 추론 기계(Parallel Inference Machine, PIM)

컴퓨터 시스템의 개선은 대부분 사용자의 생산성 향상이나 사용자의 편리성에 초점을 맞추고 있는 것 같다. 그것이 바로 마이크로소프트(MS)의 엄청난 성공을 설명해 주는데, 소프트웨어 업계의 거인 MS는, 상호 다른 기술을 갖고 있는, 많은 사람이 사용하기에 편리한 완벽한 컴퓨터 환경을 창출했기 때문이다.

기계, 프로세스, 그리고 모델링(modeling)과 관련된 분야에 있어, 사용자 인터페이스(user interface)의 발전 정도와 사용자 편리성이라는 과제를 해결하는 일은, 이 분야의 복잡한 문제의 성격상 겨우 표면만 건드리고 있는 셈이다. PIM은 문제를 파악하고 또 해결한다는 차원에서 근본적으로 다르게 접근하기 때문에, PIM은 다른 여러 솔루션과 플랫폼과는 뚜렷이 구분된다.

1988년 RMI는 플레버스 테크놀로지를 위해 병렬 추론 기계를 고안했다. 이 시스템은 제한된 연산능력을 최대화하기 위한 것이었다. 처음에이 시스템은 비병렬 프로세싱(non-parallel processing)의 한계를 극복하려는 모토로라 128프로세서(128Motorola processor)와 파라셀(ParaCell)이라는 새로운 소프트웨어 언어를 이용했다. 이 새로운 언어의 논리는 예측할 수 없는 행동 문제를 해결하기 위한 카오스 이론에 기초한 것이었다.

PIM 시스템의 "두뇌"는 기본적 행동 규칙으로부터 추론을 이끌어내려는 것이었고, 그리고 그 접근방법은 자동 에이전트 모델링에 기초한 병렬 프로세싱 문제를 해결하려는 것이었다. 이 시스템은 GM의 페인트 공장에 최초로 적용되었다. 복잡한 문제를 이런 식으로 해결하는 것은 "한 자리에 고정된" 거대 소프트웨어로부터 벗어나는 필수적 단계였으므로 포트 웨인 공장에 설치한 후 10년 동안 프로세스 문제를 해결하기 위한 다양한 접근방법들이 발명되었다.

PIM의 하드웨어 디자인과 프로그래밍 환경은, 마이크로소프트웨어 엑셀 프로그램이 사용자들로 하여금 그 이전에는 할 수 없었던 방식으로 자료를, 빠르고 쉽게, 검토하고 또 편집할 수 있게 해준 것과 마찬가지로, 관련된 사람들로 하여금 카오스 이론에 기초한 접근방법의 장점을 쉽게 활용할 수 있도록 해준다.

제조 분야에 있어서, PIM은 생산장비의 가동시간을 엄청나게 향상할 것이고, 그리고 생산문제의 복잡성을 감소시킴으로써 앞으로도 계속 개선될 것으로 예상된다.

셰인 공장의 PIM

새로운 적용방식의 한 예를 셰인 강철회사(Shane Steel)에서 볼 수 있다. 셰인의 공장 관리자 게리 듀머린(Gary DuMoulin)은 다음과 같이 말한다. 회사가 소유가 하고 있는 기계의 형편 때문에 진입하지 못했던 새로운 시장인, 2~4인치 범위의 보다 규모가 큰 환봉 강철 연마 시장에 회사가 진입하기를 바랐다. 셰인은 새로운 투입 시스템을 개발할 필요가 있었다. 에크버그는 셰인이 새로운 시장에 진출할 수 있도록 하는 소프트웨어 프로그래밍을 제공했는데, 그 프로그래밍은 두 시간밖에 걸리지 않았다.

첫 번째 시도한 이 프로젝트의 결과는 매우 긍정적이었다. 듀머린에 따르면 "프로세스는 한층 더 일관성을 유지했고, 기계들을 재배치하는 프로그래밍에 더 큰 유연성을 발휘하도록 했다." 그 소프트웨어 덕분에 작업 교체에 따른 시간은 최소화되었고, 그 결과 지금 셰인은 2인치짜리 원재료를 연마할 수 있다. "지금 우리가 온라인으로 할 수 있는 프로그래밍의 속도는 빨라지고 작업 교체의 횟수도 많아졌다—다시 말해 작업 교체는 기계적으로 수행되고 있지 않다는 말이다."

셰인의 다음 단계는 한층 더 많은 기계들을 제어할 수 있고 또 가동할 수 있는 PIM을 도입하는 것이다. 에크버그는 투입과 산출을 제어할 계획을 세우고 있으며, PIM으로 제어될 레이저 계기도 장착할 예정이다. 소프트웨어는 제품이 연마기를 빠져나올 때 제품의 규격을 파악하고는, 즉각 다음 작업이 어디로 연결되어야 할지 결정한다.

듀머린은 "우리는 곧 결말을 보게 될 거예요. 아마도 3~6개월 후에는 4대의 기계로 가동되는 파이롯 프로그램이 완성될 겁니다"라고 말한다.

에크버그가 취할 다음 단계는 PIM을 이용하여 작업촉진 시스템을 만드는 것이다. 에크버그는 간단하고도 빠르며 게다가 과거의 주요 작업라인보다 한층 더 싼 새로운 시스템을, 그것도 완벽하게 통합된 솔루션을 갖춘 새로운 시스템 접근방법을 개발할 기회를 많이 갖게 될 것으로 기대한다.

이론에서 현장에의 적용으로

제조와 관련한 모든 성공적인 혁신가는, 이론가와 현장을 연결하는 교량 역할을 한다. 혁신가는 항상 간단한 도구를 이용하여 보다 많은 적용 분야를 개발하려고 한다.

반면 현장의 관리자들은 대개는 한 번도 사용할 기회도 없는 사용범위가 넓고 완벽한, 엄청나게 규모가 큰 시스템을 선호한다. 이런 경우 가장 효과적인 방법은 교량 역할을 하는 것이다—순수 이론을 재빨리 적용하여 결과를 빨리 창출하는 맥네일 프로젝트(McNeil project)와 비슷한 적용 프로그램이 제격이다.

〈**그림 5-5**〉 세인 강철회사의 자동 에이전트 소프트웨어를 이용한 프로세싱(사진:듀머린)

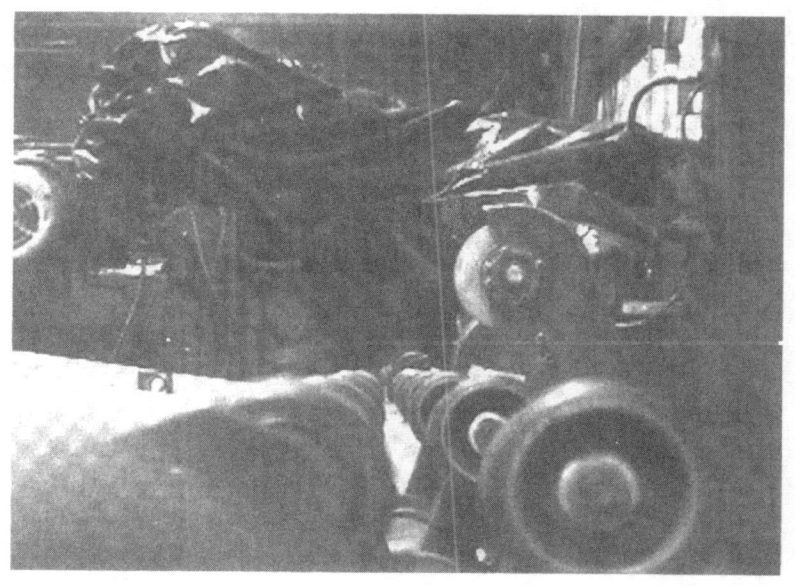

맥네일 스토리, 간단한 시스템

15년 전, 회사의 정교한 중앙 집중식 MIS 시스템이 너무 느리게 가동될 무렵, 비지칼크 스프렛시트(Visicalc spreadsheets)는 숫자풀이 문제를 담당하고 있었다. 1980년대 초 맥네일 연구소는 대규모의 완전한 제조, 계획, 그리고 스케줄링 시스템을 개발하여 현장에 적용하기 위해 연구소 내에 "최고로 우수한 사람들"로 구성된 팀을 만들었다.

존슨 앤 존슨(Johnson & Johnson, J&J)의 계열회사인 이 연구소는 대규모 소프트웨어 설계 프로젝트에 경험 많은 팀 구성원들을 공장 내의 여러 주요 부서에 책임을 맡겼다. 그 팀과 프로젝트는 열심히 연구했고 또 최상의 지원도 받았다. 비록 소프트웨어의 설계도와 설치는 일상적인 선적 계획과는 다소 차질이 있었으나, 앞으로 공장 경영자들에게 좋은 도구가 될 수 있을 것이라는 근거를 제공하면서 사람들은 결과에 대해 만족했다. 이 시스템을 고객의 특수성에 맞게 수정하고 적용하는데 1년 이상의 세월이 소요되었다.

1980년대 초, 어떤 사람이 타이레놀(Tylenol) 약병에 이물질을 투입하는 사건이 발생하자 J&J는 타이레놀의 생산을 중단했다. 펜실베니아주 포트 워싱턴(Fort Washington)에 있는 본사의 잔디밭에 언론사의 헬리콥터들이 내려앉으면서 이 회사의 시장점유율은 물론이고 처방전 없이 판매하는 진통제 시장에서 1위의 위치도 날아가버렸다.

공장에는 큰 문제가 발생했고, 제품의 회수 소동이 얼마나 오래 갈지, 생산라인을 재가동하는데 얼마나 걸릴지, 혹은 일반 시민이 타이레놀에 대해 신뢰를 회복할 수 있을지에 대해, 마케팅 담당자도, 공장 관리자도, 그리고 중역들도 알 수가 없었다. 며칠이 지나자 밀려 있던 주문은 소진되었고, 회사가 공들여 상세하게 수립한 사업계획은 무용지물이 되고 말았다. 회사의 고위 중역들은 포장용기 공급업자들에게 이물질 투입에 안전한 포장의 디자인을 완료하도록 독촉했다.

한 달이 지나자 의약품 유통업자들로부터 주문이 밀려들어오기 시작하자 회사의 시장점유율은 조금씩 회복했다. 그러나 매 시간마다 변하는 생산량 그리고 작업 투입 인원 문제를 해결할 수 있는 온라인 MIS 시스템이 없었기 때문에, 회사는 여전히 깜깜한 밤에 교통 통제소도 없이, 표지판도 없이, 레이더 시설도 없이 운전하는 격으로 생산했다.

이 책의 공저자인 무디는 가로 2피트, 세로 3피트 칠판에다 간단한 스프렛시트를 그려 해답을 구했다. 무디는 매 시간마다 칠판에다 자료를 새로 기록했고, 그 자료는 제조부문 담당 임원과 마케팅 담당 임원실 사이의 복도에다 부착했으며, 매 시간마다 발생하는 주문의 숫자도 추가했다—미처 출고하지 못한 밀린 주문의 숫자가 평균 제조 능력을 기준으로 몇 주 분량인지도 기록했다.

이 회사는 과거에는 미처리 주문 재고가 거의 없었으므로, 미처리 주문이 며칠분에서 몇 주분으로, 그 다음에는 3개월 분으로 늘어날 때까지 생산기계 재가동 여부를 결정 못하게 되자, 그때서야 관계자들은 문제의 심각성을 인식했다. 그러자, 무디는 밀린 주문이 최고로 늘어나면서 발생한 이 문제를 해결하기 위해 스프렛시트를 이용했는데, "만약 이렇게 된다면, 어떻게 할 것인가"(what-if)라는 식으로 작업 인원수와 원재료 처리용량 문제를 신속하고 분명하게 계산하는 방법을 고안했다.

맥네일 연구소가 빠르게 추계한 매 시간별 계획에 임원들이 차츰 만족하게 되면서, 생산 작업문제 그리고 생산라인에서 불가피한 소규모의 작업 차질에 대한 조정문제는 한층 더 쉽게 해결되었다.

무디의 간단한 실시간 시스템은 두 개의 간편한 도구들을 사용하여 개발한 것이었지만, 그것은 대규모의 제조 계획 프로젝트를 완전히 능가했고, J&J의 고객에게 제품을 제때에 공급하여 고객을 다시 끌어들였고,

결국 이 회사를 회복시켰다. 요컨대 중앙집중식의, 유연성이 없는 시스템은 너무 느렸던 것이다.

이론에서 현장 적용으로: 선옵테크

사라소타(Sarasota)에 소재하고 있는, 유압 밸브 생산회사 선 하이드로릭스가 투자한 소프트웨어 회사인, 선옵테크(SunOpTech)의 사장 크리스 발로우(Chris Barlow)는 밸브 생산 스케줄링 문제해결을 위해 윈도우에 기초한 해결방법을 고안했다. 수년 전, 발로우는 식품가공 공장에서 근무하고 있었는데, 자신의 생산 스케줄링 문제를 해결하기 위해 중앙 MIS 팀으로부터 "허가"를 기다리기보다는, 라디오 세크(Radio Shack)에서 구입한 데스크탑 컴퓨터를 이용하여 패키지 프로그램을 만들어 이 문제를 해결하려는 생각을 했다.

마찬가지로, 젊고 비전있는 엔지니어 그랙 에크버그(Gregg Ekberg)는 컴퓨터공학이라는 기계 분야를 실질적 결과를 중요시하는 제조 현장의 전문가 분야와 연결하고 있다. 그의 날카롭고도 재빠른 시도가 아니었다면, 산업계는 간단한 프로세스 문제를 해결하는데 여전히 대규모 시스템 솔루션에 얽매여 있었을 것이다.

현장에 특화한 지능 시스템: 차이니스 박스

제2차 세계대전 중, 미국의 공군이 일본의 도시들을 향해 폭탄 세례를 퍼붓자, 일본의 대기업들은—의복, 구두, 자전거 등—조립작업으로 할 수 있는 것이면 무엇이든 소규모 작업 센터로 곧 그 역할을 내주게 되었다. 집집마다 기계공작소를 만들었다. 생산 문제에 있어 이와 같은 접근방법이 우리가 "차이니스 박스"(Chinese Box)로 이름지은 그런 아이디어로 이어졌고, 그 첫 번째의 현장 적용 또한 중국에서였다.

예를 들면, 인쇄 회로기판 공장을 건설하는데 필요한 모든 설비를 하나의 트레일러에 신고서 헬리콥터가 이를 어느 지역으로나 옮기는 것이 가능했다. 그곳이 중국이든 혹은 북해의 유전 작업장이든 아니면 네팔의 산악지대이든 말이다. 회로기판 산업은 모두 실내 감지기와 지능 시스템을 이용하는 본보기이므로, 회로기판 설계와 생산은 이런 식의 분산 생산 방법을 적용할 수 있는 완벽한 후보이다. 회로기판은 동력, 위성통신, 트럭, 그리고 약간의 우수한 근로자들만 있으면 어디서나 생산될 수 있다.

이런 식으로 전문적으로 아웃소싱을 받아 대행 생산하고 있는 전자 하청 생산 서비스 회사들(EMS, electronic management service, 또는 electronic manufacturing service)은 생산 프로세스와 디자인 능력 및 생산 지능 시스템을 완벽히 갖추고 있다. 우수한 EMS들은 분산되어 있고, 또 보다 느린 생산 체제와 2020년의 차이니스 박스 사이를 연결하는 기술적 교량 역할을 한다. 글로벌 커뮤니케이션, 디자인 능력, 그리고 프로세스 지시서만 있으면 생산 장비는 별 문제가 되지 않는다.

"가족 농장"으로의 복귀

"차이니스 박스"는 첨단 전자제품 생산 작업을 하청 공장에다, 예를 들면 차세대 인터넷을 이용하여 디자인 및 지능 시스템을 연결한 자회사 등에 넘겨준다(그림 5-6 참조). 트레일러의 마룻바닥에는 로봇이 장착되어 있고, 지능 시스템은 원격 조정된다. 하나의 작업이 완료되면, 랩탑 컴퓨터를 이용하여 작업자는 웹에 접속하고는, 완전히 다른 고객을 위해, 전혀 다른 장소에서 다음 번 작업을 한다. 뉴욕에 밀집해 있던 섬유 공장을 대체해 버린 의류 산업의 지역적 분산생산 체제와 마찬가지로, 차이니스 박스는 전자제품뿐만 아니라 플라스틱 제품과 오락기기들의 생산도 그런 방식으로 전환하도록 할 것이다.

〈그림 5-6〉 차이니스 박스의 모델

차이니스 박스가 끼친 영향은 크다. 전기 동력기가 수력을 산업에서 몰아냈고, 그후 한층 더 소규모의 에너지 원천을 창출한 소형화 추세로 이어진 것과 마찬가지로, 차이니스 박스는 앞으로 미국의 제조 기반을 파괴할 것이다.

첨단 적용 사례

PACT '95의 사무총장이자 스타스 앤 스트라입스 '87(Stars and Stripes '87)을 위한 디자인 팀의 책임자였던 존 마셜(John Marshall)은 범선 경주를 자동차 경주와 비교한다. 아메리카 컵 요트 대회에 참가한 오스트렐리아 원(Australia One)호가 심한 수압과 하중 때문에, 갑자기 부서지더니 결국 파선하고는 3분도 채 안 돼 물 속으로 가라앉았다. 사람들은 모두 구조되었으나 백만 달러짜리 선체는 영원히 수면 아래로 가라 앉고 말았다.

"만약 당신이 기술적으로 적극 밀고 나갔는데 실패했다고 가정하면, 당신은 웃음거리로 찍힐 것이다"라고 마셜은 말했다. 비판자들은 침몰한 요트가 지나치게 앞서간 디자인 탓이 아닌가 하고 의문을 표시했지만, 선원들과 디자이너들은 그렇게 생각하지 않았다. "모든 요트는 약한 부분이 있게 마련이다"라고, 1992년에 우승한 아메리카 3호의 기술 책임자이자 핵물리학자인 하이너 멜러(Heiner Meler)가 말했다. "그것들은 경주용 도구들이고, 그리고 이상한 일이지만 가장 이상적인 경주용 도구일수록 경기가 끝난 뒤 즉각 부품들을 해체해야만 한다. 그러나 때로는 경기가 끝나기 전에 해체해야 할 경우도 생긴다."

에이전트에 기초한 모델링

완벽한 시스템은 그 자체가 마치 자율적 의사결정의 주체들, 즉 에이전트들의 집합과 같은 형태가 될 수 있다. 각 에이전트는 각각의 상황을 개별적으로 관찰하고 또 평가하고는, 자신이 본 대로, 그리고 소프트웨어 개발자가 정해둔 일련의 규칙에 근거하여 의사결정을 한다. 에이전트에 기초한 모델링(agent-based modeling)은, 실제로 현장에서 발생하는 "복잡성"을 빼닮은, 시스템 내에서 일어날 가능성 높은 많은 상호작용들에 대해 모델을 만들기 위해 컴퓨터를 이용한다.

에이전트는 개별적인 소프트웨어 프로그램이라 해도 되고, 생물적 혹은 개념적 실체로 이해해도 된다. 에이전트는 독자적인 단순한 행동 기준을 갖고 있다.

이런 에이전트들의 집합 혹은 집단이 공동의 환경 아래 집결하게 되면, 마치 하나의 주체인 것처럼 집단적이고도 명백한 행동을 나타낸다. 택시

회사, 새들의 무리, 어항 속의 금붕어들 모두 이런 현상의 대표적인 예이다.

에이전트 시스템을 이해하게 됨으로써 얻는 장점은, 지금까지는 어떤 특정 문제가 갖고 있는 복잡성과 상황을 제대로 파악하지 못했던 문제마저도 해결할 수 있다는 점이다.

스틸웍스와 세인 강철에서 에크버그가 증명했던 것과 똑같이, 에이전트 시스템을 이용하면, 긴급한 행동을 파악하는데 필요한 소프트웨어 코드의 수는 엄청나게 줄어든다. 에이전트는 코드 수의 감축을 의미할 뿐만 아니라, 무엇이 문제인지 내용을 잘 알지도 못하는 문제들을 해결할 능력도 제공한다. 에이전트에 기초한 솔루션은 예상치 못한 사건이 벌어진 상황을 대처하게 해준다.

뉴 멕시코 산타 페에 소재한 바이오스 그룹(Bios Group)은, 복잡계 이론과 복합적응시스템 과학을 상업화하기 위해 언스트 앤 영의 기업혁신 센터(Ernst & Young Center for Business Innovation)와 스튜어트 카우프만 박사(Dr. Stuart Kauffman)가 공동 설립한 연구소인데, 수년 간 복잡성 문제를 해결하기 위한 소프트웨어 개발에 힘을 쏟고 있다.

에이전트에 기초한 모델링을 사용하는 것은, 제품들을 실제로 판매하기 전에 어려운 문제를 컴퓨터를 이용하여 해결책을 찾으려는 제조업자들과 유통업자들에게는 의미가 있다.

바이오스 그룹 역시 제품 생산경로와 스케줄링과 같은 풀기 어려운 최적화 문제에 대한 해결책을 찾기 위해 복잡계 이론을 연구하고 있다. 소프트웨어 또한 새로운 방향을 제시할 수 있으며, 그리고 고객이 "실제 상황"에서 시도해보는 것보다는 훨씬 위험이 낮은 상태에서 가설을 검증할 수 있도록 해준다.

바이오스 그룹 모델

Tool 1. 천연가스 시장에 적용한 에이전트에 기초한 모델 [6]

천연가스 회사를 위해, 바이오스 그룹은 구체적으로 에이전트에 기초한 모델을 만들었는데, 그것은 미래 시장에 대한 마케팅 및 위험관리 결정문제를 해결하려는 것이다.

시멕스 엔지(CYMEX NG)로 명명된 그 모델은, 경영자가 미래 시장에서 시장의 여러 세력들이 가격을 어떤 식으로 형성하게 될지를 알기 위한 가설을 검증할 수 있도록 고안된 것이다. 그 모델은 수요의 불안정성, 저장 장소의 역할, 그리고 정부 규제의 영향 등을 포함하여 천연가스 시장에 고유한 많은 변수들을 포함하고 있다.

1차 상품의 거래는 시간을 다투는, 끊임없이 변동적인 행동이다. 그러므로 1차 상품의 전문가들마저도 여러 변수들이 어떻게 상호작용하여 가격에 영향을 미치는지를 항상 정확하게 설명하지는 못한다. 그러나 시멕스 모델은 한 변수의 변화에 대한 시장의 반응을 예측하는 에이전트에 기초한 모델을 이해함으로써 이 문제를 해결한다. 시멕스 모델은 원재료 수준에서의 상호작용을 모델링함으로써 시장의 긴급한 행동을 유추해낸다.

그리고 이 모델은 강력한 모의실험 장치이므로, 경영자들은 이 모델을 이용하여 "만약 이렇게 된다면, 어떻게 할 것인가"라는 식의 분석에 사용할 수 있고, 거래 요원들을 훈련시킬 수 있고, 거래 전략을 평가할 수 있다. 그것도 비교적 위험 없이 말이다.

---

[6] "Artificial Ants and Technological Graphs" copyright the Bios Group LP. Printed with permission. Other Bios materials on simulations used with permission of the Bios Group LP. 317 Paseo de Peraita, Santa Fe, N. M., 87501, 505-992-6700.

이 모델을 개발하는 첫 번째 단계 중 하나는 특정한 행동들을 대표하는 에이전트를 규정하는 일이다. 각 에이전트는 그 특정 종류의 행동을 "실제 상황"에서 반영할 일련의 속성들을 포함한다. 이 모델에서 에이전트들은 두 가지 범주로 구분되고—주거래자와 중개인—그리고 일단 모의실험이 가동되면, 에이전트들의 집합적 행동은 통제될 수도 예측될 수도 없다. 그 이유는 이 실험의 요체는 각자 자신의 간단한 규칙을 따르는 에이전트들의 상호작용으로부터 도출되는 행동이 무엇인지를 배우는 것이기 때문이다.

모의실험에는 두 가지의 모델링 "계층들"이 있다. 각각의 타입에 적합한 규칙을 따라, 주거래자들은 어떤 특정 가격에 대해 수요량, 납품 가능성, 그리고 저장 능력 등을 한데 묶어 사거나 팔 수 있으며, 또한 중개인들에게 넘길 수도 있다.

중개인들은 주문 받은 것을 경매를 통해 거래하는데 이렇게 하여 그들이 확보할 수 있는 최고 가격에 도달한다. 그들은 구매 또는 판매된 주문의 가격을 알려주는 숫자를 주거래자들에게 전달한다. 주거래자들은 수익성을 기준으로 자신들의 전략의 성공 여부를 평가한다. 모의실험의 결과들은 〈그림 5-7〉에서 보는 것처럼 도표로 표시된다.

Tool 2. 유틸리티 최적화

바이오스 그룹은 산업에 대해서도, 최적화 문제를 해결할 수 있는 강력한 도구의 원형을 개발했다. 그 모델은 중개인, 생산자, 소매업자, 그리고 소비자의 이익을 대변하는 에이전트들을 포함하고 있다. 이 프로그램은 수요에 기초하여, 발전소들 사이의 동력 판매량의 배분을 계산할 수 있는 도구를 제공한다. 그 결과 경영 효율을 개선하고 또 원가를 최소화할 방법들을 제시할 수 있다.

〈그림 5-7〉 모델링 툴의 도표

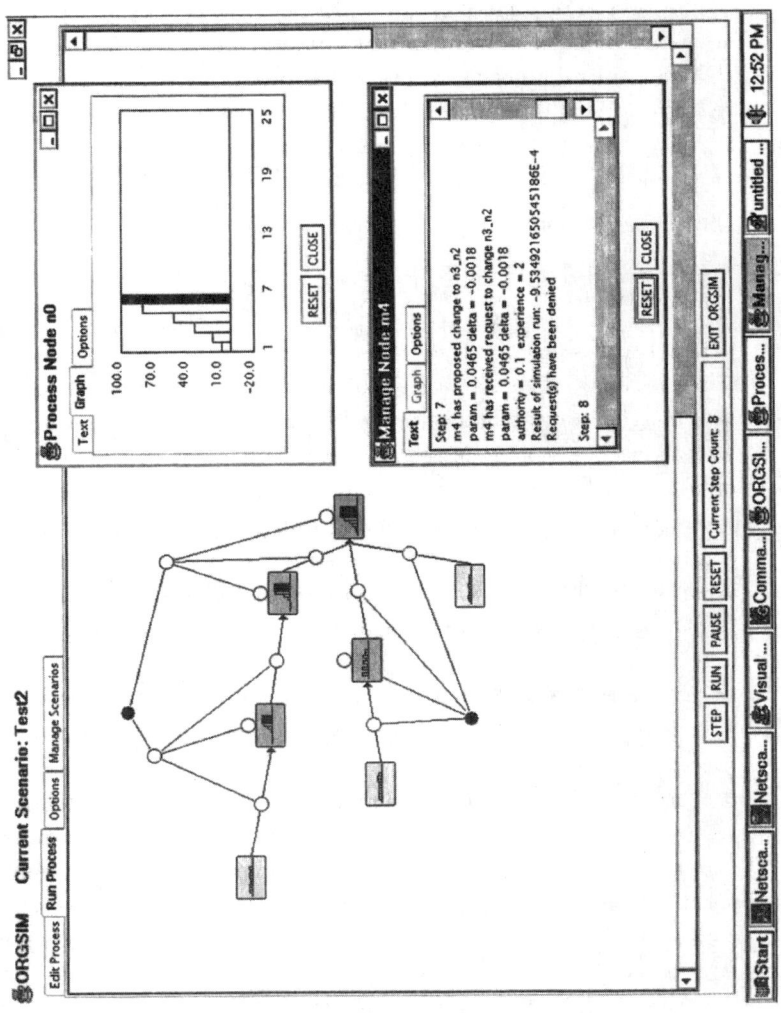

게다가, 이 모델은 신규 고객에게 추가로 상당량의 동력을 제공하는 경우의 잠정적 원가를 계산하는 데에, 운영비의 변화가 가격과 이익에 미치는 영향을 파악하는 데에, 혹은 마케팅 전략을 검증하는 데에 사용될 수 있다. 규제가 철폐된 동력 산업에 있어, 이런 모든 변수들의 상호작용을 이해하는 것은 회사의 수익성에 결정적으로 영향을 미친다.

Tool 3. 디자인 소프트웨어, 하루에 만드는 자동차로의 느린 진화

1993년 도쿄에서 개최된 자동차 쇼에서 도요타 자동차가 3일만에 만드는 자동차를 소개했을 때, 자동차 산업도 고객이 디자인과 제작에 직접 참여하는 접근방법에서 예외가 아니라는 사실을 이해한 미국의 몇몇 참관자들로 하여금 뒤늦은 반응을 하도록 했다. 그 쇼 이후, 다른 여러 산업들—대체로 독립적이고 서로 모르는 산업들—이 패러럴 툴링(parallel tooling)과 디자인에서부터 시작하여(예를 들면, 켄터키 렉싱턴 소재 렉스마크(Lexmark), 관련 분야의 우수상을 탄 적이 있는 오하이오 데이톤의 민코(Minco) 등), 온라인 디자인 및 주문 처리에 이르기까지(예를 들면, 전자부품 회사들을 필두로 나중에는 컴퓨터 시스템 제조업자들) 비슷한 접근방법을 추진했다. 개인용품—의류, 위생용품, 오락용품, 노인용 및 정형외과용 도구—제조업자들은 생산과정에 소요되는 전달 시간과 비생산적 비창조적인 시간을 "10의 X배"만큼 줄이는데 앞장을 서고 있다.

디자인 공정을 성공적으로 재디자인하는데 있어 핵심은, 제조 프로세스에 존재하는 모든 연결과정들을 생략하는 소프트웨어를 잘 이용하는 것이다. 예를 들면, 자동차 디자인 프로세스의 경우 진흙 모델을 생략하는 것이라든지, 보잉 777의 디자인을 "종이를 사용하지 않는 디자인"을 했다든지 하는 것 등이다. 시간을 절약하는 목적은 보다 많은 작업을 동시에 추진하려는 것이다. 즉 작업을 순차적으로 한다거나, 단순히 구체적인 연결작업을 제조과정에 짜넣는 것이 아니라, 그것들을 아예 생략하는 것이다. (생산방식에 있어) 순차적 디자인에서 생산의 표준 모형을 만드는 것으로의 전환은 엄청난 구조조정을 수반하는 것이어서, 생산 과정에서 오랫동안 가장 무시되었던, 유통부문과 물류부문마저도 조립라인과 디자인 프로세스가 겪었던 길을 걷게 할 것이다. 기술은 이 과정에서 절대적인 원동력이 되고 있다.

Tool 4. 디자인의 진화

자동차 산업에 있어, 디자인에서부터 제품의 원형작업을 거쳐 생산에 이르는 과정에서 걸리는 시간의 길이는, 대부분의 조립업자들과 제1차 공급업자들이 제조과정에서의 불필요한 시간을 제거하는 방법을 배웠기 때문에, 경쟁력이 판가름나는 분야가 될 것이다. 그러나 아직도 큰 기회가 시스템의 전반부에, 다시 말해 디자인 분야에서 기다리고 있다. 바이오스 그룹은 디자이너들로 하여금, 일반적으로 시간이 오래 걸리는 디자인 과정의 시행착오를 줄일 수 있도록 해주는, 사용자의 의사가 반영되는 기능이 향상된 탐색도구(search tool)를 개발하고 있다. 디자이너들은 미적 감각이 뛰어난 형태를 그려내는 점들을 찍는 것으로부터 시작한다. 일반적인 규격—자동차 손잡이의 길이, 자동차 전면 유리의 각도, 그리고 엔진의 크기 등과 같은—을 바탕으로 출발한 이 프로그램은 이런 여러 기준들을 충족시키는 일단의 디자인들로 진화한다.

제**6**장
정말 큰 변화의 물결—
제조업을 변혁시킬 4개의 소프트웨어
메타 시스템

틈이 발생했다
카본에서도 그리고 실리콘에서도
소프트웨어는 그 틈을 연결할 수가 없다.

어제까지만 해도 잘 돌아갔는데
오늘은 꼼짝도 않는다
소프트웨어라는 것이 바로 이런 식이어서

당신 회사의 시스템이 고장을 일으켰다.
나는 죽음의 푸른 스크린이어서
당신이 아무리 큰소리로 고함을 질러댄들
듣는 사람이 없네.

제조는 소프트웨어 메타 시스템으로 이동하고 있다

우리는, 제조분야에서 일어날 최대의 변화는 소프트웨어 때문에 발생할 것으로 예측한다. 비록 대부분의 미래학자들이 예측의 정확도는 대략 20%라고 말하고 있지만, 20%라는 것은 분명 아무런 예측을 않는 것보다는 나을 뿐 아니라, 아주 중대한 문제를 놓치지 않는다는 장점도 있다.

제조 분야의 지평선, 즉 메타 시스템(meta-system)에는 12개나 되는 "큰 변화의 물결"이 떠오르고 있다─그중에는 ERP(enterprise resource planning, 전사적 자원관리), CAS(complex adaptive system, 복합적응 시스템), MES(manufacturing execution system, 제조실행 시스템), APS (advanced planning and schedule, 첨단 계획 및 스케줄 기법), 어디서나 접속 가능한 차세대 WWW(world wide web, 전세계적 인터넷 망), 그리고 원격 제어를 통한 이동 가능한 생산 시스템, 혹은 분산 생산기법이 포함된다. 이런 모든 큰 물결들은 IT 분야에서 일어나고 있다.

생산 분야의 경영자들이 자신들이 담당하고 있는 활동 분야에서 그들이 휘두를 수 있는 권한이 얼마나 적은지를 인식하게 되면서, 앞에 인용한 시구가 몰고온 작은 놀라움은 이제 경영자들을 불안하게 만들고 있다. 30여년 전 "졸업"이라는 영화에서 파티에 참석한 어느 손님이 더스틴

호프만에게 새로운 변화에 대해 귀띔한 것은 단 한마디였다—"플라스틱!"

앞으로 20년 후에는 그 말은 "소프트웨어"로 변할 것이다. 혹은 과학과 물리학이 이론적 혁신을 바로 현장에 적용하게 된 결과, 공장 바닥에 자리를 차지하게 되면서, 어쩌면 그 말은 "실리콘"이 될지도 모른다. 과학과 제조는 다 함께 카오스 이론, 복잡계 이론, 그리고 유전공학에 본거지를 찾고 있다.

소프트웨어가 기술에서 원칙으로 성장하고 있다

그러나 소프트웨어 그 자체는 변신을 거듭할 것이고, 그리고 앞으로 20년 동안 소프트웨어는 하나의 기술이라기보다는 원칙이 될 것이다. 소프트웨어 기술에 초점을 맞춘 생산성, 품질, 그리고 경영 원칙 등은 소프트웨어 분야를 엔지니어링 원칙으로 바꾸게 될 것이다.

소프트웨어의 선택과 관리는 더 이상 "문젯거리"가 아니라, 그 대신 새로운 개발 분야에서 표준화가 이뤄지지 않아 고투하는 경영자들에게 큰 위안이 될 정도로 하나의 해결책으로 인식될 것이다. 소프트웨어의 기능은, 계산자를 처음 발명했을 때 그리고 보마르 두뇌(Bowmar brain, LED를 사용한 최초의 전자 칼큐레이트)가 그 당시 끼쳤던 영향과 마찬가지로 강력한 도구가 될 뿐만 아니라, 엔지니어링의 우산 속에서는 성숙한 원칙으로 변신할 것이다. 진단, 문서화, 그리고 호환성의 문제는 통합지능 시스템에 의해 극복될 것이다.

더 나아가, 소프트웨어는 좋은 강의와 통합적인 논문들이 해결할 수 없는 것마저 해결할 것이다—공통점이 없는 프로세스들과 작업흐름들을 우리가 확대 기업으로 명명한 바로 그것으로 말끔히 통합해줄 것이란 말이다.

소프트웨어를 통한 제조 문제의 통합

지능 시스템은 공장에 도입될 차세대의 기술이다. 지능 시스템이라는 기술혁신은 더럽고, 힘든 작업에 대해 간단한 자동화를 추진하는 것에서 부터 시작했고 그리고 PLC의 변형을 통해 발전했다. 마지막으로, 우리는 디지털 이큅먼트 사(DEC)가 선구적으로 개발한 PDP 8을 최초로 공장 현장에 적용한 바로 그것으로부터 시작하여, ERP를 필두로 원격 분산 생산에 이르는, 혁신적 소프트웨어 솔루션의 통합을 통해, 기계의 지능화 약속을 실현하고 있는 중이다.

ERP(전사적 자원관리)

정보기술(IT) 분야에서 시도한, 제조 소프트웨어 통합을 위한 큰 진전 은 현재 ERP의 우산 아래로 집결되고 있다. 비록 ERP는 어떤 기준으로 보면 거품이 낀 것으로 간주될 수도 있으나—원가와 효익 비교분석 혹은 투자수익률 관점에서 유리한 것은 아니다—그것은 먹이 사슬을 감시하 고 또 통제할 능력을 제공하는, 즉 제조의 전체 과정을 볼 수 있는 조직의 창문 역할을 하는 유일한 통합 솔루션이다. "보다 적은 투자로 보다 큰 효익을 얻는 것"이 앞으로 ERP가 해결해야 할 문제가 될 것이다.

ERP는, 의사 결정자로 하여금 네트워크 상의 다양한 접점들을 선택적 으로 조작하여 종합적으로 보다 나은 결과를 얻도록 해주는, 그리고 생산 량과 속도 혹은 공급자의 상황에 따라 생산 흐름의 방향을 변경할 수 있도록 해주는 경영도구로 사용하기 위해 고안되었다. 예를 들면 이동중 에 있는 완제품의 흐름을 변경하는 것은 재고로 잠기는 현금 수준에 큰 영향을 미친다.

예컨대 좋은 ERP 시스템은, 경영자들이 스케줄링을 변경하기 전에 출하를 위해 대기중인 재고 수준을 파악해주는 것은 말할 것 없고, 경영자들로 하여금 가공중에 있는 모든 재고 수준에 대해 계산하고, 그 상황을 검토하도록 해준다.

MES(제조실행 시스템)

ERP가 기업의 경영자 층에 대해 한 역할과 같은 곳을 MES는 중간관리자에게 하고 있다. MES는 공장의 현장을 조직하고, 계획을 추적하고, 그리고 그것을 잘만 이용하면 생산성도 향상시킨다. 종합적 제조기업 관리의 세 번째 요소—즉, PLC—와 결합하여, ERP, MES, 그리고 PLC는 모두 전체 기업을, 언제 어디서든 어떤 규모의 기업이라도, 모든 계층에서 가동하는데 필요한 커뮤니케이션 및 컴퓨터의 완전한 통합 시스템을 구성한다.

그러나 우리는 아직은 거기까지 이르지는 못했다. 전사적 관리라는 비전과 많은 제조 기업들의 상당수가 최적 가동에는 못 미친다는 현실 사이에는 커다란 격차가 있다. 단순한 성과향상에 대한 관심으로부터 더 나아가, 소프트웨어 통합이라는 문제는 이 격차 문제를 매우 중요한 문제로 인식하게 만든다. 다시 말해, 어느 매우 우수한 기업(예컨대 월마트와 CVS가 물류 문제를 해결한 것과 같이)이 다양한 아이디어를 통합하여 하나의 강력한 도구로 만들어낼 때까지는, 앞으로 5~7년 간은 계속 검토하고 또 연구해야 할 문제로 인식한다는 말이다—그리고 그런 혁신 기업의 이름은 마이크로소프트는 아닐 것이다.

지금부터 2020년까지는, 한층 더 많은 우수한 기업들이 유전공학적 해법, 복잡계 이론, 카오스 이론, 데이터 브로드캐스팅(data broadcasting) 이론을 사용한 뛰어난 소프트웨어를 갖추고 등장할 것이다. 단기적으로는 네트워크 컴퓨터를 비롯하여, 에이전트 시스템, 그리고 지식기반 접근 방법을 사용한 기업들이 등장할 것이다.

또 다른 등장 가능한 기술은 ADSL(asynchronous digital subscriber line), VRML(virtual reality modeling language), 이머전트 시스템(emergent system), 카타리틱 경영(catalytic management), APS 등이다.

APS는 기상 예보를 할 수 있는 능력을 갖춘 것으로, 주문 처리 및 프로세스의 계획을 수립할 수 있다. APS는 역사적 자료를 미래에 투사하는 방식으로 예측하는 것이 아니라, 미래를 추정하는데 사용된다. 요컨대, APS는 기업의 시스템, MES, 공장 현장, "만약 이렇게 된다면, 어떻게 할 것인가" 식의 게임, 그리고 예측 기술로서의 APS를 이용한 자원 배분 등에 관한 모델링 기법을 의미한다.

카타리틱 경영

촉매 역할을 하는 경영자들(catalytic managers)은 새로운 우수한 솔루션을 개발하기 위해 전통적 접근방법들—소프트웨어, 자동화, 그리고 인간 행동적 관점에서의 기술혁신—을 산업에 적용한다. 하이라인 콘트롤의 그랙 에크버그, 존 디어의 빌 풀커슨(Bill Fulkerson), 피라미드 시스템의 창업자 진 키릴라는 촉매 경영자들의 대표격이다. 새로운 솔루션을 만들기 위한 그들의 독특한 접근 방법은 테크놀로지 머신을 촉진하는 에너지를 발산한다.

인간적 요소

모든 새로운 접근방법들은 위에서부터 나오는 것이라기보다는 아래로부터 튀어나온다. 예를 들면, 만약 우리가 진정 지속적이고도 효과적인 행동 변화를 원한다면, 인간 행동에 있어 기본적인 측면에 작용할 필요가 있으며, 그 결과 변화가 일어난다는 것을 우리는 알고 있다.

간단한 예로서, 어떤 제품이 잘 팔리지 않을 때, 우리가 판매 수수료를 올리면, 놀랍게도 판매는 늘어난다. 마찬가지로 소프트웨어, 공장, 판매원, 커뮤니케이션, 최고경영자 등의 관리와 관련해서도 같은 문제가 발생하고 또 행동 수정도 가능하다. 인간 행동적 측면에 작용함으로써, 우리는 조직을 관리하고 개선하기 위해, 단기적으로나마, 이머전트 경영 (emergent management), 하의상달식 경영(bottom-up management), 원칙에 기초한 경영(rule-based management) 기법 등을 사용할 수 있다.

JAVA 그리고 경쟁자 마이크로소프트와 같은 기술의 승리자들은, 하의상달식 기법을 받아들임으로써, 공장 경영자들로 하여금 이런 소프트웨어 제품들을 모든 공장에, 모든 제품의 생산활동에 적용하도록 장려하며, 그리고 WWW와 JAVA와 네트워크를 만들도록 촉구한다. 이런 요구사항들이 충족되면, ERP와 MES 등이 가능하게 된다.

2020년의 경영자들이 당면할 엄청난 도전은, 다시 말해 촉매 경영자가 되기 위해서는, 경영자들은 전체 시스템을 해결하는 방법을 배우지 않으면 안 된다―부분적 요소, 부품, 조각, 혹은 과학이나 기술 등의 일부분이 아니라, 전반적인 이해가 필요하다는 말이다. 촉매 경영자는 기술혁신을 하기 위해서는, 그랙 에크버그가 했듯이, 시스템 전체의 적용을 평가하지 않으면 안 된다. 그들은 인간 행동에 대해서도 도사급이 되어야 하지만 기술의 전문가가 되어야만 한다.

모든 새로운 기술적 아이디어는―그것이 소프트웨어이든 혹은 하드웨어이든 간에―시스템 전체에서 의미를 찾아야만 한다. 독립적인 지능시스템과 같이, 단 한 분야에 대해서만 기술적 적용을 추진하는 것은 곧 한계에 도달하고 또 실패하게 마련이다. 그것은 전체 시스템의 부분들로서, 예컨대 자연계에 비유하면 오직 한 세대의 생존 그리고 돌연변이를 노린다.

테크놀로지 솔루션, 메타 시스템

지난 10년 동안 생산 시스템은 인간 시스템으로서는 너무나 복잡한 것이 되었고, 그리고 그 복잡성이 소프트웨어 코드를 지수적으로 증가시켰기 때문에 카오스 이론과 복잡계 이론으로부터 개발된 원리들은 크게 도움이 될 것으로 보인다. 톱다운식 소프트웨어 구조는 (조직구조도 마찬가지로) 제 수명을 다했고, 제조 전문가들은 복잡성을 줄여서 코드의 수를 적게 하는 방법을 찾지 않을 수 없게 된다. 그렇게 되면, 시스템 구조 그 자체는 한층 더 적용 범위가 넓어지고 또 속도도 빠르게 될 것이다.

그러나 비전통적 소프트웨어 접근방법을 채용하는 것은 많은 제조분야에 있어 변화를 초래하게 될 것이다. IT 전문가들 일부는 변화를 지지하지 않는다.

하지만 다른 사람들, 예컨대 선옵테크의 크리스 발로우, 존 디어의 질 풀커슨, 그랙 에크버그, 피라미드 시스템의 진 키릴라 등은, 간단한 소프트웨어를 사용하여, 다이나믹 시스템의 장점을 파악했고 또한 조직 내에 도입했다. 자연계의 연구로부터 획득한 초기의 교훈—예를 들면, 개미언덕과 새떼의 연구 등—은 스케줄링, 공장 제어 관리, 그리고 프로세스 모델링에 혁신적 접근방법을 창출하도록 해주었다.

비전통적 접근방법은 또한 소프트웨어의 적용에 대한 개념 및 방식을 바꾸는데, 그것 하나만으로도, 심지어 생산 공정을 바꾸기도 전에, 많은 효과를 본다. 몇몇 회사들은 이런 과학적 아이디어를 실질적으로, 경쟁력을 향상시키기 위해, 현장에 적용하는 과제에 깊이 참여하고 있다.

과학과 기업의 접근

과학과 기업 사이에 아이디어의 교환과 실질적 적용을 촉진하는 회의와 세미나의 예

산타 페 연구소 학습 프로세스	대규모의 광범한 복잡계 문제와 관련한 르네상스
바이오스 그룹 설립한 영리단체 연구소	언스트 앤 영과 산타 페 연구소의 일부 연구원들이
플레버스 테크놀로지 솔루션을 제공한다	시스템 소프트웨어와 하드웨어 공급자로서 복잡계
NIST (National Institute of Science and Technology)	현재 기업과 공공 부문에 설치된 NIST의 기술적 장치들은 그 핵심에 자동 에이전트 기술이 포함되어 있다. NIST는 속도가 빠른 원형 에이전트 혹은 독자적으로 문제를 해결하는 에이전트를 개발하고 있는 중이다.
NCMS (National Center for Manufacturing Sciences)	대규모 및 소규모 하청업자, 부품 공급업자, 그리고 소비자의 컨소시엄. 에이전트 기술을 이용하여 제조활동에서 발생하는 문제를 해결하기 위해, 현재 연구가 진행중인 에이전트 개발 프로그램에는 많은 회원들이 참가하고 있다.
NISCI (National Initiative for Supply Chain Integration)	1997년 시카고에서 설립된, 미국의 주요 생산자들—크라이슬러, 혼다, IBM, 휴렛 팩커드—의 모임인 NISCI는 파트너십을 통한 작업방식 그리고 확대 기업을 위한 커뮤니케이션 방법을 설명하는 책자를 다시 만들고 있다.

과학과 기업의 만남—즉, 메타 시스템이 추진된—결과로 얻어진 네 가지의 선구적인 우수한 적용사례가 생산방식을 바꾸고 있다.

1. GM의 포트 웨인 페인트 공장은 작업환경이 위험하고 또 기술적으로 어려운 공정에 지능 에이전트와 프로그래밍을 적용했다.
2. 존 디어의 유전공학 알고리즘(genetic algorithm)을 이용한 스케줄링 프로세스
3. 피라미드 시스템의 VEC Cell. 이것은 일종의 지능 금형 센터이다.
4. 더 넷(The Net). 영상전화 및 영상작업

다섯 번째의 메타 시스템인 일본의 탄환열차는 제8장에 기술된다.

첫 번째 메타 시스템:
GM의 포트 웨인 페인트 공장의 소프트웨어 시스템

인디애나 포트 웨인 소재 GM의 페인트 공장은 지능 기계를, 기술적으로 매우 어려운 환경인, 트럭 외장의 도장공정에 적용하여, 산업적으로 성공한 최초의 예이다. 포트 웨인 공장은 린 생산 시스템을 이용하여 복잡성 문제 해결에 관심있는 생산 관리자들에게 많은 교훈을 준다. 포트 웨인 공장에 최초로 적용한 후, 지능 에이전트는 복잡한 스케줄링, 감독자에 의한 독촉, 그리고 고비용의 작업교체 문제를 해결했다. 게다가, 에이전트 소프트웨어는 복잡성을 감소시켰고, 페인트 작업에서도 마치 성형수술 하듯 품질을 한층 높였다.

1990년 최초로 적용했을 때 디자이너들은 저항에 부딪혔다. 기존의 방식에 익숙해 있던 훼방꾼들은 비표준적 방식을 거부했다.

<〈그림 6-2〉 GM의 페인트 공장. 실시간 지능 에이전트는 작업자(그리고 경영자)가 프로세스 제어를 보는 기본적 관점을 바꾸어 놓았다.

적용해보기도 전에, 이익이 난다는 것을 증명해야 하는 것은 몹시 부담스러웠다. 이런 문제에도 불구하고, 최초의 적용 결과, 제품의 품질은 대등했고 소프트웨어 코드의 수는 15분의 1이나 줄어들었다. 달리 표현하면 프로그래밍의 복잡성이 15분의 1로 줄어들었다. 코드의 수가 매우 감소했을 뿐만 아니라 소프트웨어 개발 시간도 40%가 감축되었다.

효과는 즉각적이었고 또 눈에 뚜렷이 보였다. 페인트 원료가 연간 백만 달러나 절감되었고, GM은 세계의 어느 트럭 공장보다도 훌륭한 마감공정을 가진 덕분에 J.D.파워 상(J.D. Power Award)을 받았다. 이 시스템은 작업자가 통제하는 방식으로서, 직접적이고도 즉각적인 피드백을 가능하게 해주었다. 그것은 실시간 온라인 통제가 제공하는 힘을 증명했다.

그것은 또한 매우 효과적이었지만—기업의 강점을 높여주는 자동화를 제공했지만—훼방꾼들은 그것은 "표준이 아니야"라는 고정관념에 빠져 있는 것 같았다.

첫 번째의 큰, 정말 큰 물결

갖가지 훼방에도 불구하고 시스템은 효과를 발휘했다. 그것은 하나의 거대한 물결이었다. 다른 많은 접근방법들이 공정의 복잡성을 해결하지 못하고 실패한 반면, 공장의 기술자들이 물리학과 페인트 공정의 화학을 이해했기 때문에 소프트웨어는 성공을 거두었다.

공장의 기술자들은 프로세스의 흐름을 이해했고, 그들은 물리적 기준에 적합한 시스템을 만들었다. 그들의 접근방법은, 시스템이 대상—프로세스와 원재료, 화학과 물리학—을 그것들이 작동하는 방식대로 따랐기 때문에, 과학과 기업의 접목을 반영한 것이었다. 단 하나 계속적으로 해결해야 할 접근방법은 필연적 사항—즉, 주어진 것—이 아닌 것들을 최적화하는 문제이다.

이 책의 공저자 모얼리는 "그 시스템은 거꾸로 디자인한 것이었다"고 회고한다. 스케줄링은 밀어내는 푸시 방식(push-through)이라기보다는, 이끌어내는 풀 방식(pull-through)이 되고 있다. 그리고 역설적 현상은 성과가 참으로 혼돈스럽다는 점이다—다시 말해 작업 트럭의 모델과 색상의 혼합은 예측할 수 없는 것이었지만 정해진 조건에 한정되어 있었다.

계속적으로 해결할 문제는 제약경영 이론(constraint management theory)—제조 활동에 있어 선호하던 방법들과는 때로는 충돌을 일으키는 과학과 화학의 한계—을 실질적으로 응용하고, 그것을 풀 방식의 스케줄(pull-through scheduler) 대신에, 컴퓨터의 능력을 최대로 하고 그리고 자산의 활용도를 최대로 높이는데 적용하는 과제이다. 문제의 해법은 제4세대 소프트웨어에 내장된 유연성으로만 풀 수 있다.

ERP, MES, 카오스 이론, 복잡계, 인공 생명(artificial life), 그리고 유전공학 알고리즘은 시스템으로서 인식해야 하며, 단지 기능 기술이 아니라는 사실을 기억하는 것이 중요하다. 제조가 성공하고 또 발전을 거듭하기 위해서는, 제조는 성과의 정점을 고정하는 식으로 인위적인 한계를 설정할 필요가 없다는 것을 명심해야 한다. 그 반면, 이런 접근방법은 최하점을 개선하고, 그리고 기업 내에서 활동할 수 있는 수준—전반적으로 높은 성과수준—을 높여야 한다. 단 기능의 기술로 한 분야—예컨대, 제품 디자인—에서 극단적인 성과를, 그리고 다른 분야에서는 최고보다는 못한 수준의 성과를 기대하는 것은 이치에 맞지 않는다. 성숙도와 힘은 생산관리(이는 기술적 제약의 한 부분이다)뿐만 아니라 기술적 제약의 극복으로부터 나온다—다시 되풀이하거니와, 과학과 기술의 결합으로부터 나온다.

큰 물결, 커다란 아이디어, 거대한 시간 개념

기업에 있어 시간 개념은 경영도구와 마찬가지로 시간 측정도구로서는 대부분 부적절하다는 것이 증명된다. 경영자가 5년, 10년, 그리고 20년이라는 기간에 걸친 어떤 결정을 하기 위해 시간표, 벽시계, 그리고 손목시계를 보는 것은, 올바른 대답을 하기 위해 잘못된 도구를 사용하고 있는 셈이다.

다음 주의 문제를 지금 해결하려는 조치는 적절하지 않다—사실, 다음주의 문제라는 것은 이미 일어난 일의 결과일 것이다. 현금으로 지불하는 것 외에는 달리 할 일이 없다. 올해 일어나는 일은 몇 년 전 결정의 결과이다. 경영자들은 지금 시스템으로서 결정해야만 앞으로 2~5년 동안 자신들의 기업이 승자의 대열에 있게 될 것이다.

시간 계획을 조정하라

어떤 기술적 변화를 완성하는데는 18개월 가량 소요된다―그것이 IT
든, 혹은 제조 프로세스이든, 또는 디자인 프로세스든 간에 말이다. 심지
어 맨해튼 프로젝트(Manhattan Project, 미국의 원자폭탄 제조 계획)마저
실제로는 제2차 세계대전이 발발하기 오래 전에 독일 과학자들의 연구에
그 뿌리를 두고 있었다. 일본의 진주만 습격, 1898년 미국의 쿠바 침공,
그리고 미국의 남북전쟁 등은 모두 공개적으로 표출되기 수년 전에 계획
된 일이었다.

여전히 단기적으로 "해야만 하는 일"들이 남아 있다―원가절감, 단기
적 스케줄링, 지역별 제한 사항들의 최적화 문제, 그리고 특히 시장에
대한 출하 시기 결정 등 말이다. 그러나 장기적으로 보면, 큰 문제는 기업
의 모든 자원들을 자원관리상 웹 부문과, 특히 APS와 연결되도록 하는
것이다.

원가절감에 초점을 맞추는 정책을 도입할 때 주의점: 원가절감은, 보
다 높은 이익을 제공하고 고부가가치를 창출하는 제품을 만드는 것이
아니라, 변화는 없다는 것을 전제로, 유일한 변수는 절감된 원가라고 가
정한다.

이런 식의 관점의 이동은 경영자로 하여금 조직을―기술적으로도 구
조적으로도―바꾸도록 요구하며, 그리고 프로세스를 메타 시스템으로
전환하도록 요구한다. 메타 시스템은 큰 변화의 물결이며, 그 영향이 확
산되는 세계적인 시스템이고, 그 작용방식은 극도로 단순하지만 그 효과
는 혁신적인 시스템이다. 구텐베르크의 인쇄술이 그런 기술적 전환점이
었고, 큰 물결이었다. 흑연을 사용한 연필의 발명도 마찬가지였다.

기업의 자원을 총체적으로 관리하는 것은 2020년의 생활의 한 단면이
될 것이고, 불연속적 분산적 생산 요소들 또는 대상들을 관리하는 것 역

시 마찬가지로 일상적인 일이 될 것이다. 행동과학적 지식이 포함된 APS에 기초한 제조의 목적은 전사적 자원관리가 맡게 될 그런 것이다. 그 목적은 컴퓨터가 제어하는 거대 기계가 아니라 인간이 제어하는 컴퓨터 시스템이다.

지금으로서는, 전사적 자원관리는 경쟁우의를 유지하고 있으며 또 메타 시스템으로 가는 교량 역할을 하고 있지만, 완벽한 솔루션은 아니다. ERP는 사업, 엔지니어링, 경제, 컴퓨터, 그리고 과학 등을 모두 뛰어나게, 또한 모두 동시에 취급하는 균형적 접근방법을 필요로 한다. 컴퓨터와 메타 시스템은 기업, 고객, 공급자, 그리고 회사의 자산관리를 진정으로 재편할 것이다. 그러나 잊지 말아야 할 것은, 시장의 힘은 누구라도 막을 수 없으므로 기술은 언제나 시장에게 뒤진다는 사실이다―시장은 오직 방향만 알 수 있다. 우리는 그 방향을 파악하든가 아니면 도태되든가, 둘 중 하나이다.

두 번째 메타 시스템:
다윈의 이론을 우습게 만든 존 디어의 시스템

존 디어(John Deere)는 혁신을 좋아하는, 규모가 크고 오래된 회사이다. 이 회사의 창업자 디어는 1804년 버몬트 루트랜드(Rutland)에서 출생하여, 미들베리(Middlebury)에서 성장했으며, 그곳에서 초등학교 교육을 받았다. 또 대장간에서 생산한 제품을 거래하는 법을 배우면서 4년간의 도제생활을 했다. 1825년, 영국의 산업혁명이 가속화될 무렵, 창업자 디어는 대장간의 장인으로서 경력을 쌓기 시작했는데, 그는 곧 꼼꼼한 장인정신과 발명의 재능으로 상당한 명성을 얻었다. 그가 만든 반짝이는 쇠스랑과 삽은 서부 버몬트 지방에서 날개 돋힌 듯 팔렸다. 그러나 1830

년 대 중반, 경기하락과 동부로부터의 인구이동은 디어를 서부로 가도록 유혹했다. 그는 조그만 연장통과 몇 푼의 현금만 갖고, 아내와 가족은 고향에 남겨둔 채 서부로 떠났다. 그들은 훗날 합치기로 했다.

디어는 배와 역마차를 번갈아 갈아타고 갔으며, 앞서간 사람들과 마찬가지로, 그도 버몬트를 떠난 사람들이 세운 마을인 일리노이 그랜드 디투어(Grand Detour)에 자리를 잡았다.

대장장이는 너무도 필요한 사람이어서, 1836년 도착한지 이틀만에 그는 철공소를 세워 사업을 시작했다.

디어가 개발한 최초의 기술혁신들은 회사의 기반을 닦았고, 회사로 하여금 세계 농기구 시장을 지배하도록 해준 계속적인 혁신으로 이어졌다. 미국 중서부 농부들이 동부에서부터 가져온 주철 쟁기는 기름진 미시시피 상류 계곡의 흙에는 잘 듣지 않았다. 몇 걸음 옮기고 나서는 농부는 멈추어야만 했고 그리고는 쟁기의 날을 닦아야만 했다. 쟁기 일은 느리고도 피곤한 작업이 되었고, 일부 농부들은 심지어 토지를 떠날 생각도 했다.

하지만 디어는 문제를 연구했고, 그 결과 매끄럽고도 적당한 각도의 보습(삽 모양의 농기구)과 보습의 날을 갖춘 쟁기는 밭고랑을 갈면서 스스로 흙을 털어낼 수 있으리라고 확신했다. 1837년 디어는 부러진 톱날을 이용하여 그런 쟁기를 만들었다. 그는 혁신된 농기구를 가까운 농장에서 실험했다. 그는 이 도구가 너무도 잘 팔릴 것을 알았고, 농부들로부터 주문이 밀려올 것을 예상하고는 그 농기구를 만들기 시작했다. 이는 대장장이의 전통적 관행인 주문 생산으로부터 결별이었다.

버려진 톱날로 만든 "스스로 깨끗해지는 쟁기"는 수요가 폭발했고, 대장장이는 하루아침에 제조업자가 되었다. 그곳에서는 디어가 필요로 하는 품질의 원재료를 충분히 구하기 어려웠기 때문에 1843년 이 기업가는 영국으로부터 특수 강철을 수입했다. 강철의 구입은, 예전에 이 창업자가 서부로 올 때처럼, 매우 오래 걸렸다—대서양을 증기선으로 건너고, 화물선을 타고 미시시피강과 일리노이강을 따라 올라와서, 조그만 쟁기 공장에 이르기까지 40마일을 마차로 이동했다.

1846년 미국에서 생산된 최초의 주강 강판이 피츠버그로부터 일리노이 모우린(Mouline)으로, 즉 현재 존 디어의 본사가 있는 곳이자 이 회사 최초의 큰 공장이 세워졌던 곳으로 선적되었다.

최초의 쟁기를 개발한지 10년 후, 이 회사는 연간 1000대의 쟁기를 생산했다. 디어는 지속적으로 혁신을 추진했으며, 그가 생각하기에 농부에게 필요한 것이라면 디자인도 변경했다. 대장장이 아버지의 아들 찰스 디어는 회사를 확장했고 그리고 다양한 제품들을 선보였다—강철 쟁기, 경운기, 옥수수와 면화 파종기, 기타 여러 장비를 제공했다.

1911년 이 회사의 제3대 사장, 윌리엄 부터워스(William Butterworth)는, 합병을 통해 한층 더 성장 가도를 달리기 위해, 자신들이 생산하지 않는 품목을 생산하는 6개의 농기계 회사를 매수했다. 이 회사는 새로운 아이디어를 바탕으로 전 세계로부터 들어오는 수요를 충족시켰고, 심지어 1930년대 대공황 시기에도 꾸준히 성장하여, 창업 이래 처음으로 매출액 1억 달러를 기록했다. 1955년에 이르자 버몬트 출신의 이 대장장이 회사는 드디어 미국의 100대 제조회사들 중 한 자리를 차지하게 되었다. 그리고 1980년대 제조업이 큰 위기를 겪는 와중에도 유래없는 판매와 이익을 기록하면서 살아남았다.

풀커슨의 강박관념

1997년 5월, 스미소니언 협회(Smithsonian Institution)는 존 디어가 유전공학 알고리즘에 기초한 스케줄 최적화 소프트웨어 옵티막스

(Optimax)를 사용한 것에 대해, IT의 혁신을 가져온 연구결과로서 인정하고, 동협회의 영구적 수집품으로 포함시키는 명예를 안겨주었다. 존 디어의 파종기 생산라인에서는, 고객의 주문에 따라, 여러 옵션들을 조합하여 무려 6백만 종류 이상의 제품을 생산할 수 있다. 옵티막스 소프트웨어를 이용하여 공장의 1일 조립 스케줄은 몇 분만에 결정된다.

존 디어에 대해서는, IT를 혁신적으로 사용한 대표적인 기업의 예로서 2천 개가 넘는 사례 연구가 추진되었다. 이런 연구의 결과들은 혁신 네트워크 웹사이트, http://innovate.si.edu를 통해 일반인들도 참고할 수 있다. 케이스 코포레이션(Case Corporation), GE, Volvo/GM 트럭공장 등에 소프트웨어를 공급하는 옵티막스 코포레이션(Optimax Corporation)은 1998년 8월 공급사슬관리(supply-chain management)용 소프트웨어인 지능 계획 및 최적화 프로그램을 전 세계적으로 공급하는 i2 테크놀로지(i2 Technology)와 합병할 것이라고 밝혔다. 합병 거래의 금액은 대략 5220만 달러였다.

빌 풀커슨은 존 디어 사에서 22년 간 근무한 고참으로, 생물학을 부전공한 유능한 수학자이다. 풀커슨은 "스탭 애널리스트"(staff analyst)라는 평범한 직함을 갖고 있지만, 혁신에 대해서는 날카로운 눈을 갖고 있는 사람이다. 그는 1992년 말 전직원이 휴가에 들어간 크리스마스 시즌 중, 몇 권의 책을 읽고는 카오스 이론에 빠져들게 되었다.

그는 이미 복잡계 이론을 알고 있었고 또 특히 유전공학 알고리즘에 대해서는 잘 알고 있었다. 존 디어는 고객의 주문에 대한 납기 기간을 단축하기 위해, 회사의 주문 및 납품 프로세스를 리엔지니어링하는 한편으로, 점점 더 많은 신제품들을 조립하고 있었다. 사전에 예측 불가능한 무수한 옵션들을 장착한, 풀커슨이 "무한정의 다양성"이라고 명명한 수많은 제품의 종류 때문에, 존 디어 사는 원재료와 미판매 제품의 재고가 증가하는 문제에 봉착했다.

풀커슨은 유전공학 알고리즘이 회사의 스케줄링 문제를 해결하는데 도움이 될 것이라는 사실을 본능적으로 알아챘다. 노란색 노트와 스프렛시트 템플리트를 갖고 계산을 하는 부서별 스케줄 작성자들에게 의존하는 것보다, 어쩌면 유전공학 알고리즘이 보다 향상된 스케줄을 결정하는데도 사용될 수 있을 것으로 생각했다.

그것은 한번 해볼 만한 것이었다.

1993년 풀커슨은 인터넷에서, 과학자들이 유전공학 알고리즘에 대해 정보를 교환하는 하나의 사이트를 발견했다. 그는 생산라인의 스케줄링에 대해 아는 사람이 있는지 묻는 메모를 남겼는데, 1주일 뒤에, 답장을 하나 받았다. 볼트, 베라넥 앤 뉴먼사(Bolt, Beranek & Newman, Inc.,)가 유전공학 알고리즘을 이용하여 미국 해군 연구소의 스케줄 작업을 하고 있었다. 존 디어는 하역 부두에 가까운 PC에서 사용하기 위해 최초의 스케줄링 시스템의 원형을 개발했다. 1개월 간 파종기 주문의 수가 무려 60만 개나 되는 스케줄을 반복하는 것은, 그것도 매번 반복할 때마다 보다 나은 스케줄을 찾으려는 시도를 하는 소프트웨어를 짜는 것은 본질적으로, 소프트웨어가 하느님 노릇(또는 어쩌면 더 정확히 말해 다윈의 역할)을 하는 것이었다.

소프트웨어 이름은 최초의 개발회사인 옵티막스 시스템스 코포레이션(Optimax Systems Corporation)의 이름을 본떠 옵티플렉스(OptiFlex)로 붙여졌다. 생물학적 유사성은 성관계에 의한 재생산과 같다. 이 소프트웨어의 목적은 조립라인의 효과적 운영에 무한정 다양하게 끼치는 영향들을 축소하기 위해 정보의 실마리(즉 스케줄)를 찾으려는 것이다. 풀커슨은 회고한다. "과거에는 우리들이 도전해야 할 점은 수량이었다—지금은 제품의 종류의 다양성이다."

풀커슨은 "파종기 생산은 이런 식으로 스케줄링하는 것이 이상적이다"라고 말한다. "4에서부터 31개의 칸을 가진 파종기를 생산하기 위해 직사각형 프레임을 만들 수 있다." 조립된 파종기는, 다양한 옵션으로 씨앗 상자와 씨앗을 뿌리는 시스템을 부착하고 있다. "그것은 같은 조립라인에서, 같은 날, 대형 스쿨버스를 조립한 바로 뒤를 따라 폭스바겐의 소형 딱정벌레차 모델을 조립하는 것과 같다. 투입라인에서 작업이 고르게 발생하도록 하는 도전도 해결해야만 했다. 큰 프레임은 건설하는데 오랜 시간이 걸리고 신중해야 한다. 그리고 우리는 소프트웨어가 각종의 문제를 해결할 수 있도록 해야 했으므로 모든 제약조건을 포함시켰다."

유전공학 알고리즘을 사용함으로써 존 디어는, 원활한 작업은 물론 시장상황과 생산상의 제약 둘 다를 해결하는, 보다 나은 생산 스케줄을 짤 수 있었다. 프로세스는 스케줄의 모집단(population of schedules)—예컨대 10 또는 20개—으로부터 출발했는데, 그것으로부터 적합성을 평가하는 과정에 우연히 두 개의 부모 스케줄(parent scedules)을 선택했다. 부모 스케줄을 임의로 부수고 또 마치 세포의 유사분열(mitosis)처럼 부품을 교환함으로써, 부모 스케줄들로부터 두 개의 새로운 스케줄들이 도출되었다. 다윈식으로 말하자면, 이런 자식 스케줄(children schedule)은 자연선택 과정을 밟으며, 우수한 자식 스케줄이 애초의 모집단에 추가되고, 모집단의 크기를 유지한다. 개선의 여지가 거의 없을 때까지 그리고 반복작업 프로세스가, 생산 스케줄로서 결정될, 가장 적합한 모집단의 숫자에서 정지할 때까지, 모집단은 계속적인 반복작업을 통해 점점 더 적합하게 된다.

유전공학 알고리즘을 사용하는 공장이 추진할 다음 단계는 무엇인가? 풀커슨에 따르면, 제조업체용 소프트웨어를 개발하는 대부분의 소프트웨어 회사들은, 약속 대 실현가능성(available-to-promise) 그리고 약속

대 능력(capable-to-promise) 경로를 만들어 전통적인 제조업자들로 하여금 고객의 주문에 따른 생산을, 혹은 대량 고객화(mass customization)를 한층 더 쉽게 달성할 수 있도록 하려는 경쟁을 하고 있다. 그 다음, 이 문제를 성공적으로 해결한 소프트웨어 공급자는 궁극적으로 이런 전략에서 한 걸음 더 나아가 이익 대 기대 전략(promise-to-profit strategy, PTP)으로 이동할 것이다.

수요 변화에 대처하여, 유연하고도 신속한 반응을 하게 됨에 따라 가능하게 된 여분의 생산능력은 "원가 더하기 공식"(cost plus fomula)을 극복하고 진정 가격파괴를 실현하는 단계로 들어가게 해준다. 보다 낮은 가격을 전제로 한 장기구매의 보장을 촉진하고, 그리고 긴급 배달에 대해서는 프리미엄이 붙은 가격을 매기는 이익관리 전략은 이제 지평선 위에 나타나고 있다. 기업들은 프리미엄 붙은 가격의 단기 생산을 위해 생산능력을 비축해 둘 것이고, 그리고는 장기적 공급계약을 추진하게 될 것이다. 요컨대, 기업의 가치라는 측면에서 모든 고객이 똑같을 수는 없게 될 것이다.

세 번째 메타 시스템:
지능 모델링 센터의 한 예, 피라미드 VEC 셀

진 키릴라는 14세의 소년 시절, 아버지가 식용 소 500두를 보유한 오하이오의 농장 1천 에이커를 그에게 맡긴 이래로 사업가로서 오랜 경력을 갖고 있다. 10대의 키릴라는 학교, 축구, 그리고 아버지가 시킨 또 다른 사업을 번갈아 돌보면서도 수익성 좋은 사업으로 성공적으로 운영했다. 키릴라는 물건을 만들고, 부수고, 고치는 재주를 타고났다. 그는 축구를 좋아했고, 그리고 대부분의 축구 선수들처럼, 그 또한 무릎을 다치지 않는 날이 없었다.

고등학교 시절, 그는 피츠버그 스틸러스(Pittsburgh Steelers) 선수들 몇 명을 포함한 여러 사람의 다양한 요구에 맞춰, 의자와 기계들을 한꺼 번에 용접하고는 자신의 전용 운동 시설을 디자인하고 또 만들었다.

키릴라는 영스톤(Youngstown)에 있는 대학에 갔으나, 그가 훗날 기 업을 창업했던 것과 똑같은 이유로 그 대학을 떠났다. "대학은 모든 것을 옛날 방식으로 가르쳤다"고 그는 회고한다. 비록 그는 자신이 알고 있는 것을 적용하여 자신이 연구한 프로세스—그는 어떤 제조 프로젝트에도 적용할 수 있는 종합 시스템, 즉 혁신적인 메타 시스템을 개발했다—에 대해 논문을 쓰기는 했지만, 학교는 그에게 더 이상 매력적이지 못했고, 그래서 그는 학교를 떠났다.

VEC 프로세스

키릴라는 피라미드 컴포지트(Pyramid Composites)사에서 새로운 한 프로세스를 고안했다—그것은 VEC(Virtual Engineered Composites)로 명명된 것으로 복합재료(composite, 비행기, 자동차, 테니스 라켓, 건축 자재, 목욕통 등에 폭넓게 사용되는 다양한 화학물질의 복합체로서, 환경 비친화적이 고 사람에게 유해한 제조과정 때문에 규제가 많았음)를 생산하기 위한 종합 시스템이었다.

VEC 오퍼레이팅 시스템은 적은 자본 투자로도 복합재료를 환경 친화 적으로, 유연하고도 자동적으로 생산할 수 있도록 해준다. VEC 시스템 을 보유하고 있는 피라미드사가 추진하는 과제는, 소량에서부터 중규모 수량을 생산하는 금형(mold) 공급업자들이 복합재료로 만든 부품을 관 리 개발하고, 금형을 만드는데 사용할 수 있는 산업용 표준 오퍼레이팅 시스템을 만들려는 것이다.

그 오퍼레이팅 시스템은 VEC 소프트웨어와 시스템 전체를 관리하는 하드웨어—장비, 수지(樹脂), 그리고 프로세스—를 포함하고 있다. VEC 오퍼레이팅 시스템은 마이크로소프트 NT 네트워크 플랫폼에서 가동되며, 복합재료 생산에 필수적인 여러 변수들을 완벽하게 갖추고 있다. 기본적으로 이 시스템은 차이니스 박스의 아이디어와 궤를 같이 한다.

펜실베니아 피츠버그 근교에 있는 피라미드의 신 공장은 VEC 오퍼레이팅 시스템에 기초하여 가공되고 있다. 이 공장은 생산용 부품을 금형을 찍어내고 있고, 고객의 새로운 부품을 상업적으로 생산하기 위한 개발도 가능하다. 일단 고객의 부품이 VEC을 이용하여 생산되고 나면, 그 다음에 고객은 다음의 옵션 가운데 하나를 선택하여 VEC 오퍼레이팅 시스템을 채용할 수 있다.

1. 피라미드 컴포지트와의 조인트 벤처
2. VEC/Cell이라는 턴키(turnkey) 방식의 리스 프로그램을 고객의 공장에 설치할 수 있다.
3. 피라미드는 펜실베니아 공장 혹은 VEC 라이센스가 있는 타지역 공장에게 고객을 위해 부품 생산을 하도록 허가할 수 있다.

VEC의 특징

VEC 오퍼레이팅 시스템은 제조업자로 하여금 폐쇄된 환경에서의 성형 작업(closed molding)과 관련된 다음의 네 가지 요소들을 제어하고 또 통합하도록 해준다.

1. 휴먼 인터페이스 변수(human interface variable)
2. 자본 변수(capital variable)

3. 미확정 변수(live variable)

4. 프로세스 컨트롤 변수(process control variable)

각각의 변수는 고품질의, 재사용 가능한, 빠른 순환주기의 복합재료로 성형된 부품을 생산하기 위해, VEC 오퍼레이팅 시스템에 의해 제어된다. 그러나 현행의 여러 오퍼레이팅 시스템과 비교하여, 가장 다른 점은 휴먼 인터페이스 측면이다. 인간의 개입은, 그것이 자동 프로세스이든 아니든 간에, 어떤 프로세스에서도 중요한 사항이다. 오직 인간적 요소가 포함될 때만 프로세스 엔지니어링이 작동되므로, 인간의 활동 그리고 장비와 프로세스의 통제 사이에 발생하는 문제를 관리하는 것은 필수적 사항이다.

비디오 게임 센터를 닮은 제조 현장

키릴라는 복합재료 생산에 관련되는 모든 변수들—인간 행동과 기계 및 전자 기술들—을 포함하는 VEC 시스템을 고안했다. "이 시스템에서는, 실질적 활동을 통해 종업원들의 부가가치를 높인다—종업원이 아침에 기계 앞에 다가가면서부터 시작하여 모든 것의 부가가치를 올린다. 우선 신분증을 마치 현금지급기에 카드를 읽히듯 한번 긋는다. 종업원이 일단 그 시스템에 '들어가고' 나면, 기계류와 작업장을 그 종업원 개인에게 적합하도록 만든다."

이것은 큰 변화이다. 기계와 인간의 두뇌가 합동으로 생산할 수 있는 최고의 것을 인간이 산출할 수 있도록 유도하는 하나의 혁신이다. "부품을 생산하는 것만이 우리의 책임이라고 생각하지 않는다. 우리의 책임은 종업원의 하루 일과를 효과적으로 지도하는 것이다. 우리는 종업원에게 동기를 부여하고, 가르치고, 종업원이 동료에 대해서만 피드백하는 것이 아니라, 그가 속해 있는 국가와 세계에 대해서도 생각하도록 한다. 따라서 우리는 시스템을 개개인에게 적합하게 만든다. 우리는 독자들이 주의를 기울여 주기를 바란다."

굿모닝, 존. 오늘은 월요일이고, 클리브랜드 인디언스가 월드 시리즈에 한발 더 다가섰군. 존, 잊지 마. 내일은 당신의 결혼 15주년 기념일이야. 한잔 하자구.

"우리는 종업원의 인간적 측면을 고려하길 바라며, 따라서 공장의 각 층마다 종업원들의 신상 카드를 부착해둔다. 그것은 마치 비디오게임 센터와 유사하다"라고 키릴라는 말하면서, 제조업자들이 오로지 자동화에만 관심을 두는 것에 놀라움을 표시한다.

그런데 말이야, 존, 어제 생산을 200개나 했던데. 게다가 품질수준은 99.6%이고, 정말 잘했어. 하지만 효율은 레드 모토로라 팀(Red Motorola team)보다 3포인트나 떨어졌구먼.

키릴라의 목적은 현장에 완벽한 제조 환경을 창조하는 것이다. "우리가 하고자 하는 것은 기업문화 속에 또 하나의 하위문화를, 예컨대 할리 데이비슨 컬트(Harley Davidson cult, 미국의 대형 오토바이 제조업자 할리 데이비슨이 만든 오토바이를 타는 사람들만의 상호신뢰감) 같은 것을 만들려는 것이다—그것을 작업장 현장에다 말이다. 우리는 좋은 경영자면 누구라도 하는 그런 것을 하는데, 단지 우리는 그것을 시스템이나 컴퓨터에다 할 수 있다는 것이 다른 점이지."

존, 오늘 우리는 보트 200대를 만들려고 해. 같이 한번 해치우자구.

간단한 시각적 지시

키릴라는 작업 지시서를 시스템에 포함시켰다―따라서 작업자가 오류를 범할 가능성은 거의 없다. 시스템은 작업자에게 무엇을 하라고 정확하게, 차근차근, 쉽게, 도표를 활용하여 분명한 아이콘과 문자로 알려준다―예컨대 "곡물 폴리에스터 수지를 표면층 수지 하버 그린(gelcoat harbor green)과 혼합하라" 라는 식으로 지시한다.

즉각적인 시각적 피드백

작업자가 작업을 마치면, 기계에 부착된 지시등은 작업자가 작업을 잘 수행했는지 즉각 알려준다. 기계는 작업자에게 작업의 진행 상황을 알려주고, 부품을 투입할 시간이 되면 금형은 자동적으로 열린다. 부품이 완성되면 작업자는 품질을 검사해야 하는데, 그는 간단히 주요 자료만 입력한다―두께, 크기, 유리 사용량, 무게 등을 입력한다.

키릴라가 만든 시스템의 우수성은, 휴먼 인터페이스에 있다고 할 수 있는데, 이 시스템은 작업자 위에 군림하는 것이 아니라 작업자와 더불어, 24시간 동안 오류 없이 작동된다는 점이다―다리나 손목의 피로를 느끼지 않으면서 말이다.

오퍼레이팅 시스템

오퍼레이팅 시스템은 두뇌 속의 브레인으로서, 기계 조작법과 작업자의 휴먼 인터페이스 모두에게 지시를 내린다―작업자 명세서, 개인별 작업지시서, 작업방법, 기타 사항들을 알려준다.

오퍼레이팅 시스템이 기계를 관리하지만, 키릴라는 "휴먼 인터페이스는, 기계를 가동하는 것만큼이나 중요한 것이다─어느 곳이나 휴먼 인터페이스가 존재한다. 만약 당신이 사용하고 있는 시스템의 디자인이 사용자 편리성이 고려된 것이라면, 그것이야말로 성공적인 오퍼레이팅 시스템의 핵심이다.

또 다른 적용 사례들

최초의 VEC 셀은 온갖 종류의 보트─해군용 보트, 유람선, 작업선 등─를 생산하는 세계 최대의 보트 메이커에게 팔렸다. 그 회사는 전 세계에 14개의 공장을 소유하고 있다. 키릴라는 "이 시스템의 우수성은 어떤 특정 종류의 제품이라도 대량 생산을 하지 않아도 된다는 점이다─그것을 하나의 컴퓨터로 생각하라"고 말했다.

이 시스템 제품은 여러 분야에서 2020년을 혁신할 제품이 될 것이지만, 이 제품은 복제가 가능하기 때문에 키릴라는 이 시스템을 많이 판매하지도 않는다. 이 시스템의 하드웨어는 제조하는 제품과는 상관없다. 제조업자는 이 시스템을 이용하여 어떤 종류의 복합재료라도 만들 수 있다─제트스키, 목욕통, 그리고 자쿠지(Jacuzzi, 여러 군데에 분출구가 있는 분류식 기포 목욕탕), 혹은 소규모 보트 등을 만들 수 있다. 이 장치는, 한 가지 원재료에서부터 수십만 종류의 원재료를 이용하여, 수천 가지 종류의 제품을, 품질도 우수하고 또 효율도 높게 생산한다.

그러나 이 시스템을 구입한 보트 메이커는 자사가 생산하는 모든 제품들에 대해 연간 100대 이상은 만들지 않는다. 그럼에도 VEC 셀은 메이커로 하여금 각각의 제품과 모든 제품을, 단 한 대를 생산해도 경제성이 있도록, 계획을 짜게 해준다.

이 복합재료 생산 프로세스를 적용한 또 다른 예가 자동차 산업이다─반트럭 외장재, 자동차 배전판 등의 제조에 적용되고 있다.

이 시스템을 보트 제조에 적용해 1950년대 최초로 유리섬유로 만든 보트가 등장한 이래 줄곧 사용되던, 시간이 매우 오래 걸리고 여러 단계를 거치는 노동 집약적 프로세스—배치공정, 성형공정, 연마공정, 접합공정, 광택공정—를 대체했다. 키릴라는 세계 최대의 사출금형 부품을 사용하여 17.5피트의 보트를 생산할 수 있게 된 것을 자랑스럽게 생각한다. 이런 보트를 만드는데 전통적 방식으로는 여러 날이 걸렸던 것을 단 70분 만에, 그리고 노동력도 10명에서 1명으로 줄어들었다.

2020년에의 적용

키릴라는 자신이 고안한 프로세스가 갖고 있는 혁신적 제조방식의 잠재력을 잘 알고 있다. "앞으로 큰 문제는 제3세계 국가들을 경제적으로 부유하게 만들려고 노력하는 것이다. 새로운 분야에서 부를 창조할 수 있는 잠재력은 엄청나다. 다음과 같은 상황을 상상해보라. 냉장고 제조회사는 VEC 셀을 중국이나 아프리카 어딘가에 설치할 수 있을 것이고, 게다가 이 장치는 이동 금형 기술을 이용하여 가변적으로 사용할 수 있기 때문에, 60개 종류의 냉장고—2중문 냉장고, 냉각기, 기타 여러 종류의 냉장고—를 단 하나의 셀로 생산할 수 있다."

VEC 셀은 외항선 컨테이너 2개면 충분하다. "우리는 3일이면 공장을 하나 건설하고 또 공장의 종업원들은 생산을 할 수 있다." 모든 지적 자본(intellectual capital)—장착해야 할 도구, 금형 디자인, 제품 도면 등—은 VEC 솔루션 센터에 그대로 존재한다. "우리가 프로그램—설계도면, 디자인, 화학공학—을 짜면, 나머지는 기계와 소프트웨어가 자동적으로 운영한다."

북미에서, 고객의 주문에 응해 즉각 생산하는 것은 그 의미가 크다. 상상해보라. 근처에 있는 홈 데포(Home Depot)에 가서 이것저것을 비교해보고는 카리브해 색깔의 푸른 자쿠지를 주문한다고 말이다. 세라믹 타일을 사서 집의 목욕탕에다 바르는 시간보다는 훨씬 단시간에, VEC 셀은 자쿠지를 금형으로 찍어내고 배달 준비까지 마칠 것이다.

키릴라는, 자신이 발명한 기술이 스케줄링, 프로세스의 복잡성, 그리고 품질과 작업자의 성과를 향상할 수 있는 방법을 창출하는데 전형적으로 필요한 다양한 변수들을 처리할 수 있다고 믿고 있다. 일반적으로 그 시스템에 포함되는 변수들은 다음과 같다.

1. 연간 필요한 부품들의 수
2. 최고 성수기의 수요량

3. 제품수명 주기의 햇수 그리고 총수량
4. 기하학적 디자인
5. 필요한 장비
6. 외장 기준
7. 원가 목표
8. 박판 제품 스케줄

최초의 시스템은 간단한 도형 심볼로 고안되었다. 비록 근로자는 당연히 읽고 쓰기는 할 줄 알아야 하지만, 키릴라는 언어의 전환을 시도한다. "그것은 시각적 통제 그리고 부분적으로는 청각도 이용하려는 것이다—우리가 종업원들에게 바라는 것은 기본적으로 다만 스크린을 터치하도록 하는 것이다. 우리는 그것을 2중 Ph.D(Dual Ph.D)시스템이라고 부르는데, 그 이유는 그것이 박사에 의해 고객 친화적으로 고안되었고, 또한 고객이 그 분야의 박사가 되기 때문이다. 여기서 말하는 박사, 즉 Ph.D는 '여기만 누르면 돼'라는 의미의 'push here dummy' 라는 영어의 머릿글자이다."

자본 장비 변수

그러나 VEC 셀은 그 결과가 휴먼 인터페이스 특성을 훨씬 넘어 효과를 미치는 혁신이다. 제5장의 〈그림 5-6〉에서 보는 "차이니스 박스"를 현실 세계에 적용함으로써 자본 장비에 투입되는 투자와 제약은 한결 제거되었다.

열경화성 수지(thermoset resin)는, 수지가 촉매와 함께 금형으로 투입되기 전에 시작되는, 중합반응 프로세스(polymerization process)를 거치기 전에는 액체 형태로 있다. 정밀화학 공학을 활용함으로써, 열가소성

물질 그리고 다른 여러 열경화성 물질 제조에 필수적인 고가의 자본 장비를 사용하지 않고도, 열처리복합재료의 성형을 할 수 있게 되었다.

자본집약적인 설비를 제거하려는 시도는 여러 해 동안 컴퓨터가 해결하지 못하는 과제였지만, VEC 오퍼레이팅 시스템이 프로세스의 통제관리, 자본, 그리고 화학과 관련된 문제를 통합하여 해결하고 있다. 그것은 원가를 크게 절감할 뿐만 아니라 자본 장비의 투입도 획기적으로 감축시켰다.

미확정 유기화학 변수

열경화성 수지는 액체 상태를 고체 상태로 바꾸기 위해 촉매를 사용하는 불안정성 (즉, 미확정) 유기화학이다. 그러나 이런 유기화학은 시간이 경과함에 따라, 심지어 촉매가 존재하지 않아도, 변화를 일으킨다. 원재료가 갖는 탄성은 어떤 제품을 만들지를 결정하는 제품 믹스(product mix)의 구성을 정말 어렵게 만든다. 이 경우 자동화는 구체적인 결과에 부합하고 또 구체적 결과를 초래하도록 하는데 도움이 된다.

프로세스 통제 변수

원재료 가공과 관련되는 변수들은 시간, 온도, 압력, 수량, 그리고 각종 물리적 속성을 포함한다. 한 프로세스에서 변수를 얼마나 잘 제어하는가 하는 능력은 프로세스의 운영비용과 그 시스템을 관리하는데 필요한 자원과 직접적으로 관련이 있다. 만약 제조업자가 프로세스의 변수들을 잘 제어할 수 있다면, 자원에 투입되는 비용을 통제할 수 있다(이것은 통계적 프로세스 관리의 기초이다).

시스템이 모든 것을 결정한다

키릴라는 VEC 셀로 만든 복합재료의 시장을 6백억 달러로 추정한다. VEC 오퍼레이팅 시스템은 자본 장비, 프로세스 제어 변수, 미확정 변수, 그리고 휴먼 인터페이스를 통합하여 관리할 수 있도록 해준다.

VEC 셀이 어디에 설치되든 간에, 이런 변수들을 통합하고 또 품질을 보증하려는 키릴라의 아이디어는, 그리고 원격조정으로 제품 디자인을 다운로드하고는 생산을 추진하는 이 아이디어는, 2020년의 제조에 끼칠 혁신과 변화의 시작이다.

네 번째 메타 시스템: 더 넷(Net)

2020년의 제조 센터로부터 고객과 디자이너에게 향하는 커뮤니케이션은, 현행의 땜질식 커뮤니케이션 시스템—전화, 두 가닥으로 꼬인 전선(twisted pairs, 가장 보편적인 통신용 전선으로 음성 및 자료의 전송에 사용된다. 1996년 로이 J. 카버 차리터블 트러스트(Roy J. Carver Charitable Trust)가 지원한 3개년 프로젝트의 결과물), 고속 모뎀, 저속 모뎀, 광섬유 전선, 위성 전달, 기타—을 비통합적 제한적 파이프라인으로 묶어두고 있는, 여러 기술적 문제들을 해결함으로써 원활하게 진행될 것이다.

프로세스를 인터넷을 통해 관리하고 그리고 직접적으로 제어하는 것은 하나의 도전이지만, 먼저 극복해야 할 세 가지 장애물이 있다—안전, 응대시간, 그리고 주파수 대역폭(bandwith, 증폭기 주파수 특성의 최대치보다 3데시벨 떨어진 두 점 사이의 주파수 폭)이 바로 그것이다.

앞으로 각각의 공장, 공장 마을, 그리고 창고 등이 고속 광섬유 연결망을 갖추게 될 것이다. 하지만 그런 사회간접자본에 투입되는 자본은 매우 클 것이다.

주파수 대역폭

원거리 화상대화(telepresence)와 원격작업(teleoperation)을 하려면 각 공장이, 각각의 서비스 현장에 대해 쌍방향의 실시간 통신을 할 수 있는, T1급(초당 1.5 메가비트) 성능의 시설을 필요로 한다(T1은 AT&T가 만든 용어로, ISDN이 초당 64킬로비트 속도로 전송하는데 비해 초당 정확히 1.544 메가비트의 디지털 신호를 전송한다. 지금은 T3까지 개발되고 있다).

그리고 기존의 상호연결 시스템이면 충분하다. AT&T의 솔루션, 즉 ADSL—Asynchronous Digital Subscriber Line—은 구리선을 사용하는 기존의 주택 통신장비에 고속 쌍방향 대역폭을 가능하게 하는 혁명적인 개념이다. ADSL은, 일부 전문가들이 예상하는 바로는, 모뎀과 ISDN을 뛰어넘을 저비용 솔루션이다.

ISDN은 고용량 자료교환 서비스(data-exchange service)를 제공하는 것으로, 모뎀이 초당 33.6킬로비트(kilobits)에서, 자료압축을 하기도 전에 멈춰버리는 문제를 해결하는 또 다른 솔루션이다. 자료압축(data compression)은 원래의 주파수 대역폭(raw bandwith)과 같은 것이 아니다. 자료압축 기술은 미사용 대역폭에 비해 4배 용량의 가상 대역폭(virtual bandwith)을 제공할 수 있다.

우리의 주택이나 공장에 이미 가설된, 두 가닥으로 꼬인 동선(銅線)으로 연결된 장비(copper twisted pair sets)를 통해 4개의 T1 라인들(약 6메가비트)을 소통시키는 것은 불가능할 것 같았다. 그러나 테스트와 시범적 사용을 통해, 이에 대한 회의론자들은 ADSL이 신뢰할 수 있고 성능이 우수하며, 원가 경쟁력이 있다는 사실을 인식했다. 동선을 이용한 전파 테스트는, 이 테스트가 ISDN, 4개의 TV채널, 그리고 구형 일반 전화 서비스를 단 한 번의 결함도 없이 동시에 수행했으므로 정말 인상적이었다.

쌍방향 T1을 활용한다는 것은 허황한 생각이 아니며, 4개의 T1 능력을 보유한 ADSL 역시 테스트를 마쳤다. 이에 적합한 하드웨어를 모토로라, 아날로그 디바이시스(Analog Devices), 그리고 기타 많은 회사들이 생산하고 있다.

승부수

자료교환은 비동기적이다. 텍스트 한 페이지는 1~2킬로비트와 동일하며, 그리고 압축된 그래픽은 10~100킬로비트를 소요한다. 컨트롤러(controller)는 다운링크(downlink, 정보 수신)의 일부—대략 1~10% 정도—만 차지한다. "저속"의 T1는 64킬로비트의 업링크(uplink, 정보 수신)를 사용한다. 6메가비트(즉, 4개의 T1 라인들)의 다운링크는, 비록 실험실에서의 테스트는 두 가닥으로 꼬인 전선 1천 피트에 51메가비트의 전송을 시도했지만, 640킬로비트 컨트롤 캐파시티(control capacity)를 사용한다. 기본적인 변조 계획(modulation scheme)은 이산적 다성 변조 기술(discrete multitone modulation Technology, DMT)을 사용한다.

이 기술은 세 가지 경쟁적인 기술들, 즉 쿼드러쳐 암플리튜드 모듈레이션(Quadrature Amplitude Modulation, QAM), 캐리어리스 암플리튜드 앤 모듈레이션(Carrierless Amplitude and Phase Modulation, CAP), 그리고 베스티지얼 사이드밴드(Vestigial Sideband, VSB)를 물리치고 시장에서 승리자가 될 것 같다.

가격

ADSL의 가격은 99년 현재 약 2000달러이지만 조만간 500달러 또는 그 이하로 떨어질 것이다. 그리고 21세기 초까지는 지금의 모뎀 가격 정도로 하락할 것이다. 전형적인 T1 서비스는, ADSL이 같은 서비스를 15

달러에 제공하는데 반해, 30분에 200달러를 청구한다. 비교 차원에서 말하자면, 케이블 TV와 광통신은 2000달러 수준으로 가격이 하락하고 있다.

자! 시작합시다

비록 기술자들이, 전화회사가 이미 가설한 동선(銅線)을 이용하여 주택과 공장을 광섬유로 빠른 속도로 연결하고는 있지만, 어떤 한 회사만으로는 여러 전화회사들이 필요로 하는 모든 수요를 감당할 능력이 없다. 뿐만 아니라, 어느 회사도 혁신적 생산이라는 르네상스를 가져올 시스템을 모색하지 않고 있다. 통신관련 공급업자들은 대체로 규모가 적고 또 자금력도 부족하다. 비록 광섬유와 동축(同軸) 케이블이 전 세계적으로 확산되고 있지만, 문화적 저항과 각종 규제가, 혁신적 기술 솔루션의 앞길을 가로막을 것이다.

ADSL은 기존의 동선의 성능을 향상시킬 것이고, 그 결과 통신 서비스는 곧 오락분야뿐만 아니라 자료 전송과 산업용으로 이동할 것이다. ADSL은 비디오 정도의 선명성과 T1 정도의 성능을 제공하기 위해 두 가닥으로 꼬인 전선 가운데 미사용분을 사용한다. 오늘날 미국의 회사와 공장은 모두 통신선으로 연결되어 있다. 이것은 산업상의 필요한 상호 조정, MIS 상의 필요를 충족시키기 위한 대규모 시스템 구성이 가능하다는 것을 의미한다. 이제 그것을 시작할 때가 된 것이다. 머뭇거릴 여지가 없다──우리는 오늘날 우리가 필요하다고 생각하는 것 이상으로 컴퓨터 능력, 메모리 용량, 소프트웨어, 그리고 주파수 대역폭을 보유하고 있다. 이제 시작할 때이다.

4개의 소프트웨어에 기초한 메타 시스템(four software-based meta

-system)은 지능 에이전트와 지능 소프트웨어를 적용하여 제조과정을 단순화하고 또 어려움을 제거하고, 그리고 지금까지 우리가 사용했던 물건의 생산 방식을 바꿀 수 있다는 것을 증명했다. GM의 포트 웨인 공장은 최초의 큰 변화였다. GM의 경험을 바탕으로, 소프트웨어 디자이너들은 어렵게만 생각했던 산업현장에의 적용도 가능하다는 확신을 갖게 되었다.

존 디어의 농기계 스케줄링 알고리즘은 컴퓨터 제조 공장에도, 자동차 조립공장에도, 혹은 다양한 품목들이 가장 큰 문제인 가전제품 생산에도 마찬가지로 적용할 수 있었다. 진 키릴라가 개발한 독특한 방식의 복합재료 제조 시스템은 제품의 수명주기가 빠르고, 작업교체가 빠른 프로세스를 가동하는데 필요한 지능 시스템을 해결했다. 또한 생산에 필요한 정보를 쉽게 이동이 가능하도록 했다. 키릴라의 혁신은 차이니스 박스의 발명이 가능하도록 길을 비추어 주었다. 넷(Net)—즉, 화상대화와 원격생산—은 원격 지능 시스템으로, 분산된 지역에서의 현지 생산이 가능하도록, 고속도의 광대역 주파수 대역폭 채널을 연결한다.

다섯 번째의 메타 시스템, 즉 일본의 탄환열차인 신칸센(新幹線)은 대규모 컴퓨터 모델링과 지능 소프트웨어를, 고속열차의 복잡한 스케줄에 적용한 사례이다. 탄환열차는 제8장에서 논의될 것이다.

참고문헌

Petzinger, Jr., Thomas, "존 디어의 경험, 그들은 미친 과학자가 큰 재산일 수도 있다는 것을 알고 있다" 〈월 스트리트 저널〉 1995년 7월 14일자.

제 7 장
테크놀로지 머신의 관리

성공적인 기업이 품고 있는 야망은

세계를 향해

올바르게 일하는 방법을 보여주려는 열정이다.

60년 전, 미국에는 없는 것도 많았지―

텔레비전, 냉동식품, 제록스, 콘택트렌즈, 레이더, 레이저 빔, 신용카드, 원자력, 볼펜, 냉장고, 달에 간 사람, FM 라디오, 카세트 테이프 녹음기, 워드 프로세서, 맥도날드 햄버거, 에이즈, 인공 감미료, 일회용 기저귀, 나일론 찍찍이(Velcro), 휴대폰, 전자 해충 퇴치기, CNN, 케이블 TV, 일본제 제품들, 자동 변속기, 자동차 에어컨, 인터넷, 방향 지시기, 유엔, 고속도로, 쇼핑 몰, 비틀스, 마일리지 보너스, 페니실린, 제트 비행기, 컬러 TV, 다이어트 음료, 페덱스, CD 롬, 피임약, 트랜지스터, 국립기상청, 장기 이식, 폴리에스테르, 핵반응기, 코닥 컬러 프린터, 자기 녹음 테이프, DDT, 테프론, 주크 박스, 중앙정보국, 비행접시, 로스앤젤레스 공기오염 특별지구, 폴라로이드 카메라, 최초의 핵융합 폭탄, 과학종교, 3차원 영화, Eniwetok(1945년 이후 미국의 핵무기 계획), DNA, 합성 다이아몬드, 디즈니랜드, 엘비스 프레슬리, 스푸트니크, 포트란 프로그램 언어, PLC, 노래하는 장난감, 마이크로칩, 바비 인형, 인기조작을 위한 사재기, 미니 컴퓨터, 가정용 VCR, 공기청정법, 환경청, 핀토 가스탱크, 플로피 디스크(이것 또한 공저자 모얼리가 발명한 것이다), 왕 워드 프로세서, 퐁 비디오 게임, 크레이 컴퓨터, 심장 및 신장 이식.

10년 전만 해도, 없었던 것―

WWW, 가상 애완동물, MS윈도우, 롤러블레이드, 스내플 주스, 현금 자동지급기, 닌자 거북이, SAP/ERP, V칩, 개인용 인터넷, 총기소지 등교, 매맞는 여인을 위한 대피소, 자동차 4대를 가진 가정, 외래환자 신분으로 하는 대수술, 학교의 무료 아침 급식 및 점심 급식, TV를 통해 연간 6천 건의 폭력 장면을 보는 아이, 학교 고충상담소, 에어백.

5년 전에 없었던 것들―

비아그라, 평면TV, 소형 접시 위성안테나, 만화 네트워크, 사우스 파크, 올레안(Olean), 아마존, www.schwab.com(일반인을 위한 온라인 주식거래 시스템), 착용 전화, 체스 선수를 이기는 체스 기계, 티니 베비(Beanie Babies), 1기가바이트 하드 드라이브, 팜탑 컴퓨팅, 케이블 모뎀.

기술의 힘

기술은 부(富)와 일자리, 더 많은 기술을 창조한다. 기술은 진정한 부로 가는 유일한 길이다―다른 모든 활동은 중개, 지불, 그리고 재유통에 지나지 않는다. 컴팩(Compaq)은 진정 컴퓨터 사업을 새로 창조했는가, 아니면 IBM이 놓친 기회와 틈새시장을 잡아챈 것인가? 인터넷, 불, 마차, 화약 등은 진정하게 부, 새로운 방식, 방향, 심지어 선택의 자유를 창출했다.

부는 선택의 자유를 의미하는 것이지, 돈의 유통을 의미하는 것이 아니다. 뜨거웠던 인수 합병 열풍은 새로운 산업을 성장시키는 것도 아니고 또 부를 창출하는 것도 아니다. 단지 돈을 가진 자에게 더 많은 돈을, 그리고 중개인의 주머니를 부풀려주는 것에 지나지 않는다. 예를 들면, 1978년 굴드(Gould)가 모디콘을 1780만 달러에 매수했을 때, 주가는 별로 변하지 않았다.

두 개의 중규모 회사를 하나의 큰 회사로 합병한다 해도 부는 창출되지 않는다—그 합병은 이름표만 바꾸고 임원들의 보수를 증가시킨 것 외에는 구조조정이 된 것도 없다.

그리고 때로는 잘못된 경영관리 아래로 들어간 기술은 더 복잡해지기만 하고, 엄청나게 많은 스위치에, 많은 플러그가 꼽힌 너무도 복잡한 통신선처럼 되고 만다. 핵발전 산업의 문제, 그리고 우주 왕복선 디자인에 대한 정치인의 간섭으로 발생한 재난은 결국 O링(O-rings)의 규격문제로 끝났지만, 그런 상황을 보여주는 사례이다. 핵물리학에 대해 누구도 이의를 달지 않겠지만, 그러나 쓰리마일 섬 핵발전소 사고, 체르노빌 핵발전소 누출 사고, 그리고 O링 사고는 순수과학이 당면한 빈약한 경영관리 문제를 폭로하고 있다.

기술의 승자를 결정하는 법

어떤 계층에 속해 있든지, 제조 전문가는 세상에는 기술의 승자도 패배자도 있다는 것을 이해해야만 한다. 왜냐하면 2020년의 경영자들은 더 이상 테크놀로지 머신에 대한 단순한 하인이 아니기 때문이다.

그들은 기계를 만들고, 관리하고, 때때로 기계의 고장을 고치기도 할 것이다. 그것은 비기술계 출신 경영자들이 잘 대처할 수 없는 일이다. 기술을 잘 모르는 관리자들은 앞으로 첨단 디자인, 커뮤니케이션, 그리고 기술 프로세스에 의해 추진되는 제조공정과 확대 기업을 만나게 되기 때문이다.

기술의 승자, 그리고 승자에 가까운 사람들을 양성하는 한 원천이 MIT 대학이다. MIT 출신의 기술의 승자들은 제조분야, 바이오테크 분야, 그리고 에너지 관리분야에서 스스로 일자리를 창출한다. 뱅크보스턴

(BankBoston) 경제 연구소에서 발간한 특별 보고서에 따르면, 1994년까지 MIT 졸업생들은 4천 개의 기업을 창업했고, 일자리는 110만 개, 매출액은 2320억 달러에 이른다고 한다. 미국 전역에 걸쳐 그들이 운영하고 있는 8500개 이상의 공장에서 만든 일자리 수는 미국 전체의 일자리 170개당 1개씩을 창출한 셈이다. 게다가 그들이 만든 일자리는 80%가 제조 분야의 일자리이다.

MIT 출신 기업가들은 계속 이어지고 있다—"MIT 졸업자들과 교수들은 1990년 이후 매년 평균 150개의 새로운 기업들을 만들고 있다." 초기의 잘 알려진 창업회사들 가운데는 아서 디 리틀(Arthur D. Little, 1886), 스톤 앤 웹스터(Stone and Webster, 1889), 캠벨 수프(Campbell Soup, 1900), 질레트(Gillette, 1901), 아날로그 디바이스, DEC, 프로그래스 소프트웨어, 픽투레텔(Picturetel), 레이션(Raytheon) 등이 있다.

문 이쪽 저쪽의 야만인들

신기술 관리 아이디어 및 잠재적 창업은 계속 나타날 것이다. IT가 실질적으로 많은 산업에서 독자적인 사업이 되면서, 컴퓨터 범죄에 대비한 보안에 엄청난 자본을 쏟게 되었다. 위험한 상황에 놓인 재산이 경영의 관심사가 되었고 또 실제로 기술적 솔루션을 찾기에 분주하다. 2020년의 임원과 경영자들은 기술의 승자와 패배자를 가르는 법을 이해해야 할 뿐만 아니라, 자기 자신들이 처해 있는 상황을 마치 기술 투자의 포트폴리오처럼 관리하는 법도 배워야 한다.

경영관리자로서의 준비

경영자들은 어떻게 하면 자기 자신을 2020년의 기술 관리자 위치에 가장 적합하도록 준비할 수 있을까? 적절한 테크놀로지 머신을 이해하고, 선택하고, 평가하고, 관리하는 과제를 준비한다는 것은 일목요연하게 되는 일이 아니다. 오늘날 더욱 많은 MBA들이 기술적인 배경을 갖고 있다고는 해도, 대부분의 대학에서는 기술문제를 비즈니스에 연결시키려고 한다. 그리고 거의 모든 대학이 공장을 운영하는 방법을 여전히 잘 모르고 있다.

자격 요건에 대조적인 측면이 있는 것을 보면 혼란스럽기 그지없다. 예를 들면 대학원생들이 MIT나 스탠포드를 떠날 때, 그들이 제조분야의 리더가 되는 방법과 같은 공동 프로그램을 수료하지 않으면, 그들은 공장을 실제로 잘 운영하기가 어렵다. 과거 5년 전만 해도 초임으로 입사하기에 좋았던 지위였던 중간관리자 자리는 매우 줄어들 것이다. 더욱이 학생들이 법과나 의과대학을 졸업하면, 그들은 법률 지식을 실천하거나 실제로 환자를 돌볼 준비가 되어 있다.

그것은 기술과 과학을 둘러싼 "가진 자와 안 가진 자"의 문제에 그 뿌리를 두고 있는 것 같다. 우리는 공화국 체제에 산다는 사실, 그리고 정치는 집단사고(groupthink)에 의해 결정된다는 사실은 기술의 불구자를 만들 수도 있다. 의사 결정권자들이 문제 혹은 그 파장도 이해하지 못한다면 그들은 어쩔 수 없이, 논리에 의해서가 아니라 시류에 편승하여 결정을 내리게 될 것이다. 그릇된 기술과 잘못된 정치는 많이 있다.

승객 1인당 투입 에너지 대비 주행 마일 비율이 훨씬 비효율적인 납산축전지(lead-acid battery)를 사용하는 전기자동차를 생산하려는 이유가 무엇인가?

로스앤젤레스에 오염물질을 배출하지 않도록 전기자동차에 동력을 제공하기 위해, 누가 산성비를 유발하는 어떤 화석연료를 연소시키며 네바다 주에서 전기를 생산하는가?

맹목적인 경영관리는 다른 분야에서의 발전을 가로막는다—전기기술을 이용한 자동차에 동력을 제공하기 위한 합성연료 전지 말이다. 청소 프로세스가 잘 해결할 수 있는 공정에 굳이 로봇을 설치하는 이유는 무엇인가? O링을 사용하는 우주왕복선을 건설하는 이유는 무엇인가? 워싱턴 정부당국이 ARPA/DARPA 프로젝트(군사용 컴퓨터들을 인터넷으로 연결하는 프로젝트)에서 수백만을 배치하여 지역별 "경쟁력 제고"에 투입한 이유는 무엇인가?

여러 이해 당사자가 포함되는 구조를 만드는 것은 정치적으로 "모두 고려하고 또 균형발전"한다는 목적에는 부합할는지는 모르지만, 구조적 통합은 실질적으로 기대하기 어렵다. 잘못된 의사결정은 산업과 사회에 해를 끼칠 뿐만 아니라, 다른 좋은 의사결정을 하지 못하도록 방해한다—다시 말해 올바른 결정을 못하도록 말이다.

극단적인 것들을 관리할 필요가 있다

때때로 우리는 어떤 문제를 해결할 수 있는 단 하나의 해결책을 기대하는 마음에서, 멋진 소프트웨어를 찾으려고 한다. 우리는 기술이 갖고 있는 폭넓은 잠재력을 활용하는 대신에 특수한 목적만 해결하는 수단을 찾으려 한다.

예컨대, 우리는 연비가 높은 자동차만 구입하려 한다. 그러다 보니 과거 스테이션 웨곤(station wagon)에 대한 선풍적 인기가 수그러든 뒤에 등장한 디젤엔진 자동차에 대한 열기를 대신해, 이제는 SUV(sport-utility-vehicle, 스포츠 및 레저 겸용 자동차) 기능을 갖춘 것만을 추구하고 있다.

제조분야에서도 유사한 것을 경험했는데, 꿈의 미래 공장이라든가, MRP, 제약이론(진정 제거할 것은 제약 그 자체인데도 말이다), 그리고 신경통신망 등을 추구한 적이 있다. 심지어 전등불을 켜지 않고도 가동되는 무인(無人) 공장은 정말 오판이다. 다른 모든 것을 생략해 버리려는 오류는 결국, "만약 어떤 것이 좋다면, 그것은 많으면 많을수록 더 좋다"라는 생각 때문에 나온다.

리엔지니어링을 기억하는가? 제조분야도 마찬가지로 팀, 노동조합, 목표관리, 리엔지니어링, 전략적 사업단위, 셀 작업방식, 컴퓨터 시스템, 심지어 린 생산방식에 대해 지나치게 몰두하는 경향이 있다.

피해야 할 것들과 기술적 거부

우리는 변화라는 과제에 대해 위험한 가정을 계속 만들고 있다—"변화란 오직 다른 사람에게나 일어나는 것이지." "어쨌든 우리는 별 문제없이 지나갈 수 있을 거야." "우리는 여기서는 조금 조정하고, 저기에는 기계를 한 대 더 들여놓고, 그렇게 하면 잘될 거야." 이런 식의 접근방법은 잘못된 것이다.

자신들이 몸담고 있는 산업들을 휩쓸어버릴 엄청난 기술의 물결을 창조하려는 전문가들에게 우리가 주는 충고는 다음과 같다.

"그 사업에서 빠져나올 계획을 세워라."

공저자들은 전통있는 회사들에서도 오래 근무했었고, 새로운 회사들도 여럿 만들었다. 우리는 주먹구구식 경영에서도 살아남았고, 기술적으로 엄청난 성공도 경험했다.

그 결과, 우리는 기술적으로 우수한 기업을 경영하는 12가지의 규칙을 찾아냈다.

기술 주도적인 기업을 위한 12가지 규칙

1. 최고의 인재를 선택하라.

2. 강력한 리더를 확보하라.

3. 최고경영자가 명확한 메시지를 보내라.

4. 강력한 경쟁자가 있어야 한다. 일본의 기업들은 종업원들을 긴장시키기 위해 종종 시장경쟁에서 큰 위협이 다가왔다거나 혹은 기술적인 큰 변화가 일어나고 있다는 현실을 이용한다. 그 이유는 회사 차원에서 강한 두려움이라는 공감대가 없으면 조직이 느슨해지기 때문이다. 혼다 자동차가 미쓰비시 자동차와 합병할 가능성이 있다는, 일본의 금융계에서 흘러나오는 이야기가 혼다 자동차 내부에서 계속 떠돌게 되자, 그것은 미국계 종업원들을 분발시켰고 혼다 자동차 미국 오하이오 공장에서 큰 성장을 이루었다.

5. 제품을 정확히 선적하라.

6. 일할 기회 그 자체를 보상으로 생각하라.

7. 완벽하게 현지 생산을 추구하라.

8. 7명을 넘지 않는 소규모 작업집단을 형성하라.

9. 깜짝쇼를 하지 말라.

10. 성과 기준을 세우고 활용하라.

11. 외부자들의 간섭을 받지 않도록 하라.

12. 근속연수가 아니라 성과를 기준으로 보상하라.

이런 12가지 황금률은 다음의 다섯 가지로 정리할 수 있다.

1. 근무 현장에서 가장 말을 삼가는 사람이 되라! 엔젠가 〈뉴욕 타임스〉에는 사람의 성공 가능성을 예측할 수 있는지 알아보기 위해, 어릴 때부터 성인이 되어서까지 관찰해왔던 연구자들의 연구결과가 게재된 적이

있다. 연구자들의 예측은 3분의 2가 빗나갔다. 연구자들은 어린 시절 가족 문제로부터 받은 상처를 과대 평가했고, 한편으로는 원만하고 문제가 없는 어린 시절 및 사춘기의 긍정적 효과 또한 줄곧 과대 평가했다. 연구자들은 인생의 깊이, 복잡성, 문제 해결능력, 그리고 성숙도는 손쉬운 성공으로부터가 아니라 고통스런 경험으로부터 우러나올 수도 있다는 것을 예상치 못했던 것이다. 이 연구의 결과가 암시하는 바는 당신의 과거의 경험이 무엇이었든 간에, 과거나 현재의 곤경이 당신 스스로에 대한 자신감과 성공할 수 있는 잠재력을 누르지 않도록 하라는 것이다. 그리고 당신이 조직을 하나 만들 때는 전문가를 채용하고, 그리고 최고경영자, 창업자, 기업가보다 더 우수한 사람을 선발하라.

사실. 우리는 창업회사를 평가할 때마다 우리는 항상 사장이 어릴 적에 도전적인 경험을 한 적이 있는지 묻는다. 도산한 경험은 플러스 요인이지만—다시 말해 절대 부정적 요소가 아니다—박사학위를 땄다는 것은 오히려 마이너스이다.

2. 최고의 도구를 사용하라!

3. 초점을 맞추어라!

4. 돈을 너무 많이 주지 말라! 훌륭한 일은 일 그 자체가 궁극적으로 보상이다. 돈은 분명 효과있고 필요한 것이긴 하지만, 돈이 우수한 성과를 보장해주지는 않는다. 만약 어떤 종업원이 전적으로 금전적 보상 때문에 일을 한다면, 우리는 그가 실패한다는 것을 분명 예측할 수 있다. 성공한 기업들 가운데 돈만을 벌기 위해 창업한 경우는 없기 때문이다. "성공한 기업의 원동력은 일을 하는 올바른 방법(the right way to do things)을 세계를 향해 보여주려는 정열이다."

5. 언제까지 일을 마무리해야 하는지를 말해주라! 한 프로젝트가 끝나면 그것이 완료되었다고 선언하고는 다른 일로 방향을 돌려라. 모든 프로

젝트는 종점이 있게 마련이고, 성공적인 팀의 구성원들 모두는 일 그 자체에 투자를 한다. 성공적이지 않는 프로젝트들도 역시 그 나름의 시간표를 갖고 있지만, 그 경우에도 좋은 경영자의 역할은 진행상황을 알려주고, 경각심을 불러일으키고, 프로젝트를 마감하고, 회사가 계속 전진하도록 하기 위해 자원을 다시 배분한다.

마치 주식의 포트폴리오를 관리하듯 기술을 관리하라

당신의 주식 포트폴리오는, 다시 말해 높은 이익을 예상하고 현명하게 선택한 주식 종목들로 인해 투자 리스크(위험)가 상당히 분산될 것이다. 훌륭한 투자자는 안전한 중간 지점—위험이 없는 대신 보상도 적은 지점—이 어딘지 알지만, 그들은 그 지점을 피한다. 큰 위험은 큰 이익을 안겨준다.

생산 조직도 마찬가지로, 공장을 가동한다는 것은 우리가 그 방법을 꽤나 잘 알고 있는 문제이다. 거기에 무슨 위험이 따르는 것은 아니다. 우리는 근로자에게 권한을 위임하는 방법과 훈련 방법을 알고 있고, 제조 가능한 제품을 디자인할 수 있으며, 과다재고와 잘못된 공정으로부터 원가를 절감할 수 있다. 그리고 품질상의 낭비를 없앨 수도 있다. 그러므로, 큰 효과를 볼 수 있는 기회는 생산 활동 이전의, 생산 활동과는 직접 관련이 없는 부문—예컨대 엔지니어링, 물류, 디자인, 공급 관리 등에 숨어 있다.

2020년까지는 우수한 회사들은 제조공정에서 발생하는 모든 리스크를 제거해줄 기술을 완료할 것이다. 모토로라, 혼다 자동차, 인텔, 그리고 니프로 같은 회사들은 완벽한 생산공정을 향한 길을 착실히 걷고 있다. 지능 시스템, 자동화, 그리고 다른 여러 고품질 공정들이 규모는 작지만 잘 훈련된 근로자 팀과 결합하여, 6시그마라는 성과를 올리도록 해주었다. 그런 추세는 생산 분야에서도 계속될 것이다. 그렇지만, 경영자들의 또 다른 의사결정 분야에서 리스크가 나타날 것이다—시스템에서, 의사소통에서, 제조 규약에서, 신제품에서, 그리고 새로운 공정에서 말이다. 그러므로 우수한 기술 경영자의 당면 과제는 "기술 포트폴리오에 어느 정도의 리스크를 포함시킬 것인가?" 하는 것이다.

예를 들어 상식과는 맞지 않는 간단한 수학문제 하나를 생각해보자. 만약 우리가 동전 한 개를 던지는 게임에 매번 100달러를 판돈으로 건다고 하자. 우리는 확률적으로 매번 50%는 딸 것이고 또 50%는 잃을 것이다. 그래서 대체로 우리는 비길 것이고, 아니면 비기는 것보다 조금 나을지도 모른다. 만약 승패율 50%의 동전 게임을 해서 돈을 딸 수 있는 능력이 대충 비기는 것보다 조금 나은 경우라면, 그 경우 우리는 돈을 딸 확률을 몇 퍼센트 정도 더 높게 기대했어야만 한다. 그런데, 진실로 애석하게도 그게 그렇지가 않다는 말씀!

100달러를 걸고서, 90%의 확률로 10번 잃거나 혹은 10배를 딴다고 가정하자. 이것은 돈을 잘못 걸면 90달러를 잃고[(100—100(90%))] 그리고 한 번 잘하면 1000달러를 번다(100×10)는 것을 의미한다. 포트폴리오 관리에 있어, 양면이 정확하게 균형잡힌 동전을 던지는 게임에서 매번 90달러의 손실 대 900달러의 이익은 손익계산서에 큰 영향을 미친다는 것은 분명하다. 그러므로, 게임마다 손실을 입을 확률이 더 크다 해도 대략 10회라는 요소가 우리들로 하여금 심리적으로 비기는 것으로 느끼게 해준다.

그러나 요점은, 보다 큰 보상을 눈앞에 둔 경우, 한번 이기기만 하면 비기거나, 혹은 손해보는 것을 다 감안하고도 부자가 된다는 점이다. 부연해서 설명하자면, 한번 지면 90달러 손해, 이기면 900달러를 버는 게임을 10회 반복한다면, 10회를 다하기 전에 900달러를 딸 확률이 높다는 것이다.

경영자는 진정 자신이 실질적인 승리자가 될 기회를 늘리기 위해서는 높은 위험의 기술에 대해 반복적으로 공략해야만 한다. 보다 낮은 위험을 계속 추구하든, 혹은 전혀 위험을 추구하지 않든 간에, 그런 식으로 되풀이해서 동전 게임을 아무리 해도 성장은 있을 수 없다. 왜냐하면 위험없는 동전 게임은 말 그대로 이익도 없기 때문이다―위험이 높을수록 그리고 게임의 횟수가 많을수록, 공격적 투자에 대한 궁극적인 이익도 더 많아지는 법이다.

똑같은 원칙이 제조시설에서의 기술도입 전략에도 그대로 적용된다. 산업제어 및 시스템 시장을 대상으로 소프트웨어 디자인―주로 제조용―을 특화한 캘리포니아에 있는 중규모 회사를 상상해보라. 이 회사는 자신의 현대적 공장의 작업에 소설 〈캐치-22〉(Catch-22, 미국작가 조셉 헬러(Joseph Heller)가 1961년 발표한 소설로서, 전쟁이라는 광기의 상황에서 자유로운 탈출이 절망적인 조건, 즉 절대로 이길 수 없는 부조리한 상황을 묘사함)에 나오는 상황과 같은 개념을 적용시켰다. 회계 시스템은 원가를 추적하고는 어느 정도의 간접비는 전통적인 부서, 즉 엔지니어링 부문과 각종 시설부문에 부담시켰다. 심지어 가장 규모가 적은 부서에 대해서도 이 측정방법은 "현지화" 생산을 통한 성과 최적화를 추구하도록 원가 및 성과 중심점을 파악하도록 했다(즉, 기술 주도적인 기업을 위한 12가지 규칙의 7번째 규칙과 같은 것 말이다).

현지의 원가를 절감하는 사람은 영웅이 되지만, 그러나 제조부문이 원가를 "절감할 때마다" 엔지니어링 부서는 부담을 더 지게 된다. 그 결과는 한 부서의 예산의 숫자를 다른 부서로 떠넘기는 것 뿐이다―공정이 더 나아지는 것도 아니고, 기술혁신이 있는 것도 아니고, 다만 숫자놀음만 계속된다.

더 한층 역설적인 사실은, 우리는 생산이라는 과업에 있어 과거보다 훨씬 더 기술적으로 발전했기 때문에 현대적 전자 공장에서는 공장의 현장은 대체로 전체 원가의 10% 미만이라는 점이다. 그리고 건물, 사무관리, 마케팅 비용 등이 생산원가와 비슷하게 먹힌다. 하지만, 엔지니어링의 원가, 즉 테크놀로지 머신을 촉진하는 원동력은 현장 원가의 4배 이상이 될 정도로 딜버트 만화(샐러리맨을 주인공으로 한 만화)의 주인공처럼 야단법석이다.

생산활동은, 기술적인 지원이나 시설의 유지보수 그리고 제품 디자인 활동의 지원이 없이도, 엄격한 통제 아래 진행되고 있다. 그러나 기술적 진보와 신제품 개발비용은 치솟고 있다. 새로운 유행어가 문을 열고 들어올 때마다 예산은 늘어나고 있다.

심지어 엔지니어링 센터마저도 현지화하고 또 빠르게 움직일 필요가 있다.

기술관리의 문제는 신속 생산과 관련된 모든 분야에 걸쳐 있는 단 하나의 유일한 애로점이 되었다. 디자인 센터를 따로 보유하고 있는 초현대식 자동차 조립공장과는 대조적으로, 스컹크(skunk) 방식은 기술의 전문가들로 붐비고, 경쟁적 시장 압력과 더불어 살고 호흡한다. 이 두 가지 상호 경쟁적인 접근방법에 존재하는 디자인 방법의 차이, 신제품 개발주기의 차이, 그리고 무엇보다 원가의 차이는 엄청나다.

- 스컹크 방식은 대규모 조직의 개발부서보다 두 배나 속도가 빠르다.
- 스컹크 방식은 대규모 조직에 비해 원가가 5분의 1이다.
- 스컹크 방식은 다양한 종류의 제품군을 생산하지 않으며 단일 종류의 제품에 집중한다.

전문 분야에 집중한다

수백 명의 숙련된 기술자가 근무하는 훌륭한 대리석 건물인 크라이슬러의 파밍턴 힐스(Farmington Hills) 디자인 센터는, 조직 그 자체가 하나의 장애물이다. 이 회사의 혁신적인 플랫폼 팀 디자인 개념에도 불구하고, 협력적으로 추진하는 자동차 디자인 혁신에 방해가 되는 것이다. 이 센터는 자체 계획에 따라 운영되기 때문에, 어떤 식으로라도 린 생산방식을 채택하려는 움직임이 나타나면, 조직 구조가 어쩔 수 없이 주저앉히고 말 것이다.

각자 할 일을 갖고 있는 수백 명의 전문가들이, 3일만에 만드는 자동차, 혹은 설계용 도면과 진흙 모델 디자인을 사용하지 않는 설계방식을 추진하기 위해 디자인 단계상 차지하고 있는 자신의 자리를 솔선해서 내놓을 것을 기대하는 것은 비현실적이다. 새로운 방식은 엔지니어링 부서는 줄이고 그리고 더 많은 혁신을 하자는 것이다.

전반적인 엔지니어링 기능을 개선할 여지는 많다. 그리고 다른 분야에서 그 효과가 증명된 한 접근방법은 부서의 진정한 목표를 강화하는 기준을 사용하는 것이다. 왜냐하면 많은 전통적인 생산 시설을 개선할 수 있는 잠재력은 50% 또는 그 이상의 범위에 이르기 때문이다.

1994년 RMI는 NCMS(National Center for Manufacturing Sciences, 1986년 설립된 미국의 R&D 컨소시엄)가 산하 기술 부서들에 대한 기준을 설정하는데 필요한 연구를 추진했다. 비록 기술 분야에 대한 측정방법에는 매우 많은 다양한 방법들이 있지만, RMI는 그 가운데서도 우수한 성과수행 기업을 다른 기업들과 구분해주는 다섯 가지의 지표에 연구의 초점을 맞추었다.

1. 새로운 프로젝트에 투입한 돈
2. 획득한 특허의 수
3. 동종 업계의 다른 회사들과 비교하여 기술개발에 투자 대비 이익율
4. 인적 자원의 이직율
5. 산출물에 대한 수요

기술관리의 도전과 행동변화에 대한 문제를 다룬 책이 바로 조지 켈링 (George Kelling)이 쓴 〈깨진 유리창 고치기〉(Fixing Broken Windows) 이다. 켈링은 성공에 필요한 적절한 환경을 창조하는데 있어 호손실험 (Hawthorne Experiment, 1927-32 시카고 근처 웨스턴 일렉트릭 사에서 추진된 집단 실험. 기업의 인간적 접근의 필요성을 제기함)과 같은 관점을 제시한다.

마을의 한적한 구석에 위치한 창고 건물의 경우, 만약 그 건물의 유리창 하나가 깨어졌다면, 다른 모든 유리창들도 역시 곧 부서진다. 만약 우리가 부서진 첫 번째 창을 고친다면, 무질서가 무질서를 낳기 때문에, 다른 유리창들도 깨뜨려질 확률이 훨씬 더 적다. 켈링은 이 혁신적 이론을 뉴욕의 지하철 시스템을 개선하는데 이용했고, 그것은 산업분야에서도 마찬가지로 효과를 발휘하고 있다.

이 접근방법은 집단에게 긴급한 공동의 대응책을 유발하도록 하는 조직행동의 장점을 이용한다—동료 사이의 압력, 보다 고취된 자존심은 유리창을 더 부수는 것을 막는 긍정적인 행동으로 나타난다. 엔지니어링 부서에 있어 낮은 자존심은 낮은 생산성을 초래한다. 따라서 그 경우 새

로운 조치들—예컨대 강력한 컴퓨터, 무료 음료수 제공, 건물 출입 열쇠, 그리고 회의 참석 등과는 반대 방향으로 작용한다.

기술관리 개념은 테크놀로지 머신으로 가는 과정을 촉진하기 위해 꼭 개선되어야 할 사항이다. 만약 기술 관리자들이 포트폴리오 경영자들의 방식을 배우게 되면, 그들은 획기적인 이익을 얻기 위해서는 손실을 보상해주는 적절한 리스크를 계산할 수 있을 것이고 또 그 위험을 감수할 수 있을 것이다.

키릴라와 에크버그와 같은 몇몇 우수한 기술 관리자들은 과학, 기술, 그리고 그 둘이 접해 있는 곳을 이해하고, 적절한 합일점에다 그들의 테크놀로지 머신을 구축할 것이다. 그들은 기술이 스스로 성장한다거나 혹은 관리된다고 생각하지 않는다.

다리가 다섯인 개

모든 성공적인 연구개발 프로젝트와 조직들은, 오래된 수수께끼에서 나오는 것과 같은, "다리가 다섯인 개"의 개념을 활용한다. "만약 개의 꼬리를 다리라고 부르면, 개는 몇 개의 다리를 갖고 있는가?" 답은 넷이다—당신이 개의 꼬리를 무엇이라 부르든지, 다리가 4개라는 사실은 변하지 않는다. 개는 여전히 다리를 오직 네 개만 갖고 있을 뿐이다. 중요한 것은 현실이다. 그러므로, 모든 새로운 제품들, 모든 새로운 프로세스 디자인 제안들은 다른 어떤 생각—예컨대 조직이 선호하는 것이 무엇인지 그리고 조직정치 스타일 등—을 떠올리기 전에 다섯 개의 다리를 먼저 고려해야만 한다.

다섯 개의 다리 가운데 하나라도 무시되거나 혹은 빠지게 되면, 실패의 가능성은 높아진다. 예를 들면, 리자 컴퓨터(Lisa Computer)는 시장에서 필요로 하는 것을 완벽히 충족시키지 못했기 때문에 실질적인 수요가 발생했을 때는 기회를 놓치고 말았다. 케이 자동차(K-car) 프로젝트는 어정쩡한 기술이 되고 말았다—그것은 1970년대의 겉모습을 한 1950년대의 자동차 신세가 되고 말았다. 기술은 가장 마지막에 고려할 점이라는 것을 명심해야 한다.

그 이유는 기술은 쉬운 부분이기 때문이다—사실 우리는 물건을 만든 방법은 이미 알고 있다. 유동 작업방식과 IT는 우리들로 하여금 곧바로 무엇이든, 언제든, 어디서든 만들 수 있도록 해준다. 어려운 것은 올바른 제품을 매우 신속하게 만들고 또 디자인하고, 그 다음 작업 단계로 이동하는 것이다.

다리가 다섯인 개

1. 경영관리
2. 마케팅
3. 생산
4. 돈
5. 기술

다음의 질문을 먼저 하라. "사람들이 필요로 하는 것이 무엇인가?" 다시 말해 "우리가 무엇을 만들어야 하는가?"가 아니다. 디자인 분야에서는 혼란이 발생해서는 안 된다. 수요가 없는 제품을 디자인하는, 혹은 애당초 잘 만들 수도 없고 또 빨리 만들 수도 없는 것을 디자인하는 창조적 천재가 존재할 자리는 없다.

창조성 소프트웨어

RMI에 근무할 때 우리는, 정상적인 R&D 연구제안과 혁신 제안의 평가 기준을 제공하는 "창조성 소프트웨어"(creativity software) 패키지를 활용했다. 한 패키지에 따르면, 각종 제안들 가운데 혁신 부분은 전체의 10%만 반영해야 한다고 암시했다. 또 다른 소프트웨어 도구들은 상호 관련된 여러 소프트웨어 패키지들로부터 개선된 새로운 디자인이 도출된다고 말한다. 우리는 소프트웨어는 혁신 촉매제, 즉 인간의 창조성을 돕는 도구이지 그 이상이라고는 생각하지 않는다. 예를 들면, 공저자인 모얼리가 PLC를 디자인했을 때, 그는 오직 소프트웨어를 PLC의 특징을 새로운 플랫폼에 정착시키기 위한 제2세대의 개선된 도구로서 사용했고, 그 이외의 목적으로는 전혀 사용하지 않았다. 첫 번째로 내딛는 큰 발걸음은 인간이고—그 다음 단계가 기계이다.

어떤 기술 제안, 프로젝트 제안, 혹은 기술 리스크도 다음의 여덟 가지 기준에 비추어 평가되어야만 한다.

기술 제안 평가를 위한 여덟 가지 기준

1. 10의 X배
2. 7년
3. 3명의 스승들
4. 100% 시장
5. 다리가 다섯인 개
6. 3회
7. 포기도 중요하다
8. 열정

---

1. 10의 X배 성과

한 신제품에 대한 제안이 개발할 가치로 인정받기 위해서는, 기능성이라는 측면에서 어느 한 부분이 현재 사용하고 있는 것보다도 10배는 개선된 것이어야만 한다. 어떤 프로젝트를 판단할 하나의 변수는 실질적으로 측정 가능한 성과에 있어 10배 정도는 개선해야만 한다는 것이다—예컨대 PC 사업의 경우, 새로운 PC의 가격이 10배 정도 낮거나 혹은 성능이 10배가 높아야만 한다. 새로운 자동차 엔진은 10만 마일을 아무런 수리도 없이 달릴 필요가 있다. 그리고 새로운 비행기 설계는 초음속 정도가 아니라 극초음속(음속의 5배)으로 빠르게 날아가도록 할 필요가 있다. 예를 들면, 맥킨토시의 최초 모델은 IBM 모델과 비교하면, 특정 기능들 그리고 사용의 편리성이라는 면에서 10배나 개선된 것이었다.

몇몇 전문가들은 마이크로소프트는 10의 X배 전략을 통해 관련된 모든 분야를 완벽히 개발하기보다는, 강력한 자금력과 다양한 전술을 이용하여 산업을 지배한다고 생각한다. 우리는 그 생각에 동의하지 않는다. 그 이유는 마치 적절한 리스크를 감수하는 것이 성공의 확률을 올릴 수 있음을 의미하는 것처럼, 경쟁 상황에서는 기술상의 매우 작은 차이가 높은 이익을 가져다주고 매우 큰 영향을 발휘할 수 있기 때문이다. 마이크로소프트는 인터넷 분야에 있어 10의 X배를 달성하기 위해 다른 어떤 인터넷 접속 방법보다 더 많은 노력을 기울인다. 월마트는 작은 도시의 소규모 경쟁자들과 비교하여 분명 10의 X배 효과를 누리고 있다. 경쟁 요소들을 신중하게 고려하게 되면 엄청나게 많은 경쟁자들과 맞붙어도 승리할 수 있다.

이런 현상은 전쟁중에 가장 극명하게 드러난다. 스페인이 남미를 침범했을 때, 스페인 군대는 8만 명의 원주민을 맞상대로 하여 100~150명 가량의 군인들로 기동 타격대를 조직했다. 그 전쟁에서 원주민들은, 그들

266

의 압도적인 숫적 우세에도 불구하고 지고 말았는데, 그 이유는 원주민들이 전쟁관리 기술 부족, 취약한 리더십, 명령의 부재, 그리고 무기의 부족 때문이었다. 스페인 군대가 보유한 이런 여러 이점들이 8만 명 대 150명이라는 불균형을 무의미하게 만들었던 것이다. 사람들은 단순히 사람의 숫자만으로도 스페인 군대를 금방 몰아낼 것으로 기대했을지도 모른다. 압도적인 차이? 그것은 별로 중요하지 않다.

군대에 관한 한 그런 예는 많다. 사막의 폭풍 작전에서, 연합군은 전사자가 200명 미만이었지만, 이라크 군대는 10만 명을 잃었다. 말하자면 아주 작은 차이—예컨대 대포와 비교하여 가틀링 기관총(Gatling gun)과 같이 사소한 기술의 발전 차이—가, 적은 장점으로도 성공의 확률을 높여주기 때문에 엄청난 영향력을 발휘할 수 있다.

여기서 주의할 점은 여러 요소들에 대해서가 아니라, 단 하나의 요소에 대해서 10배의 성능이 중요하다는 것이다. 두 가지 이상의 여러 요소들에 장점들이 있어도 별로 도움이 안 되고, 더욱이 10배의 성능을 가진 요소가 여러 개일 때는 프로젝트를 망치기 십상이다. 기본적으로 10의 X배 전략의 효과를 볼 수 있는 곳은 창업 초기와 뒤이어 사업 범위를 확대할 때이다.

애플이 최초로 공략한 틈새시장은 교육용 컴퓨터 시장이었으며, 그것을 바탕으로 애플은 성능을 약간 개선할 수 있었고, 심지어 경쟁자들이 보다 싸고, 또 새로운 다양한 애플리케이션 플랫폼을 운영할 수 있는 유연한 제품을 공급할 때에도 유리한 고지를 지켰다. 일단 경쟁자가 일정 규모의 시장을 확보하고 나면, 신규 진입자는 그 특수 시장으로부터 경쟁관계를 구축할 수 없었다고 한 보스턴 컨설팅그룹의 연구는 타당하다. 왜냐하면 시장을 확보한 경쟁자는 유통, 연결망, 사용자 선호도라는 측면에서 이미 경쟁우위를 보유하기 때문이다.

새로운 시장을 찾고, 그곳으로 먼저 가서 재빨리 확보하라

유통업자, 주주, 제품, 가격우위, 그리고 고객은 시장우위라는 점에서 상호 직선적으로 연결되어 있는 것이 아니라, 다방면으로 관계를 맺고 있다고 할 수 있다. 마을에서 하나뿐인 세탁소와 신문사가 승리하는 것은 게임이 이미 시작됐고 게다가 승자는 몇 걸음 앞서 있기 때문이다. 마이크로소프트, 혹은 많은 장점을 보유하고 있는 GM마저도 승리자의 지위에 있다. 게임의 규칙은 마이크로소프트나 GM이 결정하기 때문에, 시장에 늦게 진입한 기업이 그 게임에서 이길 수 있는 방법이 없다.

일부 학자들은 그것을 "우월적 지위를 남용한 전술"로 매도할는지 모르지만, 그 경우 다만 우리는 경쟁 상황에서 발생하는 모든 요소들이 상호작용하여 긴요한 힘을 발휘하는 것을 알고 있다.

여기에 운도 약간 작용한다. 사실상으로나 외관상으로나 엄청난 우월적 지위를 누리게 하는, 작은 장점들 사이에 발생하는 복합적 관계는, 일부 관측자들로 하여금 강력한 경쟁력을 "우월적 지위를 남용한 전술"로 낙인찍도록 한다. 그들이 실제로 보는 것이 수학의 속성이고, 또 여러가지 작은 장점들 사이에 발생하는 복합적 관계가 초래하는 힘인데도 말이다.

예를 들면 직류와 교류 발전기, 비행기, 자동차, 그리고 다른 여러 기술 전쟁에서 누군가가 승리자가 되었던 것과 마찬가지로, 누군가는 오퍼레이팅 시스템 분야에서 승리자가 될 수밖에 없다. 그 승리자가 바로 빌 게이츠였을 뿐이다. 시장의 상황이 게이츠를 발견한 것이었다.

여기서 시장 참가자들이 배울 교훈은 무엇인가? 제품에 대한 완벽한 지위를 꾀하려다 우위를 놓치기보다는 작은 이익을 포착하고 또 보유하는 것이 훨씬 더 중요하다는 것이다. 그렇게 해보라.

2. 7년

7년이라는 숫자는 오래 전부터 마법의 숫자이다. 그리고 어떤 7개년 계획도, 짧게는 5년 길게는 9년에 이르는 프로젝트 기간 중에 매 3년마다 관리를 해야만 한다. 다음 분기를 목표로 하는 프로젝트가 잘될 리가 없다. 심지어 지속적인 엔지니어링 프로젝트들마저도 평균 18개월은 소요된다.

7년이라는 것은 메모지에다 대략 디자인해 두었던 것이 상당한 시장지위, 순수한 현금흐름, 혹은 다른 어떤 성공지표에 비추어 성공했다는 말을 듣기까지의 기간이다―예를 들면 포르셰(Porsche) 자동차, 혹은 할리(Harley) 오토바이, 혹은 롤스 로이스 자동차의 창업자처럼 말이다. 냅킨에 연필로 그린 디자인이 우리 사회에 의미있는 기여를 하기까지는 많은 시간이 걸린다. 그러나 투자의 각 단계마다 1~3년 사이의 적응기간이 필요하다.

긴 시간이란 어느 정도의 시간을 의미하는가?

다음은 R&D 부서와 마케팅 부서가 만났을 경우 진행되는 전형적이고도 보편적인 회의 시나리오이다. 마케팅 회의는 불가피하게 자기들 식으로 굴러가서, 마케팅 담당자들 사이에 인기있는 의견일치가 언제쯤 이뤄질까 하는, 제품의 수명주기와 관련된 질문으로 이어진다. 따라서 그들이 개발부서 종업원들에게 할 수밖에 없는 최초의 질문은, "프로젝트가 어느 정도 시간이 걸릴까?" 하는 것이다.

그 대답은 "모든 프로젝트는 18개월이 걸리고, 백만 달러가 든다"는 것이다. 마케팅 담당자들은 그 대답을 듣고서도 질문을 멈추지 않는다. 모든 마케팅 회의는 오전 9시에 시작되고, 기술자, 경영자, 그리고 마케팅 담당자는 검토 대상 프로젝트에 필요한 투자비와 시간에 관해 계속 논의

한다. 일반적으로, 마케팅 및 엔지니어링 종업원들은 17개월로 합의하고 (원래 계획에서 1개월 단축), 그리고 감축된 예산에 대해서도 합의한다. 시간이 흘러간다. 11시 50분이 되자 엔지니어들은 11개월, 4일, 7시간에 다 예산 금액 43만 8074달러 89센트에 합의한다. 다른 참석자들은 웃음을 짓고는 서로 축하한다. 그러나 엔지니어 두 명이 복도를 지나가면서 서로 속삭였다. "저런 멍청이들은 자기들이 11개월만에 프로젝트를 완료할 수 있을 것으로 생각하는가 보지?" 사실 그들이 합의한 것이라곤 점심을 먹으러 가는 스케줄뿐이었다.

다음의 두 가지 종류의, 완료 시간을 결정하는 규칙은 블랙퍼스트 클럽 (Breakfast Club)의 모든 투자계획 검토 회의를 이끌어간다.

1. 부(富)를 창조하는 프로그램은 그 내용과 관계없이 7년이 소요된다.
2. 유지보수 엔지니어링 프로젝트는 대상과 관계없이 18개월이 걸린다.

다음 분기에 나타날 결과들은 이번 분기의 R&D 활동과는 아무런 관계가 없다. 7년이라는 기간은 새로운 제품의 발명, 그리고 프로세스와 조직을 혁신 아이디어에 적합하도록—그 반대가 아니라—바꾸는 데까지 시야를 충분히 확대하는데 필요한 절대적인 시간적 기간이다.

3. 세 명의 스승들

"세 명의 스승들"은 어떤 프로젝트이든 간에 필요한 "우수한" 사람들의 숫자이다—기억할 것은 여기서 말하는 프로젝트는 사람을 화성에 보내는 사명을 띤 프로젝트가 아니다. R&D 프로젝트들은 매우 분명하게 규정된 목표를 가진 소규모의 팀에 의해 관리되지 않으면 안 된다. 3명의 스승들—즉 우수한 사람들—은 각각 5명을 넘지 않는 사람들의 보좌를 받아야만 한다. 이보다 많거나 혹은 적으면 성공의 가능성을 줄이고, 시간과 돈을 증가시킬 뿐이다. 대규모의 팀은 분명하게 규정된 수행 가능한 목표를 가진 소규모 팀으로 쪼갤 필요가 있다. 모든 프로젝트는, 그것이 아무리 규모가 크다 해도, 정찰대 팀 규모로 분할할 필요가 있다.

4. 100% 시장

시장의 지배가 모든 것이다. 시장 점유율을 지배함으로써, 기술자들은 가격, 이익, 성장을 조정할 수 있다. 100% 이하의 전략은 패배자의 전략이고, 동료들이 분명히 느끼고 대응해야 할 불확실성과 미래에 대한 두려움의 지표이다. 그렇기 때문에, R&D 활동의 누적된 불확실성과 엄청난 투자는 100%의 시장지배 목적이 아니라면 그 무엇도 금지하고 있다. 시장은 노력의 결과에 의해 결정되므로, 이 점은 가장 의미심장한 성공 요소들 가운데 하나라고 할 수 있다. "신규 시장의 8%는 확보할 수 있다"라는 식의 발표는 허용되어서는 안 된다. 비록 그런 마케팅 철학이 햄버거, 항공기 운항, 그리고 음료수 전쟁에는 적용될 수 있지만 기술혁신에는 적용되지 않는다.

이 기준을 확실히 하고는, "100%를 달성하든지 아니면 아예 그만두라"라는 스티커를 당신네 팀의 자동차 범퍼에 붙여라. 어떤 프로젝트이든 소비가 어느 정도일 것인가 하는 것에서 시작한다. 당신의 팀에게, 그 제품에 대한 기술적 설명이 아니라, 사용자를 위한 팜플렛을 이해시키고 또 만들도록 해야 한다. 그런 식의 프로세스는 다음과 같은 올바른 질문을 유도할 것이다. "사람들이 원하는 것이 무엇인가?"라는 것 말이다. 다시 말해 "우리가 무엇을 만들어야 하는가?", 혹은 "우리가 팔고자 하는 것은 무엇인가?" 가 아니다. 성공적인 시장은 미래의 필요를 제공해야만 한다. 시장을 통제한다는 것은 당신의 운명을 통제하는 것을 의미한다. PLC는 최초의 고객이 그것을 요구할 정도로 충분히 알고 있었던 그런 것은 아니었다. 하지만 그것은 고객과 산업자동화 분야에서 필요로 했던 것 바로 그것이다.

5. 다리가 다섯인 개

다리가 다섯인 개—경영관리, 마케팅, 생산, 돈, 그리고 기술—는 각각의 프로젝트의 모든 검토 서류에, 비록 같은 비중은 아니더라도 표시되어야만 한다. 마케팅과 엔지니어링은 일반적으로 창업기에 중요한 것이고, 재무에 관한 전문 지식은 재테크라고 생각하고 기업 경영 범위에서 간혹 제외되고 있다.

6. 3회

벤처 캐피털 분야에서 3이라는 숫자는 마법의 숫자이다. 출발이 좋은 창업 회사에 대해서는 3회에 걸친 확실한 투자만으로 충분하며 더 이상은 권장할 것이 못된다. 첫 번째 투자는 훌륭한 엔지니어링을 바탕으로 한 기술의 원형(原形), 혹은 실물이 태어날 때이고, 두 번째 투자는 고객을 확보하고 또 발판을 마련하기 위해 확고한 제품을 만들 때이며, 세 번째 투자는 지속적인 제품의 창출과 우수한 생산 인력 그리고 회사의 성장을 위한 것이다. 제품의 원형을 만들 단계에서 너무 많은 돈을 투자하는 것은, 세 번째 단계에 너무 적은 돈을 투자하는 것과 마찬가지로 금기 사항이다.

7. 포기도 중요하다

R&D 활동은 대수의 법칙(law of large numbers)에 민감한데, 왜냐하면 위험이 따르지 않는 노력은 가치를 창조할 수 없기 때문이다. 그 반면

매우 높은 위험은 실패하기 쉽다. 따라서 경영자들은 R&D 투자에 대한 전반적인 투자 수익율을 높이려면 위험율과 실패율을 계산하고 또 선택하지 않으면 안 된다.

기술 경영자들은 포트폴리오 관리자와 같은 사고방식을 가져야만 한다. 그들은 새로운 사업 아이디어, 새로운 소프트웨어, 새로운 제조 시설, 사람, 그리고 프로젝트에 대한 신속한 결정을 요청받을 것이고, 게다가 대다수 아이디어들이 높은 위험을 내재하고 있을 것이기 때문이다. 적절한 수준의 위험을 결정하고 올바른 방법을 선택하게 되면 기술 경영자는 경쟁에서 우월한 지위를 누릴 수 있고, 때로는 새로운 시장을 창출할 수도 있다.

벤처 자본가들은 10년에 걸쳐, 성공하는 소수의 프로젝트들에 대해 연간 20%의 포트폴리오 성장을 목표로 정하고는, 각각의 투자에 대해 실패율을 80%로 잡고 있다. 이때 적용하는 규칙은 전반적으로 성공을 보장하는 실패율을 선택하는 것이다.

예를 들면, 개인에 대한 은행대출의 예상 부도율은 2%이고, 텔레비전을 구입한 고객의 불만은 20%이며, 그리고 블랙퍼스트 클럽 소속의 엔젤 투자가들은 실패율을 80%로 잡고 있다.

그 이유를 설명하는 이야기가 있다. 목선과 철공소뿐이었던 시대, 한 발명가가 범선을 10척을 만들었다. 만약 그 배들을 항구에 정박만 해두고 전혀 출항하지 않는다면, 아무런 위험이 없다. 하지만 배가 출항하여 오직 두 척의 배만 금을 가득 싣고 귀항했다면, 발명가는 큰 보상을 약속하는 큰 위험을 선택한 셈이다. 승무원, 선장, 그리고 선박의 소유주는 그런 모험을 원한다. 그들은 아드레날린이 솟구치는 보상을 원한다. 보스턴을 가로지르는 128번 국도와 샌프란시스코의 실리콘 밸리는 위험과 보상을 토대로 형성되었다. 예를 들면 휴렛 팩커드나 바리언(Varian)에 투자한 누구도 아무런 위험이 없을 것이라는 전제로 출발하지 않았다.

R&D 실패율의 사전 목표는 대략 50%이다. 각각의 프로젝트를 승패율 50대 50으로 결정하라. 그보다 낮은 위험을 노리는 것은, 즉 몇몇 투자가들이 하는 식으로 "위험 없는" 정책은 러시아 황제가 발행하는 공채들로 구성된 포트폴리오 수준의 이익만을 제공할 뿐이다—즉, 위험도 없고, 보상도 없다. 작은 것이 놀라운 결과를 가져다줄 수 있고, 그 반면 전통적인 기업들은 그들이 말하는 소위 "R&D"에 투자한 엄청난 예산에도 불구하고 아주 적거나 혹은 전혀 보상을 받지 못하기도 한다.

8. 열정

좋은 회사도, 기술도, 혹은 프로젝트도 자연히 수명 주기를 따르게 되므로, 번창하기 위해서는 각각 다른 종류의 지원들—예컨대 자금의 투입과 경영 스타일 등—을 필요로 한다. 우수한 기술 관리자는 상황을 파악하는 방법과 수명 주기를 이해하는 방법을 배운다. 진정 우수한 기업을 운영하려면, 완벽한 기업이라는 것은 없다는 것을 인정해야만 한다—따라서 끊임없이 개선할 방향을 찾고, 기업을 둘러싸고 있는 환경은 끊임없이 변한다는 것을 이해해야 한다. 예를 들면, 어느 시점에 간접비를 줄이는 것은 모든 기업의 목표였다. 지금은 간접비를 늘리는 것이 좋은 시점이다—예컨대 기업의 지능 시스템에 대한 투자 말이다. 언젠가는 사람을 많이 뽑는 것이 좋았으나, 지금은 "최적화"가 선호되고 있다. 기업을 둘러싸고 있는 풍경은 밑그림을 그릴 때마다 계속 달라질 것이다.

프로젝트의 선택에 관한 기본 규칙

가능성 있는 프로젝트들이 검토 대상으로 떠오르게 되면, 선택 과정은 순서대로 진행하면 된다. 돈이 투입되고 나면, 그 다음 단계는 경영관리이다. 기술관리와 관련하여 모얼리가 제시하는 규칙들은 매우 신중하게 기업을 운영하는 사람들에게는 파격적인 접근방법으로 보이겠지만, 그러나 그것들은 효과가 있다.

모얼리의 기술관리 규칙

프로젝트 또는 투자 계획이 있으면 항상 다음의 질문에 대해 대답할 준비를 하라.

- 누가 투자자 혹은 고객을 대변하는가?
- 그것은 취미로 하는가, 아니면 사업으로 하는가?
- 우리가 중단할 시점은 언제인가? 중단할 수 없는 점은 무엇인가?
- 관리자들은 그것이 기능을 발휘하는데 필요한 모든 것을 알고 있는가? 당신은 그들을 가르치는 학교를 운영하고 있는 것이 아니다.
- 누가 책임자인가? 회사는 민주주의의 실험장이 아니다.
- 최저 수익률은 얼마인가? 당신이 아무것도 요구하지 않으면, 당신의 아이들이 문젯거리들을 만들 것이다. 엄한 사랑이 좋은 아이들을 만든다.
- 이것으로 할 일을 찾자는 것인가 아니면 단지 돈을 벌자는 것인가? 세밀한 경영, 큰 목표, 그리고 프로세스 사이의 차이를 기억하라.
- 오늘날 우리는 돈을 얼마나 벌고 있는가? 우리가 어떤 장비를 구입했는가, 혹은 어떤 큰 고객의 주문을 받았는가 하는 것이 아니다. 중요한 것은 이익을 얼마나 축적했는가, 이다. 이익과 수입의 차이를 파악하라.
- 친구들을 항상 이런 식으로 대접하고 있는가? 기억할 것은 우리는 서로 적이 아니라는 사실이다.
- 다른 사람이 당신을 좋아하는가? 아이들과 시간을 보내고, 부모님과 자주 연락하라. 사업상 여행을 할 때마다 어머니께 우편 엽서를 보내라.

엔젤 투자가들이 원하는 것은… 바로 돈이다!

〈Inc.〉지의 책임 편집인 제프리 L. 세그린(Jeffrey L. Seglin)은 1998년 한 해에 엔젤 투자자들이 신생 회사들에게 약 200억 달러를 쏟아부었다고 추정한다. 미래에 대한 투자의 방향을 보면 기술이 어디로 향하고 있는지 알 수 있다. 그리고 매년 두 번 정도 만나는 블랙퍼스트 클럽 회원들은 "우리가 잘 아는 분야에서 사업하기"를 좋아한다.

블랙퍼스트 클럽

공저자 모얼리는, 20년간 꾸준히 뉴햄프셔 나슈아 골프장에서 정기적으로 만나고 있는 지역 투자자들의 모임인 '블랙퍼스트 클럽'의 회원이다. 그 동안 그들은 50개 가량의 소규모 창업회사들을 도왔고, 관찰했고, 혹은 지원했다. 성공률은 평균 10~20%로서, 이 클럽은 "살아 있지만 죽은 것이나 다름없는" 많은 회사들—지금까지 생존해 있지만 아직도 세금조차 제대로 못 내는 회사들—의 목록을 갖고 있으며 그 반대로 가끔은 진정 대박을 터뜨린 것도 있다.

블랙퍼스트 클럽의 회원들은 프로젝트들과 그것들을 제안한 사람들로부터 쭉정이와 알곡을 골라내기 위해 고심한다. 갓 시작한 벤처 기업가들이 가득 모인 회의장에서 개회사는 대개 다음과 같은 말로 시작된다. "신사 숙녀 여러분 반갑습니다. 본인은 오늘 본인이 원하는 바가 무엇인지를 말하려고 여기 섰습니다. 그것은 생활 수준을 향상시키는 방법에 관한 것입니다. 여러분들은 일을 하기 바랍니다—우리들은 투자자들입니다. 여러분들은 하루의 반을 일하기 바랍니다—그러니까 하루 12시간씩 말입니다. 여러분들의 집에 대해 후순위 저당을 잡히기 바랍니다—집을 잃을 가능성도 있는 것이지요. 회사의 모든 부채에 대해 공동 보증을 하세요—그렇게 해서 이혼을 당할 수도 있겠지요. 그 결과 우리들 엔젤 투자가는 생활 수준을 향상시킬 수 있지요."

이런 연설을 들은 몇몇 참석자들이 자리를 뜬다.

그 다음, 투자자들은 투자에 대한 기준을 설명한다—그들은 5년간 직선적으로 성장한 회사에 대해 많은 부분을 요구하지는 않지만, 최종적으로는 최초 투자 금액의 10배를 예상한다고 말한다. 또 많은 벤처 기업가들이 자리를 뜬다.

게다가, 블랙퍼스트 클럽은 박사학위를 가진 사장은 문제가 있다고 말한다. 그 이유는 박사학위를 소지한다는 것은 다리가 다섯인 개에게서 다리 하나의 능력—즉 기술자로서의 능력—만을 증명하기 때문이다. 그리고 그들은 세상 돌아가는 것을 아는 것 같지만, 진정 세상이 어떤 것인지 그 현실은 인정하지 않기 때문이라고 말한다. 또 다른 한두 기업인들이 떠난다.

끝까지 남아 있는 한두 사람을 상대로, 블랙퍼스트 클럽은 각각의 회사에 대해 적게는 1만 달러에서 많게는 30만 달러에 이르기까지 투자할 계획을 검토한다. 비록 이 분야에서 흔히 하는 말이 어떤 첨단 기술 기업을 시작하려면 대략 천만 달러에서 5천만 달러가 소요된다고 하지만, 블랙퍼스트 클럽은 적게는 1만 달러부터 투자를 약속한다. 이런 투자자들은 한 해에 약 150개의 사업 계획들을 검토하는데, 최종적으로 투자하는 것은 1년에 3~6건 정도이다.

물론, 이 클럽이 수년간에 걸쳐 22건에 투자한 결과를 최근 분석해보니, 2건은 큰 성공이었고(오직 1건만 큰 수확을 거두어들이고 있다), 5건은 파산했고, 그리고 나머지 15건은 살아 있지만 죽은 것이나 다름없는 것들이다.

투자 관계 관리를 위한 모얼리의 규칙

1. 뛰기 전에 먼저 생각하라. 어떤 식으로 관계를 맺기 원하는가?
2. 50% 승률을 고수하라.
3. 계속 접촉하라. 하루 안에 방문할 수 있는 범위 내의 기업에 투자하라.
4. 실질적인 이사회를 구성하라. 형식적인 것들은 제거하라.
5. 진정 도움을 줄 수 있을 때 관여하라.
6. 인내, 또 인내.
7. 모든 것은 돌고 돈다.
8. 출구는 분명하게 표시되어 있지 않다.
9. 제로(zero)의 100%는 제로이다.
10. 공짜 점심은 없다.

악명 높은 블랙퍼스트 클럽의 창설 멤버로서, 모얼리와 조지 슈웬크는 지금도 활발하게 가동되고 있는 30여 개의 회사들을 자신들의 손과 발로 거들고 있다. 그들의 관여 방식은 적극적인 경영 참여에서부터 소극적인 투자에 이르기까지 다양하다.

블랙퍼스트 클럽 회원들은 사업에 투자를 하지 않는다―그들은 사람에 투자한다. 월너트 벤처 어소시에츠(Walnut Venture Associates)의 창업자 스티븐 갈(Steven Gaal)은 이런 방식에 공감한다. 그들은 "매우 정직한 성품을 가진 머리가 우수한 사람"을 찾고 있다. MIT 미디어 연구소의 초대 소장 니콜라스 네그로폰테(Nicholas Negroponte)는 적어도 40개 정도의 회사와 관계를 맺고 있으면서, 전자 소음 제거 기술(electronic noise cancellation technology)을 개인이나 지방, 도시 전역, 그리고 세계적 규모로 적용하는 연구를 하고 있다.

현실이 중요하다. 어떤 회사든 문제는 있다. 그러나 경영자가 한 가지 문제를 해결하고, 그 다음 다른 문제에 집중하면 곧 회사는 좋아지게 마련이다. 오래 된 것을 바탕으로 계획하라. 왜냐하면 성장을 위한 성장이 좋은 성과를 보장하지는 않으니까 말이다. 모든 투자는 자연적으로 수명 주기를 따르므로, 사람들은 자신의 회사가 늙어간다는 것을 전제로 계획을 해야만 한다.

회사가 젊었을 때는 단백질이 많은 음식을 먹이고 또 운동을 많이 시켜야 한다. 그러나 회사가 나이가 들면 지혜롭게 행동해야 한다. 회사는 일자리를 마련해야 하고, 지금까지 거두어들인 것을 사회에 환원해야 한다. 성숙기를 대비해 준비한다는 것은, 성숙함이 제공하는 우아함과 자유를 만끽하는 이중의 의미를 갖는다. 몇 가닥 남지 않은 머리카락을 대머리 부분에 착 달라붙게 빗어넘긴 중년의 회계사들, 고급 차를 산 중역들, 혹은 몸에 착 달라붙는 옷을 입은 중년 여인들은 세상 물정이 달라진 것을 모르고 현실과 싸우고 있는 사람들이다.

합병은 건강한 회사 혹은 진정한 성장의 길이 아니라는 사실을 인식하라. 예컨대, 유럽이 단일 통화를 채택한다고 해서, 젊은 활기를 상실한 제각각의 유럽 국가들로 하여금 한층 더 경쟁력을 갖추고 미국과 같은 지역을 만들지는 못할 것이다. 무역체제의 동질화는 규제자들을 만족시킬지는 모르지만, 통합적인 무역지대를 창출하지는 못한다. 합병은 진정한 성장이 아니다.

진정한 성장은, 동물의 경우 뼈대의 힘을 강화함으로써 가능한데, 그 점은 인간의 조직도 마찬가지다. 경쟁, 강화, 운동은 근육 조직, 힘, 속도를 높인다. 힘을 받지 않으면 성장하지 못한다. 시장지위를 확보하기 위해 거대 회사를 형성하는 유럽의 최고경영자들은 지속적 성장을 위한 토대를 건설하는 것이 아니다. 그들은 독점을 누리고 있는 것이다.

경쟁자를 가져라

모든 프로젝트는 경쟁자가 있어야 하고, 그것도 마치 목뒤에 돌이 누르고 있는 듯한 경쟁자를 갖고 있어야 한다. 혼다 자동차의 기술 스승이자 BP라고 명명된 공급자 개발 방법을 발명한 마루오는 경쟁자를 끊임없이 의식했음을 토로한다. "우리는 항상 도요타를 의식한다. 언제나." 도요타의 기술적 강점과 자금력이, 비록 그가 보지도 못하고 또 듣지도 못하지만, 항상 그의 목뒤에 존재했다. "그들은 항상 여기에 있다. 그것이 바로 우리의 게임이고 나의 게임이다." [7]

보편적인 회사의 수명 주기 곡선은, 탄생-성장 준비-급속한 성장-견실한 성장-방향감각 상실-성장 멈춤-소멸이다. 회사들은 20~200년 사이의 어느 단계에서 소멸하는데, 모든 회사들과 현명한 기술자는 수명 주기를 이해하고 있으며 또한 하향곡선을 받아들인다.

기술이 이익을 내도록 하라

지나간 여름날 동안은, 첨단 산업분야에서 산다는 것은,
상대적으로 말하면, 쉬웠다.
—S. 러셀 크레인 <업사이드> 지, 1997년 11월호, p.148

기술 관리자들은 위험, 스트레스, 그리고 예측할 수 없는 보상을 즐기면서 살아간다. 몇몇 기술들에서 일반 상품—예컨대 PC—을 개발하여 사업화하는 것은 소비자를 대상으로 하는 것이 가장 전망이 밝다. 그러므

---

[7] Nelson, Dave Rick Mayo, and Patricia E. Moody, *Powered by Honda-Developing Excellence in the Global Enterprise* (New York: John Wiley and Sons, 1998).

로 해결해야 할 문제는 기술투자 게임을 잘해야 하며, 올바른 전문가들이 운영하는 올바른 프로세스에 승부를 걸어야 한다.

앤더슨 컨설팅과 데이터퀘스트(Dataquest)의 추정에 따르면, 컴퓨터와 전자 시스템 산업—컴퓨터, 원거리 통신, 데이터 통신, 무선 핸드폰, 산업용 및 소비자 전자 제품(단 반도체와 소프트웨어는 제외)—은 2000년에는 1조 2천억 달러에 이를 것이라고 한다. [8]

엄청난 기회는 엄청난 위험을 낳고, 그리고 회사의 이름들이 승자의 명단에 오르내리면서 천지가 진동하는 소리를 낼 것이다. 승자의 명단에 올라 있던 상위 150개 회사들 가운데 1995년이 되자 76개 회사가 등급이 하락했거나 아예 명단에서 사라졌다. 물론 그런 변동은 21세기에도 계속될 것이고, 따라서 우리에게 익숙했던 많은 이름들이 사라지거나 혹은 신규 기업들에게 먹히고 말 것이다.

또한 기술 관리자들은, 프로세스에 적용하는 전략에서도, 혁신 제품의 도입에서도, 승리하기 위해 올바른 기술을 선택하는 과정에서 방향을 예측할 수 없는 변화를 겪게 될 것이다. 지금까지 우리가 만든 모든 복잡성을 관리한다는 것은 인간적으로 불가능하므로, 승리하는 관리자는 인간의 지혜, 기업의 지배구조, 그리고 2020년의 기업을 운영하는데 절대적으로 필요한 지능 기계 사이에 균형점을 찾을 것이다.

참고문헌

환경변화에 관한 참고문헌으로는, 프레더릭 P. 브룩스 주니어(Frederick P. Brooks, Jr.,)의 〈Mythical Man Month〉와 워렌 베니스(Warren Bennis)와 팻 워드 베더만(Pat Ward Bederman)의 〈Organizing Genus〉 등이 있다.

---

[8] Craig, S. Russel, "Making High Tech Pay off: ten Ways to Build a Better Technology Company," *Upside*, November 1997.

제8장

두 개의 메타 시스템

탄환열차와 플라스틱!

비행기 기내로 표를 갖고 와라
급행 열차를 탈 시간이 없다.

—더 복스탑스(The Boxtops)

최근, 전동기기와 로봇 기술 분야에서 전 세계적으로 유명한 공급 업체인 야스카와 전기(Yaskawa Electric, Motoman)는 로봇이 21세기에 수행할 역할에 대해 이야기했다. 야스카와 사는 로봇을 다른 여러 분야에 적용한다거나 아예 로봇의 정의를 다르게 내렸다. 이 회사의 핵심 사업은 여러 분야의 킬러 애플리케이션(killer applications)에 장착되는 회전 전동기로서, 그것을 수많은 혁신적 제품 패키지에 적용했으며, 그중에서도 로봇이 가장 대규모 사업이다.

두 개의 메타 시스템, 인터내셔널 플라스틱스/독일 그리고 탄환열차, 실행 단계의 유전자 알고리즘

야스카와 전기는 최근 메타 시스템을 만들었다―즉 일본의 고속 열차 운행을 원활하게 하는 지능 에이전트 시스템을 개발했다. 플레버스 테크놀로지의 소프트웨어를 사용하여 만든 이 시스템은 초고속으로 사람들을 수송하는 복잡한 스케줄링 문제를 해결한다. 이 시스템은 새로운 컨트롤 로직을 점검할 때나 새로운 컨트롤 컴퓨터를 검증할 때, 그리고 새로운 설비를 부착하여 수행하는 작업을 실험할 때 이용된다.

두 번째 메타 시스템은 인터내셔널 플라스틱스/독일(International

Plastics/Germany, IP/G)이다. IP/G는 역시 고품질과 적시 배달로 성과를 측정하는 복잡하고도 대량생산을 하는 플라스틱 공장을 운영하기 위해, 창발적 행동 규칙들(emergent behavior rules)로부터 도출된 동일한 스케줄링 접근방법을 사용한다. 플라스틱스의 스케줄은 대규모 플라스틱 압출공장의 엄청나게 많은 종류의 제품들과 스케줄 변화를 취급하는 반면, 고속 열차의 스케줄은 운행노선의 수, 속도, 그리고 관리해야 할 다른 여러 변수들이 사전에 정해진 상황에서 최적의 운영 계획을 짠 것이다.

탄환열차, 신칸센

세이이치 야스카와(Seiichi Yaskawa)는 야스카와 전기의 개발 책임자로서, 일본의 탄환열차를 운영하는데 PIM을 활용한 사실을 자랑스럽게 생각한다. 야스카와는 이 시스템을 실시간 병렬 프로세싱 시스템(real-time parallel-processing system)으로 명명했는데, 대규모 철도 운영의 모의실험에 이 시스템을 적용하는 것은 지능형 에이전트의 응용에 새롭고 폭넓은 지평을 여는 것이다. 탄환열차 그 자체가 공학적 혁신으로서, 특히 속도가 제한된 미국의 철도 시스템과 비교하면 그 차이가 뚜렷하다(고속철도는 물론 유럽에도 도입되었다).

그는 1901년 일본에서 나온 일련의 예측을 회고한다. 그 당시 23개의 꿈 같은 예언이 있었는데, 그중 대부분은 이미 실현되었다─예를 들면, 전 세계를 대상으로 하는 무선전화, 고등교육의 보편화, 전기의 보급, 그리고 탄환열차가 등장하여 2시간 반만에 도쿄와 고베를 주파한다는 것 등이었다.

〈그림 8-1〉 후지산 밑을 지나는 탄환열차

야스카와 전기의 철도산업 진입

야스카와 전기는, 몇년 전 일본철도회사의 신칸센 고속열차 시스템에 지능형 시스템을 성공적으로 설치하기 전까지는, 철도산업과는 전혀 무관한 회사였다. 야스카와 시스템은 모니터링과 COMTRAC이라는 제어 시스템과 결합되어 있다.

이 분야의 계획, 스케줄링, 그리고 제어시스템은 무척 복잡하다. 또 사람이 10억 분의 1초 단위로 판단해야 한다. 도쿄 역에서는 매 3분 30초마다 열차가 출발한다. 동시에 130대의 열차들이 달리고, 평균 30만 명의 승객을 시속 300킬로로 나르고 있으며, 도쿄-오사카 노선의 경우 가장 바쁜 시간에는 승객이 100만 명이나 된다.

〈그림 8-2〉 탄환열차—공학적 혁신

통제실

이 시스템은, 1995년 고베에서 지진이 나기 직전인 오전 6시, 막 첫차가 출발하려는 찰나 아슬아슬하게 재난을 피한 때를 제외하고는, 1964년 설립 이래 치명적인 사고는 없었다. 열차의 스케줄은 15초 단위로 가동되도록 짜여져 있으므로, 열차가 역에 도착하거나 출발하는 시간이 15초 간격 이내로 운행되어야 하는데, 이는 혼란이 일어난 경우 복구 계획뿐만 아니라 열차의 운행 스케줄이 질서정연하고도 정확해야 한다는 것을 의미한다.

야스카와는 고속열차의 통제실을 "NASA의 우주 통제실—거대한 패널과 컴퓨터 터미널로 가득 찬 방—을 열차 운행에 적용한 것"으로 생각한다. 최초의 시스템은 1972년 개발되었지만, 통제실의 컴퓨터 시스템은 몇 년마다 업그레이드된 것으로 교체했다. 지금은 제7단계를 건설하고 있다. 그 목적은 시간당 처리 대수—또는 시간 간격 단축—를 더욱 개선하려는 것으로, 현재 시간당 12대의 열차가 한 방면으로 달리는데 이를 15대로 끌어올리려는 것이다.

야스카와는 "성능을 향상시키는 것은 어렵다. 지금도 무리이기 때문이다. 문제의 핵심은 복구 시간을 줄이는 것이다"라고 말한다. 비록 대부분의 경우 15초라는 오차 범위 내에서 열차가 운행되지만, 만약 눈이 오거나 혹은 신호기가 고장나면 때때로 스케줄에 차질이 빚어진다.

따라서 문제는 얼마나 빨리 통제실이 스케줄을 제대로 복구할 수 있는가 하는 것이다. 고베 지진 이후, 최고 경영자는 이미 30년이나 가동중인 도쿄의 통제실을 보완하기 위해 오사카에 백업 통제실을 만들기로 결정했다.

〈그림 8-3〉 철도 통제실

프로세스

통제실은 스케줄상의 변화나 개선 여부를 시험해야 하지만, 이 시스템이 매일 운행되고 있어 실제의 시스템에서는 사실상 시험을 할 수가 없다. 그리고 스케줄에 대한 최적 솔루션을 계산하는 것은 불가능하다. 야스카와는 이 문제를 "움직이는 물체의 수가 둘 이상이면, 그것들의 동작을 분석하는 것은 불가능하게 된다"는 물리의 기본 법칙과 비교한다. 동시에 130대의 열차가 운행되고, 운행에 관련되는 다른 모든 요소들이 병렬로 움직일 때 할 수 있는 유일한 방법은, 새로운 계획, 시설, 스케줄에 대해 실제로 시험을 해보든지 아니면 그것들을 증명하기 위한 모의 실험을 하는 것뿐이다.

과거에는, 일본철도회사와 컴퓨터 공급업체의 엔지니어들이 오직 단순한 열차 운행 시뮬레이터를 활용했을 뿐이었다. 이 시뮬레이터를 이용하여 전통적으로 그들은, 각 역들 사이에 이미 정해진 속도를 이용한 1차 방정식을 만들어, 이런 종류의 비선형 복합 다이나믹 시스템(nonlinear complex dynamic systerm)을 추정했다. 그러나 이런 접근방법은 너무 단순했다. 따라서 신칸센은 곧 시뮬레이션 딜레마에 봉착했다.

딜레마

한 시스템을 보다 더 정확하게 기술(記述)하려고 할수록, 소프트웨어 부호는 더욱 더 많아진다. 그러나 소프트웨어 부호의 수가 많으면 많을수록, 컴퓨터가 솔루션 속을 헤집고 다녀야 하기 때문에, 시스템의 실행 속도는 점점 더 느리게 될 것이다. 모든 가능한 실시간 상황을 처리하기에 충분한 시뮬레이터는 그 규모가 감당하기 어려울 정도로 커지게 될 것이다. 예를 들면, 눈사태 같은 혼란이 발생하여 어느 열차 하나가 탈선하게 되면, 곧 그 작은 사고가 큰 문제를 야기한다.

즉, 열차 하나가 한 역에서 정지하면 그 다음에는 뒤따르던 수많은 열차들이 역마다 멈춰서게 될지도 모른다. 이런 상황을 야스카와는 "한 무리의 새떼, 혹은 물고기떼와 비유하여, 한 무리의 열차들"이라고 부른다. 일단 열차가 스케줄을 벗어나 운행하게 되면, 기관사들은 새로운 스케줄이 어떻게 될지 전혀 예측할 수가 없다. 모든 기관사는 자신이 스케줄에 뒤처지고 있다는 것을 알고 또 각 기관사는 뒤처진 시간을 만회하려고 노력한다. 그러나 각각의 열차가 앞선 기차를 따라잡으려 노력하면 할수록, 스케줄은 더욱 더 어긋나게 된다.

또 다른 문제는 열차들이 뒤처진 시간을 만회하기 위해 빨리 달릴 때 발생하는 동력의 과부하 문제이다. 앞선 열차가 역을 출발하는 그 시간에 각각 다른 궤도 위에 있던 열차들이 동시에 출발하는 사고가 발생하면, 그 경우 전체 시스템의 한 적은 부분에 최대 순간 동력을 이용해야 하므로, 동력 공급 문제를 유발한다.

이런 모든 카오스적 행동은 전통적인 선형(linear) 스케줄링 프로그램으로는 분명 해결할 수 없는 것이다. 그러나 GM의 포트웨인 공장, 에크버그가 셰인 강철공장 및 스틸웍스에서 수행한 작업, 그리고 IP/G에서 사용된 것과 같은 유전자 알고리즘은 다른 방법들과는 달리 이런 식의 스케줄링에 대한 개발과 시뮬레이팅에는 완벽한 해결책을 제공한다. 에이전트 모델링의 큰 장점들 가운데 하나는 프로그램을 짜고 모델을 운영하는데 필요한 부호의 수(lines of code, loc)가 상당히 줄어든다는 점이다. 그리고 실제로 플레버스 테크놀로지는 바로 그 문제를 해결하기 위해—GM의 페인트 공장에—그 방법을 적용했다. 물론 처음에는 그것은 보다 나은 공장을 만들려고 한 것은 아니었는데도 결과적으로는 그렇게 되고 말았다.

시뮬레이터

열차의 궤도 시스템은 도쿄에서 하카타(후쿠오카)에 이르는 700마일에 걸쳐 2천 개가 넘는 회로 또는 회선을 보유하고 있다. 시뮬레이터의 각 회로에는 오직 단 하나의 열차가 그 위를 달리거나 아니면 아무 것도 달리지 않거나 하는, 한 구간의 열차 궤도 즉 열차의 충돌을 회피하기 위한 기본적인 통제 단위를 의미한다. 그러나 열차의 속도가 너무 빠르기 때문에, 그리고 궤도에는 너무도 많은 곡선 부분들이 있기 때문에, 앞서 가는 열차를 화면으로 따라가는 것은, 모니터링이 불가능할 것이므로 시뮬레이터는 시그널 시스템(signal system)을 활용한다.

런 커브의 시뮬레이션

열차는 시뮬레이터 상에서 가속적으로 달리거나 혹은 감속할 수 있도록 설계되어야만 하는데, 그것은 불연속적 행동이 아니라 아날로그적 행동(analog behavior)이다. 철도산업에서는 이를 런 커브(run curve)라 부르는데, 그것은 거리, 속도, 중지 지점 등을 표시해두고 있다. 시뮬레이터는 어떤 한 시점에 130개의 연속적 혹은 아날로그적 행동을 하는 130개가 넘는 열차들을 시뮬레이션의 대상으로 하지 않으면 안 된다.

일본철도회사는 PIM을 이용하여 그 시스템을 시뮬레이션하기로 결정했다. PIM은 많은 가상 프로세서(virtual processor)를 갖고 있고, 각각의 프로세서는 또한 많은 에이전트를 포함하고 있다. 에이전트들은 그들이 공통으로 보유하는 기억장치를 통해 상호작용을 한다. 그 결과 실질적 에이전트인 열차 기관사가 운행 구간별로 발생하는 속도의 한계를 바라보는 것과 같아진다. 열차 운행 구간마다 구간 중에 운행되는 열차가 있는지 모니터링하고, 에이전트에 포함된 또 다른 여러 행동 요소들도 검토한다. 예컨대 열차 기관사들의 심리 상태 같은 것 말이다.

〈그림 8-4〉

PIM—오퍼레이션 이론

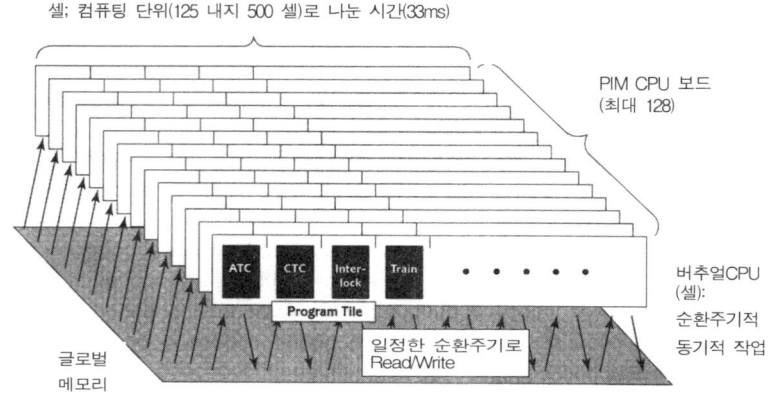

셀; 컴퓨팅 단위(125 내지 500 셀)로 나눈 시간(33ms)

PIM CPU 보드
(최대 128)

ATC　CTC　Inter-lock　Train　·　·　·　·　·

Program Tile

버추얼CPU
(셀):
순환주기적
동기적 작업

글로벌
메모리

일정한 순환주기로
Read/Write

　　열차 시뮬레이터를 최근 자료로 보완하는 작업은 열차 운행과 관련된 여러 변수들을 포함한다. 예를 들면 열차의 속도, 열차가 비탈길을 올라가는지 혹은 내려가고 있는지 하는 상태, 공기 저항을 받는 터널, 그리고 속도와 동력 소모에 영향을 주는 모든 물리적 요소들을 고려한다. 그러므로 에이전트는 이런 모든 요소들을 바탕으로 다음 역까지 가는 속도를 계산할 수가 있다.

　　제어기는 시뮬레이터의 결과를 실제 결과와 비교하기 위해 시뮬레이터 위에 스케줄상의 차질을 재현했다. 그 비교 작업은, 이 프로젝트에 참여한 분석가들을 혼란시킨 한 출발점에서의 차질 외에는, 아주 잘 추진되었다. 그러나 면밀히 살펴본 결과 차이점이 분명하게 드러났다. 모든 기관사들은, 러시아워에 스케줄을 맞추기 위해 갑자기 빨리 속력을 높이면 열차의 진동 때문에 승객들이 불안해한다는 것을 알고 있다.

CTC 시뮬레이터 블록 다이어그램

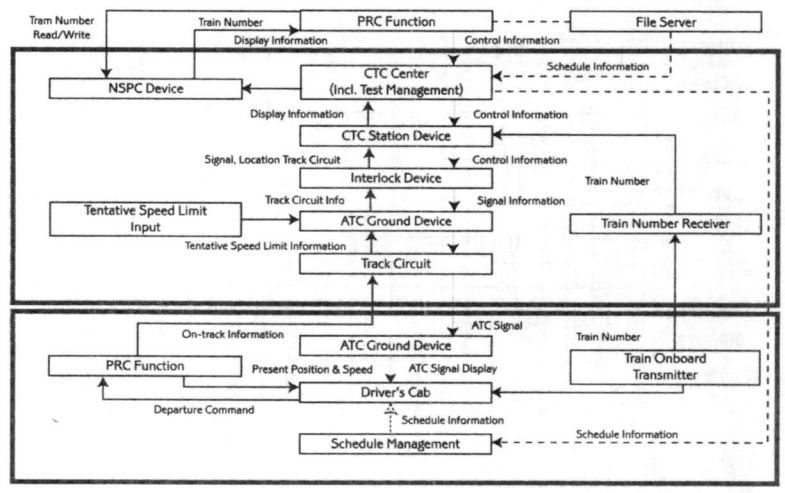

따라서 앞선 열차를 따라잡기 위해 급속도로 달리기보다는 그는 일부러 천천히 달린다. 이런 사실을 발견한 후, 프로그램을 설계하는 기사들은 기관사 에이전트에 다른 하나의 규칙을 덧붙였다. 비록 대부분의 시뮬레이터가 한두 시간 정도 지속되었으나, 시뮬레이션과 실제적인 결과와의 차이를 메우기 위한 보충적인 요소들을 포함시킴으로써, 시뮬레이션 프로그램은 오전 6시부터 밤 12시까지 큰 차질 없이 가동되었다.

야스카와는 이 기술과 프로세스를 신뢰하고 있는데, 부분적으로는 지금까지는 활용할 수 없었던 복잡계 시스템을 이 프로그래밍이 "용이"하게 접근하도록 해주기 때문이다. 이 분야의 과학이 우리에게 기여한 점은 제한된 예산으로 복잡계 문제를 해결할 수 있도록 해준 것이다.

〈그림 8-6〉

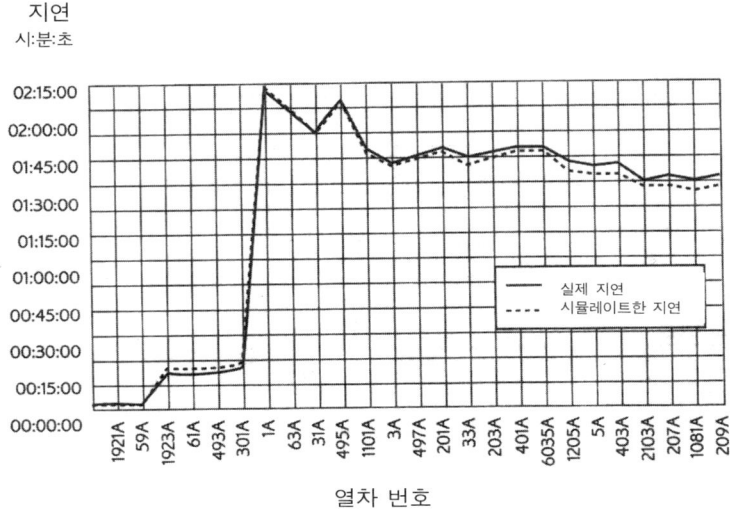

시뮬레이션의 정확도 검증

지연
시:분:초

실제 지연
시뮬레이트한 지연

열차 번호

다른 분야에 대한 적용

고속열차에 대해 에이전트 시스템을 성공적으로 설계하게 됨에 따라, 제어용 컴퓨터의 성능 향상에 따른 컴퓨터 자체의 시험을 포함해, 시뮬레이터를 다른 분야에도 적용해보도록 했다. 또한 시뮬레이터를 이용하여 열차 배차원들을 훈련시킬 수 있었는데, 이는 큰 혼란이 발생했을 때 배차원들의 좋은 대처 방법이었다.

통제실을 운영한다는 것은 대개의 경우 패널을 아래위로 쳐다보는 것, 지시등을 보는 것, 그리고 모니터를 주시하는 것이다—별 이상은 없다. 하지만 이상한 일이 벌어지면 경고음, 붉은 등, 벨소리가 동시에 울리면서 통제실을 즉각적인 반응을 하는 전투지역으로 바꾸어 놓는다. 장비들이 많을수록, 또 경험이 많을수록 배차원들은 긴급상황에 대한 대응능력이 높아진다.

　다른 적용 사례 하나는 시속 300킬로미터 열차의 새로운 스케줄의 검증이었다. 대체로 새로운 스케줄을 개발하는데는 전문가 팀으로 여러 달 걸리지만, 시뮬레이터를 이용하여 새로운 스케줄을 시험해보고 수많은 변수들을 검토하는 작업은 훨씬 쉽고 또 빠르다.

　전력 사용량 추정작업은 시뮬레이터를 사용하는 경우 상당히 효과를 볼 수 있는 분야이다. 시뮬레이터는 전력 소모량의 추정작업에 도움을 줄 뿐만 아니라 동력원의 변경에도 도움을 준다.

　시뮬레이터를 매우 미래지향적인 분야에 적용한 사례가 바로 도로 교통 및 자기부상 열차에 대한 적용이다. 자기부상 열차는 지금 10마일의 실험 구간을 운영하고 있고, 시속 350킬로미터로 달리고 있는데, 이는 시뮬레이터가 과거에 한번도 해본 적이 없는 방식으로 실험을 하고 있다. 계획상으로는 자기부상 열차용 철로를 건설하기 전에, 도쿄와 오사카 사이를 잇는 전 구간에 대해 시뮬레이션할 수 있는 또 다른 시뮬레이터를 만들려 하고 있다. 일본철도 회사는 시뮬레이션 모델의 정보에 기초하여 일본 전역의 철도 시스템을 가동하고, 궁극적으로는 에이전트에 기초한 시스템을 직접적으로 운영하려는 비전을 갖고 있다.

　다른 여러 시뮬레이터들이 일본에서 가동되고 있으며, 그 가운데는 센트럴 저팬 레일웨이스(Central Japan Railways)가 사용하는 30k 셀을 가진 온라인 시뮬레이터, 그리고 오사카 백업 센터의 것이 포함되어 있다. 그 다음의 것은 큐슈 지역에 설치될 예정인데, 앞서의 것들보다 한층 더 복잡하고 오래된 열차 시스템을 위한 것이다.

　마지막으로, 야스카와는 자동차 조립 스케줄과 기중기(crane)의 작업 시스템을 상세히 프로그래밍하는데 에이전트 기술을 적용하려고 추진하고 있다. 에이전트 기술을 조립 프로세스에 적용할 때, 그 조립 프로세스의 이미지(image of assembly process)는 소규모 부품들을 의미하는 에이전트들이 내파(implosion, 외부로의 폭발과는 반대로 시스템 내부에서의 파열. 여기서는 에이전트들이 최적의 결과를 얻기 위해 스스로 판단하여 상호작용하는 것을 의미함)하는 모습을 연상하면 된다.

예를 들면, 자동차는 서로 긴밀하게 연결된 부품들이 함께 움직이는 셈이므로, 에이전트들은 자동차라는 전체 시스템과 가까이 있거나 혹은 그 속에서 작동하기를 바란다. 좀더 구체적으로 비유해서 말하면, 볼트(bolt)는 볼트를 포함하는 소규모 서브 시스템(sub-system)에 속하길 바란다. 그 다음, 볼트를 포함하고 있는 소규모 서브 시스템은, 예컨대 타이어(tire), 또 다른 볼트들, 워셔(washer), 토크(torque), 허브(hub)와 같은 여러 개의 독립적인 에이전트들로 구성된 자동차 바퀴라는 중규모 서브 시스템의 한 부분이 되길 바란다. 또 그 다음, 중규모의 서브 시스템은 차축(axle)에 포함되고, 그리고 궁극적으로 부품들의 공동체 속으로 합류하게 된다! 스케줄링(scheduling), 로봇(robot), 센서(sensor), 그리고 완성 자동차(car) 모두, 자동차 조립 프로세스라는 공동체 속에 살고 있는 실제의 혹은 가상의 에이전트들의 집단들인 셈이다. 무리가 따르는 이미지이지만, 그러나 불가능한 것은 아니다.

IP/G의 플라스틱 압출 공장

IP/G의 모회사인 인터내셔널 플라스틱스(International Plastics, IP)는 유럽 전역에 수십 억 달러를 투자하고 있는데, 그중 상당 부분은 신규 공장에, 그리고 일부는 새로운 아이디어 개발에 투입되고 있다. 유럽에서의 사업은 IP가 텔레비전 세트, 컴퓨터, 자동차 부품, 다른 여러 고부가가치 제품 생산에 사용되는 공업용 플라스틱을 생산하기 위해 독일에 생산

시설을 추진했던 1960년대 후반까지 거슬러 올라간다.

IP/G는 플라스틱 압출 제품을 전적으로 독일에서 생산하고 있다. 제조 프로세스는 염소(chlorine), 공기, 산소, 그리고 각종 화학원료를 혼합하고는, 그 혼합품을 고성능 압출기를 통해 각각 직경 약 8분의 1인치 두께로 20~30개의 얇은 필라멘트(filament)를 만든다. 생산라인에 있는 여러 개의 원료 투입구에 염료, 혼합물, 혹은 각종 첨가물을 투입한다. 이런 원료들은 일반적으로 투명하지만, 흰색, 혹은 붉은 색으로 만들 수 있고, 탄소 혹은 유리섬유를 포함할 수도 있다. 압출 과정을 통과한 원료들은 잘게 잘라져 포장되어 선적된다.

프로세스는 이처럼 간단하지만 스케줄링을 하는데는 많은 변수들이 관련되고 또 매우 복잡해서 골치가 아프다. 따라서 이것은 압출기가 마치 원재료에 대한 고객 역할을 하는 식이어서 "끌어당기기식" 창발 시스템 (pull-through emergent system)의 좋은 후보이다.

IP/G는 다양한 분야에 플라스틱을 원재료로 사용하는 매우 많은 고객들에게 플라스틱을 공급한다. 대부분의 고객들 역시 제품을 대량생산하고 있으므로 IP/G에 대한 주문량도 대규모이다. 플라스틱은 고도의 가공품으로서, 강도가 높고 또 광섬유적 속성을 가지고 있다―따라서 이것은 헤드라이트의 렌즈, 충돌 방지용 헬멧, 안전유리 제조에 사용될 수 있다. 플라스틱의 제조법은 여러 다른 용도에 맞추어 조정할 수 있다. 플라스틱을 구입하는 또 다른 고객들로는 장난감 제조업자, 자동차 부품업자, 플라스틱 배관 제조업자, 그리고 물 냉각장치 제조업자 등이 있다.

고객들은 다양한 색상과 강도 그리고 첨가물을 지정하는 것은 물론이고, 대략 30개에 가까운 다른 분자구조를 지정하는데, 이런 다양한 변수들 각각은 주문서의 요구 내용과 비교하여 한치도 틀림이 없이 정확해야만 한다.

예를 들면, 색상 관리는 매우 중요하다. 소방수의 노란색 헬멧용 플라스틱은 작업 단위가 다르다고 해서, 다시 말해 뱃치(batch)에 따라 그 색상이 조금이라도 달라져서는 안 된다. 어떤 고객은 시간이 흘러도 변색하지 않는 원재료를 요구하고, 기름이 묻어도 손상되지 않거나 또는 화학적 부식이 되지 않는 원재료를 지정하기도 한다. 고객에 따라 어떤 주문과 요구를 할지 예상할 수가 없다.

생산 프로세스

생산 프로세스(production process)는 두 단계로 나누어진다. 첫 번째 단계는 몇몇 화학물질을 가열하여 밀가루 모양의 레진 파우더(resin powder)를 만드는 뱃치 프로세스(batch process)이다. 레진 파우더는 수십 종류나 되는데, 이것들은 폭 20피트, 높이 200피트의 사일로(원료 저장고)에 저장된다.

다음 단계는 레진 파우더를 폭스바겐 정도 크기의 건조 혼합기에서 다른 여러 첨가물과 혼합하는 혼합 프로세스이다. 10피트 크기의 깔때기를 통해 첨가물을 주입한다. 마지막으로, 혼합된 원료는 압출기로 이동되어 압축되고 또 열이 가해지고는, 물로 냉각시켜야 하는 뜨거운 액체 플라스틱이 만들어진다. 국수 가락을 닮은 플라스틱 가닥을 회전형 부채 칼날(fan blade)로 잘게 절단하면 원통형 작은 입상체가 된다. 이것들은 규격 포장으로 혹은 전용 탱커 트럭에 실려 고객에게로 운반된다.

IP/G에 새로운 시스템을 설치하기 위해 함께 작업했던 뉴 햄프셔의 소프트웨어 개발회사의 사장이자 프로젝트 책임자인 게리 존스(Gerry Jones)는 생산 프로세스의 핵심을 압출 라인이라고 설명한다. IP/G 공장에는 약 20개의 라인들이 있는데, 어떤 것들은 다른 것들보다도 속도가 빠르고, 또한 모든 라인은 성능이 제각각이다.

〈**그림 8-7**〉 플라스틱 압출 프로세스는 첨가물들로 혼합된 분말로 시작하여, 플라스틱 국수 가락으로 뽑혀져 나와서는, 그 다음에는 플라스틱 입상체로 잘게 절단된다.

　존스는, 비록 생산 프로세스에서 뱃치마다 색상을 바꾸긴 하지만, 만약 고객이 진한 색상에서부터 옅은 색상으로 바꾸기를 요구하면, 그에 따라 생산 장비를 말끔히 세척해야 하기 때문에 "스케줄링상의 변경이 가장 끝 문제다"라고 말한다.

　그 경우, 세척의 정도는 단순한 헹굼에서부터 종업원 한 명을 혼합기 속으로 들여보내 4~5시간을 열심히 닦게 해야 하는 것까지 다르지만, 어쨌든 라인은 가동이 중단된다.

　"우리가 해결한 문제는 고객의 주문 리스트를 받아 그중 어느 것을 어느 라인에서 어떤 순서로 작업할지를 결정하는 것이었다. 수천 가지의 주문에다 몇주일간의 작업을 요하는 주문량을 스케줄링하는 것을 지금은 3명이—손으로, 마그네틱 보드를 이용하여, 축적된 경험을 활용하여, 몇몇 기본 규칙에 따라 할 일과 하지 말아야 할 일을 구분하여—진행하고

있는데, 그것은 원료의 효율을 최대화하고 설비의 잠재력을 높이는 것이
아니었다."

복잡한 제조 프로세스에 대한 스케줄링 순서

플라스틱 제품 생산의 스케줄링은 설비의 운영과 고객의 요구를 포함
하여, 기술적 문제, 원가, 생산성 목표 사이에 균형을 유지하는 복잡한
과업이다. 독일의 IP/G 공장은 많은 압출기와 포장 라인을 가동하고 있
다. 수요는 많기 때문에 좋지만, 다른 한편으로 임원들은 회사의 작업
구조가 너무도 복잡하여 심지어 최고의 두뇌를 가진 사람마저도 해결하
기 어려운 큰 문제로 생각하고 있었다.

따라서 그들은 (GM의 포트 웨인 도장 공장의 문제를 해결한) 플레버
스 테크놀로지 사에 도움을 요청했다. 임원들은 포장라인을 안정적으로
운영할 수 있는 프로세스를 필요로 했다. 포장작업 계획과 작업 교체의
우선순위 결정에 대한 보다 나은 규칙을 확보하고, 압출 작업에 투입되는
인력의 활용에 손실을 최소화하는 시스템을 개발하고자 했다. 새로운 작
업방식이 추구하는 직접적인 목표—생산성 최적화, 최적 생산량, 제품의
품질, 그리고 종업원 근로환경의 질적인 향상—는 회사의 전반적인 목표
로 확대되었다. 그리고 그들은 레진 생산계획에서도 보다 향상된 통제
방법을 도입하기를 원했다.

탐욕이 만들어낸 시스템

"따라서 우리가 했던 일은 스케줄을 짜는 자동 에이전트 스케줄러
(autonomous agent scheduler)를 개발하는 것이었다"고 존스는 말한다.
패키지는 프로세스를 시뮬레이트한다—프로세스가 작업을 수행하는데
시간이 얼마나 걸리는지 그리고 추가 작업은 무엇을 해야 하는지를 모의

실험한다. 스케줄러는 라인들을 관리한다—기본적으로 한 라인이 작업을 끝마칠 무렵이 될 때마다, 그 라인은 밀려 있는 주문 리스트를 보고 다음에 할 작업을 검토한다. 현장의 모든 생산라인들은 밀린 작업 주문들에 대해 경쟁적으로 경매에 들어간다. 존스는 이런 식의 소프트웨어를 다음과 같이 비유한다.

"구소련 경제는 모든 것을 정부에서 계획했고 또 지시했다. 반면 우리가 만든 플라스틱 공장의 스케줄러는 시장경제를 닮았다. 각각의 기계는 정해진 규칙을 준수하면서 가능한 많은 제품을 생산하려고 노력한다. 후자의 방식이 훨씬 더 효과가 큰데, 그 이유는 후자가 더 많은 제품을, 더 빨리, 그리고 더 예측 가능한 상태에서 만들 수 있기 때문이다. 플라스틱 산업에서 성공의 열쇠는 지정한 날짜에 고객에게 납품할 것을 약속하고—고객이 필요로 하는 시점보다 충분히 앞당겨—그리고, 고객은 그것을 기초로 사업을 하므로, 지정한 날짜에 실제로 납품하는 것이다."

에이전트에 기초한 스케줄링의 두 번째 단계, 즉 고객의 스프렛시트 자료를 알고리즘에 투입할 수 있도록 해석하여 연결하는 단계에도 경쟁이 붙는다. 이 중요한 연결 단계는 가로 세로로 정리된 엄청나게 많은 자료에서 불필요한 것을 제거하고, 재조직하고, 그리고 마그네틱 보드 위에서 수작업으로 스케줄링을 하면서, 소프트웨어가 얼마나 도움이 되는지, 소프트웨어의 어느 부분을 수정해야 할지, 어느 부분을 확장할지를 알 수 있도록 해준다. 그렇게 되면 어느 경우에도 IP/G는 매우 복잡하고도 까다로운 제조환경 속에서도 완벽한 스케줄링 및 시뮬레이션 능력을 재빨리 발휘할 수 있다.

문제는 성과 평가의 기준이다. 이런 시스템의 성과를 어떻게 측정할 것인가? 측정방법은 기대되는 성과 요소의 가중치를 포함하고 있어야 하며, 특히 전체 프로세스의 RONAE(return on net assets employed, 사용된 순재산 대비 순이익) 비율과 설비 사용에 대한 가중치도 포함해야만 한다. 일부 지역에 있는 압출라인의 최적화가 전체 생산 시스템상 이웃한 라인에 도움을 주는지 아니면 피해를 입히는지에 대해서 임원들은 알아야만 한다. 따라서 다음과 같은 의문이 발생한다. 임원들은 그 국지적인 영향만을 측정할 수 있는가? 할 수 있다면 어떻게 측정하는가? 그 모델은 성과를 측정하는 인프라로서 사용하는데 충분한가?

"암흑"의 예술

GM의 페인트 공장에서 볼 수 있는 방식의 작업은 그 예가 많다. IP/G는 색상, 점도, 첨가물 등 엄청나게 다양한 종류의 주문을 처리할 필요성을 느꼈다. IP/G는 주문이 바뀔 때마다 발생하는 비생산적인 작업교체 시간을 최소화하길 원했고, 설비의 이용률을 한층 더 높일 기회를 확보하고자 했다. 또한 작업교체에 따른 원재료의 낭비를 최소화하려고 했다.

물론 작업준비를 위한 중간의 유휴시간은 노동 시간도 낭비하는 경향이 있다—현장 근로자들도 역시 빈둥거리기보다는 라인에 다시 투입되기를 기다리거나 또는 다른 작업으로 배치되기를 기다리는데, 이런 것들은 스케줄링의 문제를 더욱 확대한다. 복잡한 구조와 설비들 사이의 상호작용은 스케줄링에 한층 더 많은 변수를 추가한다.

수작업 또는 스프렛시트에 기초한 스케줄들 대부분은 과부하가 걸리게 마련이고, 그리고—수요증가, 부족한 성능, 제품 구성의 변화, 근로자 문제 등—다양한 시나리오들을 신속히 반복 창출하기 위해 사용하는 경우 작동이 중단되기도 한다. 당연히 "만약 이렇게 된다면, 어떻게 할 것인가(what-if)"식의 모델이 물러난 자리에 배짱이 등장하기 마련이다.

프로그래밍 프로세스의 상태는, 위에서 보듯이 손상당하기 쉽다. 이것은 예상치 못한 상황이 벌어지면 전반적인 프로그램을 망가뜨리고 이상한 방향으로 몰고 갈 수도 있다는 것을 의미한다. 바람직한 상태, 그리고 프로그램의 건강성이란, 창발적 프로세스를 실질적으로 훼손시키지 않으면서도 사용할 수 있는 프로그램을 의미한다. 과거의 전문가 시스템은 이런 문제를 많이 내포하고 있었다.

작업의 경매

플레버스 테크놀로지의 전문가들은 능동적 에이전트 테크놀로지 (active agent technology)—혹은 지능 에이전트—를 GM의 "부스 속의 치킨 브레인처럼" 스케줄링을 스스로 바꾸고, IP/G에서 발생한 것과 같은 전반적인 계획을 바꾸는 추가적인 두뇌로 보고 있다. 이런 생각은 훌륭한 생산 스케줄을 개발하기 위해 소프트웨어에 기초한 에이전트 테크놀로지(software-based agent technology)를 사용하려는 것과 같다. 그 다음 시뮬레이터는, 모든 변수, 제약요소, 그리고 각종 요소가 주어진 것이라고 가정할 때, 소프트웨어가 제공하는 최고의 스케줄러를 실질적인 성과 기록과 비교할 수 있었다.

소프트웨어 개발자들은 소프트웨어 시뮬레이션은 일관성있게 보다 나은 방법을 제공할 것으로 예상했고, 그리고 사실 그들의 생각은 옳았다. 비록 그들은 자신들의 이론을 뉴턴식 방식(Newtonian method)으로 증명하지는 못했지만 말이다.

J. 호웰 미첼은 능동적 에이전트 스케줄링 코드를 약 6개월만에 완성했다.(만약 구식의 톱다운식 프로세스를 사용하여 프로그램을 짰다면, 아마도 이보다 10배는 더 걸렸을 것이다.) 프로그램은 3개의 제조 부문—파우더 제조부문, 제품부문, 그리고 포장부문—을 동시에 검토할 수 있도록 짜여졌다. 포트 웨인에 있는 GM의 페인트 공장에서의 적용과 마찬가지로, 프로그램의 핵심은 경매 프로세스였다. 즉 다음 단계의 스케줄링 결

정은 GM에서처럼 경매 순서를 밟는 것이었다.

각각의 압출기는 자동 에이전트가 결정한 상황판단 혹은 행동 방식을 갖고 있다. 압출기라는 에이전트는 특정 고객의 주문을 위해 수행해야 할 중심 작업을 검토한다—예컨대 붉은 색상을 첨가하는 작업이라고 하자. 이 압출기가 하던 작업을 끝마치고 나면, 미처리 주문 리스트를 검토하고는 하나의 작업을 선택한다. 가장 이상적으로는, 설비의 수정이나 교체가 없어도 되는, 지금까지 하던 작업과 색상, 첨가물, 제품이 같은 경우이다.

그러나 만약 에이전트가 지금까지 하고 있던 작업과 동일한 상태의 작업을 발견할 수 없다면, 그 다음에는 에이전트는 중요하고, 성과가 높은, 혹은 이익이 많은 작업을 고른다. 그러나 특정 압출기가 수행할 그런 작업이 전혀 없다면, 그때는 설비를 활용하고 또 가동률을 높인다는 차원에서 아무 작업이나 수행한다.

경매의 가격은 끊임없이 변한다. 예를 들면, 경매의 낙찰 기준들 가운데 하나는 "비슷하지만, 정확히 일치하지는 않는" 특성을 가진 작업이다. 경매의 가격 결정에서 고려되는 또다른 기준들로는 작업 위치, 가동 시간, 작업 우선순위, 이익률, 대기 시간, 납품일, 교체 비용 등이다.

미첼은 포장 라인의 스케줄러를 위해 다음과 같은 규칙을 만들었다.

제품 저장고들은 다음과 같은 방식으로 포장 서비스를 경매에 부친다.
▲저장고가 거의 비었을 때는 경매에 부치지 않는다.
▲다음의 경우 낮은 가격으로 경매에 부친다(포장 작업이 안 급할 때).
  저장고가 거의 비었고 생산 로트(lot)의 마지막에 있을 때
  혹은, 저장고가 거의 가득 찼고 다른 저장고들은 비어 있을 때
▲다음의 경우 높은 가격으로 경매에 부친다(포장 작업이 급한 때).

저장고가 거의 비었고 생산 로트의 마지막에 있으며 그리고 다른
저장고들이 가득 찼을 때

혹은 저장고가 거의 가득 찼고 그리고 다른 저장고들도 거의 가득
찼을 때

▲낮은 가격의 경매는, 포장이 세척 과정을 요하지 않는 경우, 중간
가격으로 변한다.

제품 생산라인의 스케줄은 다른 경매 규칙에 따라 진행된다.

▲고려할 기준들의 예는 다음과 같다.

세척 시간

투입 노동력(특정 시간대에서 사용할 수 있는)

완성 요구 시간 대비 완성 가능 시간

다른 작업을 수행함에 따른 포장 라인에 대한 벌과금

▲경매는 실제의 숫자로 한다.

▲만약 생산라인이 요구되는 품질을 제공하지 못하거나 또는 첨가물
작업을 할 수 없는 경우에는 경매는 없다.

이런 식의 소프트웨어는, 사전에 정해진 솔루션과 적합한 코드를 개발
해야 하는 방식들과는 큰 차이가 있기 때문에 효과가 뛰어나다. 이런 식
으로 시스템을 설계하면 다음과 같은 사항들은 발생하지 않는다.

중앙집중 식으로 계획되지 않은 소프트웨어

공격적인 경매

창발적 행동

개별 작업단위가 아닌, 집단적 작업에 대한 자산의 최적 보유(asset

optimization)

제1단계

이 프로젝트의 첫 단계에서는, 완성하기까지 6개월이 조금 덜 걸렸는데, 레진 사일로(저장고)에서 시작하여 포장 프로세스에서 끝나는, 플라스틱 제품 생산 프로세스 시뮬레이터를 만들었다.

제2단계

두 번째 단계에서는, 고객 주문의 처리과정에 대한 스케줄링 규칙을 포함하여 시뮬레이션을 레진 생산까지 확대했다. 시뮬레이션이 복수의 압출기들을 포함하게 되었고 또 결과가 타당한 것으로 판명되었기 때문에, 일련의 "what-if" 상황들을 가정하여 시뮬레이션의 성과를 한층 더 확대하는데 사용했다. 제2단계에서는 주문과정과 생산 스케줄링을 복수(復數) 압출기 시뮬레이션에 포함시켰다. 시뮬레이트한 결과와 실제 상황을 몇 번 더 완료함에 따라, 이 프로젝트는 실질적인 생산 프로세스 통제 모형에 매우 가깝게 되었다.

이런 환경 속에서 개발한 창발 시스템은 또 한번 확인시켜 주었다. 결정적인 개별 행동 요소들—즉 에이전트들—은 제각각 파악될 수 있고, 그리고 지능 시스템으로 권한을 부여받기 때문에 그것들은 서로 협력하여, 전통적인 접근방법보다 더 나은 시스템 행동을 달성한다. 이런 제2세대의 치킨 브레인을 가능케 한 원동력이 바로 PIM, 즉 엄청나게 많은 작업들을 병렬적으로 진행할 수 있도록 하는 특수 구조를 가진, 1991년 발명된 컴퓨팅 플랫폼(computing platform)이었다. 이 시스템은 현재 가장 널리 사용되고 있는 상업용 컴퓨터 보드인 VME 보드를 바탕으로 하고 있다.

PIM이란 무엇인가?

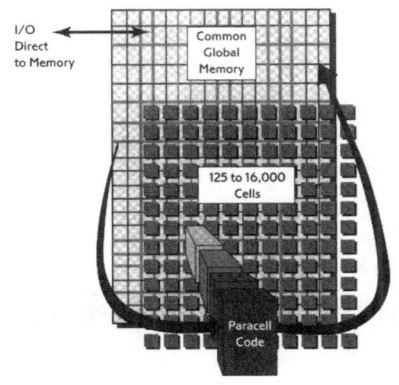

* 병렬 프로세서
  ―문제에 적합하게 직선적으로 확장한다.
* 예측가능하며 속도가 빠르다.
  ―실시간 공장의 제어에 매우 적합하다.
* 쌍방향적이고 또 점증적이다.
  ―프로그램은 전혀 이상 없이 수정된다.
  그것도 시스템이 가동되는 중에…
* 각각의 셀은 메모리를 읽고, 코드를
  실행하고 그 결과를 메모리에 전달한다.
* 작동은 일반적으로 30에서 60Hz까지
  수축기압적(systolic)으로 진행된다.

제1단계의 모델에서 파악된 에이전트들은 사일로와 압출 라인들을 포함하는데, 사일로와 압출기 또한 다음과 같은 에이전트들을 포함한다. 빈 저장고, 혼합 작업, 가득 찬 저장고, 압출기, 두 종류의 제품을 보관하는 저장고, 그리고 3개의 포장 작업 구역 등이다.

제2단계에서는 레진 생산라인 두 개를 추가했고, 제품 생산작업 수요와 외부 판매용 레진 수요를 계산할 수 있는 스케줄러도 추가했다. 수락한 주문에 대한 스케줄을 만들기 위한 경매 서브시스템은 20개의 경매 에이전트들(각각의 제품 생산라인에 하나씩)로 구성했고, 그리고 레진 생산 스케줄러와 연결하여 개발되었다.

이런 종류의 지능시스템을 성공적으로 운영하는데 있어 핵심적인 사항은 경매 에이전트들이 그들의 경매를 추진하는 적절한 규칙을 만들고, 그 규칙들을 판단하는데 필요한 기준을 분명하게 만드는 것이다. 계층형 구조(hierarchical architecture)는 유연성이 없고 너무나 복잡하므로 조작하기가 어렵다. 그리고 바꾸기가 거의 불가능하기 때문에, 이 프로젝트에 자동 에이전트를 선택한 것은 의미가 있었다. 에이전트에 기초한 시스템은 모듈러(modular), 즉 규격형 구조이므로 따라서 복잡성 문제는 정보의 흐름과 통제를 국지화하여 해결할 수 있다.

모델링 전문가들은 자신들이 개발한 모델을 7단계로 나누어 점검하기를 좋아한다.

〈그림 8-9〉

최적 시뮬레이터 성과 측정을 위한 7단계

1. KISS(keep it simple stupid, "매사를 단순하게 접근하라") 모델을 개발한다.
2. 역사적 자료를 입력한다.
3. 역사적으로 알려진 사실을 기초로 소규모 모델을 가동한다.
4. 실제 역사적 자료를 소규모 모델과 비교한다.
5. 차이의 의미를 평가한다.
6. 구체적인 자료를 사용하여 프로세스를 반복한다.
7. 모델의 적정성 여부를 판단한다.

단순한 소프트웨어의 장점들

단순한 시스템은 개발하는 데도 설치하는 데도 훨씬 시간이 줄어든다. 소프트웨어와 시스템은 점증적, 지속적으로 개선될 수 있고 또 수준을 높일 수 있다—예를 들면 프로세스의 요소들이 변하면 에이전트를 추가하는 식으로 가능하다.

한때 컴퓨터의 성능은 소프트웨어 구조 설계에 있어 주요한 제약이었다―과거 Y2K 문제를 야기한 대부분의 원인은, 날짜 코드에서 두 자리 수를 생략하는 식으로 메모리의 용량을 절약한, 프로그래머들의 관행 때문이었다. 그들은 종종 두 자리를 절약함으로써 에드 온 메모리(add-on memory)를 추가하는 비용을 줄였다. 1960년대 디스크 드라이버의 가격은 소형 자동차만큼이나 비쌌지만, 30년 뒤에는 컴퓨터에 내장된 메모리와 에드 온 메모리의 가격은 일반 상품 정도로 싸졌다. 따라서 소프트웨어 디자인의 초점은 값비싼 메모리 부분에 투입하는 비용의 절약에서 속도의 최적화와 병렬 프로세싱 능력 향상으로 이동했다.

지금, 시스템 전문가들은 하드웨어의 성능보다는 소프트웨어의 능력을 더 강조하고, 본질적으로 복잡한 문제를 해결하려고 노력한다. 하드웨어와 메모리 비용의 절약이라는 전통은 이미 사라진지 오래다. 지금은 컴퓨터 프로그램 코드의 수(loc)를 줄이는 것이 가장 큰 도전이다. 21세기 내내 훌륭하게 가동될 그런 것 말이다.

〈그림 8-10〉

에이전트에 기초한 스케줄링의 장점들

- 고객의 요구에 따라 수정하기가 쉽다.
- 선형 확장(linear expansion)
- 일반적으로 규칙에 따라 진행되므로 보다 간단하게 사용할 수 있다.
- 에이전트의 행동이 역동적이다.
- 스케줄링이 안정되어 있다.
- 실제 세계에서는 각종 가정들과 규칙들이 변할 수 있다. 시스템도 고정된 것이 아니다.
- 코드의 수를 줄인다(하드웨어의 설치 비용을 증가시킨다. 그러나 하드웨어 비용을 2배로 올리면 코드의 수는 10분의 1로 줄인다).

유전자 알고리즘의 장점

● 오프라인 스케줄러(off-line scheduler)가 스케줄의 실행을 시뮬레이트한다.

● 실제 시간보다 더 빨리 운영될 수 있다.

● "만약 이렇게 된다면, 어떻게 할 것인가(what-if)" 식의 질문에 대답을 하는데 사용될 수 있다

메타 시스템의 또 다른 사례로서 유전자 알고리즘의 적용

복잡한 작업—예를 들면 열차의 스케줄, 비행기 스케줄, 자동차의 최종 조립라인, 소비자의 수요 변화에 따라 끝없이 다양한 제품을 만들고 또 스케줄을 바꾸어야 하는 소비자 제품의 생산, 기술적인 문제, 공급자 측의 문제, 그리고 불가피한 각종 혼란—유전자 알고리즘을 추가적으로 적용할 수 있는 이상적인 후보이다. 앞으로 적용할 대상의 후보들은 다음과 같다.

● 엔진 생산 시뮬레이션
● 발전소 관리
● 화물의 관리
● 시멘트 가공
● 컴퓨터의 능력관리
● 전쟁 관리
● 항공기의 게이트 관리
● 프로세스의 관리

전통적 접근방법과 에이전트 접근방법

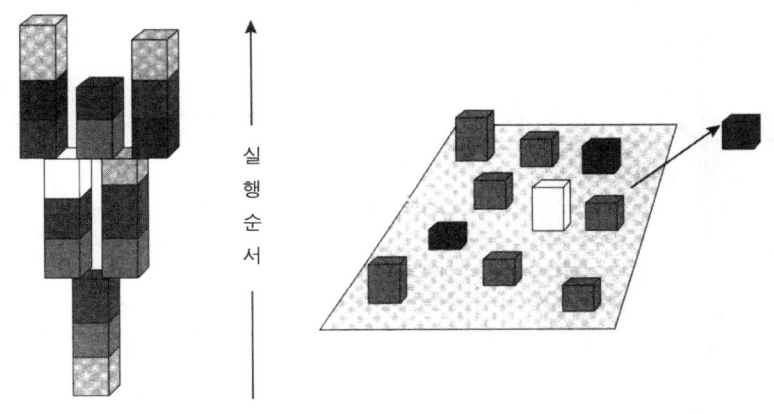

전통적 방법
어느 한 모듈이라도 손을 대면
전체 시스템을 고쳐야 하는
상황이 벌어질 수 있다.

에이전트
독립적으로 추가하고, 그리고
시스템 모듈들을 바꿀 수 있다

　　실제 작업에 있어, 자율성을 부여한다는 것은 오류의 발생을 감안한다는 것을 의미한다. 에이전트가 실시간 온라인 관리를 하고 또 계속 피드백한다면 작업상의 문제점들을 찾아내는 것은 공장의 가동을 중단하는 사태로까지 이어지지는 않는다.

　　오류를 찾아내는 것은 가끔 있는 일이 아니고 극도로 힘든 일이며, 그리고 자주 바뀌는 변수들에 대해 끊임없는 조정을 해야 한다는 것을 의미한다. 바탕에 깔린 철학—전문가에게 솔루션을 프로그래밍할 권한을 부여한다는 것—은 온라인, 온타임(on-time), 신속성을 보장하려는 것이다. 그 결과 프로그램의 건강성—작업과 관련된 다른 여러 변수들을 충분히 감안할 수 있는 능력—은 당연히 향상된다.

제 9 장
엔지니어가 지배하는 나라

조금 전, 차세대 크레이(Cray)를 디자인하기 위해
맥킨토시를 하나 샀지.

—세이모어 크레이(Seymour Cray, 1925-96), 차세대 맥킨토시를 디자인하기
위해 애플사가 크레이를 구입했다는 사실을 알고 한 말.

수준을 높여라

엔지니어가 왕인 나라에서는, 특정 기술의 전문가가 기술을 창출하고, 관리하고 수확할 것이다. 비록 소수의 MBA들이 기술적 번영의 틈새에 한 자리 끼여들기 위해 여전히 노력할 것이지만, 전문가로서의 임명장—경영자, 임원, 심지어 생산관리 분야에 종사하는 인적자원의 대다수—은 대부분 공학 학위를 바탕으로 수여될 것이다. 자본가와 노동조합의 한 세기를 지나, 21세기는 기술자의 시대가 될 것이다. 정말이지 정치적인 판단은 잘 못하지만, 이 책의 공저자이자 벤처 캐피털 투자자이기도 한 모얼리는 이런 종류의 기술적 리더에게 투자하기를 좋아한다.

성공적인 창업을 위한 최고의 기회는, 사업을 하고 있고 그들의 가장 큰 즐거움이 일—야간근무, 새벽근무, 정월 초하루에도, 유급 휴가 때도 일하고, 그리고 하루의 반을 일하는—그 자체인 부모 밑에서 자란, 35세 가량의 (경험있는) 남자 엔지니어에게 있다. 이런 배경을 가진 창업자는 기술의 리더들에게는 장밋빛 정원이 절대로 보장되지 않는다는 것을 알고 있다.

사실, 거의 도산 직전까지 가본 경험이 큰 도움이 된다. 그들은 애플과 넥스트의 스티브 잡스, DEC의 켄 올센, 그리고 시게이트(Seagate)의 알

슈거트(Al shugart)의 경우처럼, 마케팅 담당자들이 외면하면 자신들의 회사를 빼앗길 지경에 이를 수 있다는 것을 항상 유념하지 않으면 안 된다.

기술의 리더들

모토로라의 회장 봅 갤빈, 인텔의 앤디 그로브와 크레이그 바렛(Craig Barrett), 그리고 과거의 에디슨, 포드, 인텔의 칼 켐프(Karl Kempf), GE의 스타인메츠(Steinmetz), 소니의 회장, 에드가 랜드(Edgar Land) 등은 그런 사실을 오직 그후에서야 인식한 사람들이다. 그들은 모두 뛰어난 기술자들이었지만, 자신들의 마케팅 담당자들을 계속 설득해야 했으며, 회사의 존립을 위해 미래의 수요를 현재의 기술 개발 목표와 일치시키기 위해 노력했다. 그러나 그들 모두가 성공한 것은 아니었다. 모토로라와 같은 일부 회사들은 제조 과정이 잘 따라주지 않았기에 좌절을 겪기도 했다.

또 다른 경우, 매사추세츠 주 클린튼 시에 있는 플라스틱 제조업체 니프로는 특수한 기술도 아닌 일반 상품—플라스틱—으로 시작하여 너무나 혁신에 성공했기 때문에 질레트, 휴렛 팩커드, 그리고 애봇 제약회사(Abbot Labs)와 같은 오직 최고의 소비자에게만 고품질의 제품을 납품하는 정밀화학 산업을 창출했다.

니프로의 성공은 이 회사의 리더, 즉 엔지니어 겸 기술자 고든 랭톤(Gordon Lankton)의 비전, 그리고 전문 기술과 분명히 연결되어 있다. 랭톤은 확고한 엔지니어링 원칙을 창조적인 경영 아이디어와 결합했는데, 그는 니프로의 강력하고 독자적인 시설들을 성장시키려 마음을 먹었다. 코넬 대학에서 금속공학 학위를 딴 후, 랭톤의 비전은 글로벌한 것이었다. 그는 자신의 회사가 제1차 하청업자로 생존하도록 자리를 잡는다는 것은 전 세계적으로 경쟁을 치러야 한다는 것을 알았기 때문이었다. 랭톤의 비전은 더 나아가 회사 내에 기업가정신을 양성하는 조직구조를 만드는 데까지 확대되었다. 그는 기술의 리더들을 한층 더 양성하기 위해 조직 혁신을 이용했던 것이다. 그러나 니프로의 꿈을 이룬 첫 번째 단계는 완벽한 프로세스를 통해 획득된 기술의 힘을 랭톤이 이해했기 때문이었다.

니프로의 기술 리더십

고든 랭톤은 기술 리더의 대표 가운데 한 명이다—그는 비전을 가진 산업계의 리더이지만 자신의 역할을 회사 내로 한정하는 내향적인 사람이다. 플라스틱 사업이 막 번창하던 매사추세츠 주의 중심지에서 창업한, 니프로(Nypro Corporate Inc.)의 최고경영자 겸 사장인 그는 매출액 1백만 달러의 소규모 회사가 30년 만에 5억 달러로 성장하는 것을 지켜보았다. 군 복무를 마치고 2년 후, 그는 NSU 250cc 오토바이를 몰고, 20회에 걸친 세계 여행—그는 지금까지 400만 마일을 여행했다—의 첫출발을 시작했다. 그는 시간을 낭비한 것이 아니었다. 그는 자신이 바라는 것이 무엇인지 알고 있었다.

어느 날 랭톤은 매사추세츠 주 클린튼 시에 있는 니프로와 계약을 체결할 기회를 얻게 되었다. 매사추세츠 주 중부에 위치한 이 공장 마을(공저자 모얼리가 태어난 마을)은 첨단 산업이 늘어선 128번 국도와, 한때 사과 과수원, 양계장, 그리고 경공업으로 살아가던 시골 마을 사이에 있다. 랭톤이 입사한지 30년이 흘렀고, 그후 회사는 많은 변화를 겪었지만, 플라스틱 제조업자와 고객들을 위해 새로운 표준과 새로운 조직구조를 발명함으로써 이 회사는 계속 언론의 주목을 받기도 하고 또 산업의 수준을 높이고 있다.

한때 미국 동북부 지방의 플라스틱 산업은, 마치 일본의 산업계 지도자들이 데밍과 주란(Deming and Juran) 방식의 품질관리 경영 기법을 도입하기 전까지 일본의 제품들—축제 때 쓰는 장난감과 가정용품들—이 받았던 것과 같은, 그런 정도의 낮은 평판을 받고 있었다. 과거 부동산 개발을 위해 농업을 포기한 것처럼, 지금은—투자 서비스, 부동산, 은행 등—재테크에 치중하여 제조업을 포기한 미국의 한 주(州)에서, 플라스틱 산업은 수지맞고 존경받는 산업으로 존재하고 있다. 니프로가 그 대표적인 회사인데, 플라스틱 산업은 일반 상품 제조업자보다도 한층 더 첨단산업의 기수이다.

사실, 니프로 같은 개척자가 플라스틱 프로세스를 완벽하게 만들었고, 그리고 신물질을 새로운 용도에 적용하기 위해 휴렛 팩커드와 같은 첨단산업의 고객들과 함께 작업을 했기 때문에, 플라스틱 산업은 매사추세츠 주의 첨단산업 부문에서 굳건한 위치를 차지하고 있다. 플라스틱 산업은 매사추세츠 주에 대략 5만 개의 일자리를 제공하고 있고, 고객의 대부분은 첨단산업(CD 제조업체, 프린트 제조업체), 제약 산업, 건강 분야(콘택트 렌즈, 주사기, 칫솔)의 기업들이다.

고객의 선택

이런 결과들 가운데 어느 것 하나도 우연히 발생한 것이 아니다. 플라스틱 빗과 어린이용 장난감을 만들어 종업원들에게 겨우 월급을 주던 산업으로부터 "청정실(clean room)" 생산 산업으로 전환하는 것은 우연한 일이 아니라는 말이다. 랭튼은 사업상 파트너—고객—를 선택하는 기준을 거래 규모가 최소한 1백만 달러 이상이 되게 올림으로써, 회사를 한층 높은 수준으로 끌어올렸다. 애봇 제약회사와 질레트 같은 고객들은 자사의 제품 디자인, 응용, 심지어 시장에 이르기까지 외부의 전문가의 도움을 구하고 있었는데, 마침 니프로가 그 일을 맡았고, 니프로는 그것을 완벽에 가까운 품질로 예측된 날짜에 신속히 납품했다.

독특한 사업 전략

니프로는 사업의 수준을 올렸고, 긍정적인 결과가 나타나기 시작했다. 1998년이 되자 회사는 4억 5천만 달러 매출에 2천 만 달러의 순이익을 올렸다. 한 걸음 더 나아가 랭톤은 자사가 책임질 수 있는 고품질의 제품 생산공장을, 시카고의 애봇 제약사 그리고 오레곤 주 코발리스 시의 휴렛 팩커드처럼, 파트너 겸 고객이 있는 곳 바로 옆에 둠으로써, 분산생산 접근방법을 채택했다.

니프로는 또한 각각의 공장에 상당히 현지화된 경영관리팀을 구성한다. 각 공장은 그 공장 소속의 총괄관리자와 최고관리자팀이 운영을 하고, 그 총괄관리자는 다른 지역에 있는 니프로 공장의 이사회에 참여한다. 물론 이런 방식의 경영이 가져오는 긍정적인 효과는, 공장의 총괄관리자는 자신의 공장은 물론 다른 공장의 원활한 운영에도 항상 관심을 기울인다는 것이다. 그러므로 랭톤의 독특한 방식, 즉 개별 공장의 독립적 운영과 전사적 통합적 조직 구조는 지역 공장 수준에서 강력한 경쟁력을 유지한다는 목표와 회사의 전반적인 목표 인식 사이에서 균형을 이루도록 했다—매일 매일의 작업에서, 우리들 공저자가 생각하기에, 2020년의 테크놀로지 승자들 사이에 계속 관심이 증가할 "공동의 이익"을 고려하는 방향으로 회귀하도록 했다.

각각의 공장들을 이런 식으로 서로 연결시킴으로써, 니프로 산하의 자회사들은 각각의 이사회가 운영한다. 전통적 방식인 그룹 전체 임원회의, 예컨대 수석 임원회의 또는 그룹 부사장단 회의에 보고하지 않는다. 때로는 임원들이 업무를 다른 방향으로 추진하기를 선택하기도 한다—기업

가정신은 위협받지도, 손상당하지도 않는다. 사실, 상당한 성과가 기대된다—그것은 수준을 높여준다.

시계탑에서 본 세계

클린튼 시의 니프로 공장은, 또 다른 첨단 기술의 거인들, 즉 DEC와 모디콘과 마찬가지로 강의 언덕을 따라 지은 섬유공장을 개조한 곳이다. 방문객들은, 과거 섬유공장 시절 소방용 양철 물탱크를 올려놓는 급수탑이었던, 니프로 탑 꼭대기로 오르는 좁은 계단을 올라가서는 공장의 마당에서부터 와추셋(Wachusett) 산과 나슈아 강을 볼 수 있다. 그 강은 또 하나의 혁신의 원천으로서, 메리맥 강으로 흘러 마침내는 바다로 사라진다. 이 특별한 벽돌 건물은 한때는 비겔로 카펫 회사(공저자 모얼리의 모친이 안내원으로 일한 적이 있다)였다. 그후 DEC, 모디콘, 레이션(Raytheon), 왕(Wang), 그리고 앤도버 콘트롤스 같은 컴퓨터 관련 회사들이 근처에서 출발했고, 이런 회사들이 떠나간 자리에 다시 플라스틱 회사들이 밀려들어오면서, 이 공장은 지금까지 잘 가동되고 있다. 1972년부터 1996년 사이, 미국의 제조업의 일자리 수는 전반적으로 0.3%가 감소했으나 플라스틱 산업은 3%가 증가했다. [9]

글로벌 벤치마킹

니프로는 자사의 창업자들이 성공하기를 바랐던, 그러나 사실 창업자들은 어디로 가야 성공할는지 그 방향을 알지 못했을 그런 산업분야에 종사하고 있다. 랭톤은 매년 6~7회 글로벌 벤치마킹 여행을 하는데, 그때는 물론 오토바이를 타지 않으며, 플라스틱 산업의 최고 회사들 중에서

---

[9] Diesenhouse, Susan, "Remolding an Industry," *Boston Sunday Globe*, July 26, 1998, pp. G1, G5

도 최고만을 골라 방문한다. 랭톤은 다음과 같이 설명한다. "전 세계를 여행할 때면, 바로 세계 최고의 플라스틱 기술을 보려고 노력하는데, 대체로 목적을 이룬다. 일본에서는, 우리가 20년 동안 파트너로 함께 일하고 있는, 세계 최대의 무역상사—연간 매출액이 1천 6백억 달러—인 미쓰이 상사(Mitsui Corporation)를 통한다. 미쓰이의 역할은 10년 전만 해도 일본의 상품을 미국에 수출하는 것이었다—미쓰이가 협상을 하고, 또 고객을 찾는다. 그리고 미쓰이는 나를 위해 안내해서 최고 중에서도 최고를 볼 수 있도록 해주었다."

유럽에서는, 랭톤은 여행 계획을 짜고 최고의 회사들에 대한 벤치마킹 여행을 하는데 네즈달(Netsdal)사에 의존했다. 랭톤에 따르면, 네즈달은 "세계에서 기계 금형을 가장 잘 만드는 회사이다. 인도, 싱가포르, 그리고 독일에서도 그랬던 것처럼 나는 여행을 할 때면 반드시 기술센터를 보여달라고 요구한다."

니프로가 플라스틱 산업과 파트너들의 수준을 높였던 것과 같이, 랭톤은 회사의 내부적으로도 그 수준을 계속 높이고 있다. "우리가 의도하는 바는 여전히 세계에서 최고의 사출 성형기 제조업체가 되는 것이다. 우리가 최고라고 말할 때는 그것은 많은 다른 의미가 있다. 우리 회사보다 기술적으로 앞선 회사들도 있겠지만, 그들은 규모가 매우 적다. 규모가 크고, 세계를 상대로 하고, 그러면서도 기술적으로 경쟁력있는 기업을 꼽는다면, 나는 우리 회사가 최고라고 생각한다. 그러나 만약 오직 기술만 문제 삼는다면 우리보다 나은 R&D 성격의 회사들이 있을 것이다. 우리는 곧 아시아와 유럽에 기술센터를 건설하려고 한다."

차이니스 박스

공저자들은 랭톤에게 혁신적인 차이니스 박스에 대한 어떻게 생각하

320

는지 질문했다. 이 개념은 미국의 플라스틱 산업이 갈 길로서는 너무도 먼 것인가? 예상치 못한 것은 아니었지만, 이 아이디어는 랭톤의 마음을 스쳐갔다.

"내내 그 생각을 하고 있었다. 만약 우리가 금형 기계를 트랙터 트레일러에 실어 고객의 회사 가까이 가는 방법을 고안할 수만 있다면, 우리는 그것을 니트럭(Nytruck)이라고 부를 텐데, 그러면서 우리들은 그것에 대해 수년간 이야기를 나누었다. 그것은 우리가 방법을 모를 뿐 그렇게 황당한 생각은 아니었다. 어려운 부분은―왜냐하면 우리들은 제품을 청정실에서 만들기를 좋아하니까―공장을 건설하는 것이었다. 뿐만 아니라 그렇게 하려면 또 다른 거창한 시설이 필요할 텐데, 특히 전력 부문이 그랬다. 플라스틱 산업은 가장 전력을 많이 사용하는 산업의 하나이다. 우리는 심지어 니보트(Nyboat)라는 개념에 대해서도 논의했다―완벽한 생산 시설을 갖춘 컨테이너 선(船)에 대해서 말이다."

니프로는 최근 고객으로부터 필리핀에 새로운 공장을 건설해 달라는 긴급한 요청을 받았는데, 그것은 2~3년이 걸릴 프로젝트였다. 만약 니보트 같은 것이 있어서 남태평양으로 방향을 돌리고 전화, 전기, 물을 공급받으면서 20노트 속도로 정박항을 향해 갈 수만 있다면, 그들은 즉각 사업을 할 수 있을 것이다.

진정한 기술상의 도전―사람

기술 분야를 집행하는 것은 어쩌면 기업의 당면 과제들 중 한결 관리하기가 쉬운 것인지도 모른다. 최근 니프로와 주요 고객 하나가 파트너십을 유지하는 일이 얼마나 어려운지를 깨닫게 하는 문제에 부딪혔다. 니프로는 휴렛 팩커드의 프린터 카트리지 생산 공장을 위해 오레곤 주 코발리스 시에다 분공장을 하나 건설했다. 그런데 휴렛 팩커드는 갑자기 프린터

카트리지 공장을 R&D 센터로 전환하는 바람에 니프로는 생산을 그 전보다 30~40%로 축소하지 않을 수 없었다. 실망한 랭톤은 다음과 같이 말했다. "금형 산업의 경제학은, 만약 당신이 기계를 항상 90% 가동한다면 당신은 돈방석에 앉는다. 가동률이 70% 이하라면 돈을 벌 수 없다. 그런데 우리는 오레곤에서 40%만 가동하고 있다."

갑작스런 사업상의 큰 변화는 불가피할는지도 모른다. 어쨌든 랭톤은 생산 과정에 유연성을 고려해야 하고, 또 큰 변화에도 대처할 수 있는 전문가를 고용해야만 한다.

특히 폭발적으로 성장하는 환경에서는, 회사의 영역을 성장시킬 수 있는 적절한 경영자를 선택하는 것, 갑작스런 방향의 선회, 예고 없는 작업 중단 등의 문제는 고위층의 관심을 계속 끌고 있다. 경영자를 선발할 때 랭톤은 먼저 그의 성품을 고려한다. "그는 정직하고 믿을 수 있는 사람인지, 그것이 바로 당신이 증명해야 하는 것이다. 가족 관계는 원만한지, 그가 사람을 정당하게 대우하는지. 그런 뒤 우리는 그들의 배경을 점검하고 또 그들의 성과를 평가한다." 놀랍게도, 랭톤이 선발한 모든 경영자가 엔지니어는 아니었지만, 대부분은 플라스틱 산업과 어느 정도 관계가 있는 사람들이었다.

니프로는 매출액 4억 7천만 달러에 24개의 플라스틱 성형 공장과 3개의 조립공장, 다수의 금형 제작 공장을 소유하고 있다.

동쪽을 보라

이익을 내고 있는 모든 기술 회사들은 그들의 목뒤에 경쟁자가 존재한다는 것을 느끼고 있다―때로는 경쟁자가 골리앗 같은 거인이기도 하고, 어떤 때는 월 스트리트가, 또 어떤 때는 신흥 산업지역일 수도 있는데, 그들의 존재는 필연적이다.

혼다 자동차의 공급자 개발 책임자인 테루야키 마루오는 언젠가, 자신이 개인적으로 해결해야 할 도전은 어떤 것이었는가 하고 묻는 질문에 대해 다음과 같이 대답했다. "우리는 항상 도요타를 염두에 두고 있다. 언제나, 또 어느 때나."

마루오는 다른 경쟁자에 대해서는 개의치 않았다. 도요타의 장점과 탄탄한 재무구조는 언제나 마루오의 목뒤를 겨누고 있었다. 그것이 비록 그의 눈과 귀가 미치는 범위 바깥에 있긴 하지만 "그들은 언제나 여기에 있다. 그것이 내가 벌이고 있는 경주이다. 장거리 경주 말이다"라고 생각하는 것이다.

미국 플라스틱 산업으로서는 중국이 최대의 경쟁자이다. 랭톤은 미국의 제조업자들에 관한 한 가격은 중국이 결정한다고 믿고 있다. "그리고 우리는 그것을 극복해야 한다. 그렇지 못한 경우 우리는 중국 또는 멕시코로 이전하는 수밖에 없다. 이 두 나라는 경쟁력있는 곳이다. 한 공급자가 제록스의 예를 들었다—수많은 복사기 부품에 대해 중국으로부터 견적 받은 가격은 미국에 비해 50%였다. 제록스는 공급자들을 만나서, 중국과 경쟁하기 위해서는 현행 가격에서 30%를 인하할 필요가 있다고 말했다. 만약 그렇게 할 수 없으면 우리는 주문을 중국으로 바꾸지 않을 수 없다."

다시 말해 그것은 효율성만의 문제는 아니다. 원재료의 가격도 중국이 더 싸다. 원재료 공급자들—일년 내내 끊임없이 가동해야만 하는 화학 공장들—이 제품을 중국에 계속 공급하기 때문이다. 일부 시장이 침체기에 접어들면 화학 공장들은 잉여분을 중국에 싼값으로 공급한다. "중국은 큰 시장이다. 따라서 진정한 경쟁이 일어나고 있다. 날마다 되풀이해서 듣는 말이지만, 사실이 그렇다."

중국이라는 거인이 지평선 위로 나타나는데 대한 니프로의 대응은 무엇인가? 중국에 이미 두 개의 공장을 소유하고 있는 니프로는 얼마 전 홍콩에 금형 생산 공장을 가동했고, 그리고 상하이에 세 번째 공장을 건설할 생각을 갖고 있다. 니프로는 새로운 "도전을 찾고" 있는데, 그것은 마루오의 지도 원칙 가운데 하나이자 혼다 자동차의 경주 정신 철학 (Racing Spirit philosophy)의 핵심 요소이다(즉, 미리 준비하고 있다가 도전의 대상을 찾아라).

회사가 노쇠하기 전에 미리 선견지명을 갖고 대처하라

니프로의 창업자들은 그들의 회사가 성장하리라는 것에 대해 조금도 의심의 여지가 없었다. 플라스틱 제조업자들은 자신들이 제조하는 제품이 일반 상품으로 되어 이익률이 낮아진 뒤에도 생산을 계속하는 일이 없도록 주의를 기울여야 한다. "플라스틱 도시"라고 할 수 있는 레오민스터(Leominster) 인근에 있는 포스터 그랜트(Foster Grant) 사는, 여자들이 머리를 짧게 자르면서 플라스틱 빗의 생산이 급감하자 새로운 사업—선글라스—을 개척했다. 또 다른 선견지명이 있는 여러 신생 회사들도 그들이 제조하고 있는 플라스틱 제품의 짧은 수명 특성을 잘 파악하고 있다. 플라스틱 산업에서의 생존자들은 다양한 수단을 활용하여 그들의 핵심 역량을 활용하고 있다.

니프로 연구소

니프로는, 보다 적은 회사의 자원을 활용하여 대기업 수준의 교육훈련을 제공해오고 있는 하나의 전략으로 니프로 연구소(Nypro Institute)를 운영하고 있다. 연구소는 약 16년 전에 소규모 훈련 프로그램의 일환으로서 출발했는데, 그것이 발전하여 대학에서 학점을 인정하는(credit) 과정과 비인정(noncredit) 과정을 두었다. 플라스틱 기술 분야를 수료한 사람에게 수여하는 자격증은 니프로의 중요 사업 부문에 관한 것들도 포함된다──사출 금형, 금형 디자인, 고분자 재료, 청사진 판독법, 수역학 및 기체 역학, 산업전기 보수, SPC, 그리고 공장관리 원칙 등이다.

연구 과정들은 니프로의 종업원들, 고객들, 공급자들, 심지어 니프로의 경쟁자들에게도 인기가 높은데, 그들 대부분은 니프로로부터 원재료를 공급받는 소규모 플라스틱 공급업체들이다. 연구 과정을 외부에 개방하는 것은 결국 업계의 수준을 높이는 것이기도 하다. 지역의 다른 연구소들, 피츠버그 스테이트 칼리지(Fitchburg State College), 유니버시티 오브 로웰(University of Lowell), 그리고 랭톤이 이사로 있는 유스터 폴리테크니컬 인스티튜트(Worcester Polytechnical Institute) 등과 협력함으로써 니프로는 수강업체들이 필요로 하는 핵심적인 과정들을 제공할 수 있게 되었다.

가상 수업을 선도적으로 추진하는 이 연구소는 종업원들과 다른 여러 사람들에게, 4년제 학위 과정에 들어갈 경우 최고 30학점까지 축적할 수 있는, 웹에 기초한 훈련도 제공하고 있다. 이 과정은 플라스틱 기술과 금형 제작도 포함되어 있다.

연구소가 확대되면서 니프로의 조직구조, 분권적 공장 운영방식, 그리고 이사회의 지배구조 등 니프로 고유의 내용을 포함하여, 한층 더 많은 과정들이 개설되고 있다. 이 연구소는 첨단 플라스틱 기술과 금형 제작 기술을 매우 효과적으로 흡수하고 또 전파하며, 그리고 니프로와 파트너들이 기술적 리더로서의 위치를 자리잡도록 문서화된 형식으로 기술의 표준을 설정한다. 그것은 기업의 기술적 역량을 유지하는 하나의 방법이다.

예를 들면, 혼다 자동차의 기술적 핵심 역량은 엔진 제조에 있다. 사실, 일부 관찰자들은 혼다 자동차는 엔진을 팔기 위해 자동차를 판다고 생각한다. 혼다의 기술 리더십은 혼다의 엔진에 있고, 그리고 혼다 자동차는 유일한 엔진기술 회사이다. 다시 말해 혼다는 엔진기술의 승리자이고, 도요타는 프로세스의 왕이다. 그리고 혼다 자동차가 어떻게 느끼든지 간에 도요타는 기술 측면에서는 혼다 자동차와 경쟁하지 않는다. 왜냐하면 혼다 자동차는 무엇을 만들든지 그 속에 엔진을 장착하지만, 도요타는 자동차를 조립한다. 미국의 우체국은 배달을 하지만, 페덱스는 시간을 판다. 하루라는 시간을 14달러에 팔고 있다. 이런 기술의 스타들 각각은 기술의 리더십을 발휘하기 위해 살아간다─원가 절감이나 수익 제고가 아니라는 말이다.

다른 기술의 리더들도 혼다 자동차와 마찬가지로 독특한 강박관념을 회사에, 때로는 산업 전체에 불어넣었다─예를 들면 모토로라, 3M, 볼트(Bolt), 베라넥 앤 뉴먼(Beranek & Newman), 휴렛 팩커드 등이 그렇다. 소니의 기술적 핵심 역량은 소비자 오락 기술이다. 그 반면 GE는 경영관리에 뛰어나다. 마이크로소프트는 오퍼레이팅 시스템 기술을 판다. 마이크로소프트의 가장 적극적인 성장 전략들 중 하나는, 지난 몇년 동안 보다 소규모의 우수 기업들을 30개 이상 매수한 것이었다.

타임 워너(Time Warner)는 커뮤니케이션을 판다. 마찬가지로 픽사르(Pixar)는 오락 시뮬레이션을 만들고, 프랫 앤 휘트니(Pratt & Whitney)는 비행기 엔진을, 그리고 페덱스(FedEx)는 진실로 스케줄링 기술을 생산한다. 프리토 레이(Frito-Lay)는 원재료 관리에 전문적인 기술을 보유하고 있다─일반상품이 바로 스낵 푸드가 된 것이다. 필립 모리스(Phillip Morris)는 기호품 사업─담배와 초콜릿─을 하고 있지만, 마치 자사가 닌텐도(Nintendo) 게임 사업을 하고 있었다는 듯이, 재빠르고도 현명하게 대처하고 있다.

폴라로이드(Polaroid)는 즉석 사진을 팔았고, 아마존은 공동체 기술을 팔고 있으며, 그리고 플레버스 테크놀로지는 복합 적응 시스템 기술의 리더이다.

IBM

예를 들면 IBM은 사무용 기계 사업으로 출발하여 정보처리 사업을 거쳐 대형 컴퓨터 사업으로 이동했으며, 그 다음 중형 컴퓨터 시장으로도 진출했고, 또 그 다음에는 네트워크 사업으로, 마지막으로 휴먼 네트웨어(human netware), 즉 컨설팅 사업으로 나아갔다. 만약 능력 전환 수단이 니코 워퍼스(Necco wafers) 정도였다면, IBM은 지금쯤 과자를 만들고 또 그것을 길거리에서 팔고 있을지도 모른다.

모토로라

50년도 채 안 되는 기간 동안, 모토로라는 라디오에서 손을 떼고는 컴퓨터, 인공위성, 그리고 휴대폰 등 또 다른 정보전달기술 매체로 이동했다. 모토로라의 혁신 능력은 낮은 생산성에다, 분산되고 내부적으로 상호 경쟁하는 자사의 사업 부문들을 오래도록 지탱해왔다. 모토로라의 제품은 혁신적인 통신 전달 매개체로서, 만약 모토로라가 초소형 이동 통신수단을 발목 팔찌 속에 집어넣을 수만 있다면, 사람들은 모두 구리로 세공한 발가락 반지를 자랑할 수도 있을 것이다.

제록스

제록스, 즉 "문서 공급자"들은 자신이 경쟁 기술, 출혈 가격 경쟁, 그리고 결코 비전있는 리더십(visionary leadership)을 발휘하고 있다고 할 수 없는 그런 상황으로 가득 찬 긴 복도를 따라 이리저리 펄럭거리는 종이들을 주우려고 노력한 결과, 지금은 서로 상반된 성과를 맛보고 있다. 제록스는 캐논(Canon)과 목숨을 건 일전을 벌이고 있는데, 만약 제록스가 싼 칩에다 구텐베르그적 혁신적 인쇄 기술을 집어넣을 수 있다면, 그리고 핵심기술—지능—은 R&D 전문가들에게 맡기고, 하드웨어적 복사기술을 고객에게 이전할 수 있다면, 제록스는 생존을 보장받을 수 있을 것이다.

GM

GM은 오랫동안 재담꾼 로페즈(Lopez)의 단골 농담거리였고, 그리고 지금은 "왜 GM은 이것을 하지 않는가", "미국 자동차 노조와 협조적 관계를 맺지 않는 GM의 지침서", "GM은 왜 품질수준 96%를 충분하다고 생각하는가"라는 식의 제목으로 시작되는 수많은 칼럼들의 소재거리가 되고 있다.

게다가 최근에는 근시안적 판단과, 앞뒤를 가리지 않는 맹목적인 경영전략을 수립한 적도 있지만, 그러나 GM은 자신이 사람을 이동시키는 운반도구 사업을 하고 있다는 것을 항상 잊지 않고 있었다. GM 창업 때부터, 회사의 경영 전략가들은 도시 한가운데를 달리는 전차들을 몰아낼 계략을 꾸몄었다. 그래야만 자신이 만드는 자동차들이 달릴 도로가 넓어지니까.

누코

누코 철강회사는, 독일에서 구입한 단 하나의 전기로를 바탕으로, 성숙기에 접어들어 엄청나게 많은 투자를 필요로 하는 철강산업을 구조조정한 야생마이다. 이 회사는 애초부터 파격적인 켄 아이버슨(Ken Iverson)

의 상상력에 따라, 전혀 다른 방식으로, 재빨리 그리고 보다 효율적으로 철강 제품을 공급하는 소규모의 미니밀(minimill, 철광석을 원재료로 하는 고로 대신에, 고철을 이용하는 전기로 제철소)을 경영했다―일반 고철이나, 디트로이트 지역의 오래된 공장에서 나오는 폐철, 폐자동차 등을 부수고 녹여서 새로운 금속 원재료를 생산했다.

이 분야에 적합한 테크놀로지 머신을 만들려는 아이버슨의 노력은 몇 차례 실패를 거듭하기는 했지만, 이 방식을 외면하고 또 믿으려 하지 않는 철강 산업의 골리앗 USX(유에스 스틸)의 면전에서, 아이버슨은 규모는 작지만 수지맞는 시장 점유율을 확보할 정도로 시선을 끄는데 성공했다. USX가 자신이 새로운 기술에 공격을 받고 있다는 사실을 각성하고 또 잠에서 깨어났을 때 보인 반응―즉 USX 산하의 미니밀―은 본사가 들어 있는 피츠버그 중심가의 거창한 빌딩을 포함하여, 기본적인 자산들 대부분을 처분하는 것을 막기에는 너무 늦었다는 거였다.

USX의 비전은 단기적이었고 또 한정된 분야에만 집중했기 때문에 기술의 게릴라들이 등장하는 것을 보지 못했다. 게다가 근로자와 노조 문제에 골머리가 아팠고, 마라톤 석유(Marathon Oil)의 인수 같은, 경험 없는 분야에 몇 번 잘못 진출한 결과, USX는 자원을 기술개발에다 투자하지 못하고 순전히 케케묵은 경영 문제 해결에 투입했다. 마치 그 이전에 GM과 캐터필러(Caterpillar)가 장기간의 파업 때문에 거의 파산할 뻔했던 것처럼 말이다.

솔렉트론

윈스턴 첸(Winston Chen)과 코 니시무라(Ko Nishimura)는 볼드리지 상을 두 번이나 획득한 솔렉트론을 인수하면서, 그들이 생산하는 고품질의 인쇄회로판 제품에 대해 디자인·공학적 능력과 훌륭한 서비스를 바탕으로 고객이 원하는 디자인과 최종 소비자의 요구를 충족시키는 회사로 만들겠다는 비전을 제시했다. 비록 솔렉트론의 기업문화가 특징이 없고 또 경쟁이 심한 것이긴 하지만, 이 회사가 제3차 하청기업에서 제1차 공급기업으로 성장한다는 창업자의 꿈은 이루었다는 것은 의심의 여지가 없다. 솔렉트론의 합병에 의한 성장 전략은, 엇비슷한 회사들인 니프로와 누코의 경우와 마찬가지로, 솔렉트론의 분산생산 능력을 보강했고, 그 결과 주요 시장에 대한 접근 속도 그리고 근접성의 장점을 누리게 되었다.

플렉스트로닉스

매출액 11억 달러의 세계적인 전자부품 공급업체인 플렉스트로닉스(Flextronics)는, 많은 경쟁사들이 일반 상품 수준의 이익을 내기 위해 고전하는 동안 여전히 최고 수준의 제1차 공급업자의 위치를 굳히고 있는 회사로서, 경쟁자들이 넘볼 수 없는 새로운 제품 도입주기(product introduction cycle) 방식을 도입했다. 세계 4위의 전자제품 관련 서비스 업체인 플렉스트로닉스는 자신의 사업이 전자분야의 솔루션이라는 사실을 이해하고 있다—다시 말해 전자제품의 하드웨어만 생산하는 것이 아니란 뜻이다.

이 회사는 자신의 고품질의 하청 전문 생산방법을, 고객이 원하는 디자인 그리고 생산 문제를 해결하기 위해, 한층 더 신속한 맞춤 고객식 접근 방법(custom approach)으로 바꾸었다. 전반적인 목적은 속도를 한층 강조하려는 것이었으며, 주요 고객들이 있는 곳에 7개의 제품 도입 센터(Product Introduction Centers, PICs)를 설립함으로써, 고객만족은 물론 자사의 세계적 생산작업 체제를 효율적으로 가동할 수 있는 방법을 확립했다. 이 회사의 첨단 기술 및 엔지니어링 서비스 담당 부사장 니콜라스

브라스웨이트(Nicholas Brathwaite)는 그것을 "카오스를 관리하는 법" (managing chaos)이라고 부른다.

미국, 멕시코, 브라질, 중국, 말레이시아, 오스트리아, 헝가리, 스웨덴, 그리고 스코트랜드 등 약 20개 지역에 공장을 가지고 있는 글로벌 기업으로서 제조 및 디자인 분야에 있어서는 적극적으로 분산생산 방법을 채택하고 있다. 전자부품 서비스 산업 시장은 대략 760억 달러 규모이고 연평균 성장률이 30% 이상이다.

20세기 말 10년 동안 복리로 계산한 동 산업의 연평균 성장률은 대략 25%였다. 7개의 PICs에는 관련 전문가들이 배치되어 소프트웨어 엔지니어링, 공장의 배치, 분석업무, 그리고 작업 속도 등에 대한 고객의 문의에 대해 도움을 제공한다.

플렉트로닉스는, 자사의 혁신적 성과를 고객에게 제공함으로써, 대형 고객들로부터의 대량주문에만 의존하는 규모의 경제성만을 추구하는 하청 제조업체에서 스스로 탈피하여, 소규모의 주문도 처리할 수 있는 한층 더 유연한 기업으로 변신했다. 또 구매주문 자체가 필요없다. 생산출하 관련 패키지 프로그램을 보유하고 있기 때문에 고객들이 필요로 하는 작업을 아무 곳에서나 할 수 있다—생산활동은 특정한 공장이나 다른 하청 공장에 얽매일 필요가 없다.

플레스트로닉스의 글로벌 생산체제는 3개의 공업단지에 흩어져 있는데, 각각은 가격 경쟁이 치열한 주요 시장들과 가까운 곳에 있으며, 속도와 저비용을 위해 핵심 공급업자들과 공동으로 진출해 있다. 이 전략으로 성공한 제품들 가운데 쌍방향 멀티미디어 전자 장난감 바니(Barney)가 있는데, 이 제품은 오디블(Audible, Inc.)사에 공급되는 새롭고도 매우 혁신적인 웹 연결 시스템(Web-connected system)이다.

오디블

오디블은 최고급 음향 콘텐츠를 인터넷으로 안전하게 송출하고 관리하는 최종 소비자용 음향 시스템을 최초로 개발했다. 오디블 모바일플레이어(Audible MobilePlayer)는 2시간 동안 재생 가능한, 100그램의 휴대용 음향 플레이어인데, 음향 프로그래밍에 접근하고 스케줄링하고 자동 전달하는 것 등을 관리하는 소프트웨어 시스템이다.

오디블 닷 컴(Audible.com)은 85개 이상의 공급자들로부터 제공받은 약 1만5천 시간에 이르는 음성 및 음향 프로그램을 저장하고 있는 웹 창고이다. 사용자는 오디블 닷 컴에서 음향을 다운받기 위해서는 오디블 매니저를 이용하고, 언제 어디서든 가장 편리할 때 재생하기 위해서는 모바일플레이어를 튼다. 모바일플레이어에 내려받은 음향정보는 헤드폰이나 카 스테레오를 포함하여 어떤 종류의 스테레오 시스템을 통해서도 즐길 수 있다.

모바일플레이어의 디지털포맷은 테이프를 이용하는 음향기기보다도 가동 시간이 더 길고, 또한 특정한 콘텐츠 부분에 쉽게 접근할 수 있도록 인덱스 기능을 갖추고 있을 뿐만 아니라, "눈으로 확인하지 않고서도" 콘텐츠를 찾을 수 있도록 음향 상태를 설명해주는 기능도 있다. 오디오 콘텐츠는, 예컨대 1시간용 프로그램을 56k 모뎀을 이용하여 6분만에 인터넷에서 내려받을 수 있다.

오디블 모바일플레이어는 이 분야의 혁신적인 제품이다. 정보를 웹으로부터 다른 미디어로 이동시켜주기 때문이다. 이 제품은 기본적으로 플라스틱 몸체와 회로기판으로 구성되어 있는 매우 독특한 제품으로서, 가까운 지역의 제조센터에서 쉽게 만들 수 있는 것이다. 이 제품은 미국의 산업 디자이너 협회(Industrial Designers Society)로부터 금메달을 수상했으며, 또한 〈비즈니스 위크〉지는 이 제품을 "1998년의 혁신 제품"으로 발표했다. 이 제품이 디자인 단계에서 시작하여 원형 제작 단계를 거쳐, 완전히 생산되는 단계까지는 대략 10개월이 소요되었다.

제조 시간의 단축이 중요하다

전자산업에 대한 플렉스트로닉스의 혁신적 접근방법은, 신제품의 도입기간을 1~2개월 지체시키는 요인인 구매 시간을 제거한 것이었다.

이 회사는 엔지니어가 왕으로 군림한다—이 회사의 신제품 도입 및 엔지니어링 서비스부는 전자 하청생산 서비스(electronic management service, EMS) 회사들이 보유하고 있는 최대 엔지니어 부서들 중의 하나이다.

플렉스트로닉스의 회장 겸 CEO인 마이클 마크스(Michael Marks)는 하버드 MBA 출신으로 자신의 특수한 위치를 잘 이해하고 있다. "이 분야를 둘러보면, 하버드 MBA 출신이 제조업, 특히 전자산업에 종사하는 경우는 매우 드물다—게다가 그들은 대체로 이 분야를 성공적으로 이끌고가는 그런 종류의 인재가 아니다. 선(Sun), 실리콘 그래픽스, 휴렛 팩커드의 CEO들도 제조분야의 전문가 출신들이 아니었다. 이것은 하나의 기회라고 생각되는데, 왜냐하면 우리들처럼 하청 생산업자들은 생산에 대해 정말로 잘 알고 있기 때문이다."

플렉스트로닉스의 혁신 전략, "시간을 판다"

사실 하청 생산(contract manufacturing)은 말 그대로 활성화되어 있는 사업이다. 이 분야의 높은 성장률은 이 사업에 대해 근본적으로 이해도 관심도 없는 회사들까지도 끌어들이고 있다.

전통적으로 다른 분야에서 사업을 하던 OEM 회사들은 하청 생산업을 하려고 해도 별로 성공하지 못하고 있다. 예를 들면 IBM, 암달(Amdahl),

텍사스 인스투르먼트(Texas Instrument), 록히드(Lockheed) 등이 그렇다. 그리고 몇몇 재무 전문회사들이 이 분야에 접근하려고 시도하고 있지만, "그러나" 하고, 마크스는 다음과 같이 말한다. "최고 수준의 고객을 끌어들이는데는 그다지 성공하지 못하고 있다." 마크스는 플렉스트로닉스가 하고 있는 사업, 즉 인쇄 회로판을 조립하는 것은 누구나 할 수 있다는 사실을 알고 있다. "그것은 어려운 것이 아니다. 고객이 원하는 것은 서비스이다—우리가 파는 것은 바로 시간이다."

마크스는, 서비스 회사가 된다는 것과 제조 회사가 된다는 것 사이에는 큰 차이가 있다고 생각하고 있다. 그리고 다른 OEM회사들은 제품을 강조하는데 반해, 그는 자신의 성공 요인이 서비스 능력에 있다고 생각한다. "우리가 성공한 것은 우리 고객의 작업 방식에 회사를 맞춘 것이다. 고객들이 수년간 되풀이해서 강조한 것이 논리적으로 타당한 것이면—예컨대 비용이 주요 요소라고 강조한다면—그것은 우리가 각 대륙에 비용이 싼 공장을 건설해야만 한다는 것을 의미한다. 비용의 논리를—우리가 지난 10년 동안 시장에 대한 접근속도를 단축하는 것을 목표로 한데 이어서—추가하게 되면 왜 우리가 각 대륙마다 저비용의 입지를 선택하고 있는지 이해할 수 있을 것이다. 중국은 아시아 지역을, 헝가리는 유럽을 멕시코는 북미를 담당한다. 우리 회사의 전략은 대량 생산, 시장과의 근접성, 그리고 지역별 생산시설을 이용한 저비용이다."

세 가지 요소로 구성된 전략의 마지막 부문, 즉 저비용을 가능케 하는 제품도입센터(PICs)를 마크스는 40~50개로 늘리려는 계획을 세우고 있다. 고객들이 어느 특정한 센터에서 대량생산을 원한다 해도, 그곳까지 가는 것을 꺼리기 때문이다. 엔지니어들이 어떤 제품을 디자인하고 나면, 그것은 가장 비용이 싼 장소에서 생산될 것이다. "그런데 고객이 진정 원하는 것이 프로그램 매니저라면…… 다시 말해 올바른 인터페이스를 원한다면, 고객은 프로그램 매니저에게 매일 뭔가를 물어보기를 원할 것이고—그들은 제품의 원형 제작에 협조해주기를, 공학적 지원을, 인쇄회로의 배치를, 제품의 검사를, 기타 등등—요구사항이 많을 것이다."

플렉스트로닉스는 본질적으로 매우 중요한 새로운 역할을, 즉 엔지니어가 교량 역할을 하는 회사로 변신하고 있는 중이다.

다음 단계

다음 단계들은 공장의 생산에서부터 고객으로, 로지스틱스 관리로, 그리고 단지 최저의 비용만을 고려하는 것이 아니라 공장의 건설에 최적인 장소를 결정하는 문제로 나아간다. 마크스는 다음과 같이 말한다. "우리는 새로운 전문가 시스템을 개발해야만 된다—유통 문제, 대규모 생산장소와 가까운 지역에 창고를 건설하는 문제 등을 해결할 수 있는 시스템이 필요하다."

돈이 있는 곳을 좇아서

마크스는, 전자 하청생산 서비스 산업이 나아가야 할 또 다른 단계는 정보관리라고 믿고 있다. 플렉스트로닉스는 지금 제품을 만들고 또 그것을 저장하고 있지만, 고객들은 상황이 어떻게 돌아가는지—실시간으로—알고자 한다. 제품이 언제 어떤 경로로 선적되었는지, 송장(送狀)이 언제 도착할지? 최종 소비자는 이런 질문들을 하게 됨에 따라, 플렉스트로닉스는 OEM 고객—예컨대 휴렛 팩커드—뿐만 아니라 최종 소비자에게도 알려줄 수 있는 방법이 필요하다는 것을 느끼게 되었다.

"우리는 정보를 실시간으로 파악해야 하는데, 그렇게 하려면 과거에 한번도 해본 적이 없는 일로서, 회사들 사이에 정보를 연결하는 시스템을 만들어야 한다. 우리는 에릭슨(Ericsson)의 최종 소비자에게 선적한다—

그러나 에릭슨은 그 제품을 전혀 보지 못할 것이다. 우리는 시스코 시스템(Cisco system)을 하나 보유하고 있다. 시스코가 주문한 제품을 우리가 만든다. 그리고 우리가 시스코로부터 대금을 지불받으면, 그 시스템은 시스코의 물건이 된다. 비록 현물은 플렉스트로닉스의 현장에 있지만 말이다. 이것이 바로 돈이 흐르는 방식이다. 시스코는 항공기 관제탑이 되고 있다─우리 회사가 제품을 만들고, 비행기에 실어서, 시스코가 원하는 장소에 내려놓는다."

EMC

EMC는 처음에는 지금과 다른 회사로 출발한 매혹적인 10억 달러 규모의 테크놀로지 머신이다. 1979년, 이 회사는 기존의 컴퓨터 회사들, 예컨대 DEC와 프라임 컴퓨터(Prime Computer) 같은 회사들에게 에드온 메모리보드(add-on memory board)를 공급하는 인쇄회로 보드 공장(board shop)이었다. 컴퓨터 회사 내부의 보드 생산 부서보다도 상당히 낮은 가격으로 보드를 만드는 데서 기회가 찾아왔다. 그 당시 컴퓨터 제조업자들은 보드 공급자들을 선택할 여지가 거의 없었기 때문에 EMC는 일반상품 분야에서 틈새시장을 확보할 기회를 잡았다. 그것은 경쟁이 심한 사업이었지만, 컴퓨터 산업이 보드 시장을 개방할 때까지 EMC는 견디어냈다.

EMC에게 분수령이 된 혁신 제품이 10년 후인 1980년대 말에 나타났다. 그것은 몇몇 엔지니어들이 디스크 저장시스템(disk storage system)에 관한 아이디어를 개발하면서부터 시작되었다. 그것은 또 다른 틈새시장이었지만, 일반상품 가격 수준의 PC 보드보다는 기술적 잠재력이 훨씬 더 크고 또한 시장 규모도 훨씬 더 컸다. 디스크 저장시스템 시장은 EMC로 하여금 메모리 보드 생산의 발판을 확대시켜, IBM, DEC, 그리고 휴렛 팩커드가 다소 소홀하게 취급한 R&D 분야의 전문회사로 나아가도록 했다.

비록 대용량 저장 디바이스(mass storage devices)들은 컴퓨터 시스템 구성의 한 요소로서 컴퓨터 회사들이 공급하기는 했지만, 그들의 중요 취급 R&D 분야는 아니었다. 예를 들면 DEC는 마이크로프로세서에 주력하고 있었고, 메모리와 저장 장치는 각각의 시스템에 따른 "추가적" 주변기기로서 고객들에게 제공되었다. EMC의 기술적 혁신—캐시 메모리(cache memory, 컴퓨터의 성능을 향상시키기 위해 사용되는 소형 고속 기억장치)와 소프트웨어를 연결시킨 것—은 한층 더 믿을 수 있고 또 속도도 빠를 뿐만 아니라, 경쟁자들보다 가격도 절반이었다.

EMC는 처음에는 IBM 메인프레임과 중형 컴퓨터 시장을 목표로 삼았고, 나중에는(1990년대) 오픈 시스템 분야를 목표로 추가했다. 10년도 채 안 되어 EMC는 판매액 및 시장 점유율, 생산능력, 이익 측면에서 1위의 자리를 차지함으로써, 한 세대만에 세계적 리더가 되었다.

독자적인 결정이 기술의 성장을 촉진했다

그러나 기술의 승자들은 가격 면에서도 지배력을 획득했다. 비록 DEC 사가 이 분야의 기술 소유권을 주장하면서 고소를 했지만, 튼튼한 자금력은 경쟁을 제지하지는 못했다. 설립한지 두 세대에 접어들면서 출시한, EMC의 첫 번째 디스크 제품 시메트릭스(Symmetrix)는 저장장치 산업을 영원히 바꾸어 버렸다.

저장 장치는 더 이상 고객이 시스템을 구입할 때 자동적으로 구입하는 물건이 아니다. EMC가 저장 장치에 대한 결정권을 고객에게 돌려주고 그리고 대용량 저장장치 시장을 개방함으로써, 대규모 컴퓨터 제조업체들의 "추악한 작은 비밀" 하나—저장 디바이스 분야에서는 경쟁을 하지 않음으로써, 컴퓨터 회사들은 컴퓨터 시스템의 40~50%를 차지하는 수익 부문을 고스란히 보호했다—가 폭로되었다. 사실상 그 조치는 컴퓨터 장치 및 부품 구성(configuration) 방식을 바꾸었다—갑자기 저장 장치 그 자체가 개인용 컴퓨터 혹은 서버(server)와 마찬가지로 중요한 독자적인 장치가 되어버렸다. 그 반면 개인용 컴퓨터와 서버는 빠르게 일반 상품화하고 있었다.

EMC의 기술적 혁신은 다름 아니라 어떤 서버, PC, 혹은 CPU에 관계없이 자료를 입력하고 보관할 수 있는 대용량 저장 시스템을 최초로 만들었다는 사실이다. 고객들은 저장 장치의 선택을 먼저 결정한 뒤, 예컨대 EMC를 이용하여 자료를 검색하고 또 보호하고, 그러고 난 뒤에 그들이 무슨 서버를 구입하는 것이 가장 적합한지를 결정할 수 있었다. 정말이지 서버 시장이, 해가 아니라 달이 바뀔 때마다 더 나은 제품을 출시하는 경쟁자들로 구성되어 있었기 때문에, 고객들과 서버 제조업자들은 상호 하청업자 노릇을 하지 않아도 되었다. 만약 고객들이 기술적으로 단 하나의 저장장치 공급업자에게 매여 있었다면, 제품의 수준을 높이는 이런 공격적 접근방법은 등장하지 않았을 것이다. 여기서 얻은 교훈은 무엇인가? 기술과 시장이 언제나 승리할 것이라는 점이다.

돈은 소프트웨어에 있다

컴퓨터 주변 장치의 이익 폭이 계속 줄어들면서, EMC는 고성능의 소프트웨어를 장착한 저가의 하드웨어를 제공하는 방식으로 제품의 구성을 바꾸었다. 일부 전문가들은 디스크 드라이브 시장은 기술발전이 무어의 법칙(Moore's law, 인텔의 공동 창업자 고든 무어가 주장한 것으로 컴퓨터칩의 성능이 18개월마다 두 배로 증가한다는 것)이 적용되는 단계를 넘어섰다고 믿고 있다.

엔지니어가 왕인 나라에 들어가기 위한 준비

평균적으로 엔지니어가 자신의 능력을 발휘할 수 있는 수명이 얼마인지에 대해 전해져오는 주먹구구식의 법칙이 하나 있다. 그것은 학위를 따고 7년이 지나면 그가 배운 핵심 교육의 반이 쓸모없어진다는 것이다. 그리고 15~20년이 지나고 나면, 해당 분야의 지식의 변화로 인해 그는 기술적으로 전혀 쓸모없는 사람이 된다. 하지만 만약 그가 경영자 계층으로 진입했다든가, 자신이 근무하는 기업이 그후로도 40~50년 또는 그 이상 존속한다면, 그의 공학적 기술은 정치적 기술로 대체된다.

공저자들은 그 법칙이 일리가 있다고 생각하는데—그리고 구전되는 역사가 역사상 가장 신빙성있는 것이다—비록 구체적인 기술로 들어가면, 예컨대 코어 메모리가 칩으로 대체되었듯이 성숙하고 또 소멸하는 경우도 있겠지만, 자신들의 기본적인 핵심 경쟁력을 새로운 분야로 이동시키는 기술자들은 왕이 될 것이다. 소프트웨어 엔지니어로 변신한 물리학자, 운반기기 연구분야에서 항공기 디자인 분야로 방향을 바꾼 조선기사, DNA 연구자가 된 생화학자, 그리고 벤처 자본가가 된 발명가 등은 모두 의미있는 삶을 사는 사람들이다. 그런 사람들은 경력 경로를 따라 정해진 길을 가는 것은 아니지만, 그들은 인생의 의의를 아는 사람들이고 또 승자가 될 조짐을 보이는 사람들이다.

우리가 설명한 변신들의 사례가 표면적으로는 자기 자신들을 연장한—물리학자에서 소프트웨어 엔지니어로 진화한—것으로 보이겠지만, 그 이면을 관찰하면 그들은 같은 뿌리에서 나온다는 것을 알 수 있다. 기본적으로 기술의 왕들은 몇몇 유용한 기술적 자질들—컴퓨터, 그림 그리기, 계산, 표현능력—을 선천적으로 타고났고, 그들은 활기찬 모습, 과다한 활동 성향, 그리고 마케팅, 재무, 혹은 다른 사람들이 건성으로 여기는 분야를 날카롭게 관찰함으로써 주변 사람들과 확실히 구분될 것이다.

그러나 거기서 멈추면 안 된다. 그 무엇인가를 만들고서는, 다른 사람들에게 청구서를 보내라!

엔지니어 겸 기술 관리자를, 지혜를 팔고, 즉각적인 반응을 얻고, 희망을 제공하고, 그리고 활력을 불어넣는 컨설턴트로 생각해 보라. 이런 자질들 가운데 그 어느 것도 금속공학 학사 소유자, 또는 MBA 소지자에게만 특별하게 발견되는 되는 것이라고 할 수 없다. 비록 그런 학위들이 많은 경영자들에게 있어서는 필수적으로 거쳐야 할 첫 번째 단계이기는 하겠지만 말이다.

당신의 딜력을 산타 페 연구소(Santa Fe Institute)를 방문한다든가 각종 회나 세미나 참가 계획으로 메워 보라. C++를 배우기 위해 야간 강좌를 7년간 다녀도 큰 도움이 되지 않는다. 패키지 프로그램을 구입해서 스스로 프로그래밍을 해보라. 당신의 시뮬레이터로 연습해 보라. 자동차를 만들고, 비행기를 디자인해 보라. 그리고 무엇이든 만들기 전에는 집에 들어가지 말라.

2020년 제조 분야를 지배하려고 꿈꾸는 기술의 왕들에게, 다음 사항은 제조분야에서 계속적으로 매우 중요하게 취급될 핵심 분야이다.

▲소프트웨어: 인공지능, 지능 소프트웨어, 에이전트, 모델링 기계와
  프로세스
▲여러 형태의 컴퓨터—병렬 프로세싱
▲표준
▲커뮤니케이션
▲사업
▲자동 생산
▲공장관리 및 보수유지

기술적 교량으로서 엔지니어

그러나 도대체… 그것이 무슨 소용이 있는가?
—1968년, 마이크로칩에 대해 IBM 엔지니어가 한 코멘트

야스카와 전기의 임원인 테스로 모리(Tesuro Mori)는 1969년 메카트로닉스(mechatronics)라는 용어를 만들었다. 그 아이디어는 전자, 기계, 그리고 컴퓨터에 사용되는 개념들을 하나의 시스템에 통합하려는 것이다. 이 복합 시스템(hybrid system)은 우리들이 일상적으로 사용하고 있는, 각각 독자적인 별도의 원칙에 따르는 각종 공학 분야들을 통합하여 만든 제품의 생산에 적용될 수 있다. 예를 들면 메카트로닉스는 카메라, 자동차, 비행기, 로봇, 복사기, 휴대폰, 그리고 ATM 등의 생산에 적용된다. 메카트로닉스의 공식적 정의는 "복잡계 의사결정을 물리적 시스템에 적용하는 것"(application of complex decision-making to the operation of physical system)이라고 할 수 있다.

그러나 메카트로닉스라는 말은 서구에서는, 아시아 지역에서 인식되고 또 이해하고 있는 정도로, 잘 알려진 것은 아니다. 사실 그 점은 중요한 것은 아니다. 왜냐하면 진정 중요한 것은 관점의 전환, 즉 엔지니어링과 제조 관행을 이종(異種)교배시키자는 것이기 때문이다—그것은 플라스틱 제조 프로세스에다 제어 시스템을 통합시키려는 고든 랭턴의 강박관념과도 일맥상통한다. 최종 소비자용 하드웨어 생산에 소프트웨어를 적용한 EMC라든가, 새로운 철강 제조 프로세스를 해결하기 위해 전기 공학을 응용한 누코의 경우라든가, 그리고 디자인과 제조를 통합한 플렉스트로닉스의 기술혁신도 같은 사고방식의 결과이다.

하지만 엔지니어링 학위과정에 등록하는 것만으로는 요구 수준에 훨

씬 못 미친다. 게다가 예를 들면 컴퓨터 과학과 기계 공학을 동시에 가르친 후 "복합 학위"를 제공하는 대학도 없다. 이에 대한 해답을 얻기 위해 기존의 교육기관을 찾으려고 하지 말라. 왜냐하면 우리는 우편 배달부를 얼간이들에게 계속 보내고 싶지 않으니까.

만약 어떤 학생이 수업을 지겨워하거나 또는 반항한다면, 교사는 그 학생에게 "똑똑한 척하지 마" 라고 소리치거나, 혹은 리탈린(Ritalin, 주의력 부족 또는 활동항진 증세가 있는 아동을 위한 처방약)을 꾸준히 복용하도록 조치할 것이다. 에너지와 지능은 어느 일정한 곳으로 집중되어야만 한다.

그런데 현장의 엔지니어는 도대체 어떤 일을 하고 있는가? 회의, 잡담, 예산협의—칸막이 사무실에 틀어박혀 있거나 회의에서 큰소리치거나 하는 것은 진정한 기술자들을 양성하는 창조적인 과정이 아니다.

음악 감상법을 배워라

엔지니어링 교과목은 한층 더 많은 부분을 기술의 역사, 이익추구 목적 등 기업 관련 이슈와, 그리고 기술을 누가, 무엇을 위해, 언제, 어디서, 어떻게 사용할지에 대해 가르치는데 할애해야만 한다(오늘날엔 주로 '어떻게'에 대해서만 강조한다). 기술 분야에 있어 보다 많은 성공 스토리가 나오도록 하기 위해서는, 우리는 적어도 많은 사람들이 비합리적이라는 사실을 확신시켜주는 교육이 필요하다.

군집을 이루어 제조활동을 하는 기업들(clustered companies), 다시 말해 우리가 확대 기업이라 명명한 기업군들은 제조과정상 다른 기업들보다는 한층 더 많은 유연성을 누린다. 유연 조립은 가동 중간에 발생하는 작업변화를 막아준다. 특히 GM의 포트 웨인 공장 그리고 IP/G의 플라스틱 공장에 사용하는 소프트웨어와 같은 지능 에이전트에 의해 기계의 교체를 방지한다. 다용도 기계와 다목적 생산라인은, 생산 프로세스 각 단계에서 생산 제품들을 구성하는 과정에, 제품 디자인과 공구 배치의 용이성이라는 측면 모두에 대해 유연성을 증가시킨다. 어떤 방향을 채택하든 간에, 기술자는 이런 유연하고도 변경 가능한 제품 생산라인을 창출하도록 해야만 한다. 21세기 제조의 관건은, 제품의 다양성은 물론이고 여전히 수량이 중요할 것이다.

혼다 자동차가 북미 시장을 공략하기 의해 북미에서 디자인하고 또 생산한 혼다 자동차 최초의 최고급 호화 차종, 즉 혁신적인 아큐라 CL(Acura CL)의 R&D 팀 책임자였던 찰리 베이커(Charlie Baker)가 단기간의 R&D 활동을 위한 팀 충원 방법으로서 자신만의 독특한 방법을 설명한 적이 있다.

베이커는 매우 특별한 종류의 엔지니어를 물색하는데, 자동차 부문에서 찾으려 하지 않는다. 베이커는 항공기 부문에서 찾는데, 그 이유는 시뮬레이션과 같은 기법들 그리고 항공기를 생산하는데 사용되는 디자인 규칙들—자동차에서 하는 것처럼 진흙 모델을 사용하지 않으며, 수치를 측정하고는, 표준치를 소프트웨어에 집어넣는 식의 과정을 되풀이한다—은 전통적인 프로세스로부터 탈출하는 출발점이다. 다시 말해 바로 자동차 산업에서 항상 남의 뒤만 따르는 경쟁자가 필요로 하는 것이라는 사실을 알기 때문이다.

새로운 종류의 기술자의 모델이 하나 있는데, 그는 기본적인 수학 정도는 훈련받았고, 약간의 도안작업도 할 줄 알고, 그리고 소프트웨어 조작도 능숙해서 어려운 일들을 해결할 줄 안다. 게다가, 그는 어림셈의 규칙(rules of approximation)도 안다. 오펜하이머(Oppenheimer)와 그의 맨해튼 프로젝트에 참여한 충혈된 눈의 물리학자, 수학자, 그리고 기술자들로 하여금 그들이 수학적으로 어떤 특정한 수준의 정확성에 도달했는지를 알게 해준 어림샘의 예술은, 혁신적인 사람들에게는 절실히 필요한 것인데도, 재빨리 사라지는 재능이기도 하다.

운동선수, 예술가, 군인을 전문가로 인식하는 것처럼, 엔지니어 혹은 기술 관리자를 전문가로 만드는 6가지 원칙(자질)이 있다.

1. 육체적 건강
2. 도덕적 자제력
3. 올바른 습관
4. 정확한 행동
5. 매력 그리고 말로 표현할 수 없는 것을 듣는 귀
6. 헌신

육체적 건강: 우선 건강해야 한다. 중단하고자 하는 생각 이외에는 아무 것도 생각나지 않을 때까지 운동을 하라. 복싱 선수들만 그러는 것이 아니라 큰 시합을 앞둔 체스 선수들도 운동을 한다. 육체적 능력이 있어야 머리를 충분히 쓸 수 있다. 그것은 일종의 예방과 체력유지인 셈이다.

도덕적 자제력: 오직 일만을 생각하라. 그것만이 생각할 가치가 있는 유일한 것이다. 위대한 운동 선수는 온통 다음 시합만 생각할 뿐인데, 그 점은 예술가도 작가도 그리고 과학자도 마찬가지다. 위대한 석공은 나무에 대해서가 아니라 오직 돌만 생각하고, 꿈을 꾸고, 그리고 일을 한다. 문제가 표면에 드러날 때까지 그 문제에 대해 계속 천착하라. 직업에 초점을 맞추고 다른 분야에 대해서는 무시하라. 주위 사람들과 잘 어울리는 문제나 다른 사람들의 눈을 의식하지 말라. 당신이 존경하는 어떤

사람을 뒤따르는 당신의 이미지를 만들어라. 당신의 직업은 오직 당신만이 들을 수 있는 음악을 만드는 일이다.

올바른 습관: 나쁜 습관이 있는지 확인하고 그것들을 고쳐라. 모든 업무는 다르다. 따라서 당면한 업무에 적합하게 행동하는 법을 배우지 않으면 안 된다. 중요한 점은 위험을 감수하고, 실수를 하고, 실험을 하는 것이다. 우리들 대부분은 여러 단기 교육과정이나 세미나에 참석하고 있는데, 그것은 좋은 일이긴 하지만, 자격증을 따는데 급급하지 말고 정말 배우는데 힘을 써라. 기술적으로 허튼 소리들에 집착하지 말라—기본을 지키고 미래를 알기 위해 역사를 분석하라. 시간표상에 당신의 위치가 어딘지 파악하라.

정확한 행동: 창발적 목표들(emergent objects)을 달성할 수 있는 근본적 논리는, 결국 개개인의 행동 패턴이 전반적인 성과를 결정한다는 것이다. 몇몇 행동 규칙들을 제시하면 다음과 같다. 성과에 대해 으스대지 말라. 상황이 나쁘거나 바보스럽게 보이는 것에 신경 쓰지 말라. 이기주의자가 되라. 꿈을 꾸어라. 경쟁하지 말라. 중단하지 말라. 절대 만족하지 말라. 그리고 극복하라.

매력 그리고 말로 표현할 수 없는 것을 듣는 귀: 당신은 지금 성과를 올리기 위한 출발선상에 있다. 어느 NBA 코치가 한 말처럼, "모든 선수는 제각각 장기를 갖고 있다." 매력 그리고 번뜩이는 재주는 당신의 마음과 고객의 마음에 신뢰를 심어준다. 빨리 달려가서, 무엇인가를 추구하고, 마치 당신이 마을에서 가장 나이 많고 지혜가 넘치는 어른인 것처럼 행동하라. 전략들을 당신의 가방에다 잔뜩 모아 두었다가는 그것을 이용하여 공격하라. 위대한 선수를 떠올려 보고, 그리고 그들의 염색한 머리를 생각해 보라!

헌신: 직업에 충실하라. 남보다 못할 이유가 없다. 회사에 충성할 것이 아니라 당신의 일에 충실하라. 최상의 도구를 갖고 일을 하라. 그것이 컴퓨터이든, 붓이든, 혹은 사람이든 간에 말이다. 간단하게 먹고 마셔라. 만족하지 말라. 도전거리를 찾고 그리고 부모를 잘 선택하라(우리가 기술 관리자들을 평가할 때면, 우리는 "당신은 애들의 생일을 기억하고 있는가?" 하고 묻는다. 만약 "그렇다" 라고 대답한다면, 그들의 자격은 의심스럽다).

이런 것들은 가르칠 수 있는 것인가?

일반적으로 어떤 사람을 기술의 왕이 되게끔 가르칠 수 있는가? 아니면, 그는 어쨌든 배울 수는 있는가? 아마도 그렇지 않을 것이다—그것은 유전자 속에 들어 있어야만 한다. 만약 당신이 그것을 갖고 있다면, 그것을 바깥으로 끌어내라. 그렇지 않다면 시장에 사러 가라.

제 **10** 장

카본 행성에 사는

실리콘 인생

이 "전화기"는, 커뮤니케이션의 도구로서 진지하게 고려하기에는 결점이
너무도 많다. 이 장치는 본질적으로 우리에게 아무런 소용이 없다.
—웨스턴 유니온(Weston Union)의 내부 메모, 1876년

미래의 컴퓨터는 무게가 1.5톤이 넘지 않을 것이다.
—파퓰러 메카닉스(Popular Mechanics), 1949년

나는 이 나라를 동서남북으로 여행하면서 최고의 전문가들과 이야기를
나누었다. 그 결과 얻은 결론인데, 자료처리(data processing)는 일년도
채 넘기지 못할 일시적인 유행임이 틀림없다.
—프렌티스 홀(Prentice-Hall) 편집자, 1968년

만약 사람들이 수학이 간단하다는 사실을 믿지 않는다면, 그것은 오직
사람들이 삶이 얼마나 복잡한지 모르고 하는 소리이다.
—존 폰 노이만(John von Neumann), 1903-57

기술은 비약하고 또 도약한다

모든 기술자와 제조분야에 비전을 가진 사람들의 도전은, 제조 현장과 멀리 떨어져 있으면서도, 프로세스, 제품, 그리고 고객들에 대하여 올바른 판단을 할 방법을 찾는 것이다. 이정표는 턱없이 부족하고, 상호간에 발생하는 자극들은 너무도 많고, 세상은 혼란으로 가득 차 있다. 왜냐하면 세상—통제되지 않는 세상—은 시각적 청각적 자극들, 메시지 시스템들, 그리고 소음이 홍수처럼 넘치기 때문이다.

만약 우리들 각자가 실리콘 행성(silicon planet, 국경 없는 정보 세계)에서 성공적이고 유익한 카본 인생(carbon life, 유한한 생명)을 사는데 필요한 지침들을 열두 살 무렵 학교에서 배울 수만 있었다면, 우리들은 때마다 유행하는 신기술에 대해 끊임없이 신경쓰지 않아도 될 텐데. 그랬다면 지금쯤 우리는 정신적으로 평화를 찾았을 것이다.

그러나 인간적으로는 약점이 많았던 수학의 대가 존 폰 노이만(John von Neumann, 1903-57, 헝가리 태생의 미국 수학자)이 말했듯이, 인생이란 쉽게 조용히 살아가기에는 너무나도 복잡하다. 노이만에게는 수학이론 개발과 그 적용이 삶의 전부였다. 컴퓨터를 이용한 초기의 연구는, 어떤 자연과학 영역 이론들을 보다 빠르고 자연스럽게 현장에 적용시키도록 하는 경우도 있었지만, 특히 제조 등의 분야들을 큰 도약을 할 수 있는 발판을 만들었다.

레오나르도 다빈치, EG&G의 에드거톤(Harold Edgerton, 고속사진 촬영법의 발명가), 그리고 몇몇 천재들이 여러 분야에 엄청난 기술적 관심을 보였던 것처럼, 노이만도 다른 많은 공학 분야—예를 들면 대포, 잠수함, 무기, 기상 예측, 그리고 ICBM(대륙간 탄도탄)—에 대해 폭넓은 지식을 갖고 있었다. 수학에 관한 믿기지 않을 정도의 놀라운 능력(그는 여섯 살에 8자리 숫자를 암산으로 나눗셈을 할 수 있었다고 전해진다)에 더하여, 컴퓨터의 잠재력에 대한 노이만의 통찰력—그는 컴퓨터가 단지 어떤 특정한 문제들을 해결하는 계산용 기계가 아니라, 한층 더 어려운 문제를 해결하는 교량이라고 인식했다—은, 그나마 몇명 되지도 않는 동료들로부터도 따돌림을 당하도록 했다. 노이만은 이론과 실제를 연결하는 다리였다. 컴퓨터 구조 설계에 대한 선구적 연구를 통해, 그는 컴퓨터의 수치계산 과정에서 더 나아가, 저장 메모리(stored memory)와 공유 자료(shared data) 개념들을 확립하는 기초를 닦았다.

노이만의 EDVAC(Electronic Discrete Variable Computer, 자체 메모리에 내장된 프로그램을 사용할 수 있는 최초의 전기전자식 컴퓨터)에 대한 연구는, 기존 이론을 첨단 분야와 비전있는 분야에 적용하는 모범적 사례였다. 그것은 기술의 승자들을 성공적으로 2020년까지 인도해줄, 비약과 도약 사고방식(leaps-and-bounds thinking)과 똑같은 것이었다.[10]

---

10) Cabrera, Barney J., "John von Neumann and Neumann Architecture for Computers (1945)," a paper presented on June 2, 1995, University of California, San Diego. Cabrera cites the following bibliography: Aspray, William, *John von Neumann and the Origins of Modern Computing* (Cambridge, Mass.: MIT Press, 1990); Hayes, John P., *Computer Architecture and Organization* (New York: McGraw-Hill, 1998); Heims, steve J., *John von Neumann and Norbert Wiener.: From Mathematics to the Technologies of Life and Death* (Cambridge, Mass.: MIT Press, 1980); Macrae, Norman, *John von Neumann* (New York: Pantheon, 1992).

동양을 보라

어떤 관점에서 보면, 우리들은 이미 거기에 도달해 있다. 예를 들면, 1200만 명이 살고 있는 중국의 수도 베이징은 —도약과 비약 속에—진보와 이익을 도모할 수 있는 기회의 땅인 동시에 초기 산업사회의 모습과 포스트모던 시대의 모습이 묘하게 혼합된 곳이다.

공저자 모얼리의 곳간(Barn)을 출발하여 베이징의 어느 장소까지 여행을 하는데는 29시간이 걸린다—300여 명의 승객과 함께 비행기 속에 갇혀 있기에는 너무 긴 시간이다.

중국에서는 매년 두 자리수의 경제성장률과 수천 건의 외국인 투자들이 추진되면서, 여행 시간이나 다른 여러 사회간접자본 연결망이 한계에 이르렀다. 예컨대, 초콜릿 과자 제조 합작기업인 어느 회사는 일주일 동안 5일간의 전력만을 할당받고 있다. 그러나 이 공장은 주 7일, 하루 24시간 가동하려 하기 때문에, 해결책이라고는 자가 발전기를 설치하는 방법뿐이다. 그러나 디젤 연료를 그곳까지 어떻게 조달할 수 있단 말인가—주유소도 없고, 송유관도 없고, 매달 배달해주는 유조차도 없다. 설령 유조차가 있다 해도 그것들이 다닐 도로가 없는데?

중국의 도시에는, 자전거와 휴대폰은 어디서든 볼 수 있다. 중국은, 마이크로프로세서와 인터넷을 통해, 초기 산업사회 구조에서부터 현대적 기계도구를 도입하지 않고 직접 탈현대, 탈산업 시대로 비약하고 있는 중이다. 중국에는 구리선으로 연결된 전화도 전봇대도 없다—그 대신 커뮤니케이션 시스템은 모두 인공위성을 이용한다.

분명, 앞으로 20년 동안 중국이 해결해야 할 도전들은 규모가 거대할 것이므로, 투자자들은 그런 도전들 가운데 하나를 선택함으로써 고수익을 올릴 좋은 기회를 기대할 수 있다. 문제는 당신의 설 자리를 정하고 그리고는 위험 수준을 높이는 것이다.

싸구려 과학과 엉터리 기술에 대한 경고

실리콘 행성에서 카본 인생을 살아가는 사람들이, 폭발적으로 증가하는 싸구려 과학과 엉터리 기술에 속지 않고 자신의 길을 선택하는 것은 쉬운 일이 아닐 것이다. 하나의 견해에 지나지 않는데도 사회적으로 저명한 전문가가 인증한다는 허울을 쓰고 등장하는 그런 종류의 과학을 "싸구려 과학(junk science)" 또는 "엉터리 기술"(sham technology)이라고 부른다. 그 결과 말도 안 되는 주장들은 공통적으로 몇 가지 속성들을 보인다. 출처가 불분명하게 나타나서, 급속도로 전파되고, 희망을 불러일으키다가, 그리고는 물만 먹는 다이어트처럼 제풀에 사라진다.

서글프게도, 이것이 바로 과학과 기술이 세계적으로 통용되는 설득력을 얻게 되는 출발점이다. 결국, 세상이 실제로 각종 원자구성 요소들로 이루어져 있다는 것을 누구도 증명할 수 없다. 그리고 대단히 우수한 몇 명만이 양자역학이 어떻게 작용하는지 겨우 배우기라도 할 수 있을 것이다. 그러나 원자의 활동을 예측하고 통제하는 일에 과학자들이 성공함으로써 많은 사람들은 과학이 단정하는 것을 진실이라고 믿어야만 한다고 생각하게 되었고, 때때로 그것은 문제점 많은 어떤 주장들을 맹목적으로 받아들이도록 유도했다. 예를 들면, 사회적 다위니즘(Social Darwinism)이라든가, 혹은 암을 완벽하게 치료하는 방법이 곧 나온다는 믿음 등이 그렇다.

기술자들이란 진실을 밝히려는 무리들이다. 적어도 우리는 그렇게 생각하고 있다. 엔지니어 겸 경영자로서, 지식 근로자 겸 소프트웨어 개발자로서 공저자들은—진보를 믿으며 또한 이성적이다—다른 사람들과 마찬가지로 자신들만의 맹목적 숭배 대상을 갖고 있다. 우리들 역시 정도는 약하지만 우리들만의 싸구려 과학을 갖고 있다. 일종의 싸구려 지혜(junk wisdom)라고나 할까. 독자들은 공저자들 가운데 누구와 만나서

대화하는 중에 다음의 단어들이나 구절들을 불쑥 끼워넣는다면, 그것은 우리들의 대화를 이어나갈 매개체를 찾은 셈이다. 휴대폰, 디젤 배기가스, 번역기(the transputer), 리자 컴퓨터, 68060(모토로라에서 만든 32비트 마이크로프로세서), NASA의 오링, 시금치의 철분, 컴퓨터와 생산성, "여행은 매혹적이다", "아무도 매킨토시를 사용하지 않는다", 종이 없는 사무실, 섹스 없는 엔지니어들, 라면 한 그릇과 술 한잔, 유닉스가 이기고-유닉스가 진다, 패러다임의 이동, 또는 선형성(linearity, 출력이 입력에 정비례하는 것) 등등.

엔지니어와 매니저들은 종종 임무 수행 능력이 있다는 전제하에 행동을 취하고 나서는, 결과가 제대로 나오지 않을 때는 당황하곤 한다. 우리는 전문가들이기 때문에 정밀한 검토를 무시하는 경향이 있다. "데이터(data)는 스스로 말하고, 그리고 모든 데이터는 지혜다" 라고 하는 자바(JAVA)의 범위 안에서 우리는 누구하고도 대화한다. 다시 말해, "컴퓨터는 데이터 조작 장치이기 때문에, 컴퓨터는 우리들의 모든 문제들을 해결할 수 있다" 라는 명제도 성립된다!

와, 정말 웃기는군. 우리는 데이터가 말하지 않는다는 것을 안다—사실 그렇지 않은가? 우리가 보는 것은 항상 우리들의 선입견에 좌우된다—"보는 것이 곧 믿는 것이다" 라는 말은 "믿는 것이 곧 보는 것이다" 라는 의미이고, 궁극적으로 그것이 우리 모두가 원하는 것이다. 20세기 초, 에른스트 마치(Ernst Mach, 1838-1916, 오스트리아의 물리학자로서 상대성 이론에 영향을 끼쳤다)와 비엔나 서클(Vienna Circle)은 오직 경험적 사실들에 기초하여 과학을 탐구하고자 노력했다.

하지만 그들은 사실들에 대한 가설을 부여하는 이론이 없으면, 지식의 창출은 불가능하다는 사실을 곧 깨달았다. 그 경우 일단 우리가 이것을 인정하고 나면, 우리가 만나는 세상이 진실로 "객관적인" 세상인가 하는 의문을 가져야 한다는 점이다.

어쩌면 기업을 풍자하는 만화의 주인공 딜버트는, 아래와 같은 경영에 관한 묵시적 가설을 벗기는 사람일는지도 모른다.

▲비용을 낮추는 것이 번영의 열쇠이다.
▲대량 생산은 비용을 줄인다.
▲간접비를 줄이면 원가가 낮아진다.
▲개인의 행동은 기업 문화에 의해 통제될 수 있다.
▲경영 과학은 존재한다.

기술은 우리를 어디로 데려 갔는가, 고의적 반대

모든 기술적 혁신은 생산성 향상이라는 목적을 추구한다—노동 절약 장치들, 보다 많은 여유시간, 추가비용 부담 없는 즉각적인 장거리 통신 등이 그 예이다.

원자폭탄 제조 기술은 값싸고 즉시 이용가능한 비화석 연료의 탄생을 의미하는 것이었다. 내연 기관의 등장으로 우리들은 짜여진 시간표대로 움직이는 기차를 타지 않고도 거의 어디라도 여행할 수 있게 되었다. 세탁기는 노동력 절약 장치이다—가정에서 가정부를 대신한 다른 모든 전기 기계들도 마찬가지다. 보잉 747은 여행을 매우 싸게 할 수 있다고 약속했다—그러나 747이 승객의 탑승 효율을 최대로 하기 위해서는, 승객들은 갑갑한 유리상자 같은 공항 대기실에서 줄을 서야 하고, 1960년대의 플라스틱 벤치에 앉아서 단체 승객이 모두 모일 때까지 한없이 기다렸다가 일괄 처리된다는 것을 아무도 눈치채지 못했다.

난독증이 있는 어떤 사람은, 날마다 넘쳐나는 메모들로부터 잘못된 철자를 골라 내주는 맞춤법 점검기(spell checker)의 위력을 알게 되었다.

메이나드(Manard)는 벤처 투자가인 친구의 말을 인용한 적이 있는데, 그는 자신의 분야에서 일어난 최악의 변화가 PC의 발명과 그에 따른 워드 프로세스 및 스프렛시트 소프트웨어라고 생각한다는 것이었다. 대부분의 기업가들은 아무리 많은 사업 계획서라도 작성하는 일은 너무도 쉬운 작업이라는 사실을 알고 있으며, 그 친구 생각에는 오직 진정으로 사업에 몰입해 있는 기업가만이 PC와 같은 기구의 도움 없이 사업계획서를 작성할 수 있는 것으로 느꼈다고 한다. 정말이지, 남북전쟁 역사가인 셀비 푸테(Shelby Foote)는 자신이 서술한 역사를 펜을 사용하여, 한 줄 한줄씩 직접 썼다—각각의 단어들은 백지 위에 쓰여지기 전에 먼저 머릿속에서 신중히 정리되었다.

전자 게시판을 사용하여 처음으로 이익을 남긴 것은 음란물이었다. 크고 성능 좋은 모니터들은 음란물이 제공하는 오락적 가치를 높였다. 모든 사양을 갖춘 가장 빠른 차가 당연히 가장 안전한 차는 아니다. Y2K 문제가 초래한 진정한 위기는, 기술이 우리들의 생활에 그렇게 널리 스며들도록 내버려두었는가 하는 문제에 대해 우리가 주의를 기울이지 않은데서 비롯되었다고 메이나드는 말한다. 제조활동에서도 마찬가지이다. 우리들은 프란시스 캐봇 로웰과 동시대의 기업가들이 예측했고 또 필요로 했던 것보다 훨씬 더 많이, 제품과 프로세스에 대해 자료를 수집할 능력을 이미 갖고 있다.

"길 건너 이웃을 만나기 위해서 그의 집으로 걸어가는 것보다도 e-메일을 통해 접속하는 것이 훨씬 더 쉽다라는 말보다 더 서글픈 말은 없다. 세상 사는 일에 무엇이 그렇게 중요하고 또 급해서 서로가 서로에게 그런 시간을 낼 수도 없단 말인가? 내가 관심을 갖는 현상은, 우리들을 한데 묶어줄 목적으로 고안된 도구들이, 오히려 사람들을 점점 더 멀어지게 만든다는 사실이다. 원거리 통신에 의해 창출된 세계 공동체가 오히려

우리의 가장 가까이에 있는 지역공동체의 개념을 몰아내고 있다는 사실
이 걱정스럽다. 켄 올슨, 닥터 앤 왕(Dr. An Wang), 그리고 다른 여러
산업의 개척자들에 의해서 시작된 품질, 성실, 열정으로써 다져진 산업상
의 유산이, 정보 시스템을 이용하여 단숨에 큰 부자가 되려는 바보들의
골드러시로 변질되었다는 것이 걱정스럽다. 그리고 컴퓨터가 우리들의
생활을 향상시킬 것이라고 꿈꿔온 비전있는 사람들이, 기술을 우리들의
생활을 점점 더 많은 통제의 수단으로써 사용하는 반사회적 인물들에게
밀리고 있다는 사실이 걱정스럽다."

메이나드는 기술의 궁극적 가치에 대해 회의적 시각을 갖고서 다음과
같이 말한다. "우리는 세 번째 밀레니엄을 맞으면서도, 지난 천년 동안
겪은 그 저주스러운 것으로부터 아무것도 배운 것이 없는 것처럼 보인다.
우리들은 여전히 결국에는 우리들을 배반하고 말 거짓 신을 숭배하고
있다. 우리들은 다만 그것을 기술적으로 한층 더 교묘하게 하고 있을 뿐
이다."

틈틈이 첨단 생활에서부터 벗어나라

때때로 우리가 컴퓨터 제어 시스템을 강조할 때면, 삶에서 인간적 측면
의 손실을 감수하는 것을 당연하게 생각하는 듯이 보인다. 뉴햄프셔 시골
에 있는 모얼리의 곳간은 과거 실제로 가축을 길렀고, 그리고 지금은 제
갈 길을 찾아간. 곳간에서 기술을 배운 27개나 되는 회사들은 동물들이
사는 방식으로부터 많은 교훈을 배웠다.

최초의 교훈은 가장 바보스럽지만 또한 가장 악명 높은 거위로부터
배웠다. 기술적으로 표현하면 거위들은 집단을 이루도록 미리 프로그래
밍되어 있다. 일단 그 시끄러운 거위들이 떼를 이루게 되면, 녀석들을
흩어지게 하는 것은 불가능하다. 곳간에 근무하던 어떤 사람이 언젠가

다른 두 지역의 거위떼들을 하나의 무리로 합치려고 시도했지만, 그것은 매우 어려웠고 오직 부분적으로만 성공했다. 하나의 무리를 이루자, 당연히 힘센 녀석들은 덩치가 적고 순한 거위들을 공격하고는 사람들이 중간에서 말릴 때까지 그 힘없는 거위들을 못살게 굴었다. 떠돌이처럼 혼자사는 거위는 절대로 집단에 동화할 수 없다.

비즈니스 분야에서도 사무직 종업원들은 비슷한 행동을 보이는 경향이 있다. 집단 본능은 인간의 특성으로서, 기술이나 하드웨어, 첨단산업이 발전한다고 해서 그다지 달라지지 않는다.

예컨대, 두 회사 사이의 합병은 거위 떼와 비슷한 반응을 일으킨다. 우월적 지위에 있는 회사는 약한 회사를 몰아내거나 억누르려고 하며, 약자는 스스로 아주 강해지지 않는 한 도태되고 말 것이다. 시스템 매트릭스 내에 제안된 새로운 아이디어들은 찬밥이 되고 말 것이다. 그 새로운 아이디어는 귀찮은 존재로 간주되고, 방치해 두었다가는 때를 기다려 폐기된다.

애플 컴퓨터는 다른 많은 외톨이들처럼 젊었고, 밀려나지 않았으며, 매우 강한 외톨이로서 이미 존재하는 무리들에 끼일 필요를 느끼지 않았고, 혹은 그들만의 무리를 만들 필요도 느끼지 않았다. 돌이켜보면, 애플이 강력하고도 매우 경쟁력있는 무리를 만들어 그 지도자가 될 수 있었다는 것을 알 수 있다.

그러나 외톨이도 나이를 먹으면서 어딘가에 소속하고 싶은 욕구가—심지어 철저한 고립주의자에게조차도—커지는 법이다. 그러나 너무 늦었다. 빌 게이츠가 만든 집단은, 비록 기술 변화가 다른 집단을 수용하는 것을 당연하게 인식하는데도 불구하고, 자신의 성숙한 집단에 다른 회사들의 참여를 허락하지 않을 것이다. 우리들의 동물적 본능이 행동으로 나타나기 때문이다.

두 번째 교훈은 윌리(Willie)라는 개로부터 배운 것이다. 이 개는 얼마 전에 죽었는데 소몰이 개 과에 속하는 로터바일러(Rottweiler) 종으로서, 곳간을 지키고 있었다. 무게가 110파운드쯤 나가는 이 개는 오직 3개의 신경망만 발달되어 있었다. 위험 반응, 먹을것, 그리고 섹스였다. 윌리는 자신이 전체 농장 무리들 중의 일부분이고, 계급상 최고위층인 늙은 개들만이 자기보다 조금 더 높다고 믿고 있었다.

사실상, 이런 계급 질서는 늙은 개들이 어디로 멀리 가 있을 때에는 윌리가 그 자리를 물려받도록 프로그램되어 있다는 것을 의미한다. 그의 리더십 알고리즘은 다른 어떤 사람이나 동물들을 언제나 꼼짝 못하도록 하는 것이었다.

언젠가 곳간에서 허드렛일을 하던 매트가 윌리를 데리고 지역의 재활용센터로 나갔을 때의 일이다. 쓰레기를 다 내린 뒤 매트가 트럭 운전대에 올라타려 하자 윌리가 타지 못하도록 막았다. 윌리의 프로그램이 "출입금지"라는 팻말을 읽자, 모든 신경망들과 알고리즘들이 그 방향으로 가동되었고 다른 암호는 거부되었다. 즉 출입이 금지되었던 것이다. 매트는 곳간까지 걸어와야 했다. 윌리는, 명령구조와 자신만의 업무 매뉴얼의 노예였으므로, 트럭의 운전대를 철저히 지켰던 것이다.

회사에 근무하는 인간의 무리들도 때로는 윌리나 거위들처럼 행동할 수 있다―많은 의사결정들은 "업무절차"라는 이름 아래 이루어진다. 과거에 성공했던 방법을 토대로 절차들을 만들고 나면, 그것이 더 이상 오늘날의 시장 상황에 적합하지 않게 된 경우에도, 절차들은 한번 잡았던 자리를 떠나는 일이 없다. 비록 성숙한 조직은 그것을 절대로 따르지는 않지만 말이다. 한번 형성된 영역적 지위는 공동의 선(善)을 해치면서까지 존재하고, 결과적으로 기본적 경영 구조는 오직 윌리의 신경망처럼 행동하도록 왜곡된다.

첨단 농장에 사는 전통적 동물

우리들은 첨단 농장을 경영하는 전통적 동물들인 셈이다. 스트레스와 조직에 대한 우리들의 반응은 거의 백만 년이나 된 집단 본능에서 나오는 것이다. 조직이 의사결정 절차를 거칠 때 항상 윌리와 거위들을 기억해야 한다. 집단을 이끌고 무리를 형성한다는 것을 말이다.

제조 분야 경영자들만이 자기 기만적 행위를 하는 유일한 족속은 아니다. 마케팅 부문 경영자들도 다음 같은 그들만의 격언들을 갖고 있다.

▲상품의 겉모양이 멋있을수록 상품의 이익도 높게 책정할 수 있다.

▲포장이 상품이다.

▲무식한 것이 용감하다.

▲가격은 쌀수록 좋다.

▲무엇이 필요한지 모른다면, 그것은 필요없는 것이다.

위의 격언들은 오랫동안 전해져 내려왔고, 이해하는 정도를 뛰어넘어 생생하기까지 하다―어쩌면 인간의 마음은 진실을 외면하면서까지 이런 격언을 받아들이려고 하는 것인지도 모른다.

우리는 제품과 성과를 끊임없이 합리적으로 개선해야만 한다. 그것은 말 그대로 지루한 쳇바퀴를 돌리는 활동이다. 우리 자신들은 논리적이라고 훈련받았고, 뉴튼식의 정확성이 우리들 존재의 모든 것이라고 배웠다. 그러나 전통적인 편견 때문에 생기는 일상적인 혼란에 대해 의문을 제기하는 사람들은 거의 없다. 직장의 상사들은 바보들이나 마찬가지다. 우수한 사람들은 이상한 짓만 한다. 작업은 비인간적이다. 옛날이 더 좋았다. 기술이 성취할 수 있는 것은 끝이 없다. 인간은 먹이사슬의 최정점에 있다.

이런 우화들은 낯설지가 않다―심지어 과학자들과 기술자도 그들의 대화중에 위의 격언 몇 개를 슬쩍 끼워 넣기도 한다. 그러나 가끔 우리는 위의 격언들을 만들어낸 가설들에 대해 의문을 던져보아야 한다. 진정 우리들 모두는 우리들 자신에게 좀더 솔직할 수는 없는가?

그만둘 때를 알라

포트폴리오 성장, 그리고 위기관리에 대해 지금까지 논의한 것들을 기억해 보라. 포커판에서의 성공은 배팅할 때가 아니라 그만둘 때를 아는데 달려 있다. 실패할 확률을 미리 정해 두라. 그것이 수익을 극대화하는 방법이라는 것을 이해해야 한다―경영상의 지표로써 리스크 수준을 정하는 것이 합리적인데도, 일반적으로 기업 문화는, 심지어 창업 초기에서도, 전반적인 성공을 평가하지 않고 각각의 실패한 프로젝트에 대해 그때마다 궁지에 몰아세운다.

R&D 투자 계획은 실패에 초점을 맞추어야만 한다. 리스크를 높이면 성공의 가능성은 전반적으로 증가한다. 그러나 개별 프로젝트의 성공률이 높아지는 것은 아니다. 우리는 개별적인 프로젝트가 성공할지 혹은 실패할지 예상할 수는 없지만, 그러나 우리는 전체적으로는 그 성과를 예측할 수는 있다.

위험이 제로라면 수익도 제로이다. 막대한 위험 역시 R&D의 이익을 거의 제로로 만든다. 그렇다면 최적의 위험 수준은 어느 정도인가? 80% 의 위험률이 엔젤 투자자들에게 가장 최적의 포트폴리오 수익을 제공할 것이다. 실패의 가능성이 50% 이상인 경우에 투자를 하라. 공저자들의 친구인 조지(George)는 성공적인 벤처 투자자가 되려고 시도했다가 실패하고 말았는데, 위험을 감소시키려고 한 데에 그 이유가 있었다. 조지는 전체 포트폴리오에서 위험 수준을 낮추는 것에 집중함으로써 손해를 줄이려고 했다. 그렇게 함으로써 그는 자신의 전체 포트폴리오의 가치 또한 감소시켰다.

당신이 2000만 달러 정도 투자할 돈이 있다고 생각해보자. 그 돈을 어디에 투자할 것인가? 매번 100만 달러 투자에 대해 200만 달러를 벌 확률이 50%이고, 그리고 100만 달러를 벌 확률이 50%인 20개 회사로 구성된 포트폴리오에 투자할 것인가? 아니면 95%는 제로 수익이고, 5%의 확률로 10억 달러를 벌 포트폴리오에 투자할 것인가? 10년 뒤에, 첫 번째 경우에는 200억 달러를 투자해서 대략 3500만 달러를 벌게 될 것이다. 두 번째 경우에는 억만장자가 될 수 있는 기회가 64% 정도이다. 빌 게이츠를 보라. 위험이 클수록, 수익도 클 것이다.

마지막 예측들

미시건 주 워렌(Warren)에 있는 GM 제조센터의 관리자 마이크 카민스키(Mike Kaminski)가 20년 후의 제조업에 대한 예측을 발표했는데, 그 내용은 30년이 넘는 자신의 엔지니어링과 컨설팅 작업 과정에서 개발한 많은 관심사들이었다.

그는 1시간의 슬라이드를 보여주기 위해, 12시간이나 걸리는 유럽과 일본으로 여행을 해야 했지만, 지금은 확장된 주파수 대역폭(expanded bandwidth) 덕분에 비즈니스 기술자들이 3차원 영상을 통해 자신의 고객을 만날 수 있다는 꿈을 갖게 되었다. 홀로그래피(holography, 3차원 입체상을 재생하는 영상술)와 통신 대역폭 속도는 빠르게 발전하고 있으므로 자신의 꿈이 현실로 나타날 때가 그리 멀지 않았다고 생각한다. 그렇다면 부득이하게 거절한 비즈니스 여행을 더이상 거절하지도 않아도 될 것이라고 카민스키는 생각한다.

카민스키의 두 번째 꿈은 커뮤니케이션을 다른 차원으로까지 확장시키는 것이다. 컴퓨터에 대한 그리고 컴퓨터를 통한 우리들의 커뮤니케이션은 여전히 제한되어 있다─음성인식 시스템이나 여러 다른 감각 장치들은 계속 발달할 것이다. 그러나 키보드처럼, 이러한 정보 증폭 도구는 일방적인 입출력 장치들이다. 카민스키가 기대하는 것은 상황적 커뮤니케이션(contextual Communication)으로서, 예컨대 실험실 조수와 쌍방 대화를 할 수 있는 그런 종류의 것이다.

"이보게 비커(Beaker) 군, 이 숫자의 제곱근을 구해주게." 또는 "번슨(Bunson) 군, 프랭크 로이드 라이트(Frank Lloyd Wright)가 설계하고 또 건축한 것으로 화강암석 표면으로 물이 흐르는 건물들 모두를 찾아다 주게."

이런 종류의 커뮤니케이션은 계산이나 명백하게 제한된 탐색을 바탕으로 하는 이해와는 다르다. 마치 유전자 알고리즘이 공장 현장의 지능 시스템을 지역별로 수행되도록 한 것과 마찬가지로, 다차원적 의사소통(multidimensional communication)은 기업조직 전반에 걸친 의사결정과 원격생산 문제를 해결해줄 것이다.

50기가바이트 데이터베이스가 상당히 많이 보급되는데는 그다지 오래 걸리지 않을 것으로 보인다. 그 정도의 데이터베이스는 그에 상응하는 자료들, 검색 엔진, 인터넷 사이트, 1조 바이트 메모리로 쉽게 용량을 모두 채워버리게 될 것이고, 또한 모든 데스크탑에 적재된 T1 통신 대역폭은 솔루션을 제공하기도 하겠지만 문제도 일으키기 때문이다.

그와 동시에, 데이터를 작은 용량의 정보로 축소하는 새로운 도구도 등장할 것이다. 지식 데이터 의사결정(Knowledge data decision, KDD)은 데이터의 분석을 자동적으로 처리한다. 그것은 이미 20년 전부터 도입된 데이터 속성 및 계통 추적 기법(data heredity and parentage tracking techniques)을 사용하여 검증한 데이터의 타당성, 진실성, 유용성, 그리고 이해 가능성 등을 확인하는 방식으로 처리한다. KDD에 기초한 기술적 기반은 지금 당장 사용 가능하지만, KDD를 실현하기 위한 많은 애플리케이션들은 다양한 데이터 형식(data format)과 절차(prcedure)에 접근할 능력을 먼저 갖출 것을 전제로 한다. 이것은 모든 데이터베이스들에 대해 단일 표준을 설정하거나 혹은 이종 접근(heterogeneous access)을 위한 기술이 필요하다는 것을 의미한다. 일단 JAVA를 먼저 사용하면서도 후자에 대한 것도 예상을 해야 한다.

전화선 플러그에 연결된 세상

원격 제조 지능(remote manufacturing intelligence) 시스템—예컨대 독일에 있는 기계센터를 네트워크를 통해 미시건 주에서 랩탑 컴퓨터로 가동하는 시스템—은 조만간 가능해질 것이다. 카민스키는, 현재 가동중인 기계에 대한 시뮬레이션, 그리고 프로세스 내에서의 자체 조정 능력(in-process adjustment)은 공장을 온라인 상태로 연결해주는 것은 물론, 공장의 유지보수에 드는 비용을 줄이고, 나아가 일주일에 7일, 하루 24시간 가동하는 공장을 가능케 할 것으로 믿고 있다.

온라인 원격 진단 및 유지보수는 원격 제조 지능 시스템의 일부분이다. 왜냐하면 아주 작은 마이크로프로세서를 어떤 기계를 구성하는 모든 작동 부분들 속에 내장할 수 있는 능력만 확보된다면, 공장 관리는 미국에서 하고 생산은 일본 혹은 북극지방 또는 영국 해협에서도 할 수 있는 지능 공장(intelligent factory)을 만들려는 2020년의 비전을 실현시켜 주기 때문이다. 디자인, 기계의 프로세스, 그리고 다른 여러 지적 재산권의 통제와 유지는 기술과 함께 계속 그 중요성을 더해갈 것이다.

실시간 처리 능력—빠르게, 신뢰할 수 있게, 반복적인 처리 능력—은 의사결정 지원 프로세스(decision- supporting process)의 한 구성요소가 되어야만 한다. 잠재적으로는 더 좋은 결정이지만 너무 늦게 내려진 결정보다는, 최선의 의사 결정은 아니지만 적시에 내려진 결정이 분명 더 좋기 때문이다. 이 원칙은 수술실의 외과의사에게도 또는 다음날의 생산 스케줄을 짜려는 계획 담당자에게도 적용된다.

다양한 데이터베이스를 온갖 종류의 검색엔진에 연결하여 작동하는 시스템을 상상해 보라. 시스템의 구성요소들을 서로 접속시키는 인터페이싱(interfacing)은, 규칙에 기초한(rule-based), 확장형 관리 운영체제(scalable management operating system)가 내장된 몇 대의 PC들 사이에 형성된, 메모리 할당 블랙보드 시스템(memory-mapped blackboard system)을 통해 진행된다. 앞으로 제조 부문에 추가로 적용될 것들은 다음과 같다.

▲복잡한 구매 행동의 이해
▲수요 관리와 예측
▲판매 경로 분석

운송산업, 자동화산업, 반도체산업, 제약산업, 그리고 식품산업에 대한 적용도 그다지 먼 미래의 일은 아니다.

KDD는 검색엔진 이상의 것이다―그것은 인간이 인식하기엔 너무도 빨리 사라지는 각종 추세, 행동, 패턴을 식별함으로써 의사 결정을 돕는 지식의 저장고라고 할 수 있다. 웹이 미래의 데이터베이스로서 사실상의 표준(de facto standard)이 될 것이므로, 우리는 실행 시스템(execution system)을, 그리고 더 나아가 심지어 타이어 산업도 전화선 플러그에 연결하여 작동할 수 있을 것이다.

온보드 생산과 운전대에서의 제조

후지쓰와 제휴한 EFTC 그리고 물류 유통업자

콜로라도주 덴버에 있는 EMS 공급회사 EFTC의 사장 잭 칼데론 (Jack Calderon)은 운송회사, 물류회사들과 파트너십을 맺고는, 자신의 회사를 웹을 기반으로 컴퓨터 보드 및 전자장치의 제조 수리 회사로 전환했다. 그 결과 이 회사는 자신만의 독특한 주문 생산(build-to-order)을 가능케 하는 설비를 갖추게 되었다. 그것은 첨단정보 장치들로써 작동되며, 수송기지로부터 가까운 곳에서 생산할 수 있도록 함으로써 물류시간과 비용을 줄였다. EFTC의 혁신적 물류 파트너십은 네트워크를 통해 재고를 최소화하는데, 이 경우, 정보와 시간은 진정 첨단산업과 굴뚝산업을 통합한 셈이다.

칼데론은 자신이 어떤 새로운 시도를 하고 있다는 사실을 알고 있다—그는 보드의 생산 및 수리를 현지화한 것이다. 후지쓰에서 멀리 떨어진 자신의 콜로라도 본사에서 후지쓰를 위해 컴퓨터 조립 작업을 수행함으로써, 그는 분산 생산이라는 혁신적 생산방식을 선도하고 있는 것이다. 게다가 고객과의 접촉 및 세부적인 물류를 처리하기 위해 유통업자들과 파트너십을 맺음으로써, 전자 및 자동차 확대기업들에게는 일반적인 조립 전 창고(preassembly warehouse)를 비롯해, 공급 사슬에서 2개 이상의 단계를 없앴으며, 또한 구매, 이동, 재고 파악 비용을 절감했다.

반제품, 수선, 완성품 재고 유지에 따르는 비용은 무시할 수 없는 수준이다. 회사의 매출액이 연간 1억 달러라고 가정하면, 그리고 창고에 한달분의 완성품들이 있다면, 그것은 833만 달러(1억 달러를 12로 나눈 액수)의 재고 자산을 영원히 보유하고 있는 셈이다. 다시 말해 연간 대략 1백만 달러의 이자 비용을 부담하는 것이다. 연간 재고 회전율이 1회라고 한다면 그 회사는 문제가 많은 회사이다. 재고 회전율이 10회라면 사업을 시작할 만하다. 정말로 시간이 돈이다—만약 한 제품이나 여러 개의 제품, 혹은 작업의 구성요소들이 평균적으로 일년에 한 달 정도 지연된다면, 보유 비용은 수십만 달러에 이른다. "재고가 없는 공장"을 운영하는 시스템, 그리고 엔지니어들은 린 생산과 그 이상을 실천하는 것으로써 회사 전체에 자신들의 성과를 가져다주게 된다.

그것이—장치, 규약, 계층구조 등—무엇이든 간에 "재고가 없는" 공장 운영 방식을 가로막는 것은 곧 문제이다. 문제는 적을수록 좋다.

서서히 종말을 맞는 방법

기술자들과 경영자들은 매일매일 선택을 한다—생산 작업의 교체 시기, 신제품 개발 책임자의 결정, 대량 생산을 위한 인원 증가 시기 등을 결정한다. 기술 관리자들은 적어도 다음 사항만은 확신해도 좋다. 만약 기술 관리자들이 현재 자신들이 가지고 있는 기술들을 유지하고 발전시킨다면, 자신들의 조직이 부분적으로만 최적화하고 있음을 어느날 갑자기 알게 되지는 않을 것이다.

휴렛 팩커드의 이사였고, 현재는 캘리포니아 주립 버클리대학교의 연구원이며 MIT의 슬론 비즈니스 스쿨에서 강의하고 있는 새라 벡크만(Sara Beckman)은 갑작스런 기술의 몰락을 가져오는 4가지 단계가 있다고 경고하고 있다.

1. 가장 어려운 것들을 만드는 것을 포기한다—부품, 완제품, 그리고 장비

2. 종업원들, 특히 기계 숙련공들과 공구·거푸집 제조공들이 그들의 기술을 잊어버릴 정도로 손을 놓는다. 2020년의 제조업이 인간의 지능과

경험을 완전히 배제하지는 않을 것이다.

3. 기계를 만지는 기술이 퇴화하는 것을 방치해둔다. 벡크만은 제조 현장에는 적어도 4가지 종류의 중요한 기술자들이 필요할 것이라고 보고 있다. 제조업 기술자, 새로운 프로세스 기술자, 재료 기술자, 새로운 제품 기술자가 그들이다. 이외에도 12종류 정도의 기술자가 더 필요하다. 그리고 각각의 기술 전문가 집단들은, 그들의 지식을 바탕으로 2020년의 기업들은 번창시킬 정보와 지적 능력을 가지고 있는 사람들이다─예를 들면, 생산품 비용에 관한 전문 능력, 프로세스에 관한 지식, 그리고 기술에 관한 지식 등이다.

4. 잠재적 파트너에게, 혹은 고객에게 제공할 특별한 전문적 기술이 없다는 것을 안다.

감정의 힘이 마지막 예측들에 영향을 미칠 것이다

우리들의 예측은 널리 사용될 것으로 보이는 기술에 초점을 두고 있다. 디자인, 개념들, 또는 특허는 취득했지만 실용화되지 않은 아이디어는 제외했다. 그 이유는 기술에 대한 개념의 등장과 최초의 실용화 사이에는 20년의 간격이 있기 때문이다. 예를 들면, GM이 바코드(bar code)를 사용한 것은 바코드 기술이 특허권을 취득한지 35년 뒤의 일이었고, 1960년대부터 제조업 분야에서 특허를 갖고 있었지만 오늘날 겨우 그 사용료를 받고 있는 실정이다. 시간적 간격을 항상 고려해야 한다.

예측 작업에 있어 고려해야 할 하나의 중요한 부분은 감정이라는 인간적 요소이다. 예를 들면, 증권시장은 전쟁이나 시장상인들과 마찬가지로, 감정에 큰 영향을 받는다. 1990년대 중반, 증권 분석가들은 시장이 처음에는 천천히 시작하여, 가속을 받고, 최고점에 도달하고는, 다 올라왔다고 전율을 느끼는 순간 또 솟구치는 청룡열차처럼 치솟기만 한다는 것을 관찰했다. 청룡열차에 탄 모든 사람들은 그 재미있는 것이 언젠가 끝날 것이라는 사실을 "안다". 그리고 그들은 내리거나 또 다른 열차를 타기 위해 뒤로 가거나 하는 선택을 할 것이다. 그 전율의 순간에 느끼는 짜릿한 감정이 모든 사람들을 매료시킨다.

주식시장이 하락하기 시작하면—만약 우리가 하락세에서 주식을 매수하는 투자자들이 아닌 한—우리들은 공포반응을 보이기 시작한다. 그리고 이 공포로부터 살아남기 위한 도피로써, 우리들은 주식을 팔아 현금을 확보한다. 우리는 "감정"은 회복하게 되었지만, 그러나 이 급작스러운 주식의 매도에 의해서, 현재는 기분이 좋아진 개인은 주식시장을 한층 더 붕괴하도록 만들었던 셈이다.

만약 우리들이 어떤 산업의 한쪽 좁은 분야에 종사하고 있다면, 예컨대 첨단기술 분야라면, 우리들의 행동은 다른 분야에 영향을 미칠 것이다. 전자제품의 경기 침체가 필연적으로 자본재 설비(capital equipment)와 반도체 웨이퍼 생산공장 분야로 퍼지는 것처럼 말이다.

그 행동 주기는 모래산과 비슷하다. 우리들이 모래를 한 지점에다가 조금씩 똑똑 떨어뜨리면, 모래산은 직선적 행동 양식을 따라 점점 커진다. 모래산이 충분히 높게 쌓이면, 모래산은 중심부가 더 낮아지면서 옆으로 퍼져나간다. 이것을 힘의 법칙(power law) 혹은 1/f 슬럼프(물질을 지탱해주던 모래 밑부분이 제거되면서 일어나는 현상)라고 부른다. 큰 슬럼프는 작은 슬럼프들만큼 자주 일어나지는 않으며, 슬럼프의 빈도와 그 영향을 나타내는 선은 로그 그래프(log plot) 위에 정확히 일직선으로 나타난다—그 점은 지진이나 벤처 자본의 경우도 마찬가지다. 영향이 큰 것들도 나타나겠지만, 규모가 작은 것들보다는 덜 자주 발생할 것이고, 그리고 그것들은 직선 형태로 나타날 것이다(되풀이하면 할수록 그 결과는 로가리즘 도표상 직선 그래프를 그리게 됨).

비슷한 예들은 도처에 있다. 우리 인간들은 경사면 위에 놓여 있는 모래알과 같다. 안정성을 갖기 위해서는 모래알들이 필연적으로 아래로 흘러 내려오고, 그리고 인간의 감정은 인간을 다른 동물과 같은 방식으로 생존하도록 해주는 슬럼프 물질이다. 우리들의 감정은 우주의 일부분이다. 감정은 진정 우리가 생존하도록 도와준다. 그리고 감정은 인간의 상호 작용을 자극하는 힘의 큰 부분을 차지한다. 주식시장은 단지 감정적 반응, 또는 재정적 힘이나 정치적 문제들 때문에 슬럼프에 빠지지는 않는다. 그러나 이 세 가지 원인들이 결합됐을 때 종말의 전조가 된다.

호황 장세인 주식시장의 이야기, 그리고 그것이 어떻게 지속되었고 또한 역사적으로 그런 높은 수준이 얼마나 오래 지속될 수 있는지 하는 것 등은 귀가 솔깃해지게 만든다. 그러나 진정 그런 공격적 시장을 자극하는 것은 인간의 감정이다—그것이 때로는 공포일 수도, 때로는 탐욕일 수도 있지만, 항상 흥분이 지속되기 때문이다. 게다가 주식시장 변화에 대해 사람들이 어떤 식으로 반응하는지, 그 인식 방법은 주시해볼 가치가 있는 중요한 것이다.

예컨대 동남아 금융시장의 침체에 대한 인식은 전 세계적으로 전파되었고, 그러자 갑자기 월스트리트와 다른 여러 주식시장들이 반응을 보였다. 마치 우리가 증권시세표를 의인화해서—그것이 인격과 두뇌를 갖고 있다고 가정해서—이야기하기 시작한 것처럼, 증권시세표는 스스로 감정을 갖고 있는데, "시장은 오늘 회복하려고 노력했다" 거나 "월스트리트는 오늘 바닥을 쳤다"는 등의 암시를 한다.

아이러니컬하게도, 누구든 무엇이든 간에 최고의 이야기를 꾸며내는 조직이 시장의 움직임을 좌지우지한다. 통계와 동향 보고서는 인간의 감정과 인간의 에너지를 담고 있는 것이다.

다음의 시나리오들이 의미하는 것에 대해 생각해보자.

4만 피트 상공에서 본 증권시장

일본과 중국의 GNP를 합해 봐야 미국보다도 적다. 그렇다고 미국이 세계를 지배하는 것은 아니다. 만약 아시아 국가들이 추락하고, 유럽이 침체된다면, 미국은 세계에 대한 진정한 가치를 인식할 수가 없다. 여러 방식으로 환차익이 존재하지만, 그러나 어느 정도의 균형 유지 노력이 뒤따를 것이고 그 결과 조정 국면을 맞게 된다. 가치의 불균형이 지역에 따라 너무 큰 격차가 날 때, 예를 들면 아시아는 원래의 화폐 가치가 반으로 떨어지고, 미국 달러는 가치가 2배로 되었다고 하면 감정적 반응, 즉 인식과 실질적인 조정 과정이 일어날 것이다.

만약 미국이 조정하지 않는다면, 아시아는 반드시 가치가 반등하고, 그렇지 않으면 미국의 그것이 하락한다. 우리는 차이점—무역수지, 컴퓨터, 현금 보유고, 환율, 국제통화기금, 노동불안—에 대해 끝없이 토론할 수 있겠지만, 그러나 두 지역 간의 실질적 경제적 불균형은 간단한 물리적 현상으로 모아진다. 물은 아래로 흐른다는 것 말이다. 북미 경제는 공황 상태에서는 존재하지도 성장하지도 않기 때문에, 미국은 다른 지역이 회복되지 않는 한 수출 증가나 다른 유리한 환거래 기술을 통해서는 더 이상 성장할 수는 없다.

마이크로소프트는 년 120억 달러의 매출액을 기록하지만, 주식의 시가총액이 GM이나 한국의 주식시장 전체보다도 더 큰, 말도 안 되는 수치를 보이고 있다. 조정 국면은 언젠가 나타날 것이고, 그렇게 되면 그것은 대규모로 진행될 것이다. 주식 중개인이나 몇몇 신문의 관찰자들의 주장은 "그런 일은 여기서 일어날 리 없어." 또는 "지수 6000이 그다지 나쁘지는 않아. 적어도 몇 년 전의 가치보다는 6배나 되니까." 등등이다.

공저자인 모얼리의 아버지는 곳간을 방문한 금융계의 큰손들을 종종 만나곤 했는데, 그들은 때때로 자신들이 얼마나 똑똑한지 자랑하거나—

운이 좋아서 급등하고 있는 주식시장에 투자할 수 있도록 태어난 것을 자랑하거나—혹은 마치 로드아일랜드 주의 주지사나 메인 주의 상공부장관이 전세계의 경기 침체를 통제할 능력이 있기나 한 듯 착각하여, 자신들의 지역 정치가들에 의해서 "야기된" 경기 침체에 대해서 불평하곤 했다. 그들이 떠나고 나면, 아버지는 다음과 같이 말하곤 했다 "최근의 일곱 번의 침체기(혹은 호황기)들이 보다 더 심각했었다는 것을 깨닫지 못하는군?" 그런 식으로 우리는 곧 잊어버린다.

따라서 인간요소 공학(human factors engineerig)은, 특히 두뇌시스템과 감정, 감각, 느낌들과 관련된 부분들은, 수익성 관점에서 어떤 사업이든 간에, 그리고 제조업자의 경우 고품질과 혁신적 성과를 유지하기 위해서도 보다 큰 관심을 기울여야 할 대상이다. 문화를 바꾼다거나 혹은 기술을 창조하거나 수정하는 것은—기술 그 자체에 의해서가 아니라—인간적 요소들에 의해 촉진되거나 또는 중단된다. 그리고 보다 더 규모가 크고 성공적인 기업들은, 마치 그들이 과거에 팀 조직이나 보상과 관련된 쟁점들을 해결했던 것처럼, 그들이 부딪히고 있는 한층 더 불가사의한 인간적 요소와 관련된 몇몇 쟁점들을 관리 가능한 문제로 곧 해결하게 될 것이다.

감정들—즉, 특정의 에이전트 행동—은 기업이라는 실체에도 그대로 적용될 수 있다. 변변치 못한 영화를 크게 히트시킬 수도 있고, 혹은 Y2K라는 기술적 퇴행 현상을 일으킬 수도 있다. 감정은 다음의 사건이 일어나는 시기를 선택하기도 한다. 애플 컴퓨터, 넷스케이프, 그리고 마이크로소프트 등은 모두 기업 감정을 갖고 있고, 감정적 행동을 하며, 그리고 그런 감정들—열정, 두려움, 테러, 공격성향, 그리고 사랑—모두 우리들 개인들에게도 적용된다. 문제는 그런 감정들이, 몸을 파괴하도록 내버려두어서는 안 되고, 우리를 돕고 성장하도록 해야 한다는 것이다. 분노는 크고 힘센 개, 윌리를 파괴시켰다. 그리고 분노가 넷스케이프를 파괴시킬지도 모른다.

어떻게 사는가 하는 모습은 우리들의 행동으로 결정된다

어떤 조직이나 시스템에서는, 그곳의 문화나 분위기 자체가 조직 또는 시스템의 움직임을 결정한다. 집단이 성공하는지 실패하는지, 그리고 그곳의 거주자들이 자신들의 성공을 알고 감사하는지 등을 결정한다. 그것을 평가할 간단한 지표들 중에는 다음 질문에 대해 어떻게 대답하는가 하는 것이 포함된다. "이 조직은 공포 분위기에 있는가, 생기있는 분위기에 있는가? 혹은 신뢰, 기회, 그리고 미래 지향적 분위기가 있는가?"에 대답하는 것을 포함한다.

1990년대 조직들—특히 기업과 학교—은 신경안정제, 그리고 감정 "억제제"로써 약품에 초점을 두었던 시대를 뛰어넘어, 조직은 이제 강력하고도 효과적인 감정을 불러일으키는 종합적 환경으로 이동하고 있으므로, 인간 요소공학은 새롭게 조명되어야 할 것이다. 정말이지, 이런 인간공학에 대한 혁신적 접근은, 우리들이 인간의 내부에서 행동의 열쇠를 찾는 것을 배우게 되면서, 동기부여와 보상 시스템에 대한 질문들 그리고 문제들 가운데 많은 부분들에 대해 해답을 제공할 것이다.

■부록

곳간으로부터의 마지막 예측들
 —2020년의 와일드 카드

참고 문헌

주요 용어 해설

주요 회사 웹사이트

2020년의 와일드 카드

▲모델링과 관련된 MIL 디자인(미 국방성이 제정한 기술규격으로서 전기, 전자, 통신기기 등 군사 목적 장비의 기술 규정에 맞춘 디자인)에 인간적 요소들 (human factors)을 투입한다.

▲업무와 자원에 맞춰 기업 조직 모델링하기.

▲열광적인 도입부터 성숙 단계까지 진화한 일반 상품과 같아진 인터넷.

▲암호화(encryption)는 간단한 정보의 교환과 오락에 사용될 뿐만 아니라, 비즈니스 사회에서 신뢰받지 못하던 인터넷 문제도 해결한다.

▲개인의 체질에 맞게 제조된 약.

▲지식인 공동체의 등장.

▲10K CPU.

▲달은 (마침내) 지구의 경제 위성이 된다.

▲재택 근무는 (다시) 평가받을 만한 것으로 된다.

▲딕 트레이시(Dick Trace)의 비디오 회견이 생중계된다.

▲새로운 마이크로소프트 사가 태어나고, 그리고 살아남은 기술은 생명공학의 애플렛(applet, 웹상에서 게임을 하고 데이터베이스를 찾고, 가상과학 실험을 행하고, 다른 여러 행동들을 가능하게 하는 일종의 JAVA 프로그램), 인공위성 발사장치, 데이터를 송신하는 통신, 내장된 오퍼레이팅 시스템, GE 캐피털, 연료 전지의 혁신.

▲지능형 구조재료, 특히 교량, 자동차 제조에 사용되는 지능형 재료 등장.

▲IT가 제조부문을 지배한다.

▲효과가 미심쩍은 합병은 중지된다.

▲지능형 에이전트가 공항을 운영한다.

▲어느 곳에나 차이니스 박스가 설치된다.

▲소비자와 근접한 곳에서 제조가 성행한다.

▲평면스크린이 보급된다. 예컨대 조명용 기기, 벽걸이 신문, 창문 등이다.

▲미술분야는 오토캐드 패키지(Autocad Package, 컴퓨터 지원 설계 프로그램)
에 영향을 미친다.

▲전력 공급업자들은 전력을 원가, 품질, 가동시간, 안정성, 역률(power
factor, 교류회로에서 전류와 전압의 위상의 차를 코사인으로 나타내는 양), 그
리고 급격한 전압 변화에 대한 면역성을 기초로 가격을 결정한다.

▲일부 기업들은 자체적으로 (공장 자체에 전력설비를 완비하여) 동력을 해
결한다. 중국은 여전히 세계경제의 위협으로 남아 있다.

▲모든 자동차 및 가정용 기구는 JAVA 호환성이 있다.

▲설비에 내장된 시스템들에 대한 새로운 RT(Remote Terminal, 원격장치)
오퍼레이팅 시스템이 등장한다.

▲2만 개의 인공위성들이 지구 궤도를 돈다.

▲유선 전화는 완전히 사라진다.

▲모든 커뮤니케이션은 인공위성을 통해 이루어진다.

▲미국 인구의 59%가 대기업에서 일하지는 않을 것이다.

▲새로운 인터넷이 등장하여 기업들을 연결하는 웹이 될 것이다.

▲인구는 전 세계적으로 더욱 더 흩어질 것이다.

▲남극에 영구적으로 정착한 주민들이 나타난다.

▲정치적 당위성이 역전될 것이다. 예컨대 범죄와 보험 문제 같은 것들이
원하던 바대로 해결되지는 않을 것이다.

▲주식시장은 지수 6천 포인트까지 떨어질 것이고, 그후 2020년까지는 지
수 3만 포인트 수준으로 급속도로 올라갈 것이다.

▲나스닥이 외국 기업들을 받아들이고 또 유인한다.

▲공학의 생산성이 세배로 늘어난다 (더 이상 수공업 장인의 손놀림에 의존
하지 않는다).

▲인터넷 미술관들이 생긴다.

▲컨설팅이 경제활동의 큰 부분을 차지할 것이다.

▲모든 공장들은 CNC기계(Computer Numerical Control Machine, 컴퓨터 수치제어 공작기계)와 유사한 기계, 웹 연결성, AGV(auto guided vehicles, 자동 주행 운반구), 그리고 여러 제어 시스템들 등으로만 구성된다.

▲잉크젯 프린터로 자동차, 보트, 자전거 등 주문형 페인트 작업을 한다.

▲자동차에 리카로 좌석(Recaro 사에서 만든 인체공학적 최고급 맞춤형 좌석)이 보편화된다. 대학은 웹상으로 모든 신기술에 대해 강의를 개설하고 학위를 수여한다.

▲트리 허거(Tree hugger, 목재회사가 나무를 베지 못하도록 나무 위에서 살면서 시위하는 사람들)가 현실로 등장하고 또 자본가적 삶의 모습이 된다.

▲오늘날 시범적으로 등장하고 있는 전자책들은 생산과 유통 체제를 갖추게 되고 어린이들 책을 필두로 비약적으로 발달한다.

▲신문은 여전히 매일 인쇄된다.

▲모든 회사에 ADSL이 깔린다.

▲TV, 자동차, 난방, 조명 및 음식준비를 원거리에서도 가능한 원격 제어 주택의 등장.

▲사회 발전을 위한 기업 IPO(Initial Public Offering, 주식 최초 공개)를 지원하기 위한 자금이 확보된다.

▲인간을 통제하는데 있어 '교육'을 통해서뿐만 아니라 화학적 행동수정과 통제 방법이 등장한다.

▲마케팅은 데이터를 기초로 추진되고, 구체적이고, 그리고 예측가능한 진정한 과학이 된다.

▲DNA 애플렛이 등장한다.

▲우주통신(space communication)은 전폭적으로 새로운 금융지원을 확보하는데, 하지만 이번에는 정부로부터가 아니라 거대한 시스템 프로젝트를 지지하기 위해 자금을 제공하는 기업들로부터이다.

▲모든 생산품 가격(일반 상품과 고급 상품 모두)은 가치가 결정한다.

▲개별 회사가 운영하는 반도체 제조공장이 등장한다. 즉 "당신이 필요로

하는 칩은 자신이 직접 만들어라"는 식이다.

▲각각 고유한 제품을 만들면서도 지역적으로 흩어진 기업들이 상호 체인과 프랜차이즈를 형성한다.

▲메카트로닉스가 각광을 받는다.

▲영화와 음악은 "즉석에서" 만들어진다.

▲미국 우편서비스는 소규모의 빠른 서비스를 개발한다.

▲스팸 메일이 환영받는다.

▲원자력은 그 진가를 회복하지만, 이번에는 청정 연료로서이다.

▲격렬한 운동경기가 더욱 더 격렬해진다.

▲사립학교들이 더 많아지고, 그리고 성인교육이 훨씬 더 늘어난다.

▲전자책.

▲극초음속 제트기.

▲(소수의) 제한적 사용을 위한 시속 100마일의 통로 그리고 전자식 톨게이트를 가진 극히 사유화된 운송통로들이 등장한다. 예를 들면, 영향력있는 기업들과 대서양 해양 합중국(the United Maritime States of the Atlantic)에 "속해 있거나", 혹은 "당신은 연방 중서부 자동차 운송 통로에 들어왔음. 미니밴이나 개인용 차량은 통과할 수 없음"이라는 팻말이 붙어 있다.

▲공급사슬은 수평적으로 되고 아마존처럼 된다.

▲월마트가 인터넷 상거래를 한다.

▲부동산은 세계적으로, 그리고 단순하게 거래된다.

▲가구당 100개의 스크린, 5천 개의 TV채널이 있으며, 모두 재방송된다.

▲PLC는 눈과 귀의 기능도 가진다.

▲필요한 동력을 스스로 조달한다(지역 전기 발전기를 만들어라).

▲홍콩이 중국을 먹는다.

▲이태리는 유로 화 지불 채무를 감당하지 못한다.

▲남아프리카는 (또다시) 또다시 백인이 지배한다.

▲한국은 통일한다.

▲세계화, 세계화, 세계화는 계속된다.

숲 속에서 승자들이 나타난다

제조 기술자들은 최근 자동차 산업에 관한 연구에서, 이 산업에서 매우 긴급히 필요하다고 인정되는 13개의 핵심 기술 분야를 선택하는 투표를 했다. 그 목록에는 실질적인 작업 개선을 위한 것들과 첨단 기술이 섞여 있었다. 그들의 직접적인 관심은, 그들 중 몇 기업들이 경쟁에서 탈락되고, 패배자들은 합병을 당하지나 않을까 하는, 격심한 경쟁 압력을 반영하고 있었다. 물론 승자들은 계속 적극적으로 원가 및 시간 절약을 추구할 것이고, 그들은 또한 그것이 메타시스템에 의해 더욱 촉진되기를 바랄 것이다. 하지만 현재의 자동차 산업이 비용문제에 대해 최종 해결책을 찾을 것이라고는 기대하지 말아야 한다. 그 이유는 해묵은 관료제도와 더불어, 특허의 사용권과 초기의 디자인 규약들이 그것을 방해할 것이기 때문이다. 13개 핵심 기술 분야는 다음과 같다.

1. 유연 프로세스와 유연 설비
2. 최적의 스탬핑 프로세스(stamping process)
3. 가벼운 재료를 이용한 주조(casting)
4. 페인트 작업, 그리고 다른 여러 분야에서 모델링 작업
5. 전 세계를 대상으로 하는 물류 모델링
6. 원재료 수급 최적화
7. CAE(Computer Aided Engineering, 엔지니어링 디자인을 분석하는 컴퓨터 시스템) 모델링 도구
8. 구조용 유리(structural glass, 건물 외벽으로 사용할 수 있는 강화유리 패널)를 포함한, 여러 새로운 물질들
9. 공해를 줄일 수 있는 건조 공정
10. 모듈러 전기기계 디자인(Modular electrical designs)

11. 린 생산방식(lean manufacturing methods)

12. 신뢰도/ 관리가능성 테크닉

13. 생산 정보 관리

보안, 인간의 감정, 그리고 그 외의 것들

암호화와 보안 시스템(security system)은 앞으로 충분히 연구되고 기술적으로 해결되어야 할 여지가 많은 분야이다. 비록 인터넷을 통한 상거래와 인터넷 사업 그 자체 사이에 합병이 일어날 조짐이 있을지도 모르지만, 하지만 이런 거래들은 과거의 합병과는 다르다. 금융기관들은 감정평가와 보안이라는 두 가지 측면의 문제를 해결할 능력이 있었다.

오늘날 우리는 전화로 주식 중개인과 1만 달러 상당의 거래를 해도 아무런 문제가 없다. 우리가 소유한 주식의 실물은 거리 이름들 사이에나 존재할 뿐이다. 우리는 스스로 거래를 하지만 전화통화 이전이나 이후에도 실제로 손에 쥐는 것은 아무것도 없다. 사실상, "돈"은 단지 컴퓨터상의 숫자일 뿐이다. 종이로 된 돈, 그리고 다른 금속에 비해 쓸모없는 금속인 금은 오직 거래 시스템의 신뢰성 때문에, 그리고 계산의 메카니즘으로서만 사용되기 때문이다.

돈 그 자체는 내재가치를 가지고 있지 않다. 그것은 물물교환을 대신하는 단순한 교환수단이다. 신용카드로 거래하는 경우, 고객들은 안전이 보장되지 않는 전화로 카드번호를 알려주지만, 그러나 시스템은 움직인다. 그리고 만약 부정 사용이 발견되면, 신용카드 회사는 50달러를 공제하고 나머지를 보험처리해 준다.

그러나 우리는 아직은 인터넷을 신뢰하지 않으므로, 암호화 기술은 한층 더 확산될 것이다. 암호화 기술은 트랩도어(trap door, 일종의 "비밀문"을 뜻한다. 예를 들어 숫자와 문자를 패스워드로 사용하여 로그인이 가능하도록 했다면, 바로 이 패스워드가 인증 시스템의 트랩도어이다) 개념을 사용하는데, 이것은 송신자와 수신자 모두에게 사전에 정해진 용도에만 작동되는 키(key)를 소지하도록 허용하는 소수(prime number, 1과 그 수 자신 외의 정수로는 나눌 수 없는 숫자)와 지수적 표현(exponential representation)을 사용한다.

사용자들은 대부분 패스워드와 코드 조회표(code reference)를 사용하는데, 사실은 가장 일반적 패스워드는 "PASSWORD"이다. 자동 입출금기(ATM)는 정말로 안전한데, 그러나 만약 카드회사의 손실이 3% 미만이면, 그 정도 금액은 쉽게 보전되고 또 자주 사용하지도 않는 복잡한 암호 시스템보다는 훨씬 싸게 먹힌다.

32비트 트랩도어 코드를 인터넷에서 해킹하는데는 여러 시간이 걸린다. 코드를 해독하는데는, 보안이 철저하게 잘된 동일한 그 컴퓨터를 사용하는데, 아이러니컬하게도 해독될 수 없는 코드는 없기 때문이다―이것이 소위 캐치-22 상황이다. 만약 송수신자를 연결하는 선 양쪽 모두에게 투명하게 보안이 보장될 수만 있다면, 그것은 사용될 것이다. 그러나 나스닥과 미국 우편국처럼, 시스템의 첫 가동은 참가자들의 신뢰에 따라 결정된다.

RMI는 카드 거래시 본인임을 확인하는 새로운 코드 시스템을 팔려고 시도했다. 슈퍼마켓 거래 가운데 약 30%가 (고객 본인의) 서명을 받고, 그 중에 약 10%가 의심스러운 거래자이지만, 그러나 문제는 수천 개의 은행들이 입는 손실을 합하면 무려 5억 달러에 이르기 때문에 이런 시스템이 필요하기 때문이다. 그러나 신용카드 회사는 새로운 코드 시스템을 사용하기보다는 스스로 보호하는 것이 보다 싸다고 결정했다.

건물의 보안은 다단계 패스워드로 이루어진다. 이런 보안 시스템은 잘 팔리긴 하지만 그것을 구입한 후에는 실제로 한번도 사용하지 않는다.

우리는 컴퓨터에서 패러티 검사 비트(parity check bit, 오류의 검출 및 정정을 위해 정보 비트에 첨가되는 비트)를 거의 사용하지 않지만, 그것은 여전히 컴퓨터 내에 존재한다. 그리고 자신의 전화요금 청구서를 읽는 사람이 어디 있는가?

제조업에 종사하는 사람들은 인터넷상에서 자신들의 ID가 도용당할 것이라고 생각하는 경향이 있다. 그러나 사실 우리는 매일 밤 외출하고는 술집에 가서 말하고, 또 말한다는 사실을 잊어버리고 있다.

2020년까지는 예상치도 못했던 곳으로부터, 예를 들면 렌트카 회사나, 물류비 부담이 커진 제조업체들, 또는 정확하고도 저렴한 운송수단을 확보해야만 하는 일반상품 제조업체들로부터 새로운 킬러앱 운송 수단을 창출할 것이다. 일주일에 7일, 하루 24시간 가동하는 공장에 있어서는, 유통업자들이 정보의 출처가 될 가능성이 크다. 그 정보 시스템은 차이니스 박스들 사이의 네트워크에 일거리를 제공하는 분야, 즉 상품의 선적 분야에 대한 혁신뿐만 아니라, 디자인과 생산의 통합으로 시간을 단축하는 혁신(design-to-volume speed)도 포함한다.

현금 창출

딕 숀버거(Dick Schonberger), 톰 존슨(Tom Johnson), 로버트 캐플란(Robert Caplan), 그리고 댄 다이먼세스큐(Dan Dimancescu)는 모두 기업의 회계시스템의 문제점을 연구하고 또 해결하려고 노력했다. 사실 계산 능력의 대혁신은, 컴퓨터의 발명 이래 50년간 그 어느 분야보다도, 회계사의 필요성을 대폭 줄였다는 점을 높이 평가하지 않을 수 없다. 그럴 만도 한 것이, 최초로 "사무기계"(business machine)라고 불리우는 것의 기원을 생각해보면 당연하다.

매사추세츠 주 로웰시, 섬유공장 단지 내에 있는 부트 공장(Boott

Mill)의 방문객들은 자신들이 빠져나온 운하를 뒤로하고 오직 한 개의 문을 통해서만 공장 안으로 들어갈 수 있다.

다음은 150년 전 이야기다. 아침 근무시간을 알리는 벨이 울린지 10분이 되면, 19세기 공장의 노동자 지각생들은 자신들의 작업장으로 서둘러 가야만 했는데, 그것은 한층 더 먼 곳으로 돌아가야 했기 때문이다. 철문은 굳게 잠겨버리고, 작업장으로 가는 지각생들은 감독관의 사무실에 들르기 위해 우회해야만 했다. 사무실에 있는 출근부에는 지각 사항을 정확하게 기록하기 위해 시시콜콜한 것까지 적는다. 급료의 계산은 즉각 이루어지고, 1센트까지 정확했으며, 그리고 매주 주급 지불은 정확하게 기록된 시간을 토대로 지급되었다.

어쨌든 현대 사회의 수익 획득 시스템은 19세기의 그것과 같은 개념에서 발전했다. 임의로 발생하는 거래 내역—고객, 공급자, 노동자, 의뢰인과 거래 상대방과의 거래 내역—을 정확하게 기록하는 것은 수익을 측정하는 기초가 되었는데, 그것은 진정한 가치창조 혹은 가치이동의 표시가 아니라 단순한 숫자의 표시였다. 〈린 기업과 무결점 기업〉(The lean enterprise and the seamless enterprise)의 저자 다이먼세스큐는 이것을 "수익창출 관리"(revenue farming management)라고 명명했다.[11] 사실상, 그는 경영자들이 제조라는 말을 점점 덜 사용하게 될 것이라고 예측했다. 그것은 "무엇"을 만드는 것이 가상 공간으로 사라지기 때문이 아니라, 구체적인 관심의 대상들—예컨대 "공장 현장" 그리고 "운반의 효율성"과 같은 관리 분야들—이 보다 광범위한 문제들 때문에 쉽게 잊혀지기 때문이다.

제조업자들은 자신들의 제품이 즉각 현금화되기를 원하며, 현금이 직

---

11) Dimancescu, Dan, "A New Landscape," *Target* magazine, September/October 1997, pp. 6-8.

접 자신들의 경영에 순환하기를 원한다. 달리 말해서, 그들은 중간 상인들을 생략하기를 바란다. 우리들은 현금의 흐름을 재설계하고 있으며, 제조는 돈을 만들어내는 인쇄기가 된다. 한 공장은 강철, 다른 공장은 플라스틱, 하는 식으로 매체는 변하지만, 그것을 촉진하는 연료는 제조 변환 프로세스(manufacturing transformation process) 하나뿐이다.

애석하게도, 우리들이 사용하고 있는 현재의 회계 시스템이나 심지어 기업 재무 시스템들은 곧 다가올 변화를 인식하지 못하고 있다. 이것이 제조분야의 용어로 표현하면 연속적 프로세스(process flow)와 불연속적 프로세스(discrete flow, 이산적 흐름)와의 차이이다. 연속적 프로세스의 전형적인 예를 들면 화학 공정이나 석유 정유 공정과 같은 것으로, 개별적인 제품의 생산 비율보다는 생산량이 더 중요하며, 생산량은 대개 센서를 통해 측정된다. 그러나, 불연속적 제조 활동은 불연속적인 화폐 흐름의 추적과 같다. 다시 말해 화폐를 수단으로 하는 개별 거래는 계약 단계를 시작으로 다음 단계들을 거쳐 최종적으로 은행으로 들어오는 과정을 밟듯이, 개별 생산 제품 단위에 초점을 맞춘다.

다이먼세스큐는, 원가 축적(cost accumulation) 및 보고활동을 포함한 다운스트림(downstream) 활동에 초점을 맞추는 노텔(Nortel)의 방식을 추천한다. 사실, 이 분야에서 사용하는 용어의 변화—예컨대 작업 프로세스(work-in-process)에서 주문 프로세스(order-in-process) 등으로 바뀐 것 등—를 보면, 제조업에서 돈의 흐름을 파악하고 또 돈을 벌도록 하는 데 필요한 시스템의 변화를 더욱 분명하게 보여준다.

또 다른 혁신적 회사들, 예를 들면 EFTC, Dell, AST, 시스코 시스템스(Cisco Systems), 플렉스트로닉스, 피트니-보우스(Pitney-Bowes) 같은 회사들은 "현금흐름 주기"(Cash-to-cash cycle)를 관리하는 프로세스를 추구하고 있다. 재고나 자본 설비로부터 현금이 회수되면, 제조업자들은 즉각 수익 마진이 상승하는 것을 보게 된다.

다이먼세스큐는 또한 이런 식으로 화폐에 초점을 맞춘 새로운 방식이 도입됨에 따른 당연한 결과로써 또 다른 기술 붐(technology boom), 즉 암호화 기술 붐이 일어날 것으로 예측한다. 예를 들면 온라인 거래나 보안장치가 전혀 없는 휴대폰을 통한 송금 등은, 현금 입출금기와 인터넷에 의해 촉발된 전자화폐 관리(electronic cash management)의 가능성을 깨닫게 해주는, 그런 방식의 시스템 솔루션의 등장을 보여주는 좋은 예이다.

델 컴퓨터의 공급사슬 접근(supply chain approach)—인터넷을 통한 판매는 거의 공급업체에 직접 연결되고, 고객의 주문처리 과정은 다른 어느 컴퓨터 메이커보다도 빠르다—은 컴퓨터 산업에서 가장 선구적인 적용 사례이다. 게이트웨이 컴퓨터가 공급업자의 품질, 지역의 창고회사들, 소매 할인점을 관리하는데 애를 먹는 동안, 미국의 델 컴퓨터와 유럽의 AST는 다른 방식으로 수익성을 올리고 있다. EFTC가 선구적으로 추진하고 있는 후지쯔와 물류업체들과의 협력 방식은, 콜로라도에 있는 EFTC의 공장으로 하여금 전자 제품의 수리, 반품, 심지어 조립에 이르기까지 제품을 만질 일이 없도록 했다. 그 결과 혁신적 유통 솔루션이란, 창고가 어디에 있는지 어느 운송회사가 가장 빠르게 배송하는지에 관한 것이 아니라는 것을 보여주고 있다. 그것은 누가 일을 하느냐, 누가 돈을 버느냐 하는 문제인 것이다. 델 컴퓨터의 주문접수-현금입금 주기가 단 하루인 반면 컴팩은 35일이나 걸린다.

피트니-보우스의 한 임원은 자신의 역할 변화에 대해 다음같이 표현한다. "우리는 마치 운전사처럼 '자산 관리'에 대한 우리의 시야를 넓히고 있는 중이다. '제조업'에 종사하는 임원으로서 생산성 측정 기준은, 주문-설비-청구(order-to-installation-to-billing) 과정에서 유입되는 현금이다." 그 자연스러운 결과로, 피트니-보우스에서 오가는 대화에서 "작업 중"이라는 말은 점점 줄어들고, 그 대신 "주문 처리중"이란 말을 점점 더 많이 사용하고 있다.

매사추세츠주 캠브리지(Cambridge)에 있는 로터스(Lotus)의 본사에 근무하는 임원들과 워번(Woburn)에 있는 이 회사의 소프트웨어 유통센터에 근무하는 임원들은 이러한 도전을 아주 잘 이해하고 있다. 사실 로터스는 고속조립, 청구서 발급과 같은 자사의 소프트웨어 생산 작업에 역시 자사의 제품 '로터스 노트'(Lotus Notes)를 사용하고 있다. 이제 제조업 경영자들은 생산일정과 일상적인 주문처리 활동을 최근의 주문정보를 토대로 재편성할 때가 되면, 자신들이 생산 현장에 발을 들여놓지 않고서도 돈을 번다는 것을 알고 있다.

다이먼세스큐에 따르면, 로터스는 자사의 수익 잠재력을 (농업으로 비유하면) 경작하고, 수확을 거두기를 바라고 있다. 그리고 소프트웨어 라이센스, 업그레이드, 문서화 작업, 또는 다른 여러 유료 서비스들—소프트웨어 미디어들과 관련된 모든 지적 재산권들—로 인한 수익이 즉시 정확하게, 직접 회수되는 것이 보장되기를 바란다. 어느 경영자는 다음과 같이 말한다. "전자 상거래가 어떤 큰 블랙홀에 빠질 위험성이 증가하고 있으며, 또는 해커들의 먹이감이 될 위험성이 항상 있다." 이런 것들이 "제조업"의 임무라는 점에서—로터스의—관심의 대상이다.

모든 회사들 내부에서 일어나고 있는 이런 일들은 기업조직에서 중요한 의의를 갖는다. 가장 일어날 가능성이 없는 것은 "제조업", 혹은 "혁신적 생산"을 엄격한 성과표준에 따라 팀이 관리하는 전체 프로세스로서 강조하는 것이다. 이것은, 항상 숫자를 기록했던 사람들, 즉 제조업체의 회계와 재무부문 종업원들에게는 회사의 이익을 위해 수행하는 하나의 게임이다.

프로세스는 중요하다. 회사들은 수선 작업, 완벽한 작업, 그리고 전체 프로세스를 보다 잘 이해하는 것에 중점을 두고 있다. 올바른 센서들과 표준만 주어지면, 대부분의 경영자들은 자신들이 수행하는 게임의 점수를 최대로 올리는 방법을 찾을 것이다. 다이먼세스큐는 제록스의 회장이자 CEO인 폴 알레이어(Paul Allaire)의 말을 인용한다. "우리 회사가 우리의 전략을 반영하도록 재설계되어야만 한다는 것을 깨달았다. 그것은 우리들이 프로세스들에 초점을 맞추기 시작했을 때였다…… 사람들은 자신이 하고자 하는 것이 무엇인지 깨닫지 못하는 한 프로세스를 재설계할 수 없다. 전략적 방향, 조직의 설계, 종업원들의 능력, 그리고 종업원들의 유대감이라는 프로세스들 사이의 일치를 추구해야 한다."

성과 기준이 변하면서, 경영자들은 힘의 이동 가능성을 그리고 전문가적 도전을 인식하기 시작한다. 정리해고, 예산, 간접비 배분과 같은 용어들은, 프로세스 팀이 핵심 프로세스를 연구하고 또 향상시키게 되면, 그 영향력이 감소한다. 그 결과, 변화를 완성시키기 위해 다른 분야에서 개발된 응용 패키지들이 등장하는 것은 불가피할 것이다.

소프트웨어의 종말

1800년대 후반, 유명 제조회사들은 자사에 전기발전기 담당 부사장이라는 직책이 있다는 것을 자랑했다. 전기발전기는 그만큼 소중했다. 그 당시 회사들은 한 개의 중앙집중식 발전기를 사용하느냐 혹은 여러 개의 지역분산식 발전기를 사용하느냐를 두고 표준을 정하는 문제에 대해 고심했다. 지금도 발전기들이 남아 있긴 하지만, 확실히 과거와 같은 인기는 누리지 못하고 있다. 앞으로 소프트웨어도 마찬가지일 것이다. 앞으로 20년 내에, 소프트웨어에 대한 관심은 쇠퇴해서, 소프트웨어 공학은 대학에서 널리 가르치지도 않는 교과목이 될 것이다.

소비 장소에서 제조 활동이 이루어진다

역사적으로, 원재료가 묻혀 있는 장소에 공장이 설립되었다. 광석이 나는 곳에 제련소가, 수정 광산에는 화살촉 공장들이, 석유가 나는 곳에 정유소가, 그리고 찰흙이 지천으로 널려 있는 곳 근처에 도자기 가마가 만들어졌다. 그후, 대규모 제조 시설들은 노동력을 기준으로 공장의 입지를 선택했다. 어쨌든 공장의 입지는 수요가 있는 곳이 아니라, 생산 요소의 공급을 토대로 하는 것이 원칙이었다.

그러나 최근 우리 사회는 생산에 구속되기보다는 소비에 구속되는 방향으로 변하고 있다. 그 결과 생산이나 소비에 대한 우리의 생각이 바뀔 것이다. 우리는 혁신적인 생산 시설을 소비자 가까운 지역에 설치하고는 하자가 전혀 없는 제품을 100~200개 정도 생산하고, 완전히 판매함으로써 재고 없는 프로세스를 운영하게 될 것이다. 데스크탑 컴퓨터 제조, 가상 시제품 제작, 그리고 이미 개발된 인터넷은 그런 것을 가능케 하는 기술들이다. 게다가 원격 작업은 회사가 실제의 제품이 아니라 가상의 제품—제조에 필요한 프로세스 혹은 다른 여러 기술적 정보—을 선적할 수도 있게 될 것이다.

이런 시각을 2020년까지 연장하면, 슈퍼마켓에서 딸기가 재배되고 수확될 것이며, 자동차는 자동차 전시장에서 고객이 원하는 대로 조립될 것이다. 그리고 맞춤 청바지는 판매 현장에서 재단되고 또 재봉되어질 것이다. 21세기의 제조업자는 소비 지점에 분산적으로 생산 시설을 확보하거나, 혹은 EFTC처럼 조립과 인력 재배치와 더불어 특급 배달서비스를 널리 사용하게 될 것이다. 공항에서의 조립, 혹은 궤도 인공위성에서의 송신 등이 일반적이 될 것이고, 가격도 적당해질 것이다. 제품의 디자인과 조립라인의 배치는 생산과 유통을 고려하여 결정될 것이다.

스탠포드 대학의 하우 리(Hau Lee)는, 처리율(throughput)을 보다 높이기 위해 자사의 부품 디자인 및 조립순서를 수정해왔던 휴렛 팩커드 및 다른 여러 전자 조립공장에서 다양한 프린터 제품에 대한 디자인 프로세스를 연구했다. 심지어 의약품들마저도 개별 고객에게 맞추어 조제될 것이다—웹을 통한 자동 약국을 통해서 말이다.

컴퓨팅(Computing)을 생각해보자. 우리는 코드를 해독하고, 계산하고, 문서를 작성하고, 그리고 동영상과 사운드를 활용하면서, 원거리에서 컬러 모니터로 일을 할 수 있다. 현재 컴퓨터는, 대부분의 용도에서 무한정의 능력을 발휘하고 있지만, 그러나 두 개의 컴퓨팅 장치들을 연결하는 선은 가늘고 압축적이다—한 컴퓨터에서 다른 컴퓨터로 모든 코드를 이동하는데는 1~2시간 정도 소요된다. 이것 역시, 전 세계 컴퓨터들 사이의 채널 폭이 1백 배로 증가하면서 변하게 될 것이다.

PLC를 생각해보자. 안정적이고도 빠른 제어 시스템들을 갖춘 공장에 대해 관심이 쏠리므로, 비용절약, 안정성, 가동 시간 단축이라는 면에서 실제로 효과를 보지 못하는 PC에 기초한 시스템(PC-based system)보다 PLC가 우월한 지위를 유지할 것이다. 고객들은 통합 생산 솔루션(integrated production solution)—한꺼번에 해결하는 방식—을 요구할 것이다. 그리고 1천 달러의 가격에 소프트웨어와 프로그래밍도 있어야만 하는 대부분의 데스크탑 컴퓨터와 200달러 가격의 마이크로 PLC를 비교해볼 때, 기술이 어느 방향으로 갈 것인가 하는 것은 명백해진다.

이런 모든 변화들에도 불구하고, 2020년 혹은 그보다 일찍, 제조업이 GNP에서 차지하는 비율은 5% 미만이 될 것으로 예측된다. 설비의 가동률은 50%로 하락할 것이고, 그리고 지역별로 분산된 소규모의 차이니스 박스 수천 개를 사용함으로써 R&D 생산성은 두 배로 증가할 것이다. 딜버트는 깜짝 놀라 깨어난다.

곳간으로 되돌아가서

우리들은 작은 강 입구—니시시트, 블랙스톤, 나슈아, 혹은 메리멕 강—에서부터 우리들의 여행을 시작해 그것을 따라 아래로 댐까지 내려 갔다. 댐의 물은 벽돌 공장들에게 동력을 제공했으며, 그곳에서 우리는 방적기를 보았고, 면화로 실을 짜는 직조공을 만났으며, 전자제품을 만드 는 동판도 보았다.

그리고 우리는 금속과 금속이 부딪히는 소리를 들었으며, 반복적으로 철거덕거리는 톱니바퀴와 페달의 소음도 들었다. 여행을 한지 150년 후, 우리는 술이 잔뜩 취한 엔지니어가 또 다른 배선 설계도를 더듬거리며, 50억 달러 규모의 새로운 산업, 즉 PLC에 대해 계획을 세우고 있는 테스 트 작업대도 몰래 들여다보았다.

다른 한편으로, 소프트웨어 전문가와 실리콘 밸리의 선구자들은 설계 도면과 토글 스위치(toggle switch)를 개선하기 위해 열심히 연구하고 있고, (토글 스위치의) *끄고 켜는* 방식(pattern of on-off)과 *끄고 켜는* 전등(on-off lights)의 발전을 보았고, 우리는 새로운 기계의 도입이 시작 되고 있음도 보았다.

한 무리의 경영자들과 분석가들이, 공장의 지친 종업원들이 말없이 주 머니를 뒤집어 보이면서 아무 것도 남은 것이 없다는 시늉을 하는, 건물 안으로 당당하게 걸어 들어갔다. 공장 다당에는, 트럭들이 새로운 기계들 을 담은 상자를, 즉 지시등이 부착된 호색 페인팅을 한 캐비닛을 운반하 고 있었다—그것들은 바퀴가 달린 머신 센터, 음성작동 프로세스 제어기 (voice-activated process controller), 오디오/비디오 원거리 화상회의 장 치 등이었다.

웹사이트들과 e메일 주소들이 수십 년간 축적된 지능형 제조방식을 대기중인 저장장치에 집어넣게 됨에 따라, 제조 기술의 앞날은 우리가 여행한 그 동일한 강을 거슬러 다시 시골로 되돌아갔다.

기계가 가동하기 시작하자, 청정실의 로봇은 플라스틱과 금속으로 자동차와 카메라, 전화기와 음악 재생기를 마치 마술을 부리듯 조각해냈다. 간혹, 우리는 연금술사를 연상시키는 프로세스, 즉 뜨거운 금형 부품을 만들 수밖에 없는 변형과정을 힐끗 보게 되었다.

한때는 각종 색깔과 냄새로도 최종 생산 제품이 무엇인지 알 수 있었던 곳이었지만, 지금 우리는 밀집해 있는 워크스테이션들, 그리고 공장 외부의 만남의 장소로 연결된 조경이 잘된 복도를 보고 있다. 우리는 지금까지 2020년의 제조를 이끌고 나갈 기술들, 경영자의 모습, 그리고 지식근로자에 대해서 뿐만 아니라, 테크놀로지 머신을 촉진할 연료들—자금, 아이디어, 그리고 위험—에 대해서 설명했다.

우리는 독자에게 어떻게 그곳에 도달할 수 있는지, 어떻게 준비하면 되는지, 그리고 그 여행을 위해 누구를 선발해야 하는지에 대해 약간의 아이디어를 제공했다. 하지만 그것들이 모두 그렇게 될 것이라고는 예상하지는 말라—모세도 40년 동안 사막을 방황했다. 모세가 길을 잃은 것이 아니다—그는 "오래된 것들"이 변하기를 기다렸던 것이다.

산을 옮기는 데 너무 많은 시간을 낭비하지 마라. 프로세스가 스스로 돌아가도록 내버려두고, 그리고 당신은 여행을 준비하라. 결국 몇 명은 함께 가려 하지 않을 것임을 예상하라. 그들이 누구인지 파악하고, 동행할 새로운 사람들을 재빨리 선발하고, 계속 나아가라.

돈이 얼마나 있는지 계산해보고, 투자를 하고, 올바른 기술을 선택하고, 그리고 당신의 비전과 다른 것들—표준에 대한 논쟁, 제한적인 재무정책, 그리고 가짜 기술—때문에 기가 꺾이지 않도록 노력하라. 실수를 하고 즐기고, 그리고 기술의 신들이 만들어내는 엄청난 힘을 축복하라. 지금까지 아무도 상상하지 못했던 연결을 해내는 사람들, 보다 구체적으로 말하면, 모래와 구리를 섞어서 글자를 유리 스크린 위에 나타나게 한 사람들을 말이다.

이 책의 공저자 무디의 부친이 그녀를 번쩍 들어 올려 그녀로 하여금 종이 제조 프로세스의 핵심을 보도록 했을 때(서문 참조), 자신의 딸이 기계와 물건에 대해 관심을 갖고, 드디어 그녀가 기계시대를 벗어나 전자 시대의 불확실성 그리고 새로운 산업의 탄생까지 보게 될 것이라고는 예측하지 못했다. 부친은 자신이 애정을 쏟아 다시 건설한 댐 바로 그 자리에, 자신이 수영을 배우고 또 집을 지은 그 강가에, 자신이 상상할 수 없는 규모의 제조업 단지가 부흥하리라고는 예측하지 못했다.

수력을 증기 에너지로 변환하여 사용했다는 사실을 보여주는 마지막 흔적들 중 하나인 수도관, 즉 상류의 댐으로부터 하류의 수력 발전소까지 물을 운반하는 고압 수도관이 폭발했을 때, 그 소리는 마을과 강 상류까지 울려퍼졌었다. 바로 그 벽돌 빌딩들에는 다른 종류의 연금술, 즉 전선, 안테나, 인공위성을 통해 이동 생산 센터들을 연결하는 연금술을 보유하고 있는 회사들이 입주할 것이고, 그런 회사들의 작업 스케줄—이번 주는 베이징, 다음 주는 상파울로—은 마치 자신이 다시 찾아왔다는 사실을 알리기 위해 깡통을 두들기며 마을을 돌아다니는 떠돌이 수선공의 그것과 비슷할 것이다.

우리들이 "강둑 위를 따라" 살고 있을 때, 우리 가족들은 많은 이동 인적자원들—어부, 사과 농부, 제빵사, 세탁부, 신문배달 소년, 폐품 수집인, 그리고 물론 우유 배달부—의 도움을 받으며 살았다. 우리가 예측하는 2020년의 제조업과 운송시스템의 모습은 50년 전과 비교해서 그다지 낯설지는 않을 것이다. 그 프로세스는 변해 있을 것이지만, 소비자가 있는 현지의 고객과 지역 실정에 맞춘 생산 및 운송 전략은 여전히 그대로일 것이다.

그리고 돈이 있는 곳을 중심으로 프로세스가 움직일 것이다. 즉 기술이란 다름 아닌 돈에 관한 것이다.

배선에 의한 지능(Hardwired Intelligence)

기술은 지능(intelligence)의 의미를 다시 정의했다. 우리는 지금 복합재료로 만든 피부와 로봇의 팔 속에 극히 미세한 두뇌를 집어넣고 있다. 샴푸 병과 극장표 뒷면에 칩을 부착하기도 한다. 지금까지 사용하던 지능 시스템—데이터를 짜고, 수집하고, 검색하고, 다른 여러 데이터베이스 기능을 수행하고 하는 것—은 생명공학적 지능 에이전트 모델의 가능성과 유전공학이 얼마나 간단한지를 입증한 선구적인 GM의 페인트 공장을 보면, 그것은 왜소하게 보일 것이다.

셰인 스틸과 스틸웍스의 프로세스 지능 소프트웨어는, 중장비 기계분야에서 추구한 단순성의 제2세대인 셈이다. 이것은 더 나아가 자동차와 같은 대규모 산업과 소규모 소프트웨어인 다이나모스(dynamos, 시뮬레이터의 일종)의 성능을 보유하고 있는 자본설비에도 적용될 수 있다는 근거를 제공한다. 앞으로 단순성(simplicity)이 이런 모든 응용분야에 지배적으로 적용될 것이다.

존 디어에서 나무 모형을 제작하던 빌 풀커슨은, 자신이 받은 수학 교육과 왕성한 호기심을 발휘하여, 최초의 그리고 최대의 유전자 알고리즘을 개발했다. 그는 그랙 에크버그와 뒤이어 등장한 플레버스 테크놀로지의 뛰어난 프로그래머들과 마찬가지로 혁신적인 기술자이다.

IP/G와 일본의 탄환열차 시뮬레이터는 다윈주의적인(Darwinian) 접근방식을 현대 공장의 스케줄링에 적용한 메타 시스템으로서, 스케일 인텔리전스 에이전트와 복합적응 시스템 소프트웨어가 무엇을 할 수 있는지를 입증했다.

그러나 스케줄러와 시뮬레이터를 이런 종류의 산업에 적용하는 것이 바로 제2세대의 도구를 개발하는 셈이다. 이와 같은 선구적 시스템과 혁신적 프로세스 방식에 빠르게 접근하고 있는 차세대 기술자는 프로세스를 실시간으로 운영할 것이다. 그것은 실시간 온라인 제어 시스템 원칙을 적용할 것이고, 맞춤 청바지와 맞춤형 비디오 기기들을 순식간에 대량생산해낼 수 있는 제조센터를 운영할 것이다.

우리는 초고속 선로 네트워크 위를 달리는 모의실험용 기차를 더 이상 보지 못할 것이다. 그 대신 배차원들이 열차들을 도쿄에서 오사카로 출발시키는 작업을, 소프트웨어로 관리되고 또 개발된 스케줄에 맞추어 실시간으로 운영하는 것을 보게 될 것이다. 우리는, 자동차 및 컴퓨터 제조와 같은 도전적인 산업분야에서, 카오스 이론과 단순성이 오직 하나뿐인 로트 규격의 생산을 가능케 하는 것을 보게 될 것이다.

우리는 테크놀로지 머신(technology machine)을 디자인하고 또 운영하는 과업을 정력적으로 배우고 준비하고 있는 새로운 세대의 기업 리더들을 찾아야 한다. 역사적인 것, 그리고 정적인 성과표준들이 실시간 온라인 폐쇄 반복형 피드백(closed-loop feedback) 및 분산 조정(variance adjustment)에 자리를 내주게 된 것처럼, 소프트웨어 엔지니어, 물리학자, 생명유전공학자, 재료공학자, 통신 기술자, 분석가, 작가, 프로세스 디자이너, 국제 무역업자, 사상가, 중개인들이 차츰 MBA를 후순위로 밀어낼 것이다.

2020년의 공장은 벽돌과 몰타르로 만든 구조물보다는, 항공 관제센터를 더 닮았을 것이고 그리고 실험실과 같은 환경을 갖고 있을 것으로 예상하라. 모든 작업대와 모든 종류의 기계류 밑에는 바퀴가 달려 있을 것으로 예상하라. 지금은 청정실 기술이 몇몇 산업─일부 제약업, 모든 마이크로칩 제조업, 그리고 몇몇 화학 프로세스─에만 적용되고 있지만 앞으로 2020년의 우수한 기업들은 모두 청정실 환경 아래서 작업하게 될 것을 예상하라.

많은 것을 보고, 듣고, 그리고 냄새를 맡으리라고 예상하지 말라. 수면 위를 잔잔한 움직이는 물결을 관찰하듯이, 제품이 원재료 상태에서 시작하여 묵묵히 일하는 노동자들과 윙윙거리는 장비들의 대열을 지나 급행 운송트럭이 기다리고 있는 곳까지 진행되는 과정, 즉 제품의 꾸준한 생산 프로세스를 관찰하라. 기계는 해가 져도, 밤에도, 휴일에도, 혹은 생일날에도 멈추지 않는다. 2020년의 제조업 설비는 주 7일, 하루 24시간 가동이 가능할 것이고, 그리고 종업원들은 별로 없을 것이고, 그들은 기계가 계속 돌아갈 수 있도록 최상의 상태로 관리할 것이다.

기술의 리더들은 과학자, 화학자, 물리학자, 엔지니어, 그리고 다른 여러 지식 집약적 근로자들일 것이다. 만약 독자가 그런 부류 가운데 한 사람이 되려고 계획하고 있다면, 당신은 "연령에 맞는" 세미나와 훈련 경험들을 통해, 당신의 미숙한 기술을 발전시켜야 할 것이다. 제휴를 맺고 있는 고객과 공급업자들과의 화상회의, 이동식 제조방법, 그리고 완벽하게 문서화된 프로세스 제어방법 등이 어우러져 제품의 생산이라는 과업을 단순하게 만들기 때문에, 출장 여행을 갈 필요가 없게 된다.

보다 많은 시간을 돈에 대해 생각하면서 보내라―돈이라는 짧은 수명의 제품을 어떻게 심고, 가꾸고, 그리고 재빨리 수확할 것인지 말이다. 마치 설계도를 그리는 것처럼, 돈의 이동경로인 파이프라인과 흐름의 양을 연구하라. 왜냐하면 돈이 파이프라인을 통해 대량 이동할 때 그 돈을 획득하는 방법을 발견하는 사람만이 최고의 수익을 거두어들일 것이기 때문이다.

자신의 최고의 프로그래밍 능력을 돈버는 기계에다 투입하라. 1차적으로 전자산업 분야에서 출발하여 지적 소유권을 확보한 혁신가들이 결승

테이프를 먼저 끊을 것이고, 돈을 가장 많이 번 사람으로서 승리할 것이다.

당신의 경력과 경영 도전을 승리자의 포트폴리오라고 생각하라—그렇게 하면 당신은 특정한 산업 혹은 기술을 선택하게 될 것이고, 그것들의 근본적인 프로세스를 잘 이해하게 될 것이며, 15~20개의 기술의 승리자들로 포트폴리오를 구성하게 될 것이다. 당신은 위험도 높지만 수익은 그보다 더 큰 것을 노리게 될 것이고, 그리고 만약 당신이 선택한 것들 가운데 하나가 승자가 된다면, 당신이 시장을 지배하게 된다고 기대해도 좋다.

당신은 때에 따라서 "잃을" 경우도 예상해야 할 것이다. 그러나 전반적으로 승리하는 포트폴리오를 구성한다는 예상을 하게 되면—그것이 기술이든, 프로세스든, 새로운 제품이든, 벤처 자본 사업계획 투자 제안서이든 간에—당신은 상당한 이익을 창출하게 될 것이다. 개별적으로 누가 승자이고 누가 패자인가 하는 것은 사회의 전체적인 번영 속에 파묻혀 별로 중요하지 않게 될 것이다.

공동선(common good)에 대한 새로운 시각을 개발하기 위해 노력하라. 당신이 선택한 최고의 기술이지만, 사회의 한 측면만 해결하는 기술적 승자들은 무관심의 늪에서 허우적거릴 수도 있을 것이다. 어떻게 하면 기술을 이용하여 노인의 삶에 활력을 제공할 수 있을지, 그리고 아이들이 또 다른 전자제품에 탐닉하지 못하도록 할지를 연구하라. 당신이 기술의 승자에 투자한 돈은 규모는 작지만 수많은 발전으로 이어지게 될 것이라는 사실을 명심하라. 그 결과 그것들에 대해 기억하고 또 동료들과 더불어 이야기하는 것을 자랑스럽게 생각할 것이다.

게임을 열심히 하되, 이길 게임을 하라. 눈을 똑바로 뜨고는 앞을 쳐다보고, 그리고 때로는 게임에서 질 수도 있다는 것도 고려하라. 적을 알고,

규칙을 숙지하고, 그리고 게임이 시작되면 뒤돌아보거나 주저앉지 말라.
속도를 올려라!

참고문헌

"새로운 밀레니엄을 위한 충고" 패트리셔 E. 무디, 〈타게트〉 1998 3/4
"200년 혹은… 교차합계검사와 컴퓨터 전문가들" 알프레드 크레버, 〈타게트〉, 1998 3/4

참고 문헌

Barnet, Richard J. and John Cavangh. *Global Dreams-Imperial Corporations and the New World Order*. New York: Simon & Schuster/Touchstone, 1994. A dense and visionary (though unfortunately little-read) pioneer in the area of globalization.

Bios Group. "Artificial Ants and Technological Graphs." Santa Fe, N, M., 1998.

Cabrera, Barney J. "John von Neumann and on Neumann Architecture for Computers (1945)." Paper presented at the University of California, San Diego, June 2, 1995.

Crain, S. Russel. "Making High Tech Pay Off: Ten Ways to Build a Better Technology Company," *Upside*. San Mateo, Calif.: Upside Media Inc., November 1997.

Croswell, Ken. *Planet Quest*. New York: Simon & Schuster/The Free Press, 1997. A book to take us out of this galaxy, a star search.

Dalzell, Robert F., Jr. *The Enterprising Elite: The Boston Associates and the World They Made*. Boston: Harvard University Press, 1987.

Dimancescu, Dan. "A New Landscape," *Target* magazine, AME, Wheeling, Illinois, September/October 1997.

Gilder, George, Telecommunications Policy Roundtable, *Forbes ASAP*, December 5, 1994.

Gleick, James. *Chaos: Making a New Science*. New York: Penguin. 1988. The chaos "Bible."

Hamel, Gary, and C. K. Prahalad. *Competing for the Future*. Boston: Harvard Business School Press, 1994.

Hareven, Tamara K., and Randolph Langenbach. *Amoskeag: Life and Work in anAmerican Factory-City*. Boston: University Press of New England, 1996.

Kerschner, Edward. *Morning Notes Research Reports*. New York, 1998.

Mansfield, Howard. *In The Memory House*. Golden, Colo.: Fulcrum Publishing, 1993. Amagic look at the past from an urban historian—reflections on how people sawtheir lives.

Maynard, Michael. "The Real Year 2000 Crisis," newsbytes, Minneapolis, 1998.

McRae, Hamish. *The World in 2020—Power, Culture and Prosperity*. Boston: HarvardBusiness school Press, 1994. A different perspective on what makes countriesand economies change.

Oresick, Peter, and Nicholas Coles (editor). Working Classics: *Poems on Industrial Life*. Chicago: University of Illinois Press, 1993.

Petzinger, Thomas, Jr. "At Deere, They Know a Mad Scientist May Be a Big Asset," *The Wall Street Journal*, July 14, 1995.

Popcorn, Faith, and Lys Marigold. Clicking—*16 Trends to Future Fit Your Life, YourWork, and Your Business*. New York: HarperCollins, 1996.

Poss, Jane. "Angels of Capitalism," *The boston Globe*, November 13, 1990.

Robert, Ralph. Zone Logic—*A Unique Method of Practical Artificial Intelligence*. Radnor, Pennsylvania: Compute! Books, 1989.

Scherden, William A. *The Fortune Sellers—The Big Business of Buying and Selling Predictions*. New York: John Wiley and Sons, 1998. A somewhat critical (jaundiced?) look at the business side of telling the future.

Target magazine, a publication of the Association for Manufacturing Excellence (AME). Wheeling, ill. AME pioneered just-in-time in manufacturing and has been among the leaders in adopting other newer approaches, including teams and kaizen blitz. *Target* is a good source of small- and medium-size company manufacturing implementation stories.
Phone: 847520-3280. Website: http://ame.org/

Womack, James P., and Daniel T. Jones. *Lean Thinking*. New York: Simon & Schuster,1996.

주요 용어 해설

ADSL(asynchronous digital subscriber line, 또는 asymmetric digital subscriber line) 비대칭 디지털 가입자 회선

기존의 2선식 가입자 전화 회선(트위스트 페어 구리선)을 이용하여 일반 음성 통화와 고속의 데이터 통신을 가능하게 하는 기술이다. 전화국에서 가정까지 하향(1.5Mbps 또는 6Mbps), 상향(16Kbps)의 통신을 실현할 수 있으며, 같은 전화 회선으로 기존의 전화와 함께 이용할 수 있다. 이 기술은 미국 벨코어에서 제안한 것으로 음성보다 높은 주파수 영역에서 대역폭 400kHz를 유효하게 이용하는 기술이다. 그래서 전화국과의 전송거리에 제한이 생기는데 1.5Mbps의 전송은 약 5.5Km, 6Mbps는 약 1.8Km가 한계이다.

APS (Advenced Planning and Scheduling) 선진 계획 및 일정관리 시스템

APS는 기업 경영에 있어서 매우 중요한 요소인 자재, 생산능력, 일련의 프로세스 등을 실시간으로 관리하는 경영기법을 말한다. APS는 기획 및 실행 도구들을 통합함으로써, ERP의 기획과 일정관리 기능을 강화시켜 줄 수 있다. 공장관리 시스템의 변화과정을 비교하면 다음과 같다.

BOM	MRP	MRPII	ERP	APS
완제품 생산을 위한 하위 부품을 정의하고 조립하는것	시간에 따른 자재구매계획과 상세한 일정계획 수립.	MPS, 능력계획과 MRP를 통합하여 MRP 기능확장	1일 단위 업무관리와 다른 업무와 조직간의 업무통합.	생산계획을 최적화할 수 있는 의사결정지원 능력제공.
1960년대	1970년대	1980년대	1990년대	2000년대

Artificial Intelligence 인공 지능

인간의 두뇌와 같이 컴퓨터 스스로 추론, 학습, 그리고 판단하면서 작업하는 시스템을 말한다. 과거의 프로그램된 순서 내에서만 작업하는 시스템과는 달리 보다 유연한 문제 해결을 지원하는데 도움이 된다. 인공 지능을 응용한 것이 전문가 시스템이고, 인공 지능의 개발 언어로는 LISP, Prolog 등이 있다.

Autonomous Agents 자동 에이전트

내부환경 변화에 대해 능동적으로 대처하여 협동이나 경쟁, 경우에 따라서는 협상을 통해 문제를 스스로 해결해 낼 수 있는 시스템을 말한다. 이 책에서 예로 든 것처럼 자동차 운전사는 자동 에이전트의 대표적 모습이다. 어떤 장면에 따라 그 의도를 이해하고 자립적인 판단에 의해 업무를 처리하는 기능을 가진 기계를 뜻하며, 스스로 특정 목적을 실행하는 프로그램을 지능 에이전트(intelligent agent)라고 한다. 인터넷상의 정보를 자동적으로 수집해서 데이터베이스화하는 탐색 로봇(search robot)도 에이전트의 일종이다.

Bandwidth 대역폭

대역(band)이란 전파의 송신 특성상 주파수의 물리적 성질과 용도가 동일한 어떤 범위의 주파수 간격을 의미하고, 주파수는 일정한 크기의 전류나 전압 또는 전계와 자계의 진동과 같은 주기적 현상이 단위시간(1초)에 반복되는 횟수를 말한다. 따라서 대역폭은 네트워크에서 이용할 수 있는 신호의 최고 주파수와 최저 주파수의 차이를 말한다. 일반적으로는 통신에서 이용 가능한 최대 전송속도, 즉 정보를 전송할 수 있는 능력을 뜻하며, 그 기본 단위로는 bps를 사용한다. 예를 들면, 모뎀에서 전송속도가 28.8 Kbps라는 것은 초당 28,800 비트를 전송할 수 있다는 것을 의미한다. 보통 14.4~28.8 Kbps 정도는 문자열을 보내고 받기에 적당하고, 음악이나 동영상 같은 멀티미디어 자료를 전송 받으려면 ISDN과 같은 고속 회선을 사용하는 것이 좋다. 전화선을 통한 정보 전송은 이론적으로 수십 Mbps까지 가능하지만, 전화국의 교환기 등에서 대역폭을 64 Kbps로 제한하고 있다.

Complex Adaptive Systems 복합적응시스템

복잡계 이론(chaos theory)을 응용하여 경영 현장의 문제를 해결하려는 시스템을 말한다. 물리학자들은 오래 전부터 복잡계(complex system)를 연구해 왔다. 그러나 어느 순간 우리는 복잡다단한 경제현상이 카오스 패턴을 보인다는 사실을 발견했다. 예를 들면 주가나 환율의 변동은 매우 무질서해 보이지만 복잡계로 해석하면 특정한 패턴이 반복해 나타난다. 이와 같이 지금까지는 너무 복잡해서 이해하거나 예측할 수 없다고 생각했던 문제들이 컴퓨터 기술의 도움으로 이제 과학자들의 연구대상이 되고 있다. 스케줄링, 주가예측, 뇌, 교통흐름, 전쟁, 날씨와 같은 복잡한 자연현상과 사회현상이 여기에 해당한다. 무질서하게 보이는 현상에서 보편적인 질서를 찾으려는 연구를 복잡성의 과학이라고 한다.

DMT(Discrete multitone modulation technology) 선로부호방식

DMT(Discrete MultiTone)는 미국 스탠퍼드 대학에서 개발한 ADSL의 선로부호방식(Line Code)의 일종으로서, 256개로 균등 분할된 대역폭을 진폭 변조방식과 위상 변조방식을 결합해 데이터를 변조하는 것을 말한다. DMT 방식은 미국의 국가표준위원회(ANSI: American National Standard Institute)와 유럽의 유럽전기통신표준협회(ETSI: European Telecommunications Standards Institute)로부터 비대칭 디지털 가입자회선(ADSL) 표준으로 지정됐음에도 저가의 상용제품 개발 부진으로 초기시장에서는 CAP(Carrierless Amplitude Phase) 방식에 비하여 보급이 덜 되었으나, (전력 소모 등의 문제로) 최근 많은 업체들이 국제적 표준인 DMT방식을 채택하여 점차 시장을 확대하고 있다. DMT방식은 CAP방식에 비하여 속도조절 기능(Rate Adaptive)등이 우수한 것으로 알려져 있고, 특히 POTS Splitter없이 운용할 수 있는 G.Lite(또는 UADSL이라고도 함)라는 기술이 대량으로 보급될 것으로 보여 ADSL의 확실한 표준으로 자리매김 된 상태이다.

Emergent System 창발적 시스템

복잡한 시스템을 구성하는 개별 요소들간의 상호 작용의 결과 그 자체에서 새로운 세계와 질서가 출현하는 시스템을 의미한다. 창발적 시스템은 그 구성 요소들간의 상호작용을 통해 만들어지지만 개별적 구성 요소들의 합을 넘어서는 무언가를 발현시키게 된다. 이렇게 발현된 시스템은 어떠한 명령의 중심도 없이 자체의 '자기 촉매적' 상호작용을 통해 스스로의 자생성을 갖고 유지되고 재생산된다. 그 속에는 다만 그 구성 요소들간의 상호작용을 규율하는 최소한의 간단한 규칙만이 존재할 뿐이다. 이 규칙 속에서 그 구성 행위자들은 각자의 이익을 위해 행동함에도 불구하고 전체 시스템을 유지하고, 이를 재생산하고 있으며, 일정한 '신뢰'와 '협력'을 발현시키는 창발적 행동을 한다. 창발적 행동(emergent behavior)이란 단순한 규칙 또는 상호작용으로부터 전개된 복잡하고 예기치 못한 현상을 일컫는 말로써 "전체가 부분의 합보다 크다"라는 말로도 표현된다. 창발(emergence)이란 생명현상의 본질을 명확히 표현하고 있는 말로써, 인공생명의 중요한 개념이다. 인공지능의 분석적인 방법에 대신해 부분 요소들의 합성적인 방법에 의해 복잡하고 유용한 기능이 발현할 수 있다.

Encryption 암호화

정보의 보안을 위하여 다른 사람들이 그 내용을 알아볼 수 없도록 정보를 변환하는 작업을 말한다. 이와 반대로 암호화된 자료를 가지고 원래의 정보를 알아내는 작업을 복호화 또는 해독(decryption)이라고 한다. 이러한 정보변환 작업에는 일정한 규칙이 사용되는데, 이러한 규칙을 암호화 기법이라 한다. 암호 체제 또는 방식은 비밀키 암호 방식과 공개키 암호 방식으로 분류된다. 전자는 암호화와 복호화에 동일한 키를 사용한다. 후자는 서로 다른 키를 사용하는데 암호키는 공개하고 복호키는 비밀로 한다.

ERP(Enterprise Resource Planning) 전사적 자원관리

생산관리, 판매관리, 인사관리, 재무관리 등 기업의 기본적 업무를 컴퓨터 시스템을 사용하여 밀접하게 관련시켜 실행하는 경영기법을 말한다. 기업의 자원관리의 실현에 필요한 기능을 구비한 소프트웨어를 통합한 패키지를 ERP 패키지라 한다. 대표적인 패키지로는 독일 SAP의 R/3, 오라클의 오라클 애플리케이션 등이 있다.

Genetic Algorithm 유전자 알고리즘

자연계에 있는 생물의 진화과정에 있어서 어떤 세대(generation)를 형성하는 개체(individual)들의 집합, 즉 개체군(population) 중에서 환경에 대한 적합도(fitness)가 높은 개체가 높은 확률로 살아남아 재생(reproduction)할 수 있게 되며, 이때 교배(crossover) 및 돌연변이(mutation)로서 다음 세대의 개체군을 형성하게 된다. 유전자 알고리즘(Genetic Algorithms, GA)은 고정된 길이의 이진 스트링을 염색체로 사용하며, 진화전략(Evolution Strategies, ES)은 실수의 값을 취하는 유전자들로 구성된 벡터를 사용한다. 유전자 알고리즘이 다른 탐색방법이나 최적화 방법과 다른 점은 다음과 같다. 첫째, 파라메터를 코딩한 것을 직접 이용한다. 둘째, 점(point)이 아닌 다점(multi points), 즉 군(population) 탐색 방법이다. 셋째, 탐색에 비용 정보(fitness function)를 이용하며, blind search를 한다(미분값이나 다른 부가적인 지식을 요구하지 않는다). 넷째, 결정론적인 규칙이 없고 확률적 연산자를 사용하여 수행된다. 이와 같은 특징으로 인해 다른 탐색 방법 또는 최적화 방법 중 하나인 계산에 의존한 방법에 비하여 효율적이다. 기본적인 단순 유전자 알고리즘의 흐름도는 아래 그림과 같다.

<그림>-단순 유전자 알고리즘

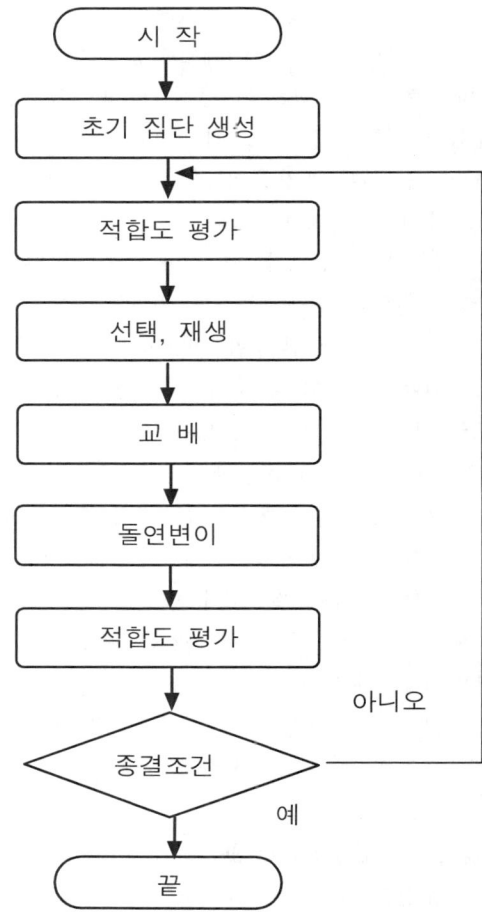

Killer App 킬러앱

킬러앱은 킬러 애플리케이션(Killer Application)의 줄임말로서, 어떤 제품, 서비스, 소프트웨어, 그리고 프로세스 등이 시장에 처음 진입한 후 완전히 새로운 영역을 구축하면서 시장을 지배하게 되는 것들을 의미한다. 예를 들면 PC, 윈도우, 전자우편, WWW 등이 정보화시대인 20세기가 만들어낸 대표적 킬러앱이다. 앞으로 제조 현장에서는 PLC, PIM, 차이니스 박스 등이 킬러앱 프로세스가 될 가능성이 높다.

Lean Production 린 생산

Lean Production, Lean Manufacturing 또는 Agile Production 등의 개념은 도요타의 생산 시스템(TPS)을 대표하는 혁신적인 제조 공정을 일컫는 표현들로써, 1960년대 이후 도요타에 타의 추종을 불허하는 생산성 향상을 가져다준 혁신적인 개선 방안으로 널리 알려져 있다. 미국의 생산 및 재고관리협회(APICS)에서 발간한 용어사전에는 린 프로덕션을 '기업의 다양한 산업 활동에 들어가는 모든 요소 투입의 최소화를 강조하는 생산 철학'이라고 정의하고 있다. 린 생산은 과잉 생산으로 인한 낭비를 없애고 생산 공정에 품질 개념을 도입하며 동시에 비용절감 원칙에 대한 인식을 바탕으로 생산 시스템의 최적화를 도모하는 것을 의미한다. 이를 위해 과잉생산, 재고 관리 및 작업자의 동선 등과 관련된 '낭비적인 요소'를 제거하기 위해 최고 경영진부터 일반 생산직 사원에 이르기까지 관련 지식과 기술을 공유한다. 품질 보증은 즉각적인 피드백을 제공하고 결함의 원인을 원인 단계에서 파악할 수 있게 고안되었으며, Just In Time(JIT)의 개념은 필요할 때, 필요한 제품을, 필요한 품질 수준으로 생산하는 것을 의미한다. 린 생산을 실행하는 업체는 다양한 기능을 갖춘 구성원들을 팀제로 운영하여 조직 운영의 유연성을 높이고 동시에 자동화된 기계를 사용하여 다양한 제품을 생산하는 능력을 갖추고 있다. 이처럼 인력과 설비의 유연한 운영(예: 도요타는 근로자 한 명이 부품검사와 장착, 품질검사를 모두 수행한다)을 통해 생산 인력을 상당 부분 감축할 수 있다. 또 이런 업체는 부품 공급 업체들과 긴밀한 협조 관계를 유지하고 있다(공급 업체들이 부품 설계 작업에 참여하고 관련 정보를 공유함에 따라 부품을 JIT 방식으로 공급할 수 있다).

MES (Manufacturing Execution System)

MES 시스템은 작업 현장(shop floor) 환경의 실시간 모니터링, 제어, 물류 및 작업내역 추적 관리, 상태파악, 불량관리 등에 초점을 맞춘 현장 시스템이다. ERP 시스템이 Middle-Up-Down 방식으로 계획에 의한 생산과 이에 필요한 자재수급으로 기업활동을 파악한데 반하여, MES 시스템은 Bottom-Up 방식으로 생산에 필요한 스케줄링과 이를 위한 계획 및 자재수급으로 파악하고자 하는 방식이다.

Modeling 모델링 또는 모형화

어떤 상황이나 물체 등 대상을 수학적 모형(mathematical model) 혹은 화상 모형(graphical model)으로 작성하는 기법을 말한다. 기하학적 모형화는 수학을 이용해서 물체들의 공간적 관계를 표현한다. 특히 CAD(컴퓨터 지원 설계) 프로그램은 여러 가지 공구, 각종 건물, 자동차, 복잡한 문자와 같은 것들을 화면에 생성하는데 사용된다. 따라서 에이전트에 기초한 모델링(Agent-based Modeling)은 분산 환경에서 상호 협력을 통해 작업을 수행하는 컴퓨터 프로그램인 에이전트에 기초한 모델링을 말한다.

MRP(Material Requirement Planning) 자원소요계획

MRP, MRPII 시스템은 많은 단점 혹은 약점을 가지고 있다. 최근 각광을 받고 있는 ERP 패키지의 MRP 관련 모듈은 사실 과거의 MRP, MRPII와 다를 바 없다. 리드타임(Lead Time)은 제조, 구매의 시점 결정에 사용되는 중요한 정보이다. 완제품을 만들려면 조립, 가공, 구매 등의 과정이 필요한데, 이런 과정마다 리드타임을 부여하고, 완제품이 필요한 시점으로부터 원자재의 구매시점을 결정할 때에는 이러한 모든 과정의 리드타임을 더한 값을 사용하게 된다. 리드타임을 적게 잡으면 구매, 생산, 조립의 과정에서 발생하는 이상상황(지연, 불량 등)을 반영하지 못하게 되어, 과부하가 발생하고 결국 제때 생산을 못함으로써 납기를 지킬 수 없게 된다. 만일 리드타임을 크게 잡는다면 그만큼의 여유는 발생하겠지만, 공정중 재고가 늘어나고, 제조자원을 효율적으로 이용할 수 없게 된다. 그리고, 경쟁이 치열한 사업환경에서 리드타임을 길게 잡는 것은 경쟁에서 도태하는 지름길이다. 리드타임 정보는 MRP 뿐만 아니라, RCCP(Rough Cut Capacity Planning), CRP(Capacity Requirement Planning)에 널리 사용된다. 따라서 고정되고 부정확한 리드타임 정보는 MRP 시스템의 신뢰도를 떨어뜨리게 된다. MRP의 접근방법은 철저히 Top-Down 식이다. 비록 feed back 정보가 반영되기는 하지만, 상위 단계에서 세운 계획을 준수하면서 하위단계의 계획을 수립하는 시스템이다. 생산자원의 가용량은 한정되어 있다. 그러나, 기준생산 계획(MPS), MRP, RCCP, CRP에 이르기까지 생산자원이 한정되어 있다는 사실을 정확하게 반영하는 경우는 없다. 특히 MPS, MRP는 생산자원 용량이 한정되어 있다 는 사실은 철저히 외면한 체 제품 및 부품의 생산 일정을 수립하는 시스템이다. 이 문제를 해결하는 가장 좋은 방법은 제품/부품의 생산일정을 수립할 때에 생산자원이 한정되어 있음을 반영하는 것인데, 이러한 방법을 Finite Scheduling이라고 한다. 많 은 MRP/ERP 패키지들이 Finite Scheduling 기능을 가지고 있다고 하지만 정확한 의미의 Finite Scheduling이라고 부르기에는 기능이 취약하다. Finite Scheduling 기 능을 가졌다는 시스템들은 우선순위 규칙(Priority Rule)을 활용하여 일정계획 시뮬 레이션을 하는 것이 대부분이다. 이러한 일정계획 시뮬레이션은 Forward Scheduling 방법을 따른다. 이 방법은 CRP/MRP를 대체하기 위한 것이 아니라 CRP/MPS/ MRP를 지원하기 위한 목적으로 사용된다. 즉, 과부하 또는 부하의 부족을 미리 짐작 하고, 이를 배분(MRP/MPS 수정)하기 위한 용도로 사용된다. 이러한 문제는 리드 타임의 문제와 마찬가지로 하위단계로부터 상위단계까지의 문제를 하나로 통합하여 푸는 것이 대안이 될 수 있다. 이런 접근 방법을 Advanced Planning & Scheduling (APS)라고 한다.

PIM(Parallel Inference Machine) 병렬추론기계

병렬추론(parallel inference)은 주어진 문제를 복수의 부분 문제로 분할하고, 하나 하나의 부분 문제를 별개의 연산 장치로 처리하는 문제해결 방식이다. 따라서 병렬추 론 기계(PIM)은 병렬추론을 가능케 하는, 지금까지 나온 컴퓨터보다 인간의 두뇌에 한층 더 가까우며 학습, 추론, 음성인식, 패턴 인식 등의 기능을 가진 초고속 계산의 처리가 가능한 병렬처리시스템을 말하며, 주로 전문가시스템, 인공지능 등에 사용되 는 기계이다.

PLC(Programmable Logic Controller) 프로그램 가능한 논리 제어기

작업 현장의 문제로서 가장 해결하기 어려운 문제들이 유해한 작업환경, 24시간 연속 작업 환경, 그리고 복잡한 스케줄링 문제이다. PLC는 그런 문제를 해결하려는 것으 로서, PLC는 시스템 그 자체가 컴퓨터의 제어기능, 연산기능, 기억 입출력 등의 기본 요소와 이들이 요구하는 동작을 수행할 수 있게 하는 소프트웨어를 포함하고 있다.

PLC에서 프로그램을 작성함으로서 순차 제어는 물론 산술 연산, 논리 함수, 조절 연산 및 데이터 처리를 실행할 수 있으며 시스템의 고장도 자동적으로 파악할 수 있다. PLC가 완전히 도입되면 소위 공장의 전깃불을 끄고 24시간 가동할 수 있다.

Quadrature Amplitude Modulation 구상진폭 변조방식
변조(modulation)란 전송하려는 정보를 표시하는 신호파에 따라 주기적 펄스 등의 고주파 전류 또는 전압의 진폭, 주파수, 그 밖에 시간적인 변화를 주는 조작을 말한다. 변조의 형식에는 진폭 변조, 주파수 변조, 위상 변조 등이 있다. 일반적으로 QAM이라는 약자로 불리어지는 구상진폭 변조방식은 위상 변조방식과 진폭 변조방식을 이용한 고속도 변조방식으로서, 4개의 비트를 동시에 표현하는 경우에는 600baud에서 2400bps의 전송속도를 낼 수 있다.

Remanufacturing 재생산
새로운 제품을 개발할 때마다 그것에 사용된 부품을 나중에 중고부품으로 다시 쓸 수 있도록 설계하는 개념이다. 이처럼 설계단계에서부터 중고부품을 재사용할 수 있도록 하는 리매뉴팩처링(Remanufacturing) 개념을 도입함으로써 원가절감 및 환경보호에 기여할 수 있다. 최근 자연 자본주의(natural capitalism)라는 개념과 더불어 하나의 사회적 이슈로 부각되고 있다.

Scheduling 스케줄링 또는 일정 잡기
제품생산 계획에 따라 확정된 제품을 만들기 위하여 생산일정을 선택하는 과정을 말한다. 생산에 필요한 원재료, 에너지, 그리고 정보 등을 적절한 시기와 장소 그리고 기계에 최소의 비용으로 제공하고 그것들이 실제로 수행되는 과정을 통제하는 프로세스이다. 그리고 컴퓨터의 다중 프로그램 시스템에서 각 작업들을 순서에 맞게 수행하는 것을 의미하기도 하는데, CPU를 어떻게 배정할 것인가를 가리키는 경우가 많다. Scheduler는 운영체계에서 프로그램이 수행될 순서를 조정하고 실행가능한 일에다 순서를 할당하는 프로그램을 의미한다.

Supply Chain Management 공급사슬관리
공급사슬관리(SCM)는 기업 간 또는 기업내부에서, 제품과 부품의 생산자로부터 사용자에 이르는 공급 체인을 동시공학(concurrent engineering) 기법을 이용하여 불필요한 시간과 비용을 절감하려는 경영기법이다. 따라서 SCM은 제품 계획, 구매, 제조, 배달 등 공급망 구성에 관련된 요소들을 유기적으로 통합하고, 그 결과 얻게된 가치를 고객에게 배분한다는 철학을 갖고 있다. 이는 초기 물류관리의 확장 개념으로 출발하였다. 80년대 후반 미국 의류업계의 QR(Quick Response) 시스템에서 SCM 개념이 태동한 이래, 식품가공업의 고질적 과다 재고, 반품, 고객 불만족을 해결하기 위한 ECR(Efficient Consumer Response)로 발전하여 본격적인 SCM 개념이 정착되었다. 또한, 먼저 업계 표준으로 자리잡은 ERP의 관점에서는 초기 SCM을 협력망과 물류를 관리하는 보조적 모듈로서 인식하였다. 그러나, 단위 기업을 중심으로 한 ERP의 한계가 노출되면서 전체 공급사슬의 최적화를 목적으로 하는 SCM은 통합 솔루션으로서 재탄생했다.

Value Chain Management 및 Extended Enterprise 가치사슬관리 및 확대기업

모든 조직에서 수행되는 활동은 주된 활동(primary activity)과 지원활동(support activity)으로 나뉘어 지는데, 주된 활동은 입고(입력, 물류), 운영(생산 및 처리), 출고(저장 및 분배), 마케팅과 판매, 서비스로 나눠지며, 각 활동은 그 위치에서 가치가 부여되고 순차적 흐름으로 연결되면서 새로운 가치를 추가한다. 이런 모든 활동의 결과로 축적된 가치는 기업의 이익을 형성한다. 주된 활동들은 기업의 인프라스트럭처(회계, 재무, 경영), 인적자원 관리, 기술 개발, 조달 프로세스 등에 의해서 골고루 지원을 받게되는데, 각 지원활동은 주된 활동들을 지원할 뿐만 아니라 지원활동 간에도 서로 지원한다. 한 기업의 가치사슬은 수많은 활동들로 연결된 거대한 흐름의 일부이며, 이런 가치사슬의 연결은 가치시스템(value system)을 형성한다. 가치 시스템은 기업에 필요한 원부자재(입력, 물류)를 제공하는 공급업체 및 공급업체들의 가치사슬도 포함한다. 일단 기업이 제품을 생산하면, 그 제품들은 유통업체—이들 역시 고유한 가치사슬을 가지고 있다—의 가치사슬을 통하여 역시 나름대로의 고유한 가치 사슬을 가지고 있는 구매자 또는 고객에게 전달된다. 따라서 확대 기업은 가치사슬의 한 고리로 연결된 공급업체, 판매업체, 또는 생산업체를 의미한다.

Vestigial Sideband 잔류 측파대 방식

진폭 변조방식에서 발생하는 양측파대 중 한쪽 측파대의 대부분은 잘라내고 나머지와 다른쪽 측파대의 반송파만을 전송하는 방식이며, 비대칭 측파대 방식(asymmetrical sideband transmission)이라고도 한다. 이 방식을 이용하면 점유 주파수대를 좁게 할 수 있고 수신이 단측파대 전송 방식보다 용이하여 TV 방송의 영상 신호의 변조 방식으로 많이 사용된다.

Voice Recognition System 음성인식 시스템

음성 신호를 입력으로 하여 자동적으로 언어적 의미 내용을 인식하는 하드웨어 또는 소프트웨어 장치나 시스템을 말한다. 음성인식 시스템은 단말기 조작을 하지 않고 컴퓨터를 가동할 수 있는 이점이 있다. 음성인식에 관한 연구는 약 40여 년간의 역사를 가지고 있으며 그 동안 많은 변화를 거듭해 왔다. 현재까지 개발된 여러 가지 음성인식 수법 중 선형예측분석법(Linea Predictive Analysis), Cepstrum, DP(Dyn Programming), HMM(Hidden Markov Model), 통계적 언어 모델 등이 사용되고 있다. 언어모델로서 가장 많이 이용되고 있는 것으로는 통계적 언어모델이다. 구체적으로는 Bigram, Trigram 등 단어의 연쇄확률이 이용된다. 그 밖의 언어모델로서는 문맥자유문법, 유한상태 네트워크 문법 등이 이용되고 있다.

주요 회사 웹사이트

Abbott Labs - http://abbott.com

Airbus - http://www.airbus.com

Allied Signal - http://www.alliedsignal.com

Amazon - http://www.amazon.com

Analog Devices - http://www.analog.com

Andover Controls - http://www.andovercontrols.com

Apple Computer - http://www.apple.com

Appletalk - http://www.cs.mu.oz.au/appletalk

Arthur D. Little, Inc - .http://www.adle.com

Asea Brown Boveri - http://www.abb.com

Audible, Inc. - http://www.audible.com

Balsams Resort - http://www.thebalsams.com

Bedford Associates - http://www.baresearch.com

Bios Group - http://www.biosgroup.com

Black and Decker - http://www.blackanddecker.com

Bolt, Beranek & Newman Inc.(BNN) - http://wwwsp.bbn.com

Boston Consulting Group - http://www.bcg.com

Briggs and Stratton - http://www.briggsandstratton.com

Campbell Soup - http://www.campbellsoup.com

Case Corp. - http://www.casecorp.com

Chrysler Corp. - http://www.chrysler.com

Cisco Systems - http://www.cisco.com

Compaq Computer - http://www.compaq.com

Data General - http://www.dg.com

Datastream - http://www.dstm.com

DEC - http://www.dec-sped.org

John Deere - http://www.deere.com

Dell Computer - http://www.dell.com

Digital Equipment Corp. - http://digitalequipmentcorp.main-igo.com

Ernst & Young Center for Business Innovation -
    http://www.businessinnovation.ey.com

Falcon ColdForming - http://www.falcon.se

Federal Express - http://www.fedex.com

Flavors Technology - http://www.flavors.com

Flextronics - http://www.flextronics.com

Ford Motor Co. - http://www.ford.com

Frito-Lay - http://www.fritolay.com

GartnerGroup - http://www.uas.alaska.edu/gg/univ_help.htm

Gateway - http://www.gateway.com

General Electric(GE) - http://www.ge.com

General Motors(GM) - http://www.gm.com

Gillette - http://www.gillette.com

Harley Davidson - http://www.harley-davidson.com

Hewlett Packard - http://www.hewlett-packard.com

Hobart Brothers - http://www.hobartbrothers.com

Honda of America - http://www.honda.com

IBM - http://www.ibm.com

Intel - http://www.intel.com

International Plastics/German(IP/G) -
    http://www.intlplastics.com/index.html

Johnson & Johnson - http://www.johnsonandjohnson.com/home.html

Johnson Controls - http://www.jci.com

K'Tec Electronics - http://www.ktecelec.com

Landis - http://www.landispr.com
Lantech - http://www.lantech.com
Lennox International - http://www.lennoxinternational.com
Lexmark - http://www.lexmark.co.uk
Lotus - http://www.lotus.com

Maytag - http://www.maytag.com
Microsoft - http://www.microsoft.com
Midway Industrial - http://www.midwaydoors.co.uk
Minco - http://www.mincocorp.com
Modicon(MOdular DIgital CONtroller) - http://www.modicon.com
Motorola - http://www.motorola.com

NCR(National Cash Register) - http://www.ncr.com/index1.htm
Nucor Steel - http://www.nucor.com
Nypro Corporate Inc. - http://www.nypro.com

Optiflex - http://www.optiflex.hu
Optimax Systems Corp. - http://www.optimaxsi.com
Oracle - http://www.oracle.com

Pixar - http://www.pixar.com
Polaroid - http://www.polaroid.com
Pratt & Whitney - http://www.pratt-whitney.com
Procter & Gamble - http://www.pg.com
Pyramid Systems - http://www.pecs.com
Rohm & Haas - http://www.rohmhaas.com/businesses

Ross Valve - http://www.rossvalve.com

Santa Fe Institute - http://www.santafe.edu

Seagate - http://www.seagate.com

Sears - http://www.sears.com

Siemens - http://www.usa.siemens.com

Solectron - http://www.solectron.com

Sony - http://www.sony.com

SteelWorks - http://www.swi-steelworks.com

StorageTek - http://www.stortek.com

Sun Hydraulics - http://www.sunhydraulics.com

Supply America - http://www.supplyamerica.org/index,html

3M - http://www.3m.com

Time Warner - http://www.timewarner.com

Toyota - http://www.toyota.com

Trane - http://www.trane.com

TRW - http://www.trw.com

USX - http://www.usx.com

Wal-Mart - http://www.walmartstore.com

Xerox - http://www.xerox.com

감사의 말

우리는 100여 개의 공장들을 방문했으며, 그 가운데는 훌륭한 것들도 많았지만 부실한 것들도 있었다. 그리고 제조 분야에 종사하는 수천 명의 사람들을 만났다—엔지니어, 디자이너, 기업가, 관료, 그리고 근로자들을 말이다.

그러나 회계사들은 그렇게 많이 만나지는 않았다.

공저자 두 사람의 컨설팅 및 교육 경험을 합하면 60년이 훨씬 넘는다. 20여 개의 특허 보유자 겸 공장 자동화를 위한 혁신기계인 PLC(programmable logic controller)를 개발한 모얼리는 이 기계의 탄생 30주년을 새로운 흥분되는 기술인 차세대 운반기기인 블랙버드(the Blackbird)와 야바호(the Javahoe)의 개발과 더불어 자축하고 있다.

그러나 오래 전부터 모얼리는 입버릇처럼 해오는 말이 있다. "나무 배를 건조하고 쇠를 만든 사람들로부터 시작하여 테크놀로지 머신을 만든 사람들에 이르기까지 우리들은 엄청난 유산을 물려받고 있다."

● 파라데이(Farraday)
● 폴 무디(Paul Moody)는 프랜시스 캐봇 로웰(Francis Cabot Lowell)이 산업 스파이해온 것—영국의 공장을 방문한 것을 기억하고는 면방직 공장의 모습을 완벽하게 되살려냈다—을 바탕으로, 최초의 완전한 종합 섬유기계를 쇠로 만들어 찰스강 언덕에 공장을 세운 젊은 엔지니어이다.

414

이 공장은 2년간 이익이 두 배로 치솟았으며 메리맥 강가를 따라 매사추세츠 로웰에 북미 최초의 산업 도시를 창출했다.

● 뉴햄프셔 주, 맨체스터 소재, 아모스키에그 공업단지(The Amoskeag)—1814년 로웰과 무디가 비전을 갖고 시작한 19세기의 공룡 아모스키에그 단지는 규모의 이익과 규모의 경제로 1937년까지 이 지역의 주민을 먹여살렸다. 그러나 이때부터 이 단지는 어려움 겪기 시작하더니 드디어 수천 명의 근로자들의 인생을 망치고 그들의 연금마저도 다 날려버렸다. 이것은 한 분야의 기술에만 극단적으로 의존한 도시가 결과적으로 어떤 모습을 하게 되는지를 교훈적으로 보여주었다.

● 켄 올센(Ken Olsen)은 DEC(Digital Equipment Corporation)의 창업자로서 미니 컴퓨터(mini- computer)의 아버지이다. 올센은 자신의 훌륭한 아이디어를 어쩔 수 없이 마비상태로 몰아갔다. 그는 심지어 순수한 기술자라 할지라도, 대규모 성장을 뒷받침하기 위해 인력을 보강하는 문제에 부딪히면 적당한 사람들을 충원하는 일에 쉽사리 실패할 수도 있고, 또 비록 그가 비전을 갖고 있는 사람이라 하더라도 남들이 하는 대로 따라 하는 사람인 경우 쉽게 약점을 드러낸다는 것을 증명했다.

● MIT—만약 어떤 연구소가 기여한 것에 대해 감사의 말을 표현해도 괜찮다면, 즉 가장 생산적인 테크놀로지 머신에 대해 감사를 표한다면, 그것은 마땅히 의문의 여지가 없는 기술의 승자 MIT에 대한 것이다. MIT는 매년 그 어떤 연구소보다도 더 많이 회사를 창업하고 또한 아이디어를 창출하고 있다. 공저자는 MIT를 방문할 때마다 언제나 그곳의 동료들과의 관계가 얼마나 유익했는지를 느끼고 있으며, 그리고 그들이 우리에게 준 잘 정리된 제안서는 매우 도움이 되었다.

● 댄 휘트니(Dan Whitney)는 이론을 공장의 현장에 계속 적용하고 있다.

●로버트 솔로(Robert Solow)는 노벨 경제학상 수상자로서, 경제 성장과 부(富)는 테크놀로지 머신에 의해 창출된다는 것을 증명한 위대한 스승이다. 그리고 그와의 따뜻한 대화는 큰 도움이 되었다.

●패티 매스(Patti Maes)가 운영하는 미디어 연구소(Media Lab) 그리고 불나방에 관한 연구는 개념을 이익창출로 연결시키는데 큰 도움이 되었다.

●니콜라스 네그로폰테(Nicholas Negroponte)는 유럽의 철도 스케줄도 외울 수 있는 뛰어난 천재이자, MIT의 미디어 연구소 책임자로서 테크놀로지 머신을 계속 양성하고 있다.

●마이클 슈라지(Michael Schrage)는 현재 MIT에 근무하고 있는데, 그는 뛰어난 산업분석가로서 〈포천〉지에 기고하고 있다. 그가 기업 여행을 하는 도중 세계 여러 공항에서 전화로 들려주는 이야기는 우리들에게 계속 아이디어를 제공해 주었고, 또한 그의 통찰력은 범위가 매우 깊었다.

● 짐 우맥(Jim Womack)은 린 기업 연구소(The Lean Enterprise Institute)의 설립자이자 〈세상을 바꾼 기계(The Machine that Changed the World)〉 그리고 〈린 사고(Lean Thinking)〉의 공저자이다. 그는 기업이 부딪히는 어려움을 해결하려고 미개척 분야에서 분투하고 있는 젊은 용사이다.

●더그 쿠리(Doug Currie)는 플레버스 테크놀로지의 사장으로서 모얼리가 운영하는 곳간 출신의 우수한 젊은 경영자들 중 한 명이다. 그는 복잡한 소프트웨어 코드를 개발하는 것에서 시작하여 나중에는 철도 기술을 개발하기까지 이르렀다.

● 벤 프리스트(Ben Priest)는 친구이자 기술자이다.

● 조 알소프(Joe Alsop)는 프로그래스 소프트웨어의 창업자이다.

●봅 갤빈(Bob Galvin)은 전형적으로 교육을 잘 받은 제3세대의 거인이다. 그는 지금 72세의 나이에 테니스를 배우고 있으며, 그의 지혜와 비전, 그리고 날카로운 결정은 계속 우리들에게 영감을 불러일으켰다.

●블랙퍼스트 클럽(The Breakfast Club)은 모얼리가 주관하는 12명으로 구성된 벤처 자본가들의 모임으로서, 부정기적으로 모여 새로운 기술의 발명가를 검토하고, 자금을 제공하고, 때로는 기술의 현장을 방문하기도 한다. 샌더스 어소시에츠(Sanders Associates)의 창업자를 포함하여 회원들은 테크놀로지 머신을 계속 양성하고 있다. 회원들 중 그 누구도 타고난 갑부는 아니었지만 열심히 일하고 또 재능을 발휘함으로써 모두 행복한 삶을 누릴 수 있다는 것을 확실히 증명하고 있는 사람들이다.

●고든 랭톤(Gordon Lankton)은 매사추세츠 클린턴에 소재한 니프로의 CEO이다. 그는 플라스틱 산업에서 또 하나의 작은 기업으로 끝나버릴 수도 있었지만, 그의 글로벌 비전은 회사를 세계적 규모로 성장시켰고, 또한 그는 온라인 실시간 피드백 및 제어 시스템의 장점을 분명히 이해하고 플라스틱 산업을 혁신하였다. 그는 권한과 의사결정을 과감하게 분산했고 니프로의 모든 분공장에 젊은 사람을 책임자로 임명했다. 랭톤은 지금도 계속 테크놀로지 머신을 양성하고 있다.

공저자는 지금까지 언급한 사람들 외에도 작업 현장에서 만나 기술의 미래에 대해 그들의 폭넓고도 정력적인 비전을 장시간 제시해준 많은 경영자들, 기업가들, 그리고 지식 근로자들에게 고마움을 표시한다.

기업의 운영 방향을
어떻게 설정해야 할 것인가

이재규(대구대 경영학과 교수)

이 책은 매우 유익하고도 시의적절한 책이지만, 결코 내용이 쉬운 책은
아니다. 우선 책이 다루는 대상의 범위가 각종 기술은 말할 것도 없고,
기술에 영향을 미치는 사회와 문화 그리고 인간의 심리까지 언급하고
있기 때문이다. 게다가, 공저자들의 어린 시절 개인적인 회상이 담겨져
있을 뿐만 아니라 문학적 인용마저 곁들여 있어서, 독자에 따라서는 간혹
당황스런 경우도 있을 것이다. 그 점은 역자가 이 책을 번역하면서 거듭
느꼈던 애로 사항이기도 했다.

그럼에도 불구하고, 이 책은 제조와 생산 활동에 대한 전망, 다시 말해
기술의 미래에 대해서 폭넓고도 깊이있게 그리고 설득력있게 제시하고
있다. 공저자가 제시하는 기술의 미래는, 한편으로는 제조업 현장의 오랜
문제들—예컨대 3D 업종과 유해한 생산환경에서의 작업 문제, 대규모
변량변종 생산에 대한 스케줄링 문제, 그리고 고속철도와 항공관제와 같
이 사고의 영향이 치명적인 산업에 대한 메타 시스템 등—이 어떻게 해결
되는가를 보여주기 때문에 반갑기도 하지만, 다른 한편으로는 거의 모든

현장의 작업을 기계가 스스로 처리하므로 과연 인간의 설 자리는 어딘가 하는 두려움도 없지 않다.

이 책의 배경이 되고 있는 지역, 즉 보스턴과 로웰 그리고 캠브리지를 중심으로 하는 뉴잉글랜드는 미국을 산업사회로 바꾼 선두 지역이자 공저자들이 어릴 때 자랐던 곳이기도 하다. 따라서 공저자의 조상들은 미국이 농업사회에서 산업사회로 변신하는 과정을 직접 경험했다. 즉, 미국이 산업사회로 진입하는 초기 시절, 미국이 선진국을, 특히 영국을 모방하고, 영국의 섬유 기술을 훔치고, 적응하고, 성장하고 또 쇠퇴하는 과정을 보았다. 그래서 공저자 자신들의 몸 속에는 제조 및 생산에 대해 강력한 유전자가 살아 있다고 말한다. 그후 공저자들은 전자 및 정보사회의 한가운데 살면서 카오스 이론, 복합적응시스템, 그리고 유전자 알고리즘을 이용하여 단순하고도 강력한 테크놀로지 머신을 개발하고 있다.

우리나라는 개발경제시대를 성공적으로 지나 선진국으로 진입하는 직전 단계에 있다고 말한다면 여러 측면에서, 그리고 많은 사람들이 부정하겠지만, 그러나 말을 바꾸어 어쨌든 우리나라가 탈공업사회 또는 지식사회로 접어드는 문턱에 있다고 주장한다면, 그 시기성에 대해서 누구도 부정하기 어려울 것이다. 이 책은 기술이 선도하는 지식사회의 또 다른 모습을 보여주고 있다. 특히 3D 업종은 말할 것도 없고, 제조업의 비중이 급속히 줄어들고 그리고 그 결과 실업자가 증가하는 시대, 우리나라 경제정책의 방향과 기업 운영방향을 어떻게 설정해야 할지 걱정스럽고 또 혼란스러운 시점에서 하나의 독특한 시각을 던져준다. 그런 점에서 역자 또한 연구하는 처지에서 이 책을 번역했다.

이 책을 번역하는데 많은 사람들의 도움을 받았다. 사는 것이 늘 그렇듯이 말이다. 앞서 말한 바와 같이 이 책이 다양한 분야의 기술을 다루고 있으므로, 전문 분야의 많은 교수님들로부터 용어와 개념은 물론이고 내용에 대해서도 유익한 조언을 받았다. 그들의 이름을 일일이 거명하는 대신에 지면을 통해 감사하다는 뜻을 전한다. 그러나 많은 교수님들의 협조와 수고에도 불구하고 여전히 오류가 있을 것으로 예상되는데, 그것은 전적으로 역자의 책임인 것은 더 말할 나위가 없다. 질정을 바란다.

마지막으로 이 책이 보다 나은 책이 되도록 수고해준 몇몇 사람들에 대해서는 특별히 감사의 말을 남기고 싶다. 역자가 재직하고 있는 대학의 대학원생 이형백, 박준철, 윤경상, 그리고 김동철은 자신들의 바쁜 연구 활동 중에도 이 책에 등장하는 기술 기업의 웹사이트와 최신 용어들을 찾고 또 정리해주었다. 김홍철은 교정을 꼼꼼히 보아주었는데, 김군이 아니었으면 이 책의 출판이 상당히 늦었을 것이다. 이들에게 고마운 뜻을 전한다. 제10장을 초벌 번역해준 샌프란시스코의 이혜인에게도 수고했다는 말을 남긴다.

패트리셔 E. 무디(PATRICIA E. MOODY)는 미국에서 유명한 생산 및 제조분야의 컨설턴트로서, 자신의 산업 경력 및 컨설팅 경험을 바탕으로 25년 이상 생산관련 분야의 저자로 활동해오고 있다. 그녀의 고객들 중에는 혼다 자동차, 솔렉트론, 모토로라, 존슨 앤 존슨, 미드 코포레이션(Mead Corporation) 등이 있다. 최우수생산추구협회(the Association for Manufacturing Excellence)가 발행하는 잡지 〈타게트(*Target*)〉지의 편집인으로 일하면서 생산팀의 미래, 카이젠 활동, 신제품 개발, 그리고 공급사슬에 대한 혁신적 개념을 제안하고 또 개발했다. 무디 자신이 운영하고 있는 패트리셔 E. 무디 사(Patricia E. Moody, Inc.)는 지난 15년간 교육, 세미나, 논문, 그리고 저서의 출판을 통해 제조 및 공급사슬과 관련된 문제들을 보다 많은 사람들에게 알리는 교량 역할을 하고 있다. 무디는 보스턴에 있는 시몬스 대학(Simmons College)과 매사추세츠 대학교(the University of Massachusetts)에서 학위를 받았으며, 경영 컨설턴트 협회(the Institute of Management Consultants)로부터 컨설턴트 자격을 공인받았다. 〈카이젠 공격 *The Kaizen Blitz*〉, 〈혼다 자동차의 힘 *Powered by Honda*〉, 〈파트너십을 통한 혁신 *Breakthrough Partnering*〉 등 8권의 저서와 십여 편의 논문을 발표했다. 1634년 그녀의 조상들이 자리잡은 지점에서 7마일 떨어진 보스턴 북부 해안에 있는 자택에서 엔지니어인 남편과 아름다운 딸, 그리고 사랑스런 고양이와 애꾸눈 흰둥이 개와 함께 살고 있다. 무디의 전자우편 주소는 pemoody@aol.com이다.

리처드 E. 모얼리(RICHARD E. MORLEY)는 플레버스 테크놀로지의 CEO이자, 모디콘, 앤도버 콘트롤스, 카오스 인 매뉴팩처링(Chaos in Manufacturing), 라이트신크(Lightsync Inc.), RMI(R. Morley Inc.), 그래임 출판사(Graeme Publishing), 엘로퀀트 시스템스(Eloquent Systems), 터미플렉스 코포레이션(Termiflex Corporation), 베드포드 어소시에츠(Bedford Associates), 펑셔널 오토메이션(Functional Automation), 렘테크(RemTech), 파스팩스(FASFAX) 등 10여 개 회사들을 창업했다. 모얼리는 컴퓨터 디자인, 인공지능, 공장 자동화, 카오스 이론을 생산현장에 적용하는 과제를 선구적으로 연구하고 있는, 미국에서 인정받고 있는 전문가이다. 그는 미국 및 국외에서 20개가 넘는 특허를 보유하고 있는데, 그 가운데는 이 책에서 자주 언급되는 공장 제어 시스템의 핵심 도구인 프로그래머블 논리 제어기(Programmable Logic Controller)가 있으며, 이 기계의 최초의 모형은 지금은 스미소니언 박물관에 전시되어 있다. 1996년, 자동화 명예전당(the Automation Hall of Fame)이 수여하는 프로메테우스 메달(Prometheus Medal)을 받았으며, 또한 디트로이트 기사 협회(the Engineer Society of Detroit)로부터 공장 자동화 분야의 거장으로 인정받았다. 모얼리는 〈*Manufacturing Automation*〉지에 매월 한 차례 씩 선구적 기술에 대해 칼럼을 발표하고 있다. 모얼리는 뉴햄프셔의 시골에 살고 있으며 연락처는 morley@barn.org이다.

〈삼국지〉〈십팔사략〉에서 배우는

실패의 교훈

반면교사(反面教師) ─ 앞서 걸어간 사람의 실패한 발자취는 후세인들의 길잡이!

'지혜의 신'이라 일컬어지는 제갈공명도 실패한 경험이 있다면 믿어질까? 제갈공명의 명백한 실수는 바로 마속(馬謖)의 기용이었다. 공명은 재기 넘치는 마속과 "즐겨 군계(軍計)를 논할" 만큼 그를 신뢰했다. 그러나 유비는 죽음에 즈음하여 "마속은 중대임무를 맡길 만한 인물이 못된다"라는 말을 남겼으나, 공명은 선제(先帝)의 유조를 어기고 마속을 발탁했고, 결국 위(魏)군과의 전투에서 대패하고 말았다. 그리하여 공명은 눈물을 머금고 마속을 처형했던 것이다[泣斬馬謖]. 그러나 이 또한 제갈공명의 실패였다. 천하가 전쟁중이어서 한명의 인재라도 아쉬운 판국에 유능한 인물을 죽이는 결과가 된 것이다. 이것이 제갈공명이 겪은 "인물 평가의 실패"이다.

지금 "실패를 배우자"라는 분위기가 범사회적으로 번져나가고 있다. 어떻게 하는 게 좋을까. '반면교사(反面教師)'에서 터득하는 게 가장 좋다. 그것은 가까이는 자기 주변에서, 그리고 멀리는 역사의 인물 중에 그 본보기가 많이 있다. 특히 중국의 역사서에는 후세 사람들에게 반면교사가 된 실패자들의 얘기가 여러 가지 나와 있다. 이 책은 중국 역사 속 인물 50명을 골라 그 실패의 사례를 소개함과 동시에 현대 비즈니스맨들이 교훈으로 삼아야 할 점에 초점을 맞추어 쓰여졌다.

● 니와 슌페이 지음/이강희 옮김/값 8,500원

미야모토 무사시의

전략경영

"무협소설 매니아에서 대기업 경영자까지 모두 만족시키는 신기한 책"
─김지룡(일본문화평론가) 2001.2.10. 〈조선일보〉

일본의 전설적인 검객 미야모토 무사시.
그가 말년에 쓴 〈오륜서(五輪書)〉는 병법의 바이블로 통한다. 이를 현대의 경영 전략에 접목시킨 책 〈미야모토 무사시의 전략경영〉이 나왔다. 그는 이 책에서 검술과 무사의 도에 관해 얘기하지만 한 구절씩 음미해 보면 난세에 필요한 경영전략의 진수가 담겨 있다.
─〈한국경제〉 2000. 11.16 고두현 기자

미국 인터넷서점 아마존 경영부문 최장기 베스트셀러!
● 미야모토 무사시 지음/안수경 옮김/값 7,000원

"고객을 끝까지 안 놓친다"

존 웨인 주연의 서부극에 보면 은행강도가 자주 등장하고 강도에게 털리는 은행의 간판에는 늘 '웰즈 파고'라고 써있었다. 그만큼 웰즈 파고 은행은 당시 미국 은행의 대명사였다. 이 은행의 이름은 아메리칸 익스프레스의 창시자이며 은행가로서 이름을 날린 인물의 이름이기도 하다. 150년에 이르는 아메리칸 익스프레스의 역사는 한 기업이 수많은 역경을 헤치고 브랜드 파워를 일구어낸 한 편의 장대한 드라마다. 이 드라마가 담겨있는 책이 바로 〈역마차와 푸른지폐〉(시노하라 이사오 지음, 사과나무 펴냄)다.

아메리칸 익스프레스는 단순한 카드 회사가 아니다. 서부개척 당시 역마차와 함께 탄생한 이후 세계 최대의 금융,여행 관련 서비스를 다루는 다 국적 복합기업이다. 아메리칸 익스프레스 브랜드 가치의 바탕은 신뢰와 안심이다. 초창기 광고를 보면 아메리칸 익스프레스라고 쓰인 상자위에 하얀 개 한마리가 '무슨 일이 있어도 상자를 지키겠다'는 듯한 표정으로 앉아있는 모습이 보인다. 세계 제1차대전은 아메리칸 익스프레스의 신화가 생긴 결정적인 계기가 됐다. 전쟁이 일어나자 유럽에 있던 많은 미국인들이 국경폐쇄와 은행 서비스 정지로 혼란에 빠졌다. 이때 아메리칸 익스프레스는 성의를 다해 여행자의 귀국 수속을 도와주었고 전쟁중에도 유럽 사무실의 문을 열고 여행자 수표를 고객에게 유리한 환율로 현금화해주었다. 아메리칸 익스프레스는 고객을 절대 저버리지 않는다는 신화는 이때 생긴 것이다. 1958년 아메리칸 익스프레스는 신용카드 사업에 뛰어든다. 결제시스템이 완비되지 않았던 시대에 시작한 카드사업은 손실만을 가져다주었다. 그러나 아메리칸 익스프레스는 이것을 잘 견뎠다. 결국 신용카드는 모든 사람들의 필수품이 됐고 5년만에 흑자로 돌아섰다. 사람들은 탁월한 브랜드 가치를 지닌 아메리칸 익스프레스의 카드를 갖고 싶어했고 가게들은 점포의 품격을 높이기 위해 너나 할것없이 가맹점이 됐다. 사람들은 아메리칸 익스프레스 카드를 '아멕스'라는 애칭으로 부르기 시작했다. 아메리칸 익스프레스는 고집스러운 고객관리와 발빠른 세계화로 무너지지 않는 성을 쌓았다. 이 책은 한 회사가 동일한 브랜드가치를 150년 동안 지켜온 이야기를 흥미롭게 담았다. —〈매일경제신문〉 2001.6.2. 혀연 기자

역마차와 푸른 지폐

● 시노하라 이사오 지음/안수경 옮김/값 8,500원